南京市博物总馆
南京市考古研究所　编著

南京文物考古新发现　第四辑

文物出版社

图书在版编目（CIP）数据

南京文物考古新发现. 第四辑／南京市博物总馆，
南京市考古研究所编著. —北京：文物出版社，
2016. 12
ISBN 978 – 7 – 5010 – 4824 – 3

Ⅰ. ①南…　Ⅱ. ①南… ②南…　Ⅲ. ①文物 – 考古发
现 – 南京 – 文集　Ⅳ. ①K872. 531 – 53

中国版本图书馆 CIP 数据核字（2016）第 281138 号

南京文物考古新发现　第四辑

编　　著：南京市博物总馆　南京市考古研究所

责任编辑：戴　茜
封面设计：程星涛
责任印制：梁秋卉

出版发行：文物出版社
社　　址：北京市东直门内北小街 2 号楼
邮　　编：100007
网　　址：http：//www. wenwu. com
邮　　箱：web@ wenwu. com
经　　销：新华书店
印　　刷：北京京都六环印刷厂
开　　本：889×1194　1/16
印　　张：26
版　　次：2016 年 12 月第 1 版
印　　次：2016 年 12 月第 1 次印刷
书　　号：ISBN 978 – 7 – 5010 – 4824 – 3
定　　价：198. 00 元

主 编

胡　宁　祁海宁

编辑委员会

曹志君　钱文胜　胡　宁　华国荣　祁海宁　马　涛
龚巨平　李　翔　姜林海　贾维勇　王光明　岳　涌
邵　磊　沈宏敏　王　宏　骆　鹏　周保华　陈大海
许志强　沈利华　徐　华　王　海　苏　舒　张　鹏
杨平平　王　妮

前　言

2014 年 4 月，南京市委、市政府为深化文化体制改革、整合博物馆资源、优化南京市博物馆管理体制，将市文化广电新闻出版局所属主要博物馆调整合并后，批准成立了南京市博物总馆，下设南京市博物馆、太平天国历史博物馆、中国共产党代表团梅园新村纪念馆、南京市民俗博物馆、渡江胜利纪念馆、江宁织造博物馆、六朝博物馆、南京市考古研究所和南京市文化遗产保护研究所 9 个分支机构。

南京市考古研究所承担着南京地区考古调查、勘探、发掘及地下文物保护研究等相关社会职能。成立之初，我所就明确在继续做好南京各项考古工作的同时，进一步加强资料整理、研究及成果转化的工作思路。2014 年 6 月，我所启动了本辑的出版工作，从撷选、组稿，到出版社编辑、排版，至付梓之际已值丙申岁末。

这几年是南京城市建设新一轮的高速发展期，考古工作亦呈现出项目多、周期短、地点散等特点。全所同仁超负荷工作，践行着考古人保护文化遗产的职责，让古都南京更多的文化遗产在城市建设中得以揭示和保护，同时也为本辑的出版提供了可能和支撑。

本辑沿袭丛书体例，分为上、下两编。上编收录的项目以材料见长，共有 22 篇发掘简报和调查报告，秉承了本丛书一贯坚持的"让考古资料发出去，让考古资料活起来"的初衷。这批材料不仅涉及的时代跨度大，从新石器时代至明清，反映出南京历史社会发展的基本脉络；而且遗迹类型多，有墓葬、水井、塔基、窑址、古桥、城墙等，代表了南京历史文化的重要特色。其中，宁丹路东晋孙氏家族墓、江宁上坊中下村东晋南朝墓的发掘，为六朝考古研究提供了新材料；江宁将军山地区明代梅氏墓和周慎家族墓的发掘，为研究将军山明代沐英家族葬地提供了新线索；明代白虎桥基址的发现，为南京明故宫研究提供了关键的坐标点。

需要特别指出的是，本辑加重了考古调查报告的分量，收录了 3 篇配合文化遗产保护工作的考古调查报告。这几次考古调查，准备充足、计划周密、方法得当，取得了丰硕成果，为项目后期的保护、规划、开发和利用提供了科学依据，堪称南京文化遗产保护工作的典范。

下编为学术研究，共收录 14 篇论文，涉及器物成型工艺、佛教遗物、墓志碑刻考释、地名及器名考证等内容。其中，三维激光扫描技术是目前科技考古倚重的新技术之一，我所同志在此方面进行了有益的尝试，特此选出与业内同行共同探索。

本辑的出版，是南京市考古研究所诸多同仁在紧张的田野考古工作之余，放弃个人休息和牺牲陪伴家人的时间，潜心撰写、精心整理的成果。在这里，还要特别感谢南京市文化广电新闻出版局和南京市博物总馆领导一直以来的关心与支持。总之，本辑是近几年南京考古工作的有力缩影，是一本内容资料丰富、学术价值较高的考古资料汇编。

学无止而知无涯，继烛见跋，是以为记。

南京市博物总馆副总馆长　　　　胡　宁
南京市考古研究所所长

目　录

上　编　考古发现

下 编 学术研究

彩版目录

上编　考古发现

南京高淳薛城遗址 2010 年发掘简报

南 京 市 考 古 研 究 所

南 京 市 高 淳 区 文 化 广 电 局

　　薛城遗址位于南京市高淳区淳溪镇薛城村薛四组，夹在连接北部石臼湖与南部固城湖的石固河和官溪河之间，距高淳区政府约 5 公里（图一）。遗址平面近椭圆形，东西长、南北宽，东、南、北三面环水，西侧为人工修整的大面积蟹塘，一条宽约 6 米的水泥路贯穿遗址南北（图二）。现存遗址表面较平整，仅东南角稍低，水泥路东地表建筑密集，偶尔在地表可以采集到陶片。

　　2010 年 8 月，江苏省考古工作会议暨首届江苏省田野考古工作评比表彰大会在高淳举行，薛城遗址作为会议现场教学地点之一。为配合教学和展示遗址文化层，2010 年 7 ~ 9 月，南京市博物馆考古部（现为南京市考古研究所）和高淳区文化广电局组成考古队对薛城遗址进行了第二次发掘（图三）。由于发掘区早年被破坏严重，探方内的可发掘区域呈小土墩状分布，考虑发掘资料的准确性，故把 T2[1] 内的小土墩进行了编号，由南向北依次为 A、B、C、D（图四），T3 内的小土墩也进行了编号，由东向西依次为 E、F、G（图五），共完成发掘面积 115.4 平方米。现将发掘情况简报如下。

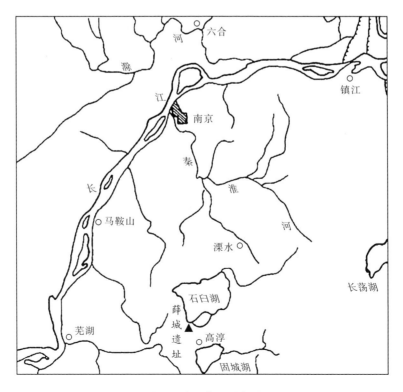

图一　遗址位置示意图

图二　遗址平面分布图

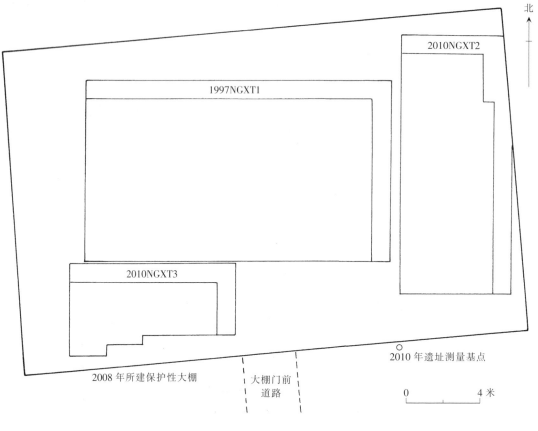

图三　探方平面分布图

一　地层堆积

遗址地层自上而下分为 6 层，以 T2 西壁剖面为例介绍如下（图六）。

第①层：厚 0.05 ~ 0.65 米。灰色土，结构松散，颗粒中等，内含大量陶片、现代垃圾、砖块，属于回填土层。出土彩陶片。

第②层：距地表 0.05 ~ 0.5、厚 0 ~ 0.25 米。浅灰色土，土质结构紧密，颗粒小，内含大量陶片，可辨器形有鼎、罐、豆和钵等。A 墩此层下发现 M1 和红烧土层。

第③层：距地表 0.05 ~ 0.25、厚 0.1 ~ 0.25 米。深灰色土，结构松散，颗粒大，内含大量红烧土和少量陶片、石块、骨块及贝壳等，可辨器形有罐、盆等。

第④层：距地表 0.15 ~ 0.5、厚 0 ~ 0.35 米。灰褐色土，结构松散，颗粒小，内含大量贝壳颗粒和少量红烧土颗粒、陶片、石块、骨块等，可辨器形有鼎、罐、盆、盘、豆、器纽、网坠、钻孔工具和纺轮等。

第⑤层：距地表 0.25 ~ 0.9、厚 0 ~ 0.25 米。深褐色灰土，结构紧密，颗粒小，内含大量红烧土块、陶片和少量蚌粒，可辨器形有鼎、罐、盆、盘、豆、杯等。

第⑥层：距地表 0.45 ~ 0.95 米，厚度不详，发掘深 0.1 米。黑褐色土，结构紧密，颗粒小，内含大量陶片和红烧土颗粒，可辨器形有鼎、罐、盆、盘、豆和钻孔工具等。

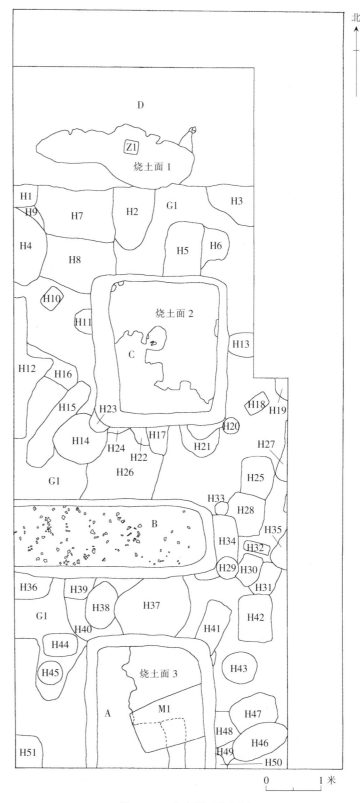

图四　T2 遗迹平面分布图

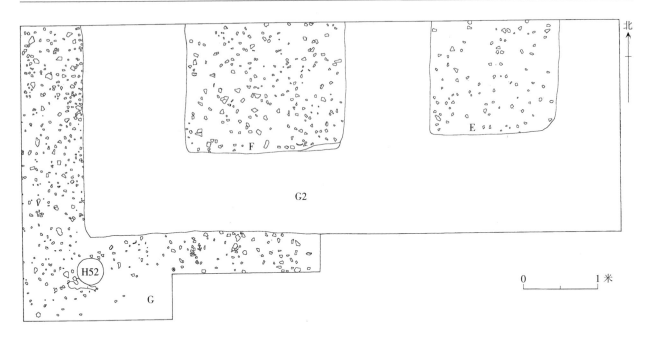

图五　T3 遗迹平面分布图

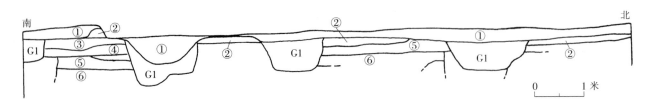

图六　T2 西壁剖面图

二　遗　迹

灰沟　2 条（G1、G2）。G1 位于 T2 内，G2 位于 T3 内，打破第②～⑥层和生土层，均为 1997 年开挖医院地基时形成的基槽。

红烧土面　3 处。位于 T2 内的 A 墩、C 墩和 D 墩中部，均开口于第②层下，叠压第③层。A 墩红烧土面，平面呈不规则形，南北长 2.2、东西宽 1、厚约 0.1 米。C 墩红烧土面，平面呈不规则形，约南北长 3、东西宽 2.2、厚 0.1 米。D 墩红烧土面，平面呈东西向条状，东西长 2.88、南北宽 0.34～1.18、厚 0.03～0.1 米，红烧土面中部有一正方形坑（Z1），边长 0.24、深 0.2 米，坑底垫一残碎夹砂红陶鼎足（GXT2D②：3551）。

墓葬　1 座（M1）。位于 T2 南部的 A 墩，开口于第②层下，打破红烧土面和第③层。墓口距地表 0.2 米，竖穴土坑，平面呈长方形，直壁，平底，残长 1.1～1.4、宽 0.78～0.9、残深 0.1 米，方向 240°。填土为深灰色，结构致密，包含较多碎陶片。墓内仅残存人骨 2 块，墓底铺垫一层厚 0.04～0.05 米的蚌粒土层。

灰坑　52 个（H1～H52）。T2 内发现灰坑 51 个、T3 内发现灰坑 1 个，开口均在回填土下。根据发掘目的要求未进行发掘。

三 出土器物

薛城遗址 2010 年的发掘，为了达到展示遗物（遗迹）出土时原始状态的目的，T2 内仅发掘了第①～③层，第④层表面的陶片原地未动，使其保持出土时的原始状态；T3 内发掘了第①～⑤层，第⑥层表面的陶片少数作为标本，其余的也原地未动。

此次发掘的出土器物均为陶片和残损石器，由于标本均是残件，对可以辨认器形的冠以器名，不能够辨认器形的仅以所属器物部位冠名，以下选取典型标本按质地和地层分别介绍。

（一）石器

（1）第⑤层 4 件。包括石斧和石核。

穿孔石斧 2 件。GXT3G⑤：811，青灰色，较残，磨制。原件为一件穿孔石器，现从穿孔部位断裂。穿孔为两面对钻，孔内壁略靠近背面处有一凸棱，并有钻孔时留下的横向平行弧线。石器残破后侧棱被磨制为单面刃工具使用，刃部有使用磨损痕迹。残长 5.4、残宽 3.4、厚 0.7 厘米，重 30.4 克（图七：1）。

石斧 1 件（GXT3G⑤：2130）。棕色，较残，磨制。单面刃，背面留有残破后 10 处改制痕迹，刃部留有使用时造成的缺口。长 8.5、宽 5.7、厚 4.5 厘米，重 450 克（图七：5）。

石核 1 件（GXT3G⑤：2129）。黄褐色，较残。石核为原石的二分之一，利用断面作为台面进

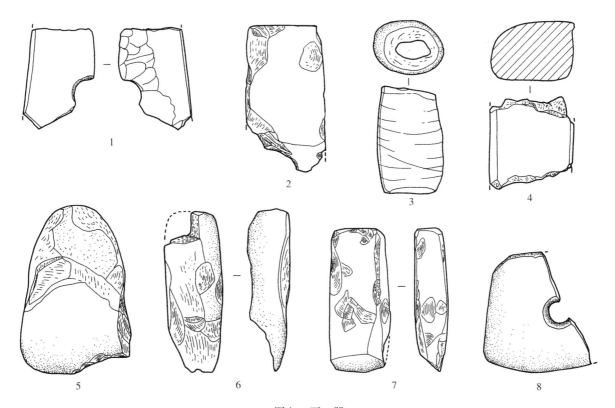

图七 石 器

1、8. 穿孔石斧（GXT3G⑤：811、GXT3①：3172） 2、4、6、7. 石锛（GXT3G④：2163、GXT2C③：2430、GXT2B②：2492、GXT2①：3174）
3. 砺石（GXT3G④：2173） 5. 石斧（GXT3G⑤：2130） （均为1/2）

行敲击，底部留有敲击痕。残长7、宽6.2、厚6厘米，重108.8克。

（2）第④层　4件。包括石锛和砺石。

石锛　3件。较残，长条状，单面刃。GXT3G④：2163，青灰色，磨制。刃部和顶部左侧残损严重，刃部有两处横断面为半圆形的凹槽，凹槽可能为改制石器刃部的痕迹。根据石锛残损部位推测此件石器长期使用刃部左侧工作，执此工具的人习惯左手。残长7.8、残宽4.2、厚1.2厘米，重117.5克（图七：2）。

砺石　1件（GXT3G④：2173）。棕色。表面横布宽约0.6厘米的磨痕，底面边缘已磨光。底面边缘已高于底面中心，磨损痕迹较均匀、细密。残长5.8、宽3.3厘米，重78克（图七：3）。

（3）第③层　2件。均为石锛。

石锛　2件。较残，青灰色，磨制，长条状。GXT2C③：2430，残长4.1、宽4.1、厚3厘米，重125.8克（图七：4）。

（4）第②层　1件。

石锛　1件（GXT2B②：2492）。残损，青灰色。完整件为磨制，破损后进行敲击改制，中间纵向切割时左侧面毁坏，破损严重经埋藏后制作痕迹不可辨认。残长8.6、宽3.45厘米，重75克（图七：6）。

（5）第①层　2件。包括石锛和石斧。

石锛　1件（GXT2①：3174）。残，青灰色，磨制。表面磨光，单面刃，大部分磨制痕迹已被使用痕迹和毁坏痕迹覆盖。刃部在使用过程中部分崩缺。长7.7、宽3.4、厚1.9厘米，重82.8克（图七：7）。

穿孔石斧　1件（GXT3①：3172）。较残，青灰色。原件表面磨光，穿孔是两面对钻，穿孔内壁较平滑。残长6.2、残宽5.5、厚1.5、孔径1.7厘米，重64.1克（图七：8）。

（二）陶片

（1）第⑥层　14片（件）。包括罐口沿、盆口沿、盘口沿、豆口沿、器鋬、圈足、鼎足和钻孔工具等。

罐口沿　4片。分3型。

A型　1片（GXT3G⑥：2767）。夹砂红陶，砂粒径0.1～0.2厘米。敞口，折沿，沿面下凹，圆唇，束颈，斜肩。宽7、高4.7厘米（图八：1）。

B型　1片（GXT3G⑥：2757）。夹蚌红陶，蚌粒径0.05～0.25厘米。敞口，折沿，方唇，鼓肩，肩部饰三周凹弦纹。宽7、高5.5厘米（图八：2）。

C型　2片。敞口，圆唇，束颈。GXT3G⑥：3169，泥质黑皮陶。颈部残留三道刻划槽。宽7.5、高3.7、复原口径12.6厘米（图八：3）。

盆口沿　1片（GXT3G⑥：2897）。夹砂红褐陶，砂粒径约0.1厘米。平沿，圆唇，斜直腹。宽5、高4.5厘米（图八：4）。

盘口沿　1片（GXT3G⑥：2912）。夹蚌红陶，蚌粒径0.1～0.15厘米。敞口，尖唇，颈部外弧。由下至上有五周横向摸痕。宽10、高6.2厘米（图八：5）。

豆口沿　1片（GXT3G⑥：2775）。夹砂红陶，砂粒径约0.1厘米。敛口，方唇，唇缘微凹，

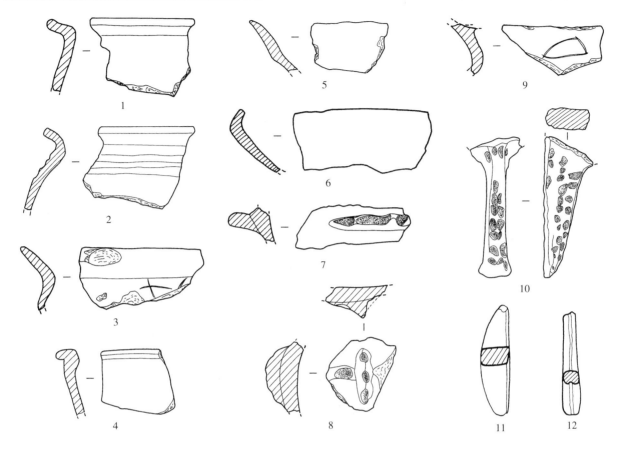

图八　第⑥层出土陶片

1. A 型罐口沿（GXT3G⑥：2767）　2. B 型罐口沿（GXT3G⑥：2757）　3. C 型罐口沿（GXT3G⑥：3169）　4. 盆口沿（GXT3G⑥：2897）
5. 盘口沿（GXT3G⑥：2912）　6. 豆口沿（GXT3G⑥：2775）　7. A 型器錾（GXT3G⑥：2764）　8. B 型器錾（GXT3G⑥：2894）　9. 圈足
（GXT3G⑥：3170）　10. 鼎足（GXT3G⑥：2703）　11. 钻孔工具（GXT3G⑥：3078）　12. 不明器（GXT3G⑥：3109）　（5、6、10 为
1/5、12 为 4/5、余为 2/5）

折肩。宽 19、高 8.2 厘米（图八：6）。

　　器錾　3 片。分 2 型。

　　A 型　2 片。器壁贴附横向器耳，在器耳边缘向器壁方向按压，形成鸡冠状按窝。GXT3G⑥：2764，泥质红陶。宽 7.8、高 2.9 厘米（图八：7）。

　　B 型　1 片（GXT3G⑥：2894）。泥质红陶。器壁先贴附横向器耳并压鸡冠状按窝，再在横向器錾上贴附纵向器耳并压鸡冠状按窝，形成"十"字状。宽 4.8、高 4.6 厘米（图八：8）。

　　圈足　1 片（GXT3G⑥：3170）。泥质红陶。器壁逆时针方向刻划三道凹槽依次首尾连接。宽 6.7、高 3 厘米（图八：9）。

　　鼎足　1 片（GXT3G⑥：2703）。夹蚌红陶，蚌粒径约 0.1 厘米。凿形，断面呈长方形，表面满布手指按窝。残高 18.5 厘米（图八：10）。

　　钻孔工具　1 件（GXT3G⑥：3078）。泥质红陶。平面呈弧背镰刀状，断面呈长方形，由一片陶器或陶片切割而成，侧棱断面整齐、工整，钻头磨光整呈"⌒"形。长 7.4、宽 2、厚 1 厘米（图八：11）。

　　不明器　1 件（GXT3G⑥：3109）。泥质红陶。棍状，一侧有凹槽，顶部残缺，底部不完整。

长 3.5、直径 0.5 厘米（图八：12）。

（2）第⑤层　27 片。包括罐口沿、盆口沿、盘口沿、豆盘、豆柄、器錾、器纽和鼎足等。

罐口沿　5 片。分 3 型。

A 型　2 片。折沿，圆唇，束颈，斜肩。GXT3F⑤：744，夹谷糠红陶。宽 9.7、高 5.3、复原口径 17.6 厘米（图九：1）。

B 型　2 片。GXT3G⑤：752，夹砂夹谷糠夹蚌粒红陶，羼和料粒径约 0.1 厘米。卷沿，尖圆唇，束颈。宽 5、高 4.3、复原口径 18 厘米（图九：2）。

C 型　1 片（GXT3F⑤：1428）。夹蚌灰褐陶，蚌粒径 0.1～0.3 厘米。子母口，束颈。宽 8、高 3.9、复原口径 23.8 厘米（图九：3）。

盆口沿　2 片。分 2 型。

A 型　1 片（GXT3F⑤：1445）。泥质红陶，器内外施红色陶衣，外部陶衣脱落较为严重，仅唇沿部分残存，内部陶衣脱落较少。敞口，折沿，方唇。宽 8.3、高 3.4、复原口径 17.7 厘米（图九：4）。

B 型　1 片（GXT3F⑤：1427）。夹蚌红褐陶，蚌粒径 0.05～0.2 厘米。敞口，折沿，尖唇，鼓腹。宽 8、高 5 厘米（图九：5）。

盘口沿　1 片（GXT3G⑤：1423）。夹蚌黑褐陶，蚌粒径 0.05～0.2 厘米。喇叭口，重唇。器内外均较粗糙，布满蚌壳粒脱落后留下的凹窝，且分布不规整平抹痕迹。宽 7.3、高 6.2 厘米（图九：6）。

罐底　1 片（GXT3G⑤：3867）。夹砂红陶，砂粒径 0.1～0.3 厘米，胎较厚。平底。下腹处有抹擦痕。宽 9.4、高 3.3、复原底径 5.2 厘米（图九：7）。

豆盘　1 片（GXT3F⑤：1484）。泥质黑陶。敛口，折沿，圆唇。口沿下方有一圆形钻孔，孔壁平滑。复原盘口径 18、外孔径 0.5、内孔径 0.3 厘米（图九：8）。

豆柄　2 件。分 2 型。

A 型　1 件（GXT3G⑤：793）。泥质黑陶。竹节状，用泥条盘筑 10 圈而成，器表有四周凸弦纹。残高 12.5、直径 5 厘米（图九：9）。

B 型　1 件（GXT3G⑤：3903）。夹炭红陶，炭粒径 0.02～0.05 厘米，器表施红色陶衣。筒状，上部施一周凹弦纹，中部由外向内钻两孔。残高 6.5、孔径 0.7 厘米（图九：10）。

杯　1 片（GXT3G⑤：3809）。夹炭红陶，炭化物粒径约 0.2 厘米，胎体较厚，口沿处残留红色陶衣。侈口，尖唇，折沿，鼓腹，平底。高 4.2、复原底径 6 厘米（图九：11）。

器錾　2 片。分 2 型。

A 型　1 片（GXT3F⑤：1562）。夹细砂红陶，砂粒径约 0.1 厘米。鸡冠状。宽 7.5、高 4.7 厘米（图九：12）。

B 型　1 片（GXT3⑤：3849）。夹蚌红褐陶，蚌壳颗粒细、含量低，蚌粒径 0.02～0.05 厘米。牛鼻状。高 4.9、宽 2.3 厘米（图九：13）。

器纽　1 片（GXT3F⑤：1443）。夹蚌红陶，蚌粒径 0.05～0.1 厘米。器盖残缺，侈口，圆唇。直径 5、残高 2 厘米（图九：14）。

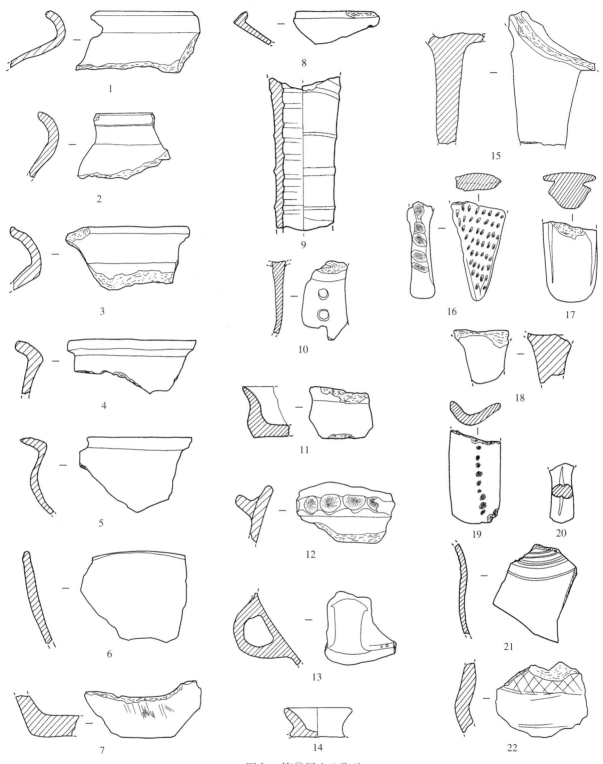

图九　第⑤层出土陶片

1. A 型罐口沿（GXT3F⑤：744）　2. B 型罐口沿（GXT3G⑤：752）　3. C 型罐口沿（GXT3F⑤：1428）　4. A 型盆口沿（GXT3F⑤：1445）
5. B 型盆口沿（GXT3F⑤：1427）　6. 盘口沿（GXT3G⑤：1423）　7. 罐底（GXT3G⑤：3867）　8. 豆盘（GXT3F⑤：1484）　9. A 型豆柄
（GXT3G⑤：793）　10. B 型豆柄（GXT3G⑤：3903）　11. 杯（GXT3G⑤：3809）　12. A 型器鋬（GXT3F⑤：1562）　13. B 型器鋬（GXT3
⑤：3849）　14. 器纽（GXT3F⑤：1443）　15. A 型鼎足（GXT3F⑤：722）　16. B 型鼎足（GXT3G⑤：1411）　17. E 型鼎足（GXT3
⑤：3825）　18. D 型鼎足（GXT3F⑤：1420）　19. H 型鼎足（GXT3⑤：3814）　20. F 型鼎足（GXT3F⑤：1472）　21、22. 纹饰陶片
（GXT3F⑤：2079、GXT3G⑤：3909）　　（1、7～12、15、17 为 1/3，16、19、21 为 1/4，余为 2/5）

鼎足　9片。分7型。

A型　1片（GXT3F⑤：722）。夹砂红陶，砂粒径约0.1厘米。腹内壁与鼎足接合部位下凹。残高11厘米（图九：15）。

B型　2片。三角形扁足，足尖呈凿形，两侧面满饰戳刺纹，两侧棱压按窝。GXT3G⑤：1411，夹蚌红陶，蚌粒径约0.05厘米。由两块泥片粘接组成。残高10.2厘米（图九：16）。

C型　2片。长条状，两侧面和两侧棱均按压较深的按窝。GXT3F⑤：1412，夹蚌红陶，蚌粒径约0.1厘米。由两块泥片粘接而成。残长5.5厘米。

D型　1片（GXT3F⑤：1420）。泥质红陶。舌状。长3.3厘米（图九：18）。

E型　1片（GXT3⑤：3825）。夹蚌红陶，蚌粒径约0.05厘米。舌状，两侧边各有一道深刻槽。长7.3厘米（图九：17）。

F型　1片（GXT3F⑤：1472）。夹蚌红陶，蚌粒径最大0.3厘米。长条状，两侧面中部均有一道长凹槽。长3.8厘米（图九：20）。

H型　1片（GXT3⑤：3814）。夹蚌红陶，蚌粒径0.02～0.05厘米。瓦楞形，凸面上施浅按窝。长9.4、宽5.2厘米（图九：19）。

纹饰陶片　2片。GXT3F⑤：2079，夹蚌红陶，内外均施红色陶衣。颈至肩部饰六道凹弦纹。长10.3、宽8.6厘米（图九：21）。GXT3G⑤：3909，泥质黑陶。折腹。肩部刻划网格纹。宽6、高4.7厘米（图九：22）。

（3）第④层　69片（件）。包括罐口沿、盆口沿、盘口沿、豆盘、器纽、器錾、柱状柄、鼎足、圈足、器底、钻孔工具、网坠和纺轮等。

罐口沿　6片。分5型。

A型　2片。GXT3F④：12，夹砂红陶，砂粒径0.2厘米。敞口，圆唇，束颈。口沿内表面修整三周凹弦。宽11.4、高6.6、复原口径24厘米（图一〇：1）。

B型　1片（GXT3E④：1109）。夹砂红陶，砂粒径约0.1厘米。小口，卷沿，圆唇，束颈。宽11、高3.3、复原口径13.2厘米（图一〇：2）。

C型　1片（GXT3G④：4017）。夹蚌红陶，蚌粒含量很高，蚌粒径约0.1厘米。敞口，斜折沿，圆唇。沿面上可见三道抹痕，沿面下可见两道抹痕和一道折痕。器表有灰白色炭化蚌粒。宽8、高4.8、复原口径17厘米（图一〇：3）。

D型　1片（GXT3G④：172）。夹砂红陶，砂粒径最大约0.1厘米。敞口，折沿，沿面下凹，束颈，斜肩。肩部饰两周凹弦纹。宽4、高5、复原口径24.8厘米（图一〇：4）。

E型　1片（GXT3E④：328）。夹蚌红陶，蚌粒径0.1～0.35厘米。口微敛，折沿，圆唇。肩部有不规则凹弦纹，凹弦纹深浅宽窄不一。宽8.7、高4.4厘米（图一〇：5）。

盆口沿　2片。分2型。

A型　1片（GXT3④：4016）。夹砂红陶，砂粒径约0.3厘米。敞口，宽沿微折，圆唇。肩部贴鸡冠状附加堆纹。宽11、高9.5厘米（图一〇：6）。

B型　1片（GXT2A④：1673）。夹蚌红陶，蚌粒径0.1～0.3厘米，器表残留零星红色陶衣。器形较粗糙，花边唇，斜壁。口沿外贴一道泥条。器内外表面留有蚌粒脱落后的凹窝。宽8.3、高

5.3 厘米（图一〇:7）。

盘口沿　1 片（GXT3G④:239）。夹细砂黑陶，器表磨光。敞口，小平沿，尖唇，残存到腹部。口沿下方有一直径 0.5 厘米圆形镂孔，腹中部修整一周较宽的凹槽。宽 10、高 7.5 厘米（图一〇:8）。

口沿　4 片。分 4 型。

A 型　1 片（GXT2A④:2027）。泥质黑陶。敞口，平唇。口沿残片弧度较短。宽 7.4、高 3.9 厘米（图一〇:9）。

B 型　1 片（GXT3④:3154）。夹砂红陶，羼和料为砂粒和谷糠类有机物，羼和料粒径小于 0.1 厘米，表面施红色陶衣。平唇外凸，肩部微凸起。唇面有两道修刮浅凹痕。宽 5.4、高 4.5 厘米（图一〇:10）。

C 型　1 片（GXT3④:3153）。夹砂黑陶，砂粒径约 0.1 厘米。敞口，平唇。宽 7、高 5.7 厘米（图一〇:11）。

D 型　1 片（GXT2④:1722）。泥质红陶。直口，平沿，尖圆唇外凸。宽 7.5、高 5.3 厘米（图一〇:12）。

豆盘　3 片。陶质细腻，器壁磨光。口内敛，折沿，圆唇。GXT2④:1726，泥质黑陶。器腹有一条较规整的凸棱。宽 6、高 3.1、复原口径 19.2 厘米（图一〇:13）。

豆盘和豆足结合部位　1 片（GXT3④:458）。泥质黑陶。实心圆饼状。器外壁有两周不规整凹弦纹，柄断面底部有六个圆孔。柄直径 6、残深 1.1、孔径 0.25 厘米（图一〇:14）。

器纽　3 片。分 3 型。

A 型　1 片（GXT3G④:170）。夹蚌红陶，蚌粒径约 0.15 厘米，器内外表面残留零星红色陶衣。小平底上部加一周花边泥条形成矮捉手。复原捉手直径约 15.7 厘米（图一〇:15）。

B 型　1 片（GXT3④:394）。夹蚌红陶，蚌粒径 0.05～0.15 厘米，器内外表面留有蚌粒脱落后的凹窝和零星红色陶衣。喇叭形捉手。直径 5、高 3.3 厘米（图一〇:17）。

C 型　1 片（GXT3④:1074）。夹蚌红陶，蚌粒含量低，蚌粒径 0.02～0.05 厘米。叹号状。球直径 2.85、残长 3.7 厘米（图一〇:18）。

器錾　8 片。分 5 型。

A 型　1 片（GXT3G④:196）。夹砂红陶，砂粒多为白色石英砂，砂粒径 0.1 厘米。断面呈三角形，錾手边缘上下两侧分别刻六条凹槽，槽深 0.2～0.3 厘米。宽 4.7、高 3.4 厘米（图一〇:16）。

B 型　1 片（GXT2④:1845）。夹蚌红陶，蚌粒径约 0.02 厘米，陶片内壁施红色陶衣。断面呈长方形，单面刻六条长短不一的直线凹槽。宽 4.5、长 3 厘米（图一〇:19）。

C 型　2 片。桥形錾，或装饰或实用。GXT2A④:1991，泥质红陶。外表面刻划四条水平方向凹槽。宽 5.9、高 6.7 厘米（图一〇:20）。

D 型　3 片。鸡冠状。GXT3G④:263，泥质黑皮陶。宽 6.2、高 3.6 厘米（图一〇:21）。

E 型　1 片（GXT2A④:1724）。泥质黑陶。半圆形，接近器腹部分下折捏和。宽 7.6、高 3.4 厘米（图一〇:22）。

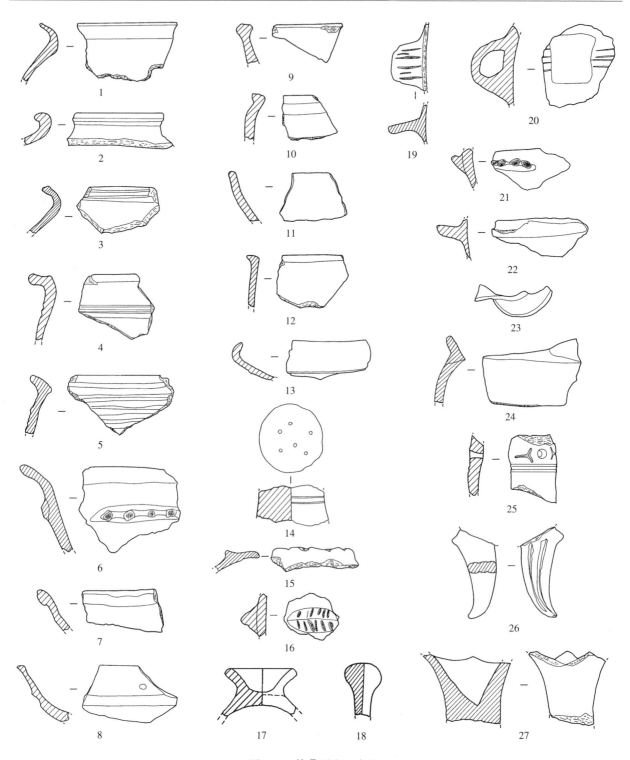

图一〇　第④层出土陶片

1. A 型罐口沿（GXT3F④：12）　2. B 型罐口沿（GXT3E④：1109）　3. C 型罐口沿（GXT3G④：4017）　4. D 型罐口沿（GXT3G④：172）
5. E 型罐口沿（GXT3E④：328）　6. A 型盆口沿（GXT3④：4016）　7. B 型盆口沿（GXT2A④：1673）　8. 盘口沿（GXT3G④：239）　9. A
型口沿（GXT2A④：2027）　10. B 型口沿（GXT3④：3154）　11. C 型口沿（GXT3④：3153）　12. D 型口沿（GXT2④：1722）　13. 豆盘
（GXT2④：1726）　14. 豆盘和豆足结合部位（GXT3④：458）　15. A 型器纽（GXT3G④：170）　16. A 型器鋬（GXT3G④：196）　17. B 型
器纽（GXT3④：394）　18. C 型器纽（GXT3④：1074）　19. B 型器鋬（GXT2④：1845）　20. C 型器鋬（GXT2A④：1991）　21. D 型器鋬
（GXT3G④：263）　22. E 型器鋬（GXT2A④：1724）　23. A 型器流（GXT3④：347）　24. B 型器流（GXT2A④：1989）　25. 柱状柄
（GXT3G④：265）　26、27. 器足（GXT3④：303、GXT3E④：1032）　（4、5、13～22 为 1/3，26 为 1/6，余为 1/4）

器流　2片。分2型。

A型　1片（GXT3④：347）。泥质红陶。口沿向内卷沿状。长8、宽3.6厘米（图一〇：23）。

B型　1片（GXT2A④：1989）。泥质红陶。器表磨光，器里较粗糙。宽10.2、高7.1厘米（图一〇：24）。

柱状柄　1片（GXT3G④：265）。泥质灰陶。空心柱体，上部残留一个圆形镂孔、两个三菱形深压印，中部饰两周凹弦纹。复原直径5.5、残高6.6厘米（图一〇：25）。

器足　2片。GXT3④：303，夹蚌红陶，蚌粒径0.1～0.15厘米。羊角形。正反两面各有两个凹槽。残高12.5厘米（图一〇：26）。GXT3E④：1032，夹砂红陶，砂粒径0.1～0.3厘米。表面光洁。喇叭状，上半部分空心，向下直径渐小成实心。直径5.3、残高6.5厘米（图一〇：27）。

鼎足　12片。分7型。

A型　1片（GXT3F④：1）。夹砂红陶，砂粒径约0.2厘米，器表留有砂粒脱落后形成的凹窝。不规则凿形足，左右侧面饰戳刺纹，戳刺纹上深下浅。残高7厘米（图一一：1）。

B型　4片。平面呈三角形，侧面或戳刺或刻槽或素面或侧棱按窝。GXT3E④：15，夹蚌红陶，蚌粒径0.1～0.15厘米。器表面修整度好，仅断面可以观察到蚌粒。足面饰戳刺纹，戳刺纹上深下浅。残高8.2厘米（图一一：2）。GXT3④：148，夹砂红褐陶，砂粒径约0.1厘米，器表满布均匀砂粒。扁薄，正反两面各有一条直线刻槽。宽8.4、残高6、最大厚度1.1厘米（图一一：3）。

C型　1片（GXT3F④：33）。夹蚌红陶，蚌壳粒径0.02～0.07厘米，陶质较疏，断面和器表满布蚌粒脱落后的凹窝。足身呈圆柱体，由泥片顺时针方向折卷揉成。器表布满按窝。残高6.5厘米（图一一：4）。

D型　1片（GXT3④：165）。夹砂红陶，砂粒径0.05厘米以下。断面呈三角形。正面中间有一条直线深凹槽，凹槽两侧分别刻划两组每组三条或四条近平行的浅凹槽。两侧面微内凹。宽3.8、残高6.5厘米（图一一：5）。

E型　1片（GXT3④：294）。夹砂红陶，砂粒径0.05～0.3厘米。断面呈T形，左侧面有四条刻划纹，右侧面有三条刻划纹。宽3.3、残高5.7厘米（图一一：6）。

F型　2片。断面呈瓦楞形。GXT3④：474，夹蚌红陶，蚌粒径0.4厘米以下，器表粗糙，满布蚌粒脱落后的凹窝。宽8.4、残高9.8厘米（图一一：7）。GXT3④：1029，夹蚌红陶，砂粒径0.05厘米以下。凹面由上至下饰两列按窝，凸面两边缘由上至下也饰两列按窝，两侧楞面各饰一列按窝。宽4、残高8厘米（图一一：8）。

G型　2片。平面呈长方形，足面装饰。GXT3E④：912，夹砂红陶，砂粒径0.1厘米以下。足上部挖去泥料形成一较深的凹窝。宽6、残高9厘米（图一一：9）。GXT3④：1027，夹蚌红陶，蚌粒径0.02～0.05厘米。正面贴纵向鸡冠状附加堆纹，纹饰两边分别刻划一道凹槽，背面中部由上至下刻划一条凹槽。宽5.6、残高6.8厘米（图一一：10）。

圈足　6片。分3型。

A型　2片。足下部微侈，有几何纹刻槽和镂孔。GXT3G④：264，泥质红陶，器表挂有一层泥浆。中部由上至下有一道由四条浅凹槽组成的长条形深凹槽。宽5、高5.5厘米（图一一：11）。GXT2A④：2018，泥质黑皮陶，器表、内壁均磨光。上部四周凹弦纹、下部一周凹弦纹间饰半圆形凹槽、圆形凹槽和圆形镂孔。宽 6.5、高 5.6 厘米（图一一：12）。

B 型　1 片（GXT3E④：1125）。泥质灰黑陶。上部饰一周凹弦纹，下部饰两周凹弦纹，左侧断面残留三角形镂孔斜边，右侧两个对称三角形未透镂孔。宽 5.7、高 4.2 厘米（图一一：13）。

C 型　3 片。喇叭形，足边缘有折痕。GXT2A④：1897，夹谷糠褐陶，谷糠粒径 0.1～0.2 厘米，器内外挂有一层泥浆。宽 5.4、高 3.5 厘米（图一一：14）。

器座　1 片（GXT3④：3937）。夹砂红褐陶，砂粒径 0.05～0.2 厘米。筒状，上下边缘向外凸出。中部饰压痕纹，压痕纹上贴菱形附加堆纹，附加堆纹上再饰齿状压痕。宽 3.1、高 3.1 厘米（图一一：15）。

器底　4 片。分 2 型。

A 型　1 片（GXT3④：430）。泥质黑陶。下腹斜直，喇叭状圈足。器内外表面留有修抹痕迹。残片上部可见凹弦纹和器錾根部残留痕迹。内底有一钻孔，为陶器烧成后所致，中间有圆形凸芯，为钻管。宽 7.2、高 6.6、孔径 0.6 厘米（图一一：16）。

B 型　3 片。GXT3④：440，泥质黑陶。平底，底部有圆形圈足脱落后留下的八个凹凸痕迹。宽 6.8、高 8.3 厘米（图一一：17）。

钻孔工具　1 件（GXT2A④：1754）。泥质黑陶。圆头锥状。口沿陶片经过打磨加工后二次利用，一侧表面有四道短刻痕。长 6 厘米（图一一：18）。

网坠　1 件（GXT2A④：1701）。夹砂红陶，砂粒径约 0.1 厘米。整体为一个泥条拍打后两端一次性切割成型。泥条上部两端压深 0.15 厘米的绳纹。长 4.5、宽 1.7 厘米（图一一：19）。

纺轮　2 件。分 2 型。

A 型　1 件（GXT3④：188）。夹砂红陶，砂粒径约 0.05 厘米。上大下小，圆饼状，中间穿孔。孔两端大中间略小，或为对钻而成。直径 5、厚 1.5、孔径约 1 厘米（图一一：20）。

B 型　1 件（GXT3④：3171）。夹细砂红陶，砂粒细腻、量少。上大下小，类似覆馒头形，中间穿孔。直径 5.2、厚 2.1、孔径 0.7 厘米（图一一：21）。

簸箕形器　1 件（GXT3G④：245）。泥质红陶，平面似圆形。内壁有横向分布的平抹痕迹，前、左和右三断面均打磨，底后部有轻微磨损露出的灰色胎体。长 5.5、宽 4.2 厘米（图一一：22）。

纹饰陶片　7 片。分 7 型。

A 型　1 片（GXT3F④：94、GXT3E④：427）。泥质黑陶，器表磨光。斜肩，鼓腹。腹中部饰一周凸弦纹。宽 12.8、高 8 厘米（图一一：23）。

B 型　1 片（GXT3G④：201）。夹砂灰黑陶，砂粒较粗，砂粒径 0.05～0.3 厘米。胎体较厚，器表密布凹弦纹。属特大型器物。宽 7.4、高 9.5、厚 0.42～0.6 厘米。

C 型　1 片（GXT3G④：203）。夹砂红陶，砂粒径约 0.05 厘米。由内外两层泥片粘接而成。器表素面，器里有菱形刻槽，刻槽相互打破，属研磨器。宽 6.8、高 4.2、厚 0.7 厘米（图一一：24）。

D 型　1 片（GXT3G④：204）。夹砂红陶，含砂较多，砂粒径 0.15～0.5 厘米。表面满布不规整凹弦纹。宽 7.1、高 7.5、厚 1.6 厘米。

E 型　1 片（GXT3E④：1133）。夹砂红陶，砂粒径最大 0.2 厘米，器表磨光。平面似三角形，有三个圆形镂孔和两周凹弦纹，其中一孔深度约为器壁三分之二，其余两孔穿透器壁，孔径均外大

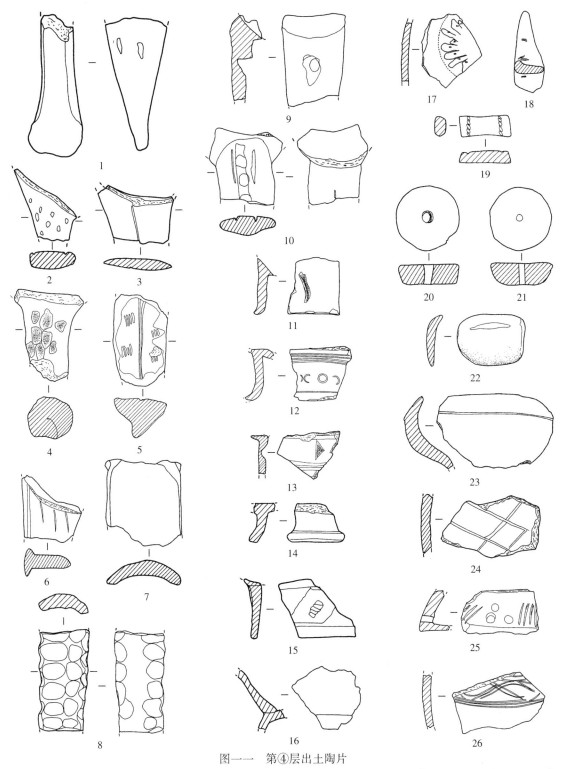

图一一　第④层出土陶片

1. A 型鼎足（GXT3F④:1）　2、3. B 型鼎足（GXT3E④:15、GXT3④:148）　4. C 型鼎足（GXT3F④:33）　5. D 型鼎足（GXT3④:165）
6. E 型鼎足（GXT3④:294）　7、8. F 型鼎足（GXT3④:474、1029）　9、10. G 型鼎足（GXT3E④:912、GXT3④:1027）　11、12. A 型圈足（GXT3G④:264、GXT2A④:2018）　13. B 型圈足（GXT3E④:1125）　14. C 型圈足（GXT2A④:1897）　15. 器座（GXT3④:3937）16. A 型器底（GXT3④:430）　17. B 型器底（GXT3④:440）　18. 钻孔工具（GXT2A④:1754）　19. 网坠（GXT2A④:1701）　20. A 型纺轮（GXT3④:188）　21. B 型纺轮（GXT3④:3171）　22. 簸箕形器（GXT3G④:245）　23. A 型纹饰陶片（GXT3F④:94、GXT3E④:427）　24. C 型纹饰陶片（GXT3G④:203）　25. F 型纹饰陶片（GXT2④:2007）　26. G 型纹饰陶片（GXT2A④:2014）　（1、15 为1/2，4~6、8、18~22、24、25 为 1/3，余为 1/4）

内小。宽6.1、高5.3、厚0.9、孔外径0.4~0.6厘米。

F型　1片（GXT2④:2007）。泥质红陶。器表有三个圆形镂孔并饰10个同方向的刻划纹，个别刻划纹相互打破。宽5.5、高3、厚0.7、孔径约0.6厘米（图一一:25）。

G型　1片（GXT2A④:2014）。泥质黑陶，内外磨光。器表饰由12道凹弦纹组成的复合图案。宽9.8、高5.3、厚0.6厘米（图一一:26）。

不明器　1片（GXT2A④:1873）。夹粗砂夹蚌粒红陶，砂粒径约0.5厘米，器内外表面留有砂粒、蚌粒脱落后的凹窝，局部残留红色陶衣。连接腰沿和箅隔。腰沿上和器里箅隔粘接处隐约可见横向刷抹痕迹。器表腰沿下部有烟熏痕迹残。宽12、高8、腰沿宽2.5、箅隔宽3厘米。

（4）第③层　14片。包括罐口沿、盆口沿、甗腰部、器錾、器底、器足和圈足等。

罐口沿　2片。夹砂或夹蚌粒。折沿，圆唇。GXT2A③:486，夹蚌红陶，蚌粒径0.05~0.3厘米，器表内外有蚌粒脱落后留下的凹窝。敞口，唇面有两道凹弦纹。宽13.5、高5.1、复原口径约23.4厘米（图一二:1）。

盆口沿　1片（GXT2C③:641）。夹蚌红陶，蚌粒径0.05~0.2厘米。器表粗糙，施红色陶衣，留有大量蚌粒脱落后的凹窝。敞口，斜卷沿，圆唇。宽6、高6.6厘米（图一二:2）。

口沿　1片（GXT2A③:481）。夹砂红陶，砂粒径约0.2厘米。圆唇，微束颈，微鼓肩。器表饰六周凹弦纹。宽6.8、高8厘米（图一二:3）。

钵腹片　1片（GXT2A③:487）。夹砂红皮灰陶，砂含量少，砂粒径0.05~0.2厘米。斜腹内收，矮圈足。高3.4、复原底径10.8厘米（图一二:4）。

甗腰部　1片（GXT2C③:942）。夹砂夹谷糠红陶，砂粒径约0.1厘米，谷糠粒径0.2~0.4厘米。器表留有较多砂粒和谷糠脱落后的凹窝和红陶衣。宽9.8、高10.5厘米（图一二:5）。

器錾　2片。分2型。

A型　1片（GXT2B③:593）。泥质黑陶。桥形，中部有圆形镂孔，两侧饰四道刻槽。器錾顶端与器壁结合面修整三条平行凸棱。宽4.7、残高4.5厘米（图一二:6）。

B型　1片（GXT2C③:629）。夹蚌红陶，蚌粒径0.05~0.2厘米。附加堆纹式捉手。宽5.2、高6.2厘米（图一二:7）。

器底　1片（GXT2C③:646）。夹砂夹蚌红陶，砂粒径0.05~0.1厘米，做工粗糙，器内外表面分布较多砂粒、蚌粒脱落后的凹窝。平底。器里有刻划痕。底径5.5、残高4.7厘米（图一二:9）。

器足　1片（GXT2A③:496）。夹砂夹谷糠红陶，砂粒径小于0.05厘米，谷渣粒径0.1~0.5厘米。断面呈牛角状。残长7.5厘米（图一二:10）。

圈足　4片。分3型。

A型　1片（GXT2A③:488、GXT2AM1填土:674）。夹炭褐陶，炭粒径0.1~0.2厘米。喇叭状。内外均有水平方向修抹凹痕，足上部有一近圆形刻划痕。此陶片由两块陶片拼接，陶片出自不同位置，可能是残损陶片进入墓葬填土。残宽12.1、高5.4厘米（图一二:12）。

B型　2片。泥质陶表面磨光。足壁微侈。表面饰凹弦纹、三棱纹和圆圈纹。GXT2C③:650，黑陶。上部饰三周凹弦纹，中部残留两个半三棱压痕纹，三棱纹打破凹弦纹。宽6.8、高7厘米

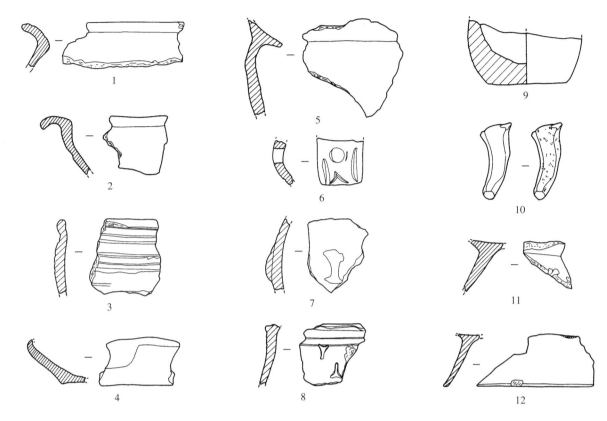

图一二　第③层出土陶片

1. 罐口沿（GXT2A③：486）　2. 盆口沿（GXT2C③：641）　3. 口沿（GXT2A③：481）　4. 钵腹片（GXT2A③：487）　5. 甋腰部（GXT2C③：942）　6. A 型器鋬（GXT2B③：593）　7. B 型器鋬（GXT2C③：629）　8. B 型圈足（GXT2C③：650）　9. 器底（GXT2C③：646）　10. 器足（GXT2A③：496）　11. C 型圈足（GXT2A③：552）　12. A 型圈足（GXT2A③：488、GXT2AM1 填土：674）　（4、7、9、11 为 1/3，余为 1/4）

（图一二：8）。

　　C 型　1 片（GXT2A③：552）。泥质灰陶。喇叭状。器表磨光，器里有稍宽的抹痕，中部有残梅花状镂孔。宽 2.9、高 3.5 厘米（图一二：11）。

　　（5）第②层　61 片（件）。包括鼎口沿、罐口沿、钵口沿、豆盘、器鋬、器盖、器足、鼎足和圈足等。

　　鼎口沿　2 片。平沿，束颈，斜肩，折腹。GXT2A②：3588，夹砂红陶，砂粒径 0.1 厘米。腹部饰五周浅凹弦纹，沿垂直方向饰四道一组的短刻划纹两组，刻划纹打破凹弦纹。复原口径 13.4、最大腹径 15 厘米（图一三：1）。

　　罐口沿　6 片。分 5 型。

　　A 型　1 片（GXT2D②：1527）。泥质黑陶。敞口，卷沿，方圆唇。沿面分布横向细密抹痕。复原口径 13.2 厘米（图一三：2）。

　　B 型　2 片。敞口，尖唇，束颈，折肩。GXT3G②：3591，夹谷糠红陶，谷糠粒径约 0.2 厘米。复原口径 8 厘米（图一三：3）。

　　C 型　1 片（GXT3G②：1295）。夹砂黑陶，含砂量大，砂粒径 0.02～0.05 厘米。敞口，折沿，方唇。唇缘饰两周凹弦纹，肩部饰三宽两窄五周凹弦纹。宽 4.5、高 4.5 厘米（图一三：4）。

D 型　1 片（GXT2A②：3696）。夹砂黑褐陶，砂粒径约 0.07 厘米，器内外表面分布较多凸出的砂粒。敞口，折沿，方圆唇。宽 6.5、高 2.1 厘米（图一三：5）。

E 型　1 片（GXT2A②：983）。夹砂夹蚌红陶，蚌和料粒径 0.01 ~ 0.33 厘米，器表留有蚌和料脱落后的凹窝。折沿，方唇，斜肩。唇面饰三周凹纹，肩部饰六周浅凹弦纹。复原口径 21.7 厘米（图一三：6）。

钵口沿　1 片（GXT2D②：3410）。夹砂红陶，砂粒径约 0.1 厘米。敛口，圆唇。复原口径 22.6 厘米（图一三：7）。

口沿　4 片。分 4 型。

A 型　1 片（GXT2D②：3451）。夹蚌红陶，蚌粒径约 0.05 厘米。直口，方圆唇，直壁。器表饰凹弦纹。宽 4.6、高 2.8 厘米（图一三：8）。

B 型　1 片（GXT3G②：1302）。夹砂红陶，含砂量高，砂粒径 0.1 ~ 0.2 厘米。器表粗糙，器内外表面分布较多凸出的砂粒。圆唇。宽 6.3、高 3.6 厘米（图一三：9）。

C 型　1 片（GXT3E②：1381）。夹砂红陶，砂粒径不足 0.1 厘米。敛口，圆唇。口沿饰一周凹弦纹，肩部饰一周凹弦纹和一周按窝。宽 6.8、高 6.8 厘米（图一三：10）。

D 型　1 片（GXT3E②：3624）。夹砂红陶，砂粒径 0.15 ~ 0.4 厘米。敞口，平唇。唇下贴附一周饰按窝的附加堆纹。宽 10.5、高 6.2 厘米（图一三：11）。

豆盘　2 片。泥质黑陶。折沿，圆唇。GXT3E②：3573，底部与圈足接合面刻划五道凹槽。复原口径 18.8 厘米（图一三：12）。

器錾　8 片。分 4 型。

A 型　3 片。断面呈拱形，錾上或素面或穿孔或刻划。GXT3E②：1298，夹砂红陶，砂粒径小于 0.1 厘米。宽錾。宽 10.5、高 3.2 厘米（图一三：13）。GXT2B②：1230，夹砂红陶，砂粒径小于 0.05 厘米。窄錾，錾下部穿一孔。宽 3.8、高 5.7、孔径 0.6 厘米。

B 型　1 片（GXT2C②：944）。夹砂红陶，砂粒径小于 0.1 厘米。器壁上纵向饰两道长条状附加堆纹。宽 5.2、高 5.1 厘米（图一三：14）。

C 型　3 片。横向长泥片。GXT2D②：3618，夹砂夹蚌灰褐陶，砂粒径小于 0.1 厘米，蚌渣粒径小于 0.5 厘米。横长条，中部下凹呈马鞍状。宽 5.5、高 3.5 厘米（图一三：15）。

D 型　1 片（GXT2A②：1280）。夹砂夹谷糠黄褐陶，蚌和料粒径 0.05 ~ 0.1 厘米，器表有少量蚌和料脱落后的凹窝。鸡冠状，捉手上有四个手指按窝。残宽 8.6、高 4.5 厘米（图一三：17）。

器盖　1 片（GXT2A②：3571）。夹谷糠红陶，谷糠粒径 0.3 ~ 0.5 厘米。器表满布谷糠粒脱落后的凹窝。圈足形。直径 4.5、残高 3 厘米（图一三：16）。

器足　5 片。分 5 型。

A 型　1 片（GXT3G②：1255）。夹砂红陶，砂粒径 0.02 ~ 0.1 厘米。近靴形，主体由三层泥片黏合而成，足侧面贴一道纵向附加堆纹。长 4.7 厘米（图一三：18）。

B 型　1 片（GXT2A②：3501）。夹蚌红陶，蚌粒径约 0.05 厘米。平面呈长方形，足面中部有一处凸起。宽 4.6、残长 4.9 厘米（图一三：19）。

C 型　1 片（GXT3E②：3503）。夹蚌夹砂红陶，蚌砂粒径约 0.1 厘米。横断面呈椭圆形，纵断

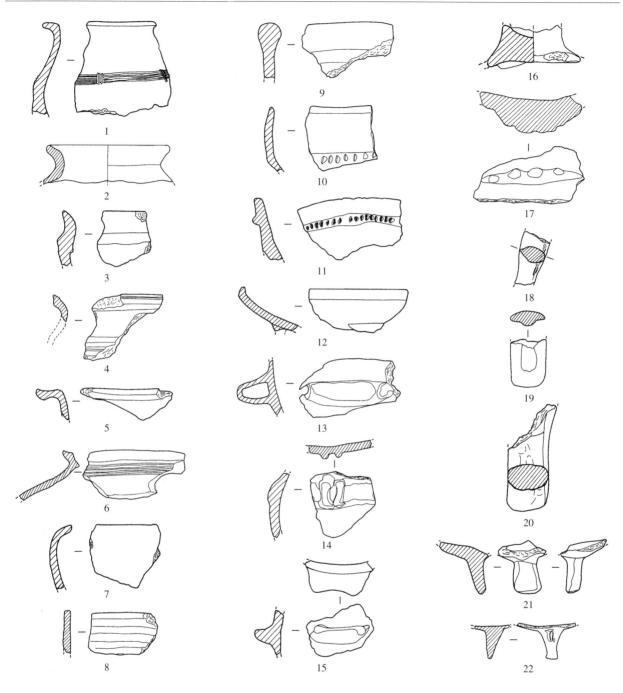

图一三　第②层出土陶片

1. 鼎口沿（GXT2A②：3588）　2. A 型罐口沿（GXT2D②：1527）　3. B 型罐口沿（GXT3G②：3591）　4. C 型罐口沿（GXT3G②：1295）
5. D 型罐口沿（GXT2A②：3696）　6. E 型罐口沿（GXT2A②：983）　7. 钵口沿（GXT2D②：3410）　8. A 型口沿（GXT2D②：3451）
9. B 型口沿（GXT3G②：1302）　10. C 型口沿（GXT3E②：1381）　11. D 型口沿（GXT3E②：3624）　12. 豆盘（GXT3E②：3573）　13. A
型器錾（GXT3E②：1298）　14. B 型器錾（GXT2C②：944）　15. C 型器錾（GXT2D②：3618）　16. 器盖（GXT2A②：3571）　17. D 型器
錾（GXT2A②：1280）　18. A 型器足（GXT3G②：1255）　19. B 型器足（GXT2A②：3501）　20. C 型器足（GXT3E②：3503）　21. D 型器
足（GXT3E②：3623）　22. E 型器足（GXT2A②：3568）　（2、6、10～13、19 为 1/4，余为 1/3）

面呈楔形，足面残留六个浅凹痕。宽 3.3、残长 8.5 厘米（图一三：20）。

　　D 型　1 片（GXT3E②：3623）。泥质红陶。长条形，上部连部分器腹。足内侧残留指窝痕和烟熏痕。宽 3、长 3.7 厘米（图一三：21）。

E 型　1 片（GXT2A②：3568）。泥质红陶。上部连部分微弧器腹，足根内侧与器腹相连处戳两道较深的凹槽。高 3 厘米（图一三：22）。

鼎足　16 片。分 10 型。

A 型　1 片（GXT3G②：1237）。夹砂红陶，砂粒径小于 0.2 厘米。断面呈 T 形，左右两侧面均饰七道刻划纹。宽 6.4、残高 8.2 厘米（图一四：1）。

B 型　1 片（GXT3E②：1238）。夹蚌红陶，蚌粒径 0.05 ~ 0.25 厘米。表面留有纵向抹痕和蚌粒脱落后的凹窝。不规则凿形。宽 2.8、残高 12 厘米（图一四：2）。

C 型　6 片。夹砂或夹蚌粒或夹谷糠粒。平面呈三角形，素面或戳刺或刻划。GXT2D②：3478，夹砂红陶，砂粒径小于 0.1 厘米。左侧面饰 19 个戳刺纹，右侧面饰 23 个戳刺纹。残高 14、厚 0.8 厘米（图一四：3）。

D 型　1 片（GXT2C②：3485）。夹谷糠黄褐陶，谷糠粒径约 0.5 厘米。平面呈倒梯形，断面呈长方形。表面饰少量戳刺纹。宽 3、残高 8 厘米（图一四：4）。

E 型　1 片（GXT2D②：3551）。夹蚌夹砂红陶，蚌砂粒径 0.1 ~ 0.15 厘米，有少量砂粒径达 0.2 厘米。长条形。足面有三道凹槽、一处浅按窝和蚌粒脱落后留下的凹窝。此陶片出土于 T2 红烧土面 3 内的方形坑底部。宽 6.7、残高 9 厘米（图一四：5）。

F 型　1 片（GXT2②：3566）。夹砂夹蚌红陶，砂粒径小于 0.2 厘米，蚌粒径约 0.1 厘米。足上部有两道垂直凸棱，两侧棱边分别切块泥形成凹槽。宽 4.5、高 6.8 厘米（图一四：6）。

G 型　2 片。长条形。足面、侧棱满布捏窝。GXT2D②：1548，夹砂夹谷糠红陶，砂粒径约 0.1 厘米，谷糠粒径 0.1 ~ 0.2 厘米。前后足面各饰两排捏窝，侧棱饰一排捏窝。宽 5、残高 6.3 厘米（图一四：7）。

H 型　1 片（GXT3F②：3567）。夹砂夹谷糠红陶，蠥和料粒径小于 0.1 厘米，表面留有蠥和料脱落后的凹窝。前后足面分别压四道规整的浅槽。宽 7.3、残高 7.8 厘米（图一四：8）。

I 型　1 片（GXT3E②：3496）。夹砂红陶，砂粒径小于 0.1 厘米。断面近弧形，足正面饰一叹号形刻槽，足根内侧残留加固足与器腹连接的泥片。宽 5.6、残高 12 厘米（图一四：9）。

J 型　1 片（GXT3G②：1246）。夹砂黄褐陶，砂粒径约 0.1 厘米。断面呈三棱形，足正面残留三短一长四道刻划纹。足根内侧面残留烟熏痕。宽 4、残高 8.5 厘米（图一四：10）。

圈足　8 片。分 3 型。

A 型　1 片（GXT2D②：1533）。泥质黑陶。足与器壁为一整体。足面饰六周凹弦纹和三道等距离短刻槽。宽 6、高 4.1 厘米（图一四：11）。

B 型　5 片。足壁向内弧，或穿孔或半穿孔或刻划。GXT3G②：1371，泥质红陶。足壁饰两道浅凸棱，由外向内穿孔。残宽 5.3、高 3.8 厘米（图一四：12）。

C 型　2 片。喇叭状，圈足较高。GXT2A②：1003，泥质黑陶，足面残留三个三棱戳刺纹，足沿面施一周凹槽。宽 6.6、高 6 厘米（图一四：14）。

纹饰陶片　7 片。分 7 型。

A 型　1 片（GXT2C②：950）。夹砂红陶，砂粒含量很小，砂粒径约 0.05 厘米，器表施一层红色陶衣。器表上下密布数道凹弦纹，间饰折线纹。宽 5.4、高 4.1 厘米（图一四：19）。

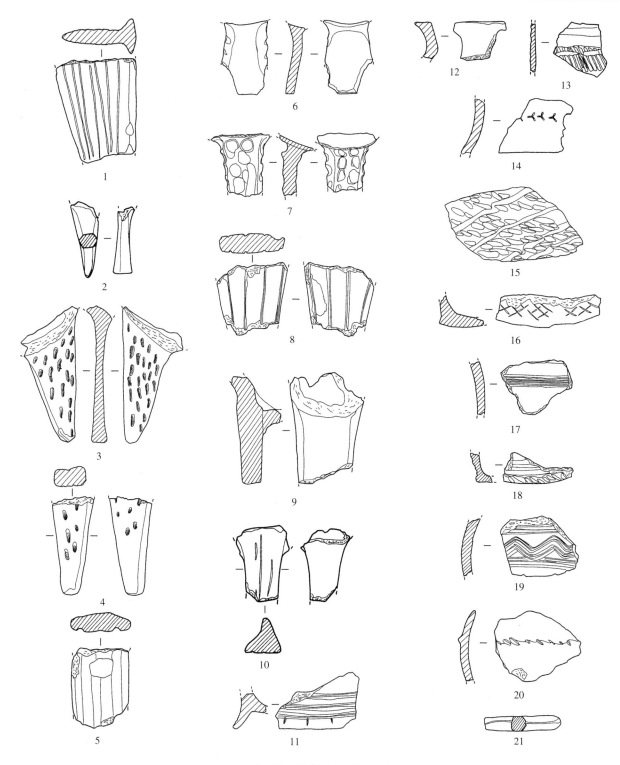

图一四　第②层出土陶片

1. A 型鼎足（GXT3G②:1237）　2. B 型鼎足（GXT3E②:1238）　3. C 型鼎足（GXT2D②:3478）　4. D 型鼎足（GXT2C②:3485）　5. E 型
鼎足（GXT2D②:3551）　6. F 型鼎足（GXT2②:3566）　7. G 型鼎足（GXT2D②:1548）　8. H 型鼎足（GXT3F②:3567）　9. I 型鼎足
（GXT3E②:3496）　10. J 型鼎足（GXT3G②:1246）　11. A 型圈足（GXT2D②:1533）　12. B 型圈足（GXT3G②:1371）　13. C 型纹饰陶
片（GXT2D②:3381）　14. C 型圈足（GXT2A②:1003）　15. F 型纹饰陶片（GXT2A②:3569）　16. B 型纹饰陶片（GXT2A②:1312）
17. D 型纹饰陶片（GXT2D②:3433）　18. E 型纹饰陶片（GXT2D②:3458）　19. A 型纹饰陶片（GXT2C②:950）　20. G 型纹饰陶片
（GXT2A②:3638）　21. 不明器（GXT2A②:911）　（1、4、11、18～21 为 1/3，2 为 1/6，余为 1/4）

B型　1片（GXT2A②：1312）。夹砂红褐陶，砂粒径0.15厘米。器表粗糙，密布凸起的砂粒。器表饰方格纹，方格纹相互打破。残宽10.5、残高3.2厘米（图一四：16）。

C型　1片（GXT2D②：3381）。夹砂红褐陶，含砂量大，砂粒径0.05～0.1厘米。器表粗糙，密布凸起的砂粒。上部饰两周凹弦纹，其下满饰篮纹。宽6、高6.2厘米（图一四：13）。

D型　1片（GXT2D②：3433）。夹砂红陶，砂粒径约0.1厘米。器表饰五周凹弦纹。宽7.5、高5.7厘米（图一四：17）。

E型　1片（GXT2D②：3458）。泥质灰陶。器壁饰三周凹弦纹，边缘饰一周压痕纹。宽5.2、高2.3厘米（图一四：18）。

F型　1片（GXT2A②：3569）。泥质黑陶。器表饰间断绳纹。宽15、高7.9厘米（图一四：15）。

G型　1片（GXT2A②：3638）。夹砂红陶。砂粒径0.05厘米。中部饰一周凸棱，棱上饰压痕纹。宽7、残高5.6厘米（图一四：20）。

不明器　1件（GXT2A②：911）。泥质红陶。棍状，一侧断面切割规整。器表一面有一道深度不均匀的凹槽，另一面较平，有两长三短的五条平行浅细划痕。长6.4、宽0.9厘米（图一四：21）。

（6）第①层　2片。均为彩陶片。

彩陶片　2片。GXT2A①：3176，泥质。腹片，器内外磨光，器表残留五道红彩。宽5.3、高6.6厘米。GXT2C①：3177，泥质。口沿，沿面饰两条带状红彩。宽4.6、高7.5厘米。

（三）红烧土块

红烧土　1块（GXT3F⑤：3184）。泥质红陶。表面粗糙，内侧残留四道夹棍痕迹。长11.4、宽9.4厘米。

四　结　语

薛城遗址2010年发掘区与1997年发掘区相距仅1.5米，主要收获为各地层的出土器物，因此按照地层选择了具有典型器物特征的遗物进行描述。

（一）遗址分期与文化内涵

薛城遗址的文化内涵较单纯，均属新石器时代。按照器物特征并结合1997年的发掘收获[2]，本次发掘亦可划分为下、中、上三层文化遗存，其中，第⑥层和第⑤层代表早期、第④层代表中期、第③层和第②层代表晚期。

早期未清理出遗迹，出土器物以陶片为主，石器极少。石器多通体磨光，穿孔一般为两面对钻，石器均反复修整多次利用。陶器以夹蚌红陶为主，厚胎粗糙，羼和料脱落严重，次为泥质红陶，再次为夹砂红陶。泥质陶陶质细腻，器表磨光，出现夹炭陶，但未见彩陶。鼎足形态较多，有三角形、瓦楞形、舌形，多饰按窝和戳刺纹。罐胎有夹砂、夹蚌粒和夹谷糠三类。泥质陶豆的胎质细腻，夹砂或夹谷糠豆外施陶衣；豆盘均敛口，弧腹，折肩或溜肩。器鋬多为鸡冠状，且均有手指按窝。豆或杯的高柄泥质黑陶细腻、厚胎并饰凸弦纹，夹砂陶胎体相对有较多钻孔。纹饰以素面为主，次为凹弦纹，圈足和罐的肩部多饰刻划纹。对陶器和陶片存在二次加工现象，作为装饰或工具。早期的代表性器形有鼎、罐、鸡冠状器鋬等。

中期，石器以锛为主，充分利用石块形状局部磨制，重视石器的多次修整和利用。陶器以夹砂红陶和夹蚌红陶为主，泥质陶数量上升，少量夹砂陶在器表装饰一层陶衣，夹炭陶消失。纹饰有刻划纹、指窝纹、凹弦纹、附加堆纹、镂孔等。代表性器形有鼎、罐、圈足器、豆、器盖等。中期文化层堆积厚，延续时间相对长，出土器物丰富，器形较多，应是薛城遗址的繁盛时期，可以代表"薛城文化类型"的特点。

晚期，石器均为锛，属于无法再次进行利用后丢弃，石器数量少、反复修整并多次利用，反映出石料资源的匮乏。陶器以夹砂红陶为主，泥质陶次之，夹谷糠陶数量增加，夹蚌陶数量明显减少。泥质陶的制作工艺低于中期。纹饰有凹弦纹、指按窝、刻划纹、篮纹、间断绳纹、折线纹、戳刺纹和附加堆纹。代表性器形有鼎、圈足器、罐、带鋬器等。

对于代表薛城遗址文化特点之一的彩陶，此次发掘仅在第①层里采集到两小块，失去原始地层，代表性相对较弱。

（二）遗址相对年代及意义

薛城遗址位于浪溪河、水阳江和青弋江三水汇入长江的古丹阳大泽之滨。丹阳湖地区古为中江流域，《汉书·地理志》载有"中江出西南，东至阳羡入海"，阳羡即今宜兴。古代的高淳处在皖江到太湖的水上交通要道上。通过与其他新石器时代文化的比较，薛城遗址某些文化因素与邻近地区相近似。此次发掘区紧邻 1997 年发掘区，地层对比如下（表一）。

表一	薛城遗址 2010 年发掘区与 1997 年发掘区地层对比
2010 年发掘区地层	1997 年发掘区地层
第⑥层、第⑤层	第 5 层
第④层	第 4 层
第③层	第 3 层
第②层	第 2 层
第①层	第 1 层

根据上表对比结果，薛城遗址的大体时代可以 1997 年发掘为准，早期约相当于马家浜文化中、晚期，中期约相当或略早于北阴阳营文化第二期，晚期约相当于崧泽文化中、晚期。

薛城遗址 2010 年的考古发掘达到了分别展示三期文化层的目的，同时部分补充了 1997 年的考古发掘资料。

附记：本次发掘工作领队为华国荣，参加发掘的人员有王志高、陈大海、王光明、张鹏祥、陈小进、梁玉根、王新国、王锡林、马永山、葛鹏云、周苏梁、濮阳康京、邢虎头、邢香菊和祝越等。此外，本次发掘得到了高淳区文化广电局、文物保管所等同仁的大力支持，在此致谢。

执　笔：王光明　葛鹏云

注　释

［1］　薛城遗址 1997 年发掘区编号为 T1，故 2010 年发掘区依次编号为 T2、T3。

［2］　南京市文物局等《江苏省高淳县薛城新石器时代遗址发掘简报》，《考古》2000 年第 5 期。

南京溧水洪蓝木头山汉墓发掘简报

南京市考古研究所

2008～2009年，南京市溧水区洪蓝镇仓口村与刘山岗村一带发生多次盗掘古墓事件。为确保文物安全，南京市博物馆考古部（现为南京市考古研究所）受南京市文物局委托于2009年对木头山汉墓群进行了调查并对一批被盗掘的墓葬进行了抢救性发掘。现将调查与发掘情况简报如下。

一　墓地概况

溧水中部山地为茅山山脉凸起绵延区，基本呈东西向走势，北部为秦淮河水系，南部为石臼湖水系（属于水阳江水系）。木头山是石臼湖北侧的一条低缓丘陵，南北向，东部为天生桥河，西部为低洼沟谷，南端濒临石臼湖湖区（图一）。经调查发现，木头山汉墓群分布范围广、密度大、时代跨度长，在洪蓝镇刘山岗村和仓口村之间的丘陵高地上均可见被盗掘的墓葬和散落的棺椁木板、墓砖及陶器碎片。墓葬依地势分布于南北长约1500、东西宽约200米的范围内，占地面积近30万平方米。仅发掘区域内就可见被盗掘的墓葬有100余座，盗洞密集，多数墓葬相距仅数米。根据对盗洞及散落的随葬器物的调查可以判断，此墓地的年代由西汉中晚期一直延续到东汉晚期。

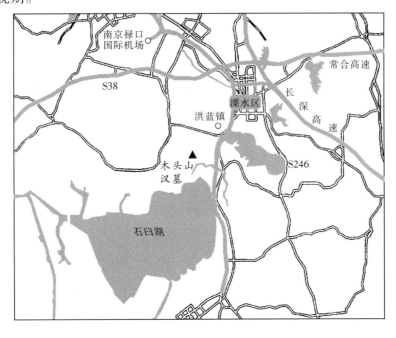

图一　墓地位置示意图

二　墓葬形制与出土器物

本次发掘的 10 座墓葬，墓坑均暴露于地表，几乎全部遭到盗掘。这 10 座墓分属两个墓地，其中一号墓地 3 座，二号墓地 7 座，对墓地周围的勘探结果表明，两处墓地均相对独立和完整。

一号墓地在二号墓地东 50 米处。一号墓地 3 座墓葬均为带斜坡墓道的竖穴土坑木椁墓，M1 居中朝东，M2 和 M3 相对分列两旁，平面分布呈"品"字形（图二）。二号墓地占地面积约 700 平方米，除位于墓地最南端的 M11 居中为南北向外，其余墓葬均为东西向，相对分列两排（图三）。最南端的 M11 和最北端的 M6 为竖穴土坑墓，中部的 M4、M5、M7、M8 和 M10 为带斜坡墓道的竖穴土坑木椁墓。二号墓地内还有 3 个坑状遗迹，分别编号为 K1 ~ K3（K3 原编号为 M9）。

墓葬的墓坑均开挖于生土上，墓坑和墓道的填土与生土颜色相近，均呈红褐色，仅夹杂部分黄褐色颗粒或少量青膏泥斑块，未见夯打痕迹。葬具均为棺椁结构，木椁外涂一层青膏泥；木棺形制相同，均为长方形独木棺。

（一）M1

1. 墓葬形制

M1 斜坡墓道方向 65°。墓坑上部略呈圆形，下部缩小为长方形，开口南北长 4.18、东西宽 3.96

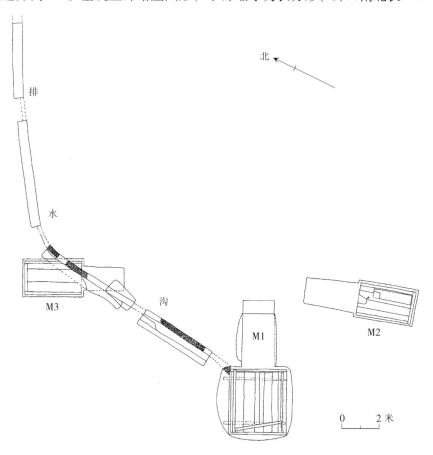

图二　一号墓地墓葬平面分布图

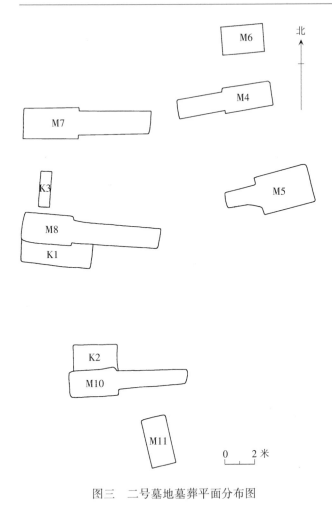

图三　二号墓地墓葬平面分布图

米，残深 1.3 米。斜坡墓道有二次开挖现象，原墓道残长 3.5、宽 1.76 米，坡度 20°，斜坡至墓底；二次墓道略宽，残长 2.8、宽 2.18 米，坡度 10°，斜坡底距墓底 0.6 米（图四）。

椁室底部东北角起设排水沟，排水沟采取明沟和暗沟相结合的方式，东北向延伸至一处洼地，全长约 24 米。共有四条明沟，分别长 4~6 米，暗沟长 1 米余。第一段明沟开口长 4.3、宽 0.95、深约 1.36 米，距底部 0.6 米处一侧收分形成两个层台，宽度缩小为 0.32 米；沟底填塞鹅卵石，厚约 0.4 米，卵石上铺一层木板，厚约 0.04 米，板上密封一层青膏泥，厚约 0.2 米（彩版一：1）。

墓室葬具为一椁两棺。椁室平面呈长方形，长 3.4、宽 2.9、高 1.12 米。椁底垫两根圆木，底板由六块木板拼成。椁室前壁有六块挡板，其余三壁各为上下两块木板拼成，顶板虽被破坏严重，仍可看出其一端与前壁挡板以榫卯搭扣。椁室所用木板，除前挡板仅厚 0.1 米外，余皆厚约 0.15 米。两棺位于椁内偏西北侧，间距约 0.1 米。木棺结构相同，平面均呈长方形，前后挡板和盖板与棺身榫卯接合，除前后挡板厚 0.1 米外，其余厚约 0.14 米。南棺略大，内长 2、宽 0.5、高 0.52 米，北棺内长 1.96、宽 0.4、高 0.5 米。

2. 出土器物

此墓共随葬釉陶器、陶器、铜器等 23 件（组），主要集中于椁内南部、北部和东部，棺内仅存部分铜钱。

釉陶壶　5 件。形制相似。喇叭口，直颈，圆鼓腹。肩部贴附一对桥形耳，耳饰叶脉纹。颈下部饰一组水波纹，肩部饰粗弦纹带两组或三组。灰白胎，胎质较硬。腹部以上施黄褐色釉。根据器形大小和耳部不同，分 3 型。

A 型　2 件。器形较大，矮圈足。口沿下饰一组水波纹。耳上有横 S 形装饰，耳下挂环。肩部弦纹带凸起。下腹较光滑，呈赭红色。M1：1，口径 17.6、足径 16.8、高 43 厘米（图五：1；彩版一：2）。M1：2，口径 17.7、足径 16.8、高 43.8 厘米（图五：2）。

B 型　2 件。耳上有横 S 形装饰，无环。下腹凹凸明显。M1：3，平底。口径 16、底径 15、高 35.5 厘米（图五：3）。M1：4，残甚。残高 28 厘米。

C 型　1 件（M1：5）。器形较小，矮圈足，下腹凹凸明显。耳部无装饰。足径 11.4、残高 21 厘米（图五：4）。

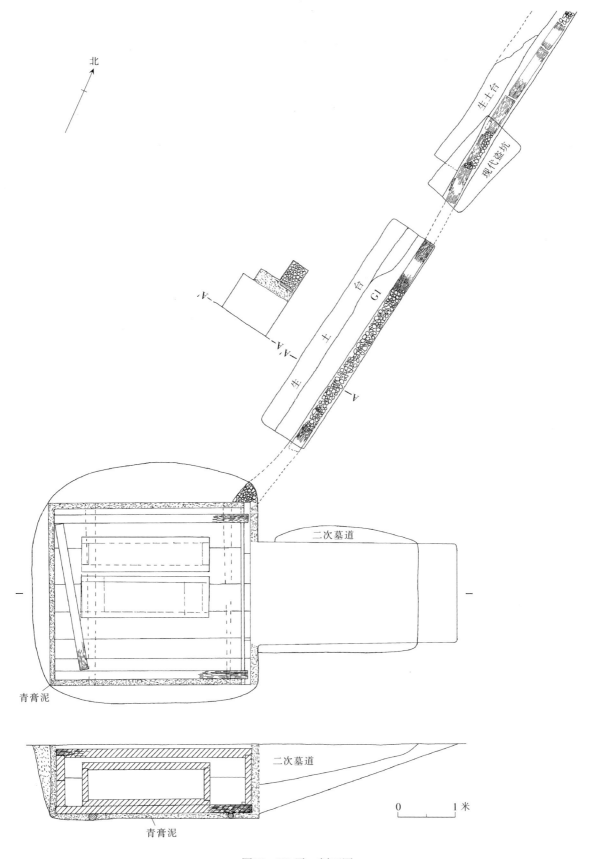

北

二次墓道

青膏泥

二次墓道

青膏泥

0　　　　1 米

图四　M1 平、剖面图

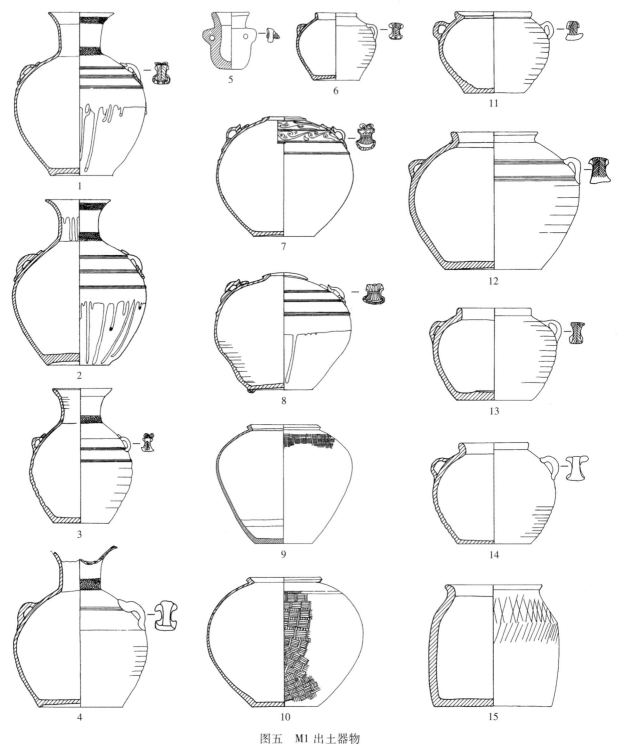

图五　M1 出土器物

1、2. A 型釉陶壶（M1∶1、2）　3. B 型釉陶壶（M1∶3）　4. C 型釉陶壶（M1∶5）　5. 陶水桶（M1∶16）　6、12～14. B 型陶罐（M1∶14、11～13）　7、8. 釉陶瓿（M1∶6、7）　9、10. 陶罍形罐（M1∶8、9）　11. A 型陶罐（M1∶10）　15. 陶井（M1∶15）　（1～3、6～10 为 1/10，余为 1/5）

釉陶瓿　2 件。形制相同。小口，宽平唇，圆鼓腹，平底。肩部贴附一对衔环兽形耳，并饰三组凸弦纹带。上腹部施釉。M1∶6，耳上有羊角形装饰。肩部弦纹带间刻划云气纹。脱釉现象严重。口径 12、底径 16.5、高 31.6 厘米（图五∶7；彩版一∶3）。M1∶7，耳上有横 S 形装饰。口径

13.5、底径 17.5、高 31.5 厘米（图五：8）。

　　陶罍形罐　2 件。侈口，斜平唇，平底。通体模印梳篦纹或席纹。未施釉。M1∶8，下腹斜收。口径 21、底径 15.6、高 31.5 厘米（图五∶9）。M1∶9，圆鼓腹。口径 20.2、底径 18、高 34 厘米（图五∶10；彩版一∶4）。

　　陶罐　5 件。器形相似，弧腹，平底。肩部贴附一对桥形耳，耳饰叶脉纹，通体凹凸明显。根据口部不同，分 2 型。

　　A 型　1 件（M1∶10）。侈口，尖唇。因火候原因，通体呈赭红色。口径 10.3、底径 8、高 10.6 厘米（图五∶11）。

　　B 型　4 件。直口，圆唇。通体呈灰色。M1∶11，肩部饰两组凸弦纹带。口径 11.8、底径 13、高 18.4 厘米（图五∶12）。M1∶12，口径 10.1、底径 10、高 12.2 厘米（图五∶13）。M1∶13，口径 9.5、底径 9.9、高 13.3 厘米（图五∶14）。M1∶14，口径 10.9、底径 12.2、高 17.7 厘米（图五∶6）。

　　陶井　1 组 2 件。由井和水桶组成（彩版一∶5）。M1∶15，井。唇外翻，溜肩，直腹，平底。肩和上腹部刻划斜线。口径 13.2、底径 15.6、高 16.2 厘米（图五∶15）。M1∶16，水桶。侈口，束颈，垂腹，近圜底。有两耳。口径 5.1、高 7.5 厘米（图五∶5）。

　　陶灶　1 件（M1∶17）。残碎。

　　铜洗　1 件（M1∶18）。沿外敞，深腹，平底，下附三个乳丁状足。腹部有对称的桥形耳，耳饰兽面。口径 26、底径 12.8、高 12 厘米（图六∶1）。

　　铜釜　1 件（M1∶19）。直口，平唇，上腹直，下腹斜收，平底。口外有一对对称的立耳。素面。口径 10.4、高 5 厘米（图六∶3）。

　　铜梳刷　1 件（M1∶20）。烟斗状，圆柄螭首，柄端扁平，有一栓系用的小孔。长 11.8 厘米（图六∶2）。

　　铜饰　1 件（M1∶21）。应为兽面形贴饰，锈蚀不清。长 5.7、宽 3.6、厚 1 厘米。

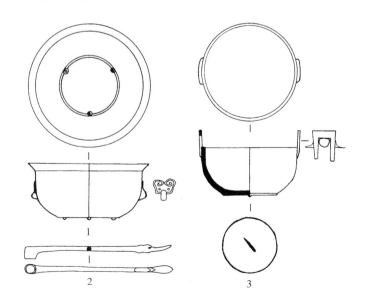

图六　M1 出土铜器
1. 洗（M1∶18）　2. 梳刷（M1∶20）　3. 釜（M1∶19）　（1 为 1/8，2 为 1/3，余为 1/4）

铜钱　1组155枚（M1:22）。皆为"五铢"，个别锈蚀严重。大小近同，钱径2.3、穿宽1.1厘米。根据钱文特征可分为三种。第一种，"五"字瘦长，交笔略有弯曲，"铢"字"金"头低于"朱"头呈三角形，"朱"头方折。第二种，"五"字宽大，交笔斜直，"朱"字上折下圆。第三种，"五"字两横出头接于外郭，交笔弯曲，"朱"头方折。

铅残件　2件（M1:23）。或为一件断裂而成。扁平条状。表面氧化。其中一件长14.4、宽2.8、厚0.8厘米。

（二）M2

1. 墓葬形制

M2斜坡墓道方向350°。墓坑长3.38、宽2、残深1.38米。斜坡墓道位于墓坑北部正中，残长3、宽1.4~1.6米，坡度约25°。葬具为一椁两棺，椁外密封一层青膏泥，厚约0.12米。椁长3.16、宽1.78、残高0.92米。椁底板由四块木板拼成，四面挡板盗毁严重，情况不明，椁板厚约0.14米。东棺板朽甚，残厚0.05米，可辨长2.1、内宽0.33米，西棺被毁坏殆尽（图七）。

2. 出土器物

此墓因被盗损严重，出土器物多数难以修复，可辨器形有釉陶壶2件、釉陶瓿1件、陶叠形罐2件、陶罐2件、陶井1件（内有陶水桶）、陶灶1件（上有陶甑、铁釜）及铜洗、铜钱、铅段等，其中陶叠形罐、陶灶、陶井、铅段等虽无法修复，但其形制与M1出土同类器相近。

釉陶壶　2件。圆鼓腹，矮圈足。M2:2，喇叭口，直颈。肩部贴附一对桥形耳，耳饰叶脉纹，上有横S形装饰。颈部饰一组水波纹，肩和上腹部饰三组凸弦纹带。上腹施釉，脱落殆尽。口径13.8、足径14.2、高34.4厘米（图八:1）。M2:3，上部残缺。腹径27.8、足径15、残高28厘米（图八:4）。

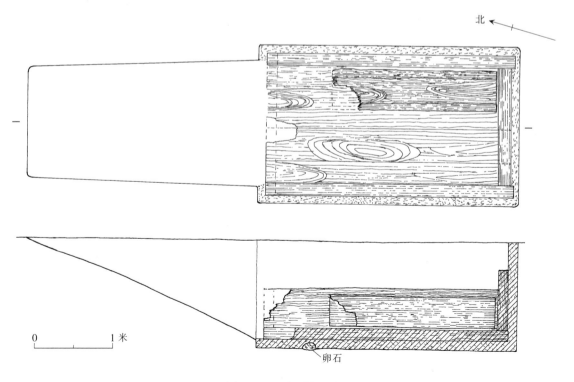

北

0　　　　1 米

卵石

图七　M2 平、剖面图

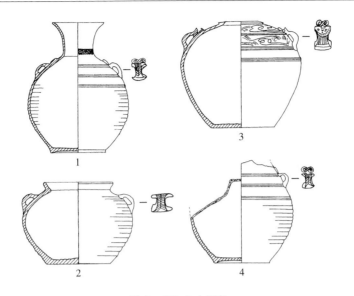

图八　M2 出土器物
1、4. 釉陶壶（M2:2、3）　2. 陶罐（M2:4）　3. 釉陶瓿（M2:1）　（2 为 1/5，余为 1/10）

釉陶瓿　1 件（M2:1）。宽平唇，圆鼓腹，平底。肩部贴附一对兽形耳，耳上有横 S 形装饰。肩部饰三组凸弦纹带，间饰刻划云鸟纹。口径 11.8、底径 16.8、高 28.2 厘米（图八:3）。

陶罐　2 件。形制相同，大小相近。侈口，圆鼓腹，平底。肩部贴附一对桥形耳，耳饰叶脉纹。通体凹凸明显。M2:4，口径 9.2、底径 8.3、高 10.8 厘米（图八:2）。M2:5，口径 10、底径 8、高 10.5 厘米。

铜洗　1 件（M2:6）。敞口，腹部以下残。口径 21.8、残高 5.6 厘米。

铜钱　2 枚。均为"五铢"，磨郭。M2:7，"五"字交笔略弯曲，"朱"头方折。钱径 2.1、穿宽 1.1 厘米。

（三）M3

1. 墓葬形制

M3 位于 M1 东北向，打破 M1 的排水沟。M3 与 M2 结构相似，斜坡墓道方向 155°。墓坑长 3.28、宽 2、残深 1 米。墓道残长 2.2、宽 1.32 米，坡度约 22°。椁底由三块木板组成，中间一块两侧裁口，两边两块各一侧裁口，搭接而成。棺被盗出，情况不明（图九）。

2. 出土器物

此墓被盗损严重，出土器物多数无法修复。可辨器形有釉陶壶 1 件、釉陶瓿 2 件、陶叠形罐 2 件、陶罐 2 件、陶灶 1 件，另有铜钱若干。其中釉陶瓿、陶叠形罐和陶灶等无法提取，但其形制与 M1 出土同类器相近。

釉陶壶　1 件（M3:1）。喇叭口，直颈，圆鼓腹，平底。肩部贴附一对桥形耳，耳饰叶脉纹，上有横 S 形装饰。颈部饰一组水波纹，肩和上腹部饰三组凸弦纹带，间饰刻划变形云气纹。口径 15.6、底径 15.4、高 38.2 厘米（图一○:1）。

陶罐　2 件。M3:2，圆唇，高领，斜肩，鼓腹，平底。颈肩部饰一组弦纹带，上腹满饰席纹，下腹满饰菱形纹，内填斜线。口径 20、底径 19、高 29.4 厘米（图一○:2）。M3:3，敞口，圆唇，

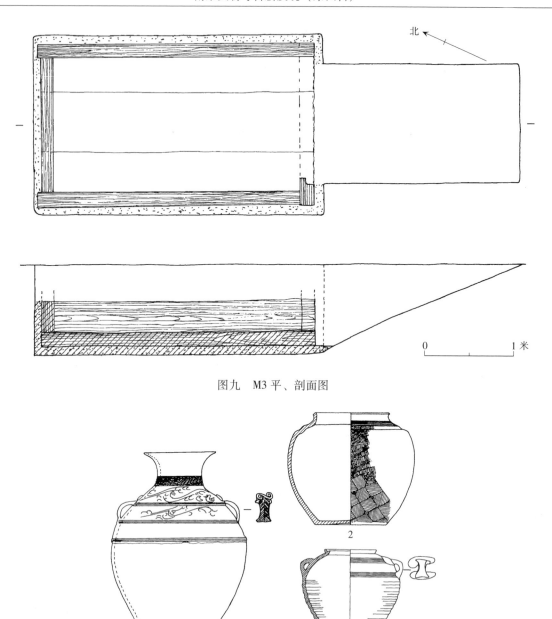

图九　M3 平、剖面图

图一〇　M3 出土器物
1. 釉陶壶（M3:1）　2、3. 陶罐（M3:2、3）　（2 为 1/10，余为 1/8）

圆鼓腹，平底。肩部贴附一对桥形耳，耳饰叶脉纹，肩部饰两组弦纹带。口径 11、底径 11、高 17.8 厘米（图一〇:3）。

铜钱　10 余枚。均为剪轮"五铢"，多锈蚀严重。M3:4，"五"字瘦长，交笔略弯曲，"朱"头方折。钱径 2.5、穿宽 1 厘米。

（四）M4

1. 墓葬形制

M4 斜坡墓道方向 258°。墓坑长 3.2、宽 1.56、残深 1.54 米。墓坑南壁近椁室高度留有二层台，宽 0.1 米。墓道残长 3、宽 1.2 米，下部平缓，上部坡度 35°，有三个脚窝。葬具为一椁一棺，椁外密封一层青膏泥，厚 0.1～0.2 米。椁室长 2.62、宽 1.12、高 0.9 米。椁底板由五块木板拼成。棺位于椁室北侧，内长 1.96、宽 0.44、高 0.44 米。棺南侧与椁室之间的空间形成边箱，长 2.35、宽 0.3 米（图一一）。

2. 出土器物

此墓被盗，出土器物主要发现于棺南侧边箱，均为陶器。共 8 件，其中陶灶无法修复。

陶壶　2 件。形制相同。喇叭口，直颈，圆鼓腹。肩部贴附一对桥形耳，耳饰叶脉纹。颈部饰一组水波纹，肩部饰两组凸弦纹带，下腹凹凸明显。器身呈暗红色，未施釉。M4∶2，矮圈足。肩部刻划变形云气纹。口径 15、足径 10.2、高 28.5 厘米（图一二∶1）。M4∶6，平底。口径 15、底径 12.3、高 29.4 厘米（图一二∶3）。

陶瓿　2 件。形制相同，大小相近。宽平唇，圆鼓腹，平底。肩部贴附一对兽形耳。肩部和上腹部饰三组或一组凸弦纹带。器身呈灰色，未施釉。M4∶4，口径 11.2、底径 12.6、高 21.5 厘米（图一二∶2）。M4∶8，口径 11.4、底径 13.8、高 21.4 厘米（图一二∶4）。

陶罐　1 件（M4∶1）。口略侈，圆鼓腹，平底。肩部贴附一对桥形耳。通体凹凸明显。口径 10、底径 10、高 13.2 厘米（图一二∶5）。

陶井　1 组 2 件。M4∶7，井。近盘口，束颈，斜肩，下腹斜收，平底略外凸。口径 13.2、高 21 厘米（图一二∶7）。M4∶5，罐。侈口，束颈，圆鼓腹，圜底。腹部及底部有多个刮削平面。口径 4.6、高 6.7 厘米（图一二∶6）。

（五）M5

1. 墓葬形制

M5 与 M4 平行相距 4.2 米，斜坡墓道方向 260°。墓坑长 3.6、宽 2.32、残深 0.8 米。墓道位于墓

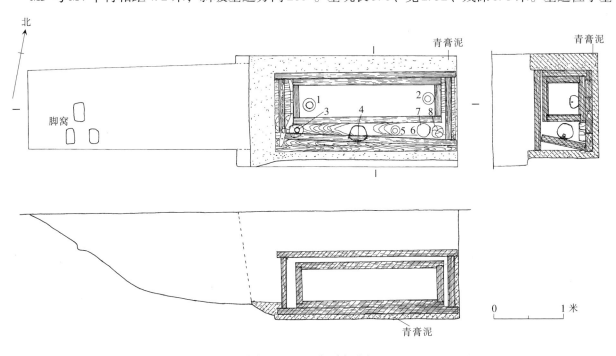

图一一　M4 平、剖面图

1、5. 陶罐　2、6. 陶壶　3. 陶灶　4、8. 陶瓿　7. 陶井

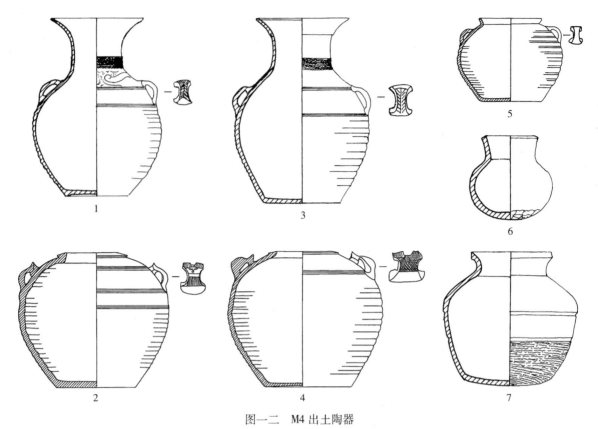

图一二　M4 出土陶器

1、3. 壶（M4:2、6）　2、4. 瓿（M4:4、8）　5、6. 罐（M4:1、5）　7. 井（M4:7）　（6 为 1/3，余为 1/6）

坑西部正中，残长 2.3、宽 1.2 米，坡度 15°。在墓道和墓室连接处，两侧各摆放了半块青砖。墓内葬具腐朽严重，可辨一椁两棺结构。椁顶部及四边均朽尽，底板由九块木板横向拼接而成。椁室与墓坑间填塞青膏泥。两棺位于椁室正中，腐朽严重。北棺残长 2、内宽 0.5 米（图一三；彩版二:1）。

2. 出土器物

此墓被盗严重，出土的陶器集中位于椁室西北角，南棺内出土铜镜、铜弩机、铁刀等。个别陶器保存较差，出土时仅可辨器形，如罐、灶均已无法修复。

陶壶　5 件。形制相同，两大三小。盘口，直颈，圆鼓腹，平底。肩部贴附一对桥形耳，耳饰叶脉纹。大者颈部饰一组水波纹，肩部饰两组凸弦纹带。M5:8，口径 13、底径 13.2、高 32.6 厘米（图一四:1）。M5:12，盘口缺。残高 27.5 厘米。小者颈部无纹饰，盘口及肩部饰凹弦纹。M5:9，口径 11、底径 9.4、高 27.1 厘米（图一四:3）。M5:10，口径 11.3、底径 8.7、高 26 厘米（图一四:4）。M5:6，残甚。

铜镜　1 件（M5:1）。边缘略缺损，镜面光滑，图案清晰。尚方规矩镜，圆形，圆纽，柿蒂形纽座。外圈两周锯齿纹间饰一周双线三角纹，内圈围绕博局对称分布八个乳丁和八个神兽。内外圈间有铭文一周，内容为"尚方作竟真大好，上有仙人不知老"。直径 15 厘米（图一五）。

铜弩机　1 件（M5:2）。轴孔中尚有木质键。长 11.4、宽 2.2 厘米（图一四:2）。

铁柄　1 件（M5:3）。锈蚀严重。圆柱状，一端略扁平。残长 6 厘米。

铁刀　1 件（M5:5）。锈蚀严重。出土时，痕迹残长 80、残宽约 3 厘米。

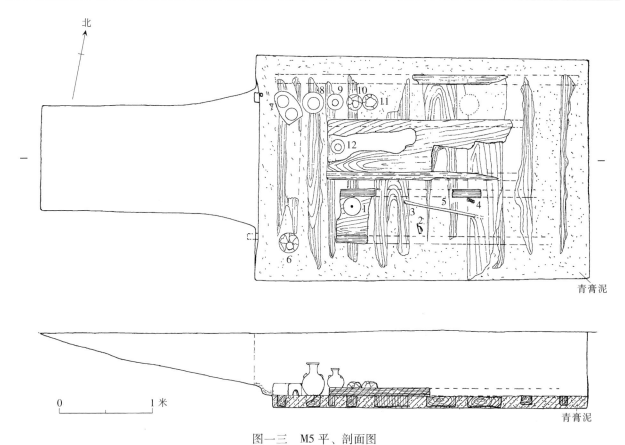

图一三　M5 平、剖面图

1. 铜镜　2. 铜弩机　3. 铁柄　4. 铜钱　5. 铁刀　6、8~10、12. 陶壶　7. 陶灶　11. 陶罐

铜钱　10 余枚（M5:4）。南部棺内出土。均为"五铢"，绿锈，外郭浅薄，无内郭。"五"字交笔弯曲，"朱"头圆折。钱径 2.5、穿宽 1.1 厘米。

（六）M7

1. 墓葬形制

M7 斜坡墓道方向 88°。墓坑长 3.6、宽 2、残深 2.26 米。墓道在墓坑东侧正中，残长 4.8、宽 1.6 米，坡度 20°。葬具为一椁两棺结构，其中北棺被盗出。椁长 3.06、宽 1.78、残高 0.8 米，椁板厚 0.1~0.16 米。底板由四块木板拼成，顶不存，前端为竖立的挡板，残存三块。南棺内长 2、宽 0.42、高 0.42 米（图一六）。

2. 出土器物

器物主要出土于椁室西北角，铜钱在南棺内出土 2 枚，其余均出土于椁底板上。

陶壶　1件（M7:3）。喇叭口，直颈，圆鼓腹，矮圈足。肩部贴附一对桥形耳，耳饰叶脉纹。颈部饰一组水波纹，肩部和上腹部饰三组凹弦纹带。口径 15、足径 12.4、高 35 厘米（图一七:1）。

陶瓿　2件。形制、大小均相同。宽平唇，圆鼓腹，平底。肩部贴附一对兽形耳，肩部饰三组凸弦纹带。M7:5，口径 10.4、底径 13、高 21.4 厘米（图一七:3）。M7:7，口径 10.4、底径 12.8、高 22.5 厘米（图一七:6）。

陶罐　1件（M7:8）。口微敞，圆唇，圆鼓腹，平底。肩部贴附一对桥形耳。下腹凹凸明显。

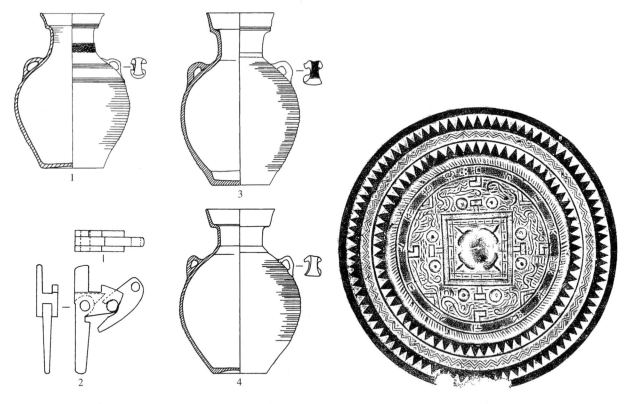

图一四　M5 出土器物

1、3、4. 陶壶（M5:8～10）　2. 铜弩机（M5:2）

（1 为 1/8，2 为 1/4，余为 1/6）

图一五　铜镜（M5:1）拓片（1/2）

口径 10.2、底径 9.4、高 12.6 厘米（图一七:4）。

　　陶井　1 件（M7:6）。敞口，束颈，溜肩，直腹，圈底。下腹及底部可见绳纹。口径 15.4、高 23.2 厘米（图一七:2）。

　　陶灶　1 件（M7:9）。船形，灶门呈梯形，后部有流状烟囱。长 53、宽 37.6、高 22 厘米（图一七:7）。

　　铜盆　1 件（M7:4）。锈蚀。口沿斜敞，浅弧腹，小平底。器壁较薄。口径 22、底径 8、高 6.8 厘米（图一七:5）。

　　铜钱　10 余枚。均为"五铢"。根据钱文特征可分为两种。第一种，"五"字瘦长，交笔斜直，"朱"头方折。M7:1，钱径 2.2、穿宽 1 厘米。第二种，"五"字交笔弯曲，"朱"头方折。M7:2，钱径 2.4、穿宽 1.1 厘米。

　　（七）M8

　　1. 墓葬形制

　　发掘前，墓室正中的大盗洞内有三块被拉扯上来的椁板，板上可见黑色漆皮。M8 打破 K1 北部，K1 长 5、残宽 1.6、残深 0.6 米。M8 斜坡墓道方向 92°。墓坑长 3.6、宽 2、深 2.6 米。墓道位于墓坑东部正中，残长 5.8、宽 1.24～1.32 米，坡度 22°。葬具为一椁两棺。椁长 3.12、宽 1.64、高 1.16 米。椁底板由四块木板拼成，南北侧均为一块厚重的整板，后壁两块板，前端竖立四块挡板，挡板上端前后以两木条加固。椁板厚重，厚约 0.15 米，其中南侧板厚达 0.2 米。两棺

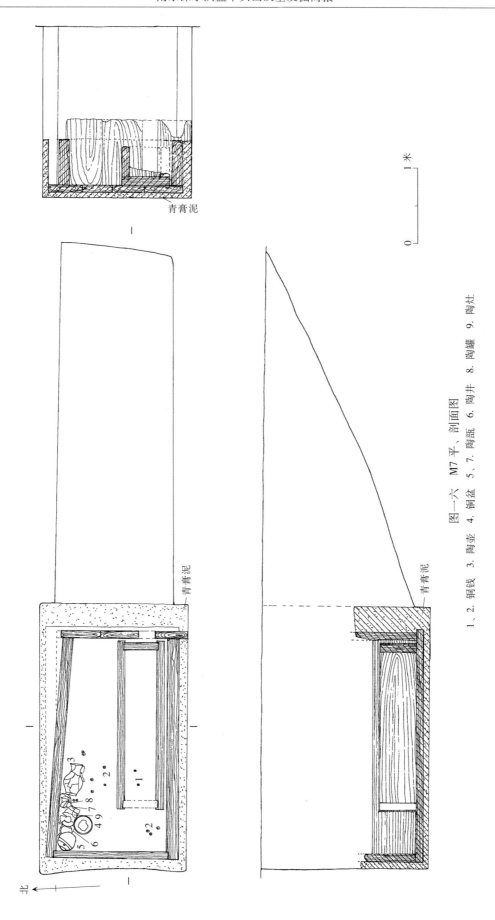

青膏泥

图一六　M7 平、剖面图

1、2. 铜钱　3. 陶壶　4. 铜盆　5、7. 陶瓿　6. 陶井　8. 陶罐　9. 陶灶

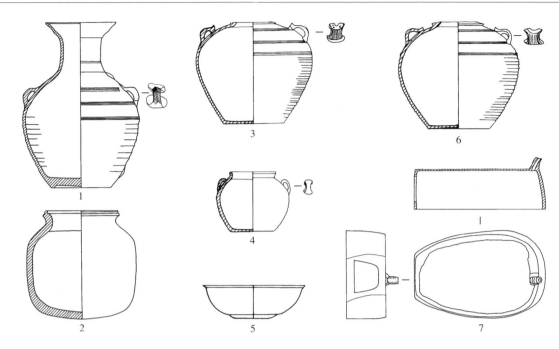

图一七　M7 出土器物

1. 陶壶（M7：3）　2. 陶井（M7：6）　3、6. 陶瓿（M7：5、7）　4. 陶罐（M7：8）　5. 铜盆（M7：4）　7. 陶灶（M7：9）　（7 为 1/16，余为 1/8）

结构相同，大小相近，南棺略大，内长 2、宽 0.4、高 0.45 米，北棺略小，内长 1.95、宽 0.4、高 0.4 米（图一八；彩版二：2）。

2. 出土器物

由于墓葬被盗，出土器物较少，主要集中于棺前。其中陶壶、陶灶均残甚，无法修复。

陶罐　1 件（M8：1）。口微敞，圆唇，圆鼓腹，平底。肩部贴附一对桥形耳，耳饰叶脉纹。口径 10.6、底径 10.2、高 13.8 厘米。

铁釜　1 件（M8：4）。圜底。残高 5.6 厘米。

铜钱　1 组 11 枚。均为"五铢"，磨郭。根据钱文特征可分两种。第一种，10 枚。"五"字交笔弯曲，"朱"头方折。M8：3－1，钱径 2.3、穿宽 1 厘米。第二种，1 枚（M8：3－2）。"五"字斜交，"朱"头方折。钱径 2.2、穿宽 1 厘米。

（八）M10

1. 墓葬形制

M10 位于 M8 以南，二者相距 7.5 米。M10 打破 K2 南侧，K2 长 2.86、残宽 1.62、残深 0.64 米。M2 斜坡墓道方向 90°。墓坑长 3.15、宽 1.8、残深 1.4 米。墓道位于墓坑东部略偏北，残长 4.66、宽 0.94～1.16 米，底部偏西有一个明显的台阶，台阶以上坡度约 15°，台阶以下较为平缓，坡度约 8°。葬具为一椁两棺，棺椁均腐朽严重。椁前挡由两块木板横向拼成，有别于其他木椁（图一九）。

2. 出土器物

器物除铜钱出土于棺内以外，其余均位于棺前端。其中，陶井、陶灶及其上所附陶瓿、铁釜均无法修复。

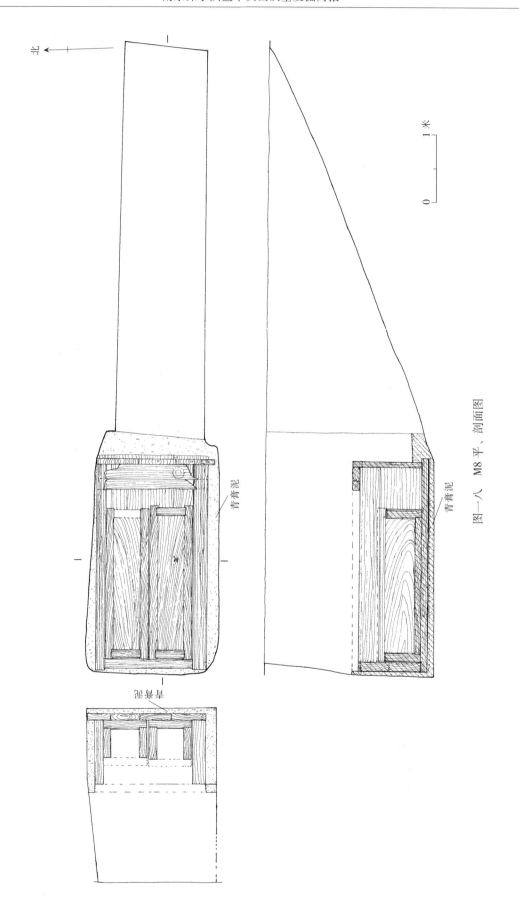

北

青膏泥

青膏泥

图一八 M8 平、剖面图

0 ___ 1 米

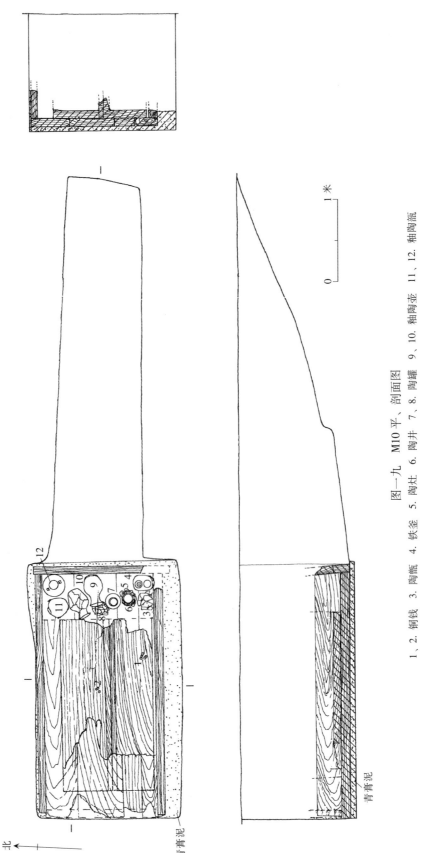

图一九　M10 平、剖面图

1、2. 铜钱　3. 陶甑　4. 铁釜　5. 陶灶　6. 陶井　7、8. 陶罐　9、10. 釉陶壶　11、12. 釉陶瓿

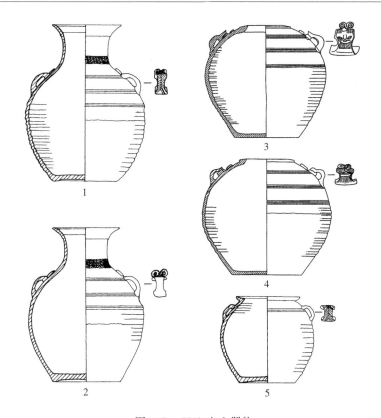

图二〇　M10 出土器物

1、2. 釉陶壶（M10：9、10）　3、4. 釉陶瓿（M10：11、12）　5. 陶罐（M10：7）　（均为1/8）

釉陶壶　2件。形制相同，大小相近。喇叭口，直颈，圆鼓腹，矮圈足。肩部贴附一对桥形耳，上有横S形装饰。颈部饰一组水波纹，上腹饰三组凸弦纹带。脱釉现象严重。M10：9，耳饰叶脉纹。口径15、足径13.6、高33.2厘米（图二〇：1）。M10：10，口径14.4、足径14.4、高32.7厘米（图二〇：2）。

釉陶瓿　2件。形制相同。宽平唇，圆鼓腹，平底。肩部贴附一对兽形耳，上有羊角形装饰。上腹部饰三组凸弦纹带。M10：11，釉脱殆尽。口径11.2、底径14、高23.8厘米（图二〇：3）。M10：12，着釉明显。口径12、底径15.2、高24.7厘米（图二〇：4）。

陶罐　2件。其中一件无法修复。M10：7，敞口，圆鼓腹，平底内凹。肩部贴附一对桥形耳，耳饰叶脉纹。器身凹凸明显。口径14、底径12、高18.3厘米（图二〇：5）。

铜钱　2组18枚。其中南棺出土4枚（M10：1），均为"大泉五十"；北棺出土14枚（M10：2），包括"大泉五十"5枚，剪轮"五铢"9枚。"五铢"锈蚀不清。"大泉五十"钱文特征相同，钱径2.6、穿宽0.8厘米。

（九）M6

1. 墓葬形制

M6位于二号墓地最北端，与M4平行，二者相距仅2米。M6为长方形竖穴土坑墓，无墓道，方向258°。墓坑长2.9、宽1.8、残深0.66米。葬具仅见一棺，从棺西侧残留的朽木来看，椁室或已完全腐朽。仅存的一棺也被盗掘，盖板及前后挡板不存，残长1.92、内宽0.45米（图二一）。

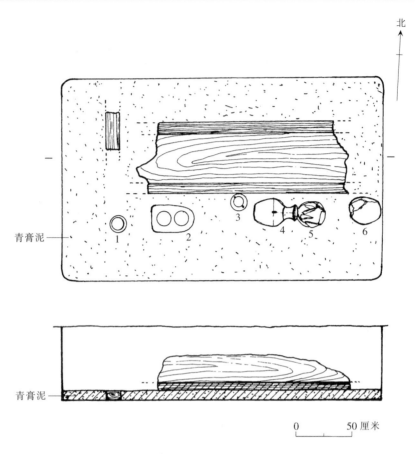

北

青膏泥 ——

1　　　2　　　　3　　　4　5　　　6

青膏泥 ——

0　　　　50 厘米

图二一　M6 平、剖面图
1. 陶井　2. 陶灶　3. 陶罐　4、6. 陶壶　5. 陶瓿

2. 出土器物

出土器物集中放置于棺南侧。均为陶器，其中陶灶残甚，无法修复。

陶壶　2 件。喇叭口，直颈，圆鼓腹，矮圈足。肩部贴附一对桥形耳，耳饰叶脉纹，上有羊角形装饰。颈部饰一组水波纹，上腹部饰两组凸弦纹带。火候不高，通体呈浅红色，未施釉。M6：4，口径 15、足径 14.4、高 34 厘米（图二二：1）。

陶瓿　1 件（M6：5）。上部残缺，平底。残高 19 厘米（图二二：2）。

陶罐　1 件（M6：3）。侈口，圆鼓腹，平底。肩部贴附一对桥形耳，耳饰叶脉纹。器身凹凸明显。口径 9.2、底径 8.4、高 12.4 厘米（图二二：3）。

陶井　1 件（M6：1）。敞口，平唇，束颈，直腹，平底。肩部饰水波纹。口径 13.7、底径 12.4、高 14.1 厘米（图二二：4）。

（十）M11

1. 墓葬形制

M11 位于墓地最南端。长方形竖穴土坑墓，无墓道，方向 165°。墓坑长 3.2、宽 1.68、残深 0.78 米。葬具朽甚，仅于墓底有一长方形木质朽痕，具体棺椁结构不明（图二三）。

2. 出土器物

釉陶壶　1 件（M11：1）。口颈缺，圆鼓腹，矮圈足。肩部贴附一对桥形耳，耳饰叶脉纹。上腹部饰两组凹弦纹带。足径10.2、残高21.2厘米（图二四：1）。

陶罐　1件（M11:4）。直口，平唇，圆鼓腹，平底内凹。肩部贴附一对桥形耳，耳饰叶脉纹。腹部凹凸明显。口径13、底径12、高20.1厘米（图二四：2）。

铁刀　1件（M11:2）。残。残长18、宽2.8~3.2、背厚0.8厘米（图二四：3）。

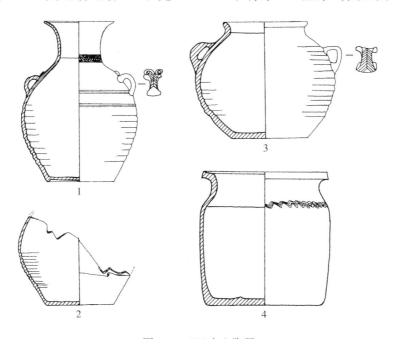

图二二　M6 出土陶器

1. 壶（M6:4）　2. 瓿（M6:5）　3. 罐（M6:3）　4. 井（M6:1）　（1、2为1/8，余为1/4）

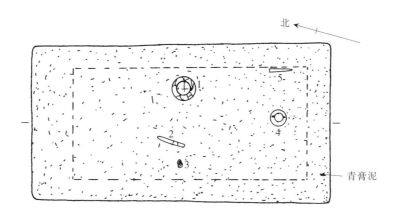

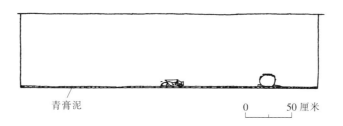

图二三　M11 平、剖面图

1. 釉陶壶　2. 铁刀　3. 铜钱　4. 陶罐　5. 铁矛

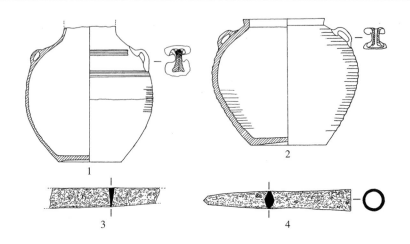

图二四　M11 出土器物

1. 釉陶壶（M11：1）　2. 陶罐（M11：4）　3. 铁刀（M11：2）　4. 铁矛（M11：5）　（均为 1/6）

铁矛　1件（M11：5）。残。矛叶断面呈菱形，圆銎。长 23.6 厘米（图二四：4）。

铜钱　7枚（M11：3）。均为"五铢"，锈蚀严重，仅可辨"朱"头方折。

三　结　语

本次发掘的木头山汉墓群的两处墓地共 10 座汉墓，虽然均遭受了不同程度的盗掘和破坏，但仍是南京地区汉代墓葬考古工作的一次重要收获。多年来，南京地区汉墓的考古工作多属于抢救性或基本建设过程中的配合性发掘，发掘墓葬数量有限，且鲜有对一处墓地的全面调查和系统发掘。木头山两处完整墓地的发掘弥补了南京汉墓考古资料的一处空白，对认识本地区汉墓的排列规律和墓地中墓葬特征的微观演变提供了新资料。

（一）墓葬时代与演变迹象

本次发掘的 10 座墓均为竖穴土坑墓，其中 8 座带斜坡墓道，3 座为单棺，6 座为一椁两棺结构，墓葬形制较为一致。出土器物以釉陶器或陶器为主，器物组合以壶、瓿、罐和灶、井为主，组合特征一致（表一）。因此，这批墓葬的时代应较为接近。墓葬多为一椁两棺结构，说明该时期夫妇合葬的现象已普遍流行。木椁对墓道的一面，以可抽取的多块木板封挡，原封闭型椁室已出现开放的迹象。出土器物不见西汉早中期流行的以鼎为主的礼器，陶模型仅见灶和井，未出现南京地区东汉中晚期墓内常见的禽畜模型。大多数墓内出土的铜钱均为西汉"五铢"，分别仅有一座墓出土"大泉五十"和东汉"五铢"。综合墓葬形制与出土器物特征分析，此次发掘的木头山汉墓的年代应为西汉晚期至东汉早期。

具体来说，一号墓地中的 3 座墓葬，特征一致，均属于西汉晚期。因 M3 打破 M1 的排水沟，其相对年代略晚。二号墓地中，多数墓葬都属于西汉晚期，M10 出土了"大泉五十"，或可具体到新莽时期。M5 椁室底板呈横向，甬道两侧还出现青砖，这可能是木椁墓向砖室墓演变的一个迹象，同时，墓内出土的陶壶口部为盘口，与其他墓葬出土的喇叭口壶不同，且墓内还出土了"朱"头圆折的东汉"五铢"，故其年代应最晚，可确定为东汉早期。

表一　　　　　　　　　　　　　　　　木头山汉墓 2009 年发掘墓葬统计表

墓　号		墓葬形制	葬具	器物组合					
				壶	瓿	叠形罐	罐	灶	井
一号墓地	M1	长方形竖穴带斜坡墓道	一椁两棺	●	●	●	●	●	●
	M2		一椁两棺	●	●	●	●	●	●
	M3		一椁,棺不明	●	●	●	●	●	
二号墓地	M4	长方形竖穴带斜坡墓道	一椁一棺	●			●	●	●
	M5		一椁两棺	●				●	
	M7			●			●	●	
	M8			●			●	●	
	M10			●	●		●	●	●
	M6	长方形竖穴无墓道	椁不明,一棺	●			●	●	●
	M11			●			●		

　　南京地区已发表的汉墓资料不多，但关于两汉之际墓葬形制变化的案例却相对较多，根据本次及以往发掘资料大概能总结出木椁向砖室演变的轨迹。西汉时期基本流行封闭型木椁，如西汉早期的湖熟窑上村 M6 和 M7[1]，有的甚至不设墓道，如西汉晚期的湖熟朱氏家族 M5[2] 等。约在西汉晚期至东汉早期阶段，木椁仍然流行，但在一侧或靠墓道一侧出现门或可方便抽取的门板，变成了开放型椁室，木头山汉墓的木椁即为此类。最明显的当属湖熟朱氏家族 M1，其椁室西侧辟有对开的木门。东汉早期偏晚，开始出现砖椁木顶，典型墓例同样是湖熟朱氏家族的 M2，同时在栖霞山附近还发现了石椁木顶的形制[3]。

　　（二）墓地排列方式与昭穆制度

　　一号墓地以 M1 规模最大，居中朝东，M2 和 M3 相向分列两旁，三座墓的斜坡墓道延长线交汇于一点。可惜封土均被破坏，缺少了关于这种排列方式的更多信息。二号墓地是相向两排分布，东西朝向。考虑到最南端居中的 M11 为南北向，其整体与一号墓地的排列方式是相同的。

　　总结两处墓地的排列规律，其都以一座墓居中，然后左右排列开来，这种现象较易联想到昭穆制度。昭穆制度所以别亲疏贵贱，本来是周代的宗庙制度之一，后来也作用于墓地的排列上。二号墓地有迹象表明，这 7 座墓的排列是一个家族按昭穆制度预先进行过规划。M8 和 M10 分别打破了 K1 和 K2，两个坑应是预留好的，而墓坑与其方向一致，后壁与坑的一边几乎呈一条直线，显然是有意利用。两排墓葬的东边一排，其南边似乎还预留了一个墓葬的位置，这个位置已有所属，可能因为某种原因而未能安葬于此。即使家族内其他族员先死，也只能葬于他们应处的位置上。所以，这些成排的墓葬并不是按照墓主死亡时间排列的。

　　（三）关于 M1 的排水沟

　　M1 的排水沟是南京地区已发掘汉墓中仅见的一例。南京之外，汉代木椁墓设排水沟并非特例，在安徽庐江董院墓地发掘的一批汉墓中也有几例类似的排水沟[4]。在南方地区，汉代木椁墓常以青膏泥或白膏泥封涂，起到密闭防腐的作用，当然也能隔绝水和空气，所以一般不再设排水沟。至砖室墓开始流行后，排水沟便成了必要设施。由此来看，排水沟的出现完全出于实际需要。

由于一些墓坑所在地下水位较浅，墓坑挖好即遇到地下水，影响到椁室的建造，故而木椁墓中不常见的这种排水沟才会出现。

M1 的排水沟以明暗沟结合、底部铺卵石散水的做法较为罕见。南京大量六朝砖室墓的排水沟与此不同，仅有一些大型墓葬如上坊孙吴墓[5]的排水沟采取了明暗沟结合的方式。

本次发掘的这批汉墓仅是木头山汉墓群的一小部分。其实早在 20 世纪七八十年代，在洪蓝镇仓口、狮子山、无想寺、青圩等地就发掘过汉墓或发现了汉代器物[6]，可见木头山汉墓群在洪蓝镇范围内至少不是孤立的一处。洪蓝镇之外，溧水范围内的其他地点如白马、东屏等地也发现过汉代墓葬，虽然缺少科学的考古工作，但溧水是一处汉墓较为集中的埋藏区应无疑义。本次发掘对于本地区汉代墓葬的研究具有重要意义。

附记：本次发掘工作得到溧水区博物馆和当地基层部门的大力协助，特此致谢。

发　掘：薛春明　陈大海

徐　华

摄　影：陈大海

绘　图：张拴堂　薛春明

拓　片：雷　雨　陈洪飞

执　笔：陈大海　徐　华

注　释

［1］　南京市博物馆等《南京市湖熟镇窑上村汉代墓葬发掘简报》，《东南文化》2009 年第 4 期。

［2］　南京市博物馆等《南京湖熟汉代朱氏家族墓地》，《南京文物考古新发现：南京历史文化新探二》，江苏人民出版社，2006 年。

［3］　葛家瑾《南京栖霞山及其附近汉墓清理简报》，《考古》1959 年第 1 期。

［4］　安徽省文物考古研究所《庐江汉墓》，科学出版社，2013 年。

［5］　南京市博物馆《南京江宁上坊孙吴墓发掘简报》，《文物》2008 年第 12 期。

［6］　溧水县文化局编《溧水文物集粹》，东南大学出版社，2009 年。

南京栖霞上坊庄汉墓发掘简报

南京市考古研究所

南京市栖霞区文化局

南京市上坊庄位于北郊栖霞区燕子矶街道。此区域丘陵密布，地貌保存较好，与南京市文物保护单位笆斗山汉墓群相距较近。为配合燕子矶新城保障性住房项目的建设，2013年3～8月，南京市考古研究所对施工范围内勘探发现的数座汉代墓葬进行了抢救性发掘（图一）。其中6座墓葬（编号2013NJXSM15～M17、M20～M22，以下简称 M15～M17、M20～M22）集中分布于一座山丘顶部地势较高处，且方向大致相同、排列有序，推测应为一处家族墓地（图二）。M17、M20～M22 均被盗扰严重，仅 M15 和 M16 墓葬形制保存较好，出土器物丰富。现将这两座墓的发掘情况简报如下。

一　M15

（一）墓葬形制

M15 为单室券顶砖室墓，方向110°（图三）。墓道位于东侧，平面近梯形，残长1.8、宽0.88～0.92米，底部为斜坡状，坡度约30°，近墓室处较平。墓道内填黄褐色黏土，土质较硬，夹杂少量砖渣。

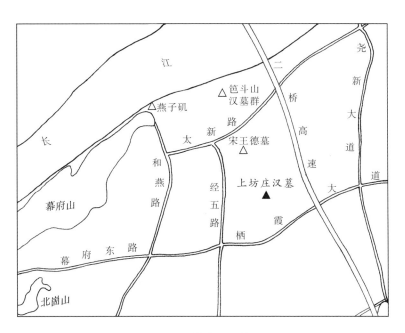

图一　墓葬位置示意图

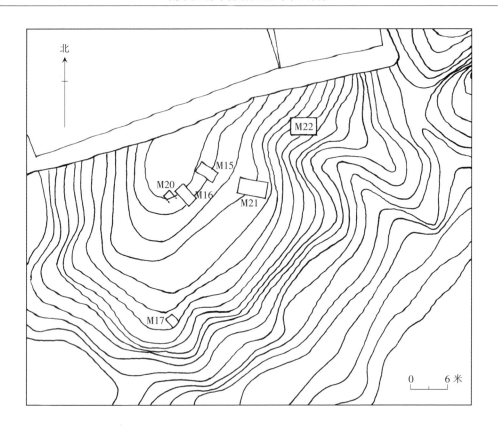

图二　墓葬平面分布图

　　墓圹平面呈长方形，长 4.9、宽 2.6、残高 2.04 米。砖室砌筑在墓圹偏后位置，与墓道间距 0.6 米，未见有封门墙。墓壁厚 0.28 米，墓室内长 3.92、宽 1.92、残高 1.72 米。墓室两侧墙体以丁砖起筑，然后"三顺一丁"或"四顺一丁"成组砌筑，之后以刀形砖起券。后壁残高 1.64 米，以"三顺一丁"或"四顺一丁"成组砌筑，至券顶处时不与之咬合，券顶压在后壁上。券顶结构已遭盗扰破坏，券顶中部有一直径约 1.4 米的盗洞，故券顶变形坍陷。墓室底部铺地砖为单层，前部有丁砖锁口，砌筑方式无明显排列规律。墓底未见葬具与人骨。由于被盗扰，墓室内充满黄褐色填土，并包含大量碎砖块。

　　墓砖呈青灰色，均为素面，按形状可分为两类：长方形砖，用于砌筑墙体及铺地，长 27.5 ~ 28、宽 13.5 ~ 14、厚 4.5 ~ 5 厘米；刀形砖，用于砌筑券顶，长 27 ~ 28、宽 14、厚 3.5 ~ 4.5 厘米。

　　（二）出土器物

　　由于此墓已遭盗掘，出土器物均散落于墓室底部填土中，共 4 件，包括铜镜、铜洗、陶罐和琉璃耳珰。

　　铜镜　1 件（M15：1）。禽鸟博局纹镜，锈蚀严重。圆形，圆钮，柿蒂形钮座，钮座外双线方框。主题纹饰为博局纹，T 形左右各置一乳丁，V 形左右各饰一只禽鸟。博局纹以外为锯齿纹两周间饰双线三角纹一周。直径 11.2、厚 0.4 厘米（图四：1）。

　　铜洗　1 件（M15：2）。略残。口外侈，上腹近直，下腹弧收，假圈足。口径 21.6、底径 9.2、高 7.6 厘米（图四：2）。

　　陶罐　1 件（M15：3）。硬陶。侈口，圆唇，鼓腹下收，平底。肩部贴附两个对称的竖耳，耳

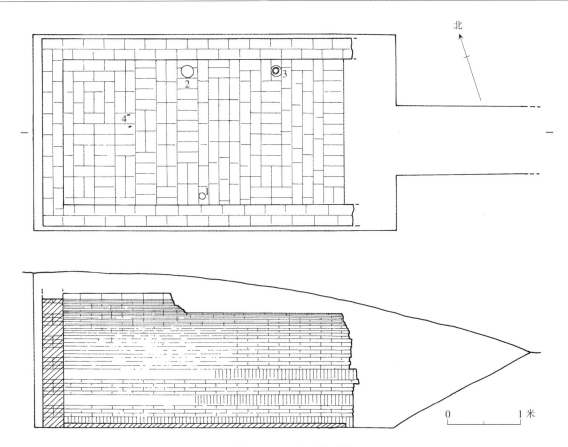

图三　M15 平、剖面图
1. 铜镜　2. 铜洗　3. 陶罐　4. 琉璃耳珰

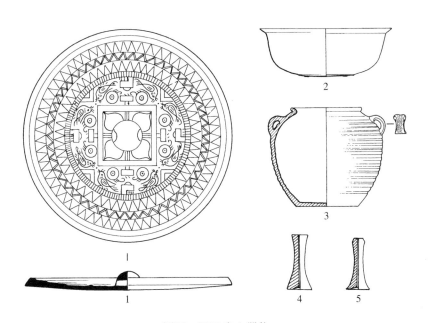

图四　M15 出土器物
1. 铜镜（M15:1）　2. 铜洗（M15:2）　3. 陶罐（M15:3）　4、5. 琉璃耳珰（M15:4-1、4-2）
（2、3 为 1/6，余为 1/2）

上刻划叶脉纹。通体满布凹棱。口径11.6、底径10.4、高15.6厘米（图四：3）。

琉璃耳珰　1对（M15：4）。整体呈深蓝色，半透明。略残。腰鼓形，一端大，另一端小，中部纵向穿一孔。M15：4－1，长2.9、直径1～1.4厘米（图四：4）。M15：4－2，小端经过打磨。长2.7、直径0.5～1.3厘米（图四：5；彩版三：1）。

二　M16

（一）墓葬形制

M16东北距M15约3米，西南距M20约0.5米。此墓为单室券顶砖室墓，方向110°（图五）。墓道位于东侧，平面呈长方形，残长1.2、宽1.28米，底部为斜坡状，坡度约25°，近墓室处较平。墓道内填黄褐色黏土，土质较硬，夹杂少量砖渣。

墓圹平面呈长方形，长4.42、宽2.4、残高1.24米。砖室与墓道间距0.12米，未见封门墙。墓室前部左右各有一道与墓壁不相连的短墙，似作门柱使用，底部用一层平砖连接，似为门槛。墓壁厚0.28米，墓室内长3.6、宽1.72、残高0.9米。墓室两侧墙体以平砖"两横两竖"起筑，14层后以刀形砖起券，券顶结构已被破坏殆尽。后壁损坏严重，仅存两层砖，与两侧壁咬合不甚紧密。墓室底部铺地砖为单层，前部有一层丁砖锁口，后为斜"人"字形平铺。墓底未见葬具与人骨。由于已被盗扰，墓室内充满黄褐色填土，并包含大量碎砖块。

墓砖呈青灰色，均为素面，按形状可分为两类：长方形砖，用于砌筑墙体及铺地，长27.5～28、宽13.5～14、厚4厘米；刀形砖，用于砌筑券顶，长27～28、宽14、厚3～4厘米。

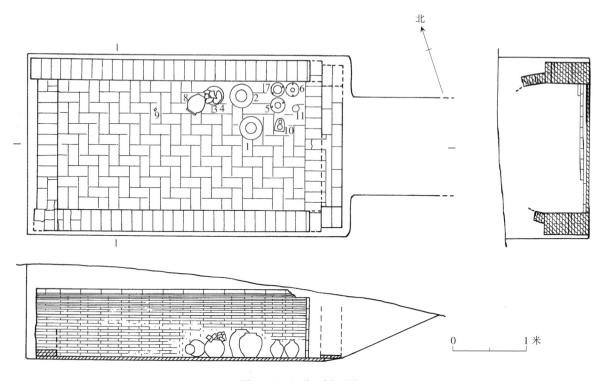

图五　M16平、剖面图

1～4、7、8. 陶罐　5、6. 陶壶　9. 石器　10. 陶灶　11. 陶井

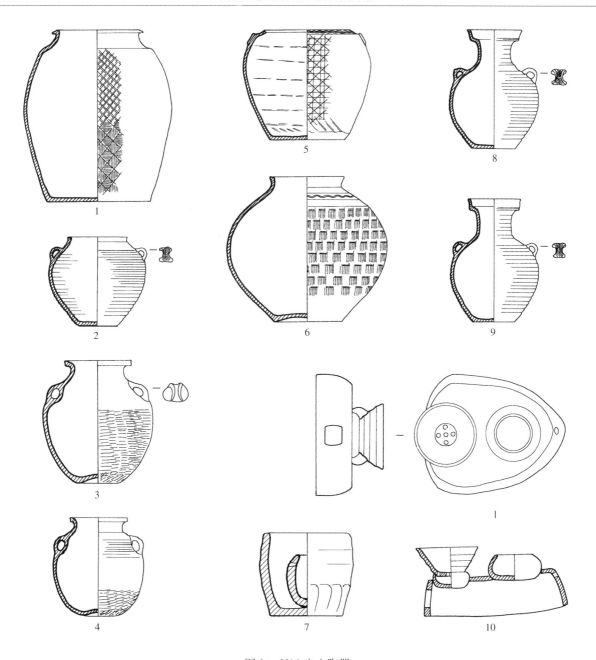

图六　M16 出土陶器

1~6. 罐（M16:2、7、8、3、4、1）　7. 井（M16:11）　8、9. 壶（M16:5、6）　10. 灶（M16:10）　（7 为 1/4，余为 1/8）

（二）出土器物

此墓虽被盗掘，但仍出土较多器物，共 11 件（套），主要以陶器为主，器形有罐、壶、灶、井等。出土位置集中于墓室北侧。

陶罐　6 件。M16:2，硬陶。口微侈，圆唇，短束颈，溜肩，深弧腹，平底。腹上部饰网格纹，下部饰菱形填线纹。口径 17.6、底径 22.4、高 36.4 厘米（图六:1；彩版三:2）。M16:7，硬陶。直口，方唇，唇面微内凹，溜肩，鼓腹下收，平底。口外饰弦纹，肩部贴附两个对称的竖耳，耳上刻划叶脉纹，腹部满布凹棱。口径 12.8、底径 8.8、高 18.8 厘米（图六:2；彩版三:3）。M16:8，泥质灰陶。侈口，方唇，短束颈，鼓腹下收，平底内凹。肩部贴附两个对称的竖耳，腹部满饰绳纹。口径 14.4、底径 9.6、高 26 厘米（图六：3）。M16：3，泥质灰陶。侈口，方唇，短束颈，鼓腹下收，平底内凹。肩部贴附两个对称的竖耳，腹上部饰细弦纹，下部饰粗绳纹。口径 12.4、底径 8、高 21 厘米（图六：4）。M16：4，泥质褐陶。敛口，尖唇，溜肩，鼓腹下收，平底。肩部贴附两个对称的倒 U 形泥条假耳，耳不开孔。口部饰水波纹，腹部满饰筛子纹。口径 18.4、底径 16.4、高 23.2 厘米（图六：5）。M16：1，泥质灰陶。直口，方唇，唇面微内凹，直领，溜肩，圆鼓腹下斜收，平底内凹。肩部刻划水波纹，腹部满饰梳篦纹。口径 15.6、底径 14.8、高 30.8 厘米（图六：6；彩版三：4）。

陶壶　2 件。形制相同。盘口稍外敞，圆唇，束颈，溜肩，圆鼓腹，平底。肩部贴附两个对称的竖耳，耳上刻划叶脉纹。盘口外及颈部饰弦纹，腹部有凹棱。M16：5，口径 12、底径 10、高 25.2 厘米（图六：8；彩版三：5）。M16：6，颈部以下至肩部施有黄褐色釉。口径 11.2、底径 9.2、高 26 厘米（图六：9）。

陶灶　1 套（M16：10）。泥质灰陶，素面。包括灶体、釜和甑。灶面为船形，前部有近方形火口，后部靠上有一圆形烟孔。灶面有两个灶眼，圆形，各置一陶釜。釜敛口，圆唇，鼓腹，圜底，底有刀削痕。其中一釜略小，上置一陶甑。甑敞口，平沿，斜直腹下收，平底，底有五孔，器表饰凸弦纹。灶长 31.2、宽 25.6、高 9.6 厘米（图六：10；彩版三：6）。

陶井　1 套（M16：11）。泥质灰陶，素面。井直口，圆唇，直腹，平底。上腹有凸棱，下腹有刀削痕迹。井内置一水桶，椭圆形，敛口，圆唇，腹部有刀削痕迹，口沿一侧有一圆形小孔。井口径 9.2、底径 8、高 8.8 厘米（图六：7）。

石器　1 件（M16：9）。形状似锛，长方形，单面刃，顶端平齐。长 5.2、宽 2.6、厚 1.4 厘米。

三　结　语

M15 和 M16 均为单室券顶砖室墓，但未见封门墙，墓道与砖室之间留有一定的空间，特别是 M16 墓室前部左右各有一道用作门柱的短墙，推测应是使用了木质封门，但现已完全腐朽不见。这种砖木合构的墓葬结构在南京地区时有发现，特别是在栖霞山附近发现较多，应是木椁墓向砖室墓演变过程中出现的特殊墓葬结构。M15 和 M16 仅使用了木门，而砖室结构已比较成熟，故其时代也稍晚。

M15 出土的禽鸟博局纹铜镜，中间为柿蒂形纽座，内区置有八个乳丁，最外为两周锯齿纹间饰一周双线三角纹，这种铜镜在北方中原地区主要流行于东汉早中期，在南方则流行于东汉中晚期。M16 出土器物以硬陶、灰陶为主，器身多饰有密集的弦纹，器物组合为罐、壶，均符合东汉中晚期的墓葬特征。结合 M15 和 M16 的墓葬形制，它们的年代应为东汉中晚期。

南京栖霞区从燕子矶到栖霞山周围沿江一带，为汉墓分布比较集中的区域，南京市文物保护单位笆斗山汉墓群即在其范围内。新中国成立以后，在邱家山、栖霞化肥厂、红梅村、韩家山、高家山等地均清理发掘了部分汉墓，这些地区均属于东汉时江乘县的地界。江乘，秦始皇三十七年（前 210 年）置，是长江下游的交通要冲。江乘县域甚广，而其县治却不明。《汉书·地理志》、《括地志》等文献记载江乘县治在句容县北六十里，明代地方志则认为其在今栖霞山附近，今有学者考证在今栖霞仙林西湖村，但均缺乏考古学上的证据。若以现今所发现汉墓的分布范围为考察对象，则可以发现一定的规律，即大量汉墓发现于栖霞山西面，如此次发掘的上坊庄汉墓，距栖霞山有十余公里之遥；而栖霞山南面和东面发现的汉墓则相对较少，且离栖霞山较近。考虑到汉代人在选择葬地时的便利性，江乘县治很有可能位于栖霞山西面附近的地区。故上坊庄汉墓和栖霞山附近汉墓的发现，对研究江乘县治之所在具有重要意义。

领　队：骆　鹏

发　掘：李　翔　杨三军
　　　　　于　标　于为磊

摄　影：祝乃军　骆　鹏

修　复：蒋艳华　雷　雨

绘　图：董补顺

执　笔：骆　鹏

南京六合葛塘汉墓发掘简报

南 京 市 考 古 研 究 所
南 京 市 六 合 区 文 化 局

2012 年 6 月，南京市考古研究所对位于南京市六合区葛塘街道中山科技园内基本建设时发现的一座古代墓葬（编号 2012NGM1，以下简称 M1）进行了清理。此墓地处葛塘街道沈北村西侧，南距中鑫路约 800 米（图一）。发掘前，墓葬开口及墓室遭严重破坏，现场有多块棺木散落在外。现将发掘情况简报如下。

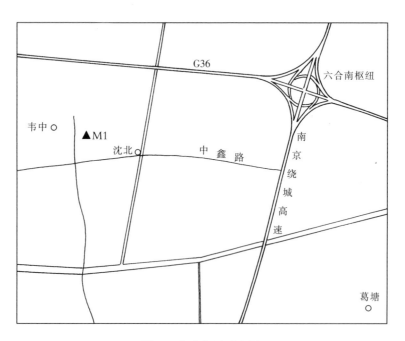

图一　墓葬位置示意图

一　墓葬形制

M1 为刀形竖穴土坑木椁墓，方向 115°（图二）。墓道位于墓室前端偏北，平面呈长方形，直壁，平底，前端设二层平台，长 3.1、宽 1.14、残深 0.56 ~ 1.8 米。墓道底部有木质朽痕，残长 1.26、宽 1.04、残高 0.54 米，疑为一木箱状器物。墓室平面呈长方形，直壁，平底，长 3.1、宽 2.32、残深 1.9 米。墓室内置一椁两棺，木质，椁和棺的盖板均遭破坏。椁为榫卯结构，底部以六块长方形木板并排平铺，左右两侧及后端以木板横向拼合、前端以七块木板纵向拼合而成，长 2.98、宽 2.24、残高 1.14 米。椁内两棺平行布列，置于木椁底板之上，紧贴木椁后壁及北壁。木

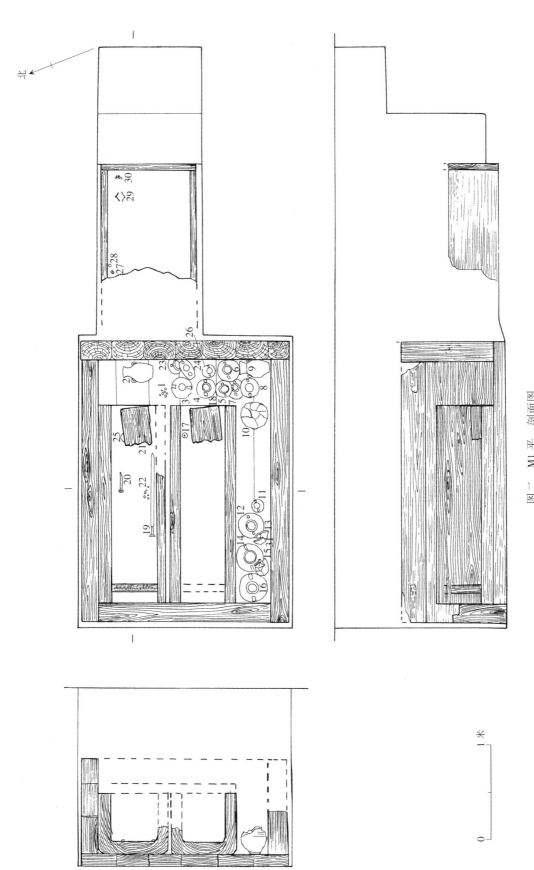

图二 M1 平、剖面图

1、22. 铜钱 2、6～9、12、14、16. 釉陶壶 3、4、10. 釉陶器 5、11、23、26. 陶罐 13. 铜洗 15. 釉陶器 17、25. 铜镜 18. 铜釜 19. 铁剑 20. 铜削 21. 陶珍 24. 陶灶 27、28. 铜饰件 29. 铜马镳衔 30. 铜当卢 31. 漆耳杯

棺前端及右侧与木椁之间的空间分别形成头箱与边箱。两棺均为整木掏空后，于前后两端加装端板，再覆盖板而成，北棺长2.1、外宽0.76、残高0.68米，南棺长2.1、外宽0.7、残高0.68米。

二　出土器物

M1虽遭破坏，但由于未被盗掘，出土器物较为丰富，有釉陶器、陶器、铜器、铁器、漆器等，主要放置于头箱和边箱内。

1. 釉陶器

11件，器形有壶、瓿。另有一件因残甚，无法修复，不辨器形。

壶　8件。灰胎。外施青黄釉，下腹至底无釉。根据底部不同，分2型。

A型　2件。敞口，圆唇，束颈，溜肩，圆鼓腹，平底内凹。M1：8，口沿外侧及口颈接合处各饰一周凹弦纹，颈部两周凹弦纹内饰一周水波纹带。肩部贴附两个对称的叶脉纹竖系，并饰两组凹弦纹带，每组两至三周，下腹有凹棱数周。口径14、底径12.8、高28.6厘米（图三：1；彩版四：1）。M1：9，口沿外侧饰一周水波纹带，口颈接合处饰一周凹弦纹，颈部两周凹弦纹内饰一周水波纹带。肩部贴附两个对称的叶脉纹竖系，系上端堆贴羊角形泥条，肩部饰两组勾点连线纹，肩腹部饰三组凹弦纹带，下腹有凹棱数周。口径13.6、底径13.2、高33.4厘米（图三：2）。

B型　6件。敞口，圆唇，束颈，溜肩，矮圈足。根据腹部不同，分2式。

Ⅰ式　2件。鼓腹略扁。口沿外侧饰一周水波纹带，口颈接合处饰一周凹弦纹，颈部两周凹弦纹内饰一周水波纹带。肩部贴附两个对称的叶脉纹竖系，系下衔环，肩腹部饰三组凹弦纹带。M1：12，系上端堆贴S形泥条，肩部饰两组勾点连线纹。口径16.4、足径14.8、高40厘米（图三：5；彩版四：2）。M1：16，系上端堆贴羊角形泥条。口径16、足径16.4、高40厘米（图三：6；彩版四：3）。

Ⅱ式　4件。鼓腹较圆。口沿外侧及口颈接合处饰凹弦纹一至两周，颈部两周凹弦纹内饰一周水波纹带。肩部贴附两个对称的竖系，肩腹部饰凹弦纹带两至三组，下腹有凹棱数周。M1：6，口径10.2、足径8.4、高21厘米（图三：7）。M1：2，系上刻划叶脉纹，上端堆贴羊角形泥条。口径14.4、足径12.4、高33.2厘米（图三：3）。M1：14，系上刻划叶脉纹，上端堆贴羊角形泥条，系下衔环。口径14、足径14.4、高34厘米（图三：4）。M1：7，系上刻划叶脉纹，上端堆贴羊角形泥条。口径14.6、足径12.4、高33.2厘米（图三：8）。

瓿　3件。敛口，平沿外斜，圆唇，平底内凹。灰胎。外施青黄釉，下腹至底无釉。根据肩腹部不同，分2型。

A型　2件。圆肩，斜弧腹。肩部贴附两个对称的竖系，肩腹部饰三组弦纹带，每组三周，下腹有凹棱数周。M1：3，系上模印兽面纹，上端堆贴羊角形泥条。口径8、底径12.4、高23厘米（图三：9）。M1：4，系上刻划短线条数道，上端堆贴反S形泥条。口径9.6、底径13.6、高22.6厘米（图三：10）。

B型　1件（M1：10）。溜肩，鼓腹。肩部贴附两个对称的竖系，系上模印兽面纹，上端堆贴羊

图三　釉陶器

1、2.A型壶（M1:8、9）　3、4、7、8.B型Ⅱ式壶（M1:2、14、6、7）　5、6.B型Ⅰ式壶（M1:12、16）　9、10.A型瓿（M1:3、4）
11.B型瓿（M1:10）　（1、9、10为1/6，7为1/4，余为1/8）

角形泥条。肩腹部饰两组勾点连线纹及三组弦纹带。口径16、底径14.4、高30.8厘米（图三:11;彩版四:4）。

2. 陶器

6件，器形有罐、灶、玲。

罐　4件。泥质红陶。侈口，圆唇，束颈，溜肩，鼓腹。肩部贴附两个对称的竖系，肩腹部有凹棱数周。根据底部不同，分2型。

A型　1件（M1:5）。平底内凹。口径10.8、底径8.6、高13.4厘米（图四:1）。

B型　3件。平底。M1:11，口径9.6、底径8、高10.6厘米（图四:2;彩版四:5）。M1:23，口径11.2、底径9.6、高13.6厘米（图四:4）。M1:26，口径9.2、底径8.4、高11厘米（图四:3）。

灶　1件（M1:24）。泥质灰陶。附陶甑、陶釜各一件。灶平面呈船形，面有三个圆形灶孔，两端均起翘，一端有半椭圆形火膛口。釜直口，圆唇，斜腹，近平底。甑仅存下半截，底部有小孔若干。灶长27、宽12.8、高11厘米，釜口径8、底径5.8、高5.2厘米（图四:6）。

玲　1件（M1:21）。泥质灰陶。扁平状，器表刻划双翼、眼等，与传统汉八刀风格相似。残长3.7、宽3、厚0.8厘米（图四:5）。

3. 铜器

11件（组），器形有洗、釜、镜、削、马镳衔等。

洗　1件（M1:13）。敞口，宽折沿，弧鼓腹，圜底。口径20、高9.4厘米（图五:1）。

釜　1件（M1:18）。敞口，宽折沿，弧腹，圜底。口沿下方平行放置两铜竿。口径5.8、高2厘米（图五:6）。

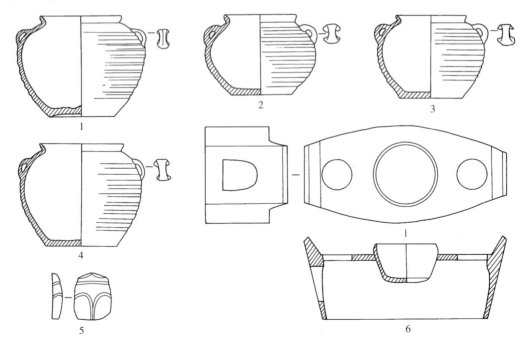

图四　陶　器

1. A型罐（M1:5）　2~4. B型罐（M1:11、26、23）　5. 玲（M1:21）　6. 灶（M1:24）　（5为1/3，余为1/5）

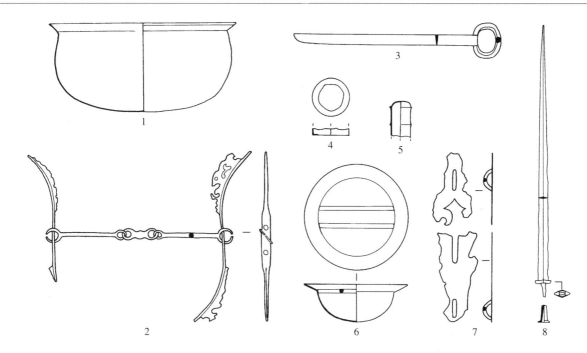

图五 出土器物

1. 铜洗（M1：13） 2. 铜马镳衔（M1：29） 3. 铜削（M1：20） 4、5. 铜饰件（M1：28、27） 6. 铜釜（M1：18） 7. 铜当卢（M1：30）
8. 铁剑（M1：19） （1、3 为 1/4，8 为 1/12，余为 1/2）

　　镜　2件。M1：17，圆形，圆纽，圆纽座。座外及近缘处各饰两周凸弦纹，间饰短斜线一周，中部有一周铭文，共 11 字。直径 6.2 厘米（图六）。M1：25，简化规矩镜。圆形，圆纽，圆纽座。座外双重方框，方框四角与纽座均以三条平行短线相连。方框四边外侧各置一 T 形图案及一凤鸟图案，方框四角外侧分别与一 V 形图案相对。其外饰弦纹及短斜线各一周。宽缘，缘饰双线三角纹。直径 9.5 厘米（图七；彩版四：6）。

　　削　1件（M1：20）。椭圆形环首，直背直刃。出土时残存有木质刀鞘。长 22.4、刃宽 1.1、厚 0.3 厘米（图五：3）。

　　马镳衔　1件（M1：29）。镳呈 S 形，上下两端有镂空装饰，中部有两穿孔。衔为长条形，两

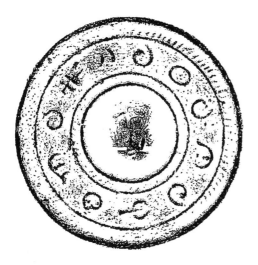

图六　铜镜（M1：17）拓片（原大）

图七　铜镜（M1：25）拓片（2/3）

图八　铜钱拓片

1. 半两（M1：1-1） 2. 大泉五十（M1：1-2） 3. A 型五铢（M1：22-1） 4. B 型五铢（M1：22-2）
5. C 型五铢（M1：22-3） （均为原大）

端各有一环，一端套于镳上，另一端以一"8"字形饰相连。通宽 10、镳高 9 厘米（图五：2）。

当卢　1 件（M1：30）。残。片状，镂雕，两端各置一半圆形系。宽 2.2 厘米（图五：7）。

饰件　2 件。M1：27，圆筒形，中空，一端圆凸，另一端残。器身有两周凸棱。直径 1、残长 1.9 厘米（图五：5）。M1：28，残。圆环形，截面呈 L 形。直径 2、残高 0.4 厘米（图五：4）。

钱币　2 组 100 余枚。有"半两"、"大泉五十"、"五铢"等，以"五铢"为主。"半两"1 枚（M1：1-1），面背无内外郭。钱径 2.1、穿宽 1 厘米（图八：1）。"大泉五十"1 枚（M1：1-2），面背均有内郭。钱径 2.6、穿宽 0.9 厘米（图八：2）。"五铢"100 余枚，根据"五铢"笔画风格及内外郭特征差异，分 3 型。

A 型　面无内郭，背有内外郭。钱径 2.3、穿宽 1 厘米（图八：3）。

B 型　外郭较 A 型宽。钱径 2.4、穿宽 1 厘米（图八：4）。

C 型　面穿上有郭，背无外郭。钱径 2.3、穿宽 1 厘米（图八：5）。

4. 其他

铁剑　1 件（M1：19）。剑体铁质，剑格及剑首均为铜质。剑体窄长，略起脊，双面刃，外有木鞘痕迹。菱形格，剑柄断为两截。长 91.4、格宽 5.2 厘米（图五：8）。

漆耳杯　1 件（M1：31）。仅存下半部。底呈椭圆形，饼形足。底径 4.4～10、残高 3 厘米。

三　结　语

六合，古棠邑县（侯国），汉高祖六年（前 201 年）封陈婴为棠邑侯，始为棠邑侯国。自新中国成立以来，南京市博物馆及南京博物院在此区域内发掘过多处汉代遗迹，如铸钱遗址[1]、建筑[2]、墓葬[3]等。

本次发掘的墓葬虽未出土明确的纪年材料，但仍可根据其墓葬形制及出土器物特征对其年代进行判定。此墓为竖穴土坑木椁墓，此种形制在南京及其周边的天长、盱眙、仪征、扬州[4]等地主要流行于西汉至东汉早期；出土器物以壶、罐、瓿为主，另有灶、铜镜、铁剑等，不见西汉早中期常见的鼎、钫等。壶、瓿、灶的形制与南京大厂陆营汉墓[5]所出器物极为相似；瓿为平底或凹底，未见西汉早期常见的三足样式，双系紧贴器肩，亦与西汉早期高耸外翘之风格截然不同；壶均为喇叭口，不见东汉中晚期常见的盘口样式。因此，M1 的年代下限应为东汉早中期，而据墓中出土有"大泉五十"铜钱判断，其年代上限或可定为王莽时期。

　　M1 为一椁两棺，应为夫妻合葬墓。其中，北棺略宽，且其内出土铁剑，故推测北棺墓主为男性，南棺墓主为女性。此墓墓道内出土器物箱，内有铜当卢、马镳衔等车马器，器皆小巧，当属明器。这一现象在南京及其附近地区较为少见，但山东、河南等地区常有发现，如山东曲阜花山墓地 M84[6] 即有相似器物出土。本次发掘对研究南京地区汉代墓葬的分期、演变规律和丧葬制度等具有重要意义。

发　　掘：沈利华　岳　涌

　　　　　李　翔　薛春明

　　　　　陈郭成

摄　　影：祝乃军　沈利华

绘　　图：薛春明　董补顺

拓　　片：雷　雨

执　　笔：李　翔　张　鹏

注　释

[1]　吴文学《江苏六合李岗楠木塘西汉建筑遗迹》，《考古》1978 年第 3 期。

[2]　陈大海《六合走马岭汉代遗址考古勘探收获及初步认识》，《学耕文获集——南京市博物馆论文选》，江苏人民出版社，2008 年。

[3]　南京市博物馆等《南京郊区两座汉墓发掘简报》，《南京文物考古新发现》（第三辑），文物出版社，2014 年。

[4]　扬州博物馆《扬州东风砖瓦厂汉代木椁墓群》，《考古》1980 年第 5 期。

[5]　南京市博物馆《南京大厂陆营汉墓清理简报》，《考古与文物》1987 年第 6 期。

[6]　山东省文物考古研究所《鲁中南汉墓》，文物出版社，2009 年。

本文原载《中国国家博物馆馆刊》2015 年第 12 期，本次略作修改。

南京雨花台宁丹路东晋孙氏家族墓发掘简报

南 京 市 考 古 研 究 所

南京市雨花台区文化广播电视局

2012 年 5 ~ 11 月，为配合南京地铁建设，南京市考古研究所在宁丹路地铁建设范围内进行了考古勘探与发掘，共清理东晋至明清时期墓葬 27 座（编号 M1 ~ M27）。发掘地点位于南京市南郊雨花台区铁心桥街道，东邻宁丹路，南为南京地铁天隆寺站，西邻明代天隆寺塔林（图一）。现地表为现代建筑堆积，墓葬均开口于现代堆积层下，其中东晋至南朝早期砖室墓 10 座，呈南北分布，排列有序（图二；彩版五∶1），应属同一时期的家族墓群。这 10 座墓中，M4 与 M6 的部分资料和 M1、M9、M10 的全部资料已刊发[1]，为保持资料完整性，现将 M2 ~ M4、M6、M8、M12 与 M13 的发掘情况简报如下。

一　M2

M2 位于发掘区中部，南与 M1 相距 1 米，北与 M3 相距 6.2 米。

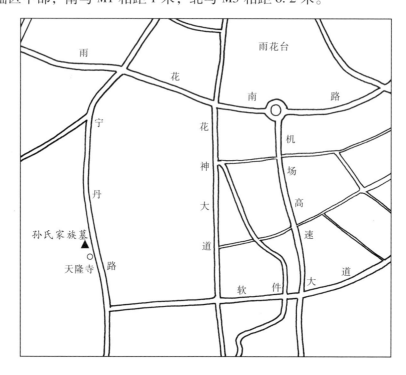

图一　墓地位置示意图

（一）墓葬形制

M2 为"凸"字形单室砖室墓，方向254°，由墓道、排水沟、墓坑和砖室组成（图三）。

墓道、排水沟与墓坑均开凿于黄褐色黏土中。墓道平面近长方形，斜坡状，发掘部分长 3.46、宽 2.1～2.2、残深 1.76 米。排水沟位于墓道中部，为土圹砖砌结构，与甬道后部铺地砖下的排水孔相连，砌法为底部横向平铺一层长方形砖，其上两侧平砌两层顺砖，中间留出排水孔，再以一层横砖与一层顺砖叠砌封顶，发掘部分长 5.94、宽 0.6、高 0.19 米。墓坑平面呈长方形，近直壁，壁面规整，坑壁与砖壁间填黄褐色黏土，土质致密，长 7.4、宽 2.2、深 1.5 米。

砖室由封门墙、甬道与墓室等组成，全长 7.2、宽 2～2.2、残高 0.87 米。

封门墙砌于甬道外的铺地砖上，残存三组"三顺一丁"砖，残高 0.87、厚 0.2 米。甬道仅存底部铺地砖，砌法为"两横两纵"平铺，与墓室前部铺地砖结构相同，余皆被毁严重，长宽不详，残高 0.87 米。墓室平面呈长方形，上部不存，仅余墓壁底部三层顺砖，内宽 1.28、残高 0.4 米。墓室后部设砖砌棺床，砌法为底部错缝平铺一层横向地砖，其上一层砖平铺呈"人"字形。

此墓用砖均为青灰色，长方形，长 32.8～33、宽 16.3～16.5、厚 4 厘米。

（二）出土器物

滑石猪　1 件（M2:1）。整体呈卧伏状，长吻，尖耳，卷尾。长 8.2、宽 1.7、高 2 厘米。

二　M3

M3 位于发掘区中部偏北，北与 M4 相距 1 米，墓道西部被晚期墓 M5 打破。

（一）墓葬形制

M3 为"凸"字形单室券顶砖室墓，方向260°，由墓道、排水沟、墓坑和砖室组成（图四；

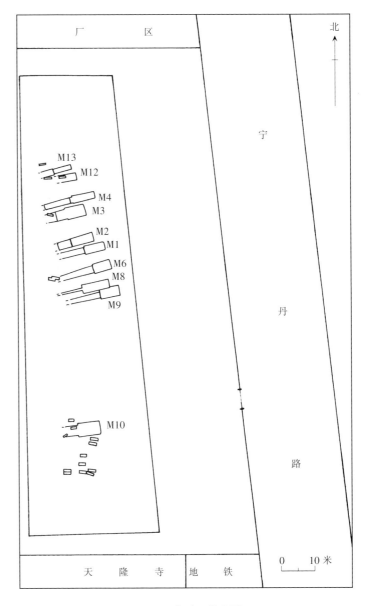

图二　墓葬平面分布图

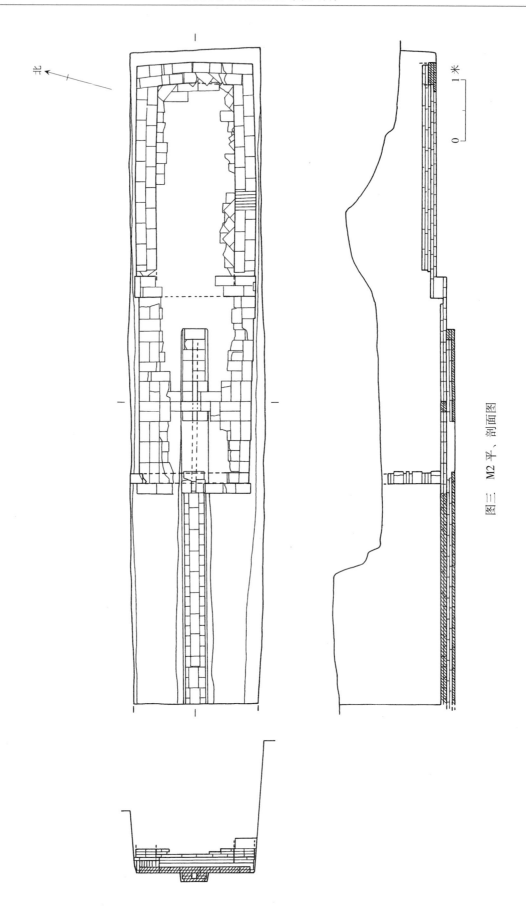

图三　M2 平、剖面图

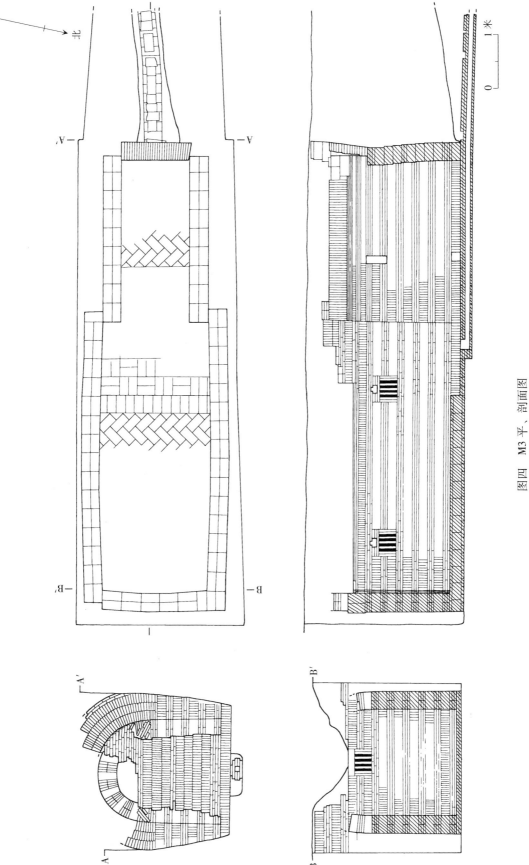

图四　M3 平、剖面图

彩版五:2)。

墓道平面呈梯形，斜坡状，坡度为8°，发掘部分长2.64、最宽2.7、深2.86米。排水沟位于墓道中部，为土圹砖砌结构，与墓室前部的排水孔相连，砌法为底部横向平铺一层砖，其上两侧平砌两层顺砖，再以一层横砖与一层顺砖叠砌封顶，发掘部分长2.64、宽0.3、高0.24米。墓坑平面呈长方形，近直壁，壁面规整，坑壁与砖壁间填黄褐色黏土，土质紧密，长9.06、宽3.2、深3.14米。

砖室由封门墙、甬道、墓室等组成，全长8.64、外宽2.8、残高3.04米。

封门墙砌于甬道外的铺地砖上，先以一层砖丁砌和四层砖错缝平砌起基，其上以砖丁砌七层，间有两层平砖，再上以砖错缝平砌15层至顶，残宽1.34、高2.88、厚0.36米。甬道平面呈长方形，长3.1、内宽1.3、内高2.18米。两壁以五组"三顺一丁"砖起基，其上以三组"三顺一丁"砖起券，再以长方形砖、刀形砖与楔形砖砌成券顶。两壁上下各有长方形与方形木门槽，将甬道分为内外两部分，外甬道底部铺地砖呈"人"字形平铺，内甬道底部铺地砖为"两横两纵"平铺。墓室平面近长方形，两侧壁微弧，顶残，内长5.08、宽2.12、残高2.94米。两侧壁以六组"三顺一丁"砖起基，其上以三组"三顺一丁"砖起券，壁面各设两个对称的直棂假窗，其上设"凸"字形壁龛；后壁残存九组"三顺一丁"砖，壁面中部设一个直棂假窗。墓室后部设砖砌棺床，表面平铺一层"人"字形地砖，前端以砖顺砌一排，与墓室等宽，长3.72、高0.18米。墓室前部铺地砖砌法与内甬道铺地砖相同。

此墓用砖均为青灰色，分长方形、楔形与刀形三种，砖侧饰绳纹。长方形砖用于砌筑排水沟、封门墙、甬道及墓室，少量砖面有手掌纹，长32.5~39.8、宽16.6~17、厚3.8~4.5厘米（图五:1~4）。楔形砖与刀形砖用于砌筑甬道及墓室的券顶，楔形砖长34、宽12~15.8、厚4.5厘米（图五:5），刀形砖长33.3、宽16.6、厚2.8~3.9厘米。

（二）出土器物

共7件，有陶砚、青瓷碗、铜簪等。

陶砚　1件（M3:1）。泥质灰陶。子母口，圆唇，内底凸起，下附三蹄形足。口径15.8、高6厘米（图六:1）。

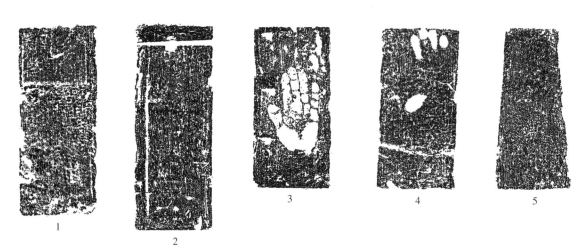

1　　2　　3　　4　　5

图五　M3墓砖拓片

1~4. 长方形砖　5. 楔形砖　（均为1/8）

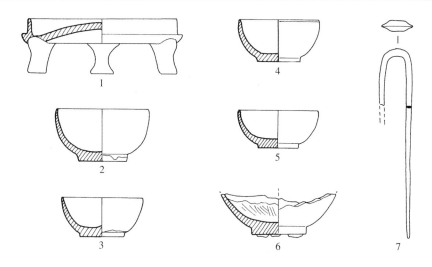

图六　M3 出土器物

1. 陶砚（M3：1）　2～6. 青瓷碗（M3：2、3、5～7）　7. 铜钗（M3：4）　（7 为 1/2，余为 1/4）

青瓷碗　5 件。弧腹，假圈足。灰白胎。青绿釉，器身遍布细碎开片。内部满釉，外部施釉不及底。M3：2，口微敛，尖唇。口径 9.5、足径 5、高 5.8 厘米（图六：2）。M3：3，敞口，尖唇，弧腹较斜。口径 8.5、足径 4.8、高 4.2 厘米（图六：3）。M3：5，直口，圆唇。口径 8.6、足径 5、高 4.6 厘米（图六：4）。M3：6，直口，圆唇。口径 9、足径 5、高 4.2 厘米（图六：5）。M3：7，口残。内底有划痕。足径 6、残高 4.5 厘米（图六：6）。

铜钗　1 件（M3：4）。以铜条对折而成，端部扁平有凸棱。残长 10.2、宽 1.7 厘米（图六：7）。

三　M4

M4 位于发掘区北部，北与 M13 相距 8 米。

（一）墓葬形制

M4 为"凸"字形单室穹隆顶砖室墓，方向 255°，由墓道、排水沟、墓坑和砖室组成（图七）。

墓道平面呈梯形，斜坡状，坡度为 2°，壁面规整，内填黄褐色黏土，发掘部分长 8.6、宽 1.34～2、残深 1.16 米。排水沟位于墓道中部，为土圹砖砌结构，砌法为底部横向平铺一层砖，其上两侧平砌一层顺砖，再以一层砖顺向平铺封顶，顶部缝隙处多平置方砖，发掘部分长 8.6、宽 0.5、高 0.15 米。墓坑平面近长方形，前部略收与墓道等宽，近直壁，壁面规整，坑壁与砖壁间填黄褐色黏土，土质致密，长 5.58、宽 1.88、深 1.2 米。

砖室由封门墙、甬道、墓室等组成，全长 5.58、宽 1.88、残高 1.2 米。

封门墙砌于甬道外的铺地砖上，从下至上依次按"二顺一丁"、"三顺一丁"、"一顺一丁"、"二顺一丁"各砌砖一组，宽 1.7、残高 1.15、厚 0.32 米。甬道平面呈长方形，两壁以两组"三顺一丁"砖起基，其上起券，长 1.08、内宽 0.88、残高 1.1 米。墓室平面近长方形，内长 4.2、宽 1.6、残高 1.2 米。墓壁以三组"三顺一丁"砖起基，其上以倒"人"字形由四壁中部向上砌成

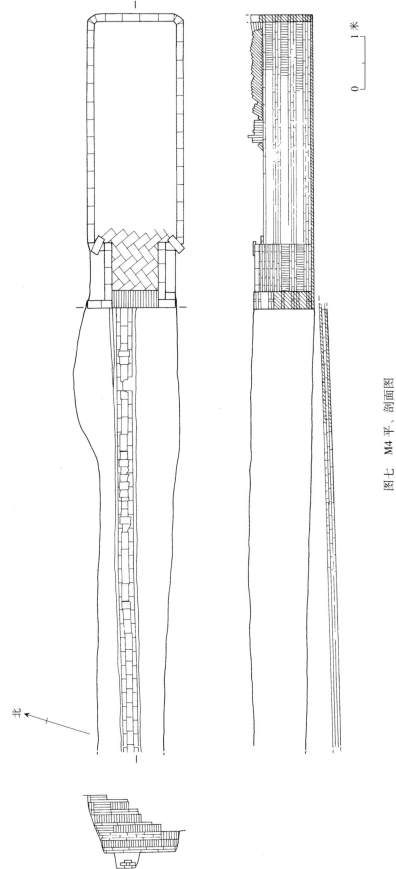

图七　M4 平、剖面图

图八 M4 墓砖拓片 (1/6)

穿隆顶。墓室两壁中部各设一个直棂假窗，宽 0.4、高 0.4 米，墓室前部距墓底 0.85 米处设砖砌灯台。墓底平铺一层"人"字形地砖。

此墓用砖均为青灰色，长方形，用于砌筑砖墓的各处结构，砖面模印钱纹、放射线纹（图八：1、2），部分砖端面模印"十"字纹（图八：3），砖长 31.5～32.7、宽 13.3～14.6、厚 4～4.5 厘米。

（二）出土器物

在本次发掘中，M4 未见出土器物。

四 M6

M6 位于发掘区中部，南与 M8 相距 2 米，墓道北部被晚期墓 M7 打破。

（一）墓葬形制

M6 为"凸"字形穿隆顶单室砖室墓，方向 257°，由墓道、排水沟、墓坑和砖室组成（图九；彩版五：3）。

墓道、排水沟与墓坑均开凿于黄褐色黏土中。墓道平面呈长方形，斜坡状，坡度为 10°，发掘部分长 11、宽 1.84～2.26、深 2.2 米。排水沟位于墓道中部，为土圹砖砌结构，与墓室内排水孔相连，砌法为底部横向平铺一层砖，其上两侧平砌一层顺砖，再以一层顺砖封顶，发掘部分长 11、宽 0.54、高 0.13 米。墓坑平面呈长方形，与砖壁间填黄褐色黏土，土质致密，长 5.6、宽 3.1、深 2.24 米。

砖室由封门墙、挡土墙、甬道及墓室等组成，全长 6.12、宽 3、残高 2.06 米。

封门墙砌于甬道内的铺地砖上，以砖侧斜砌 14 层至顶，宽 1.1、高 1.35、厚 0.32 米。挡土墙以"三顺一丁"、"二顺一丁"及"一顺一丁"砖各两组起基，其上以砖平砌至顶，甬道上部以四

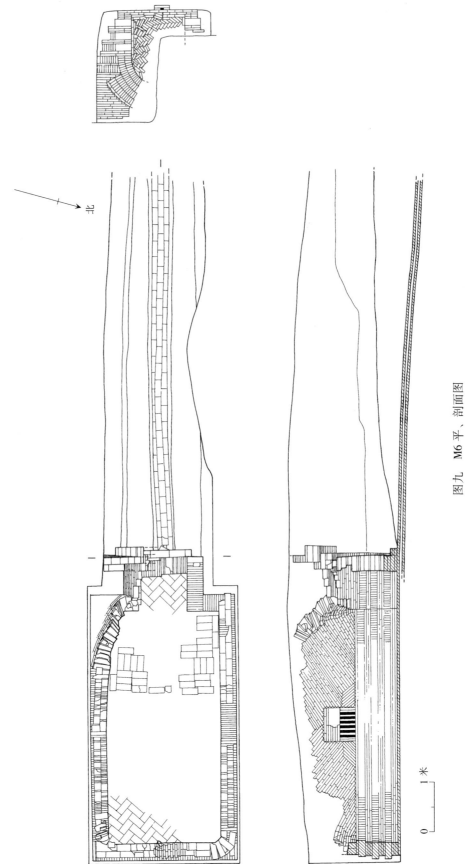

图九　M6 平、剖面图

组侧砌顺砖砌成门额,残高 2.54 米。甬道平面近方形,券顶,长 1.1、内宽 1.1、残高 1.35 米。两壁以两组"三顺一丁"砖起基,再砌一组"二顺一丁"砖,其上平砌起券至顶。墓室平面呈长方形,穹隆顶,内长 4.68、宽 2.4、残高 2.06 米。墓壁以三组"三顺一丁"砖起基,其上平砌一层顺砖,再以倒"人"字形由墓壁中部砌成穹隆顶。两侧壁及后壁中部均设一直棂假窗,大小、形制相同,其上设"凸"字形灯龛。墓室前部设方形祭台,用一层砖平砌,残长 1.6、宽 1.15、高 0.04 米。墓底铺地砖呈"人"字形平铺。

此墓用砖均为青灰色,长方形,长 32、宽 14、厚 4 厘米。

(二)出土器物

在本次发掘中,M6 未见出土器物。

五 M8

M8 位于发掘区中部,北与 M6 相距 2 米,打破 M9 北部。

(一)墓葬形制

M8 为"凸"字形单室砖室墓,方向 260°,残损严重,主要由墓道、排水沟、墓坑和砖室组成(图一〇)。

墓道为斜坡状,残损严重。排水沟位于墓道中部,为土圹砖砌结构,经封门墙、甬道与墓室前部的方形排水孔相连,砌法为底部横向平铺一层砖,其上两侧平砌两层顺砖,再以一层砖横向平铺封顶,顶部缝隙处平置半砖,发掘部分长 7.5、宽 0.6、高 0.24 米。墓坑平面近长方形,前部略收,近直壁,壁面规整,坑壁与砖壁间填黄褐色黏土,土质致密,长 8.2、宽 2.86、深 2 米。

砖室残损严重,封门墙已无存,残存部分甬道及墓室,全长 8、宽 2.64、残高 0.6 米。

甬道平面呈梯形,残长 2.8、内宽 2.5、残高 0.36 米。两壁残存一组"三顺一丁"砖,其上不存,前部平铺一层"人"字形铺地砖,后部铺地砖为"两横两纵"平铺。墓室平面近长方形,内长 4.92、宽 2、残高 0.6 米。北壁残存两组"三顺一丁"砖,其上不存。墓室前部铺地砖为"两横两纵"平铺,中部设排水口。墓室后部设砖砌棺床,表面平铺一层"人"字形地砖,前部以砖顺砌和丁砌锁边,与墓室等宽,长 3.7、高 0.18 米。

此墓用砖均为青灰色砖,长方形,砖侧饰细绳纹,长 34.5、宽 16.5、厚 4 厘米。

(二)出土器物

M8 无出土器物。

六 M12

M12 位于发掘区北部,北与 M13 相距 1.5 米。

(一)墓葬形制

M12 为长方形单室砖室墓,方向 264°,主要由墓道、排水沟、墓坑和砖室组成(图一一)。

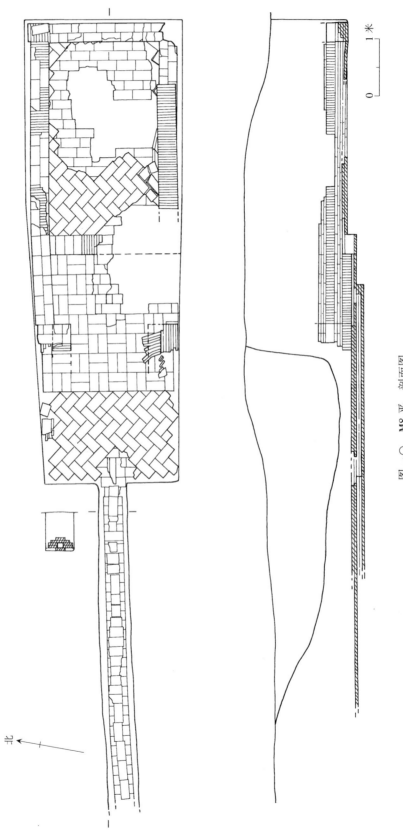

图一〇　M8 平、剖面图

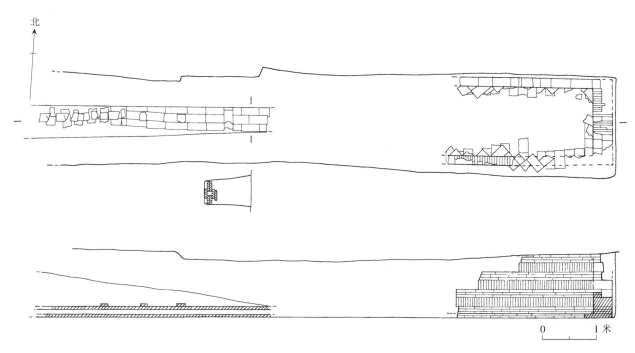

图一一　M12平、剖面图

墓道、排水沟与墓坑均开凿于黄褐色黏土中。墓道平面近长方形，斜坡状，坡度为11°，发掘部分长3.6、宽1.5~1.7、深1.24米。排水沟位于墓道中部，为土圹砖砌结构，砌法为底部横向平铺一层砖，其上两侧平砌两层顺砖，再以一层顺砖平铺封顶，发掘部分长4.2、宽0.6、高0.16米。墓坑平面近长方形，与砖壁间填黄褐色黏土，土质致密，长6.4、宽1.82、深1.2米。

砖室部分残损严重，封门墙、甬道无存，残存墓室后部，残长3.16、宽1.78、残高1.17米。墓壁残存三组"三顺一丁"结构。墓底铺地砖为两层，下层错缝平铺，上层平铺呈"人"字形。

此墓用砖均为青灰色砖，长方形，长33、宽16.5、厚4厘米。

（二）出土器物

共3件。有青瓷碗、青瓷盘口壶及铭文砖。

青瓷碗　1件（M12：1）。口部残，弧腹，假圈足。灰黄胎。青黄釉，开片较大。内部满釉，外部施釉至中部，釉层局部脱落。足径5.7、残高4厘米。

青瓷盘口壶　1件（M12：2）。仅存腹部，口及底部均不存。弧腹。灰褐胎。青绿釉，局部釉色泛黄，有小开片。

铭文砖　1件（M12：3）。残。泥质灰陶，火候较高。长条形。砖的一端面模印"作"字，侧面均模印细直绳纹。残长18.5、宽13.5、厚4厘米。

七　M13

M13位于发掘区北部，南距M12为1.5米。

（一）墓葬形制

M13为"凸"字形单室砖室墓，方向254°，主要由墓道、排水沟、墓坑和砖室组成（图一二）。

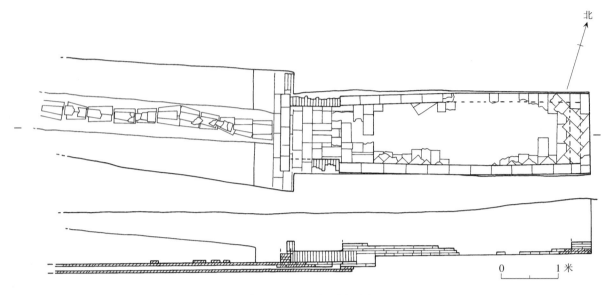

图一二　M13 平、剖面图

墓道、排水沟与墓坑均开凿于黄褐色黏土中。墓道平面近长方形，斜坡状，坡度为5°，发掘部分长3.75、宽1.64~2.06、深0.86米。排水沟位于墓道中部，为土圹砖砌结构，与甬道后部铺地砖下的排水孔相连，砌法为底部横向平铺一层砖，其上两侧平砌一层顺砖，再以一层顺砖平砌封顶，发掘部分长4.26、宽0.6、高0.22米。墓坑平面呈长方形，与砖壁间填黄褐色黏土，土质致密，长5.2、宽1.44~1.5、深0.86米。

砖室由封门墙、甬道、墓室等组成，全长5.6、宽1.44~2.08、残高0.5米。

封门墙砌于甬道外的铺地砖上，仅残存底部三层平砖，宽1.33、残高0.16、厚0.17米。甬道仅底部残存一层砖，底部铺地砖为错缝平铺，长0.88、宽0.9、残高0.37米。墓室平面呈长方形，长4.24、宽1.1、高0.32米。墓壁仅存一层平砖，墓室前部铺地砖砌法与甬道处相同。墓室后部设棺床，下层砖为错缝平铺，上层砖平铺呈"人"字形并以顺砖锁边。

此墓用砖均为青灰色，长方形，长33.3、宽16.5、厚4厘米。

（二）出土器物

青瓷碗　1件（M13:1）。侈口，圆唇，弧腹，底残。灰白胎。青白釉，有小开片。器内外施釉，釉层大部分已脱落。口径8.4厘米。

八　结　语

（一）墓葬年代

本次发掘的这七座墓葬内均未发现明确的纪年材料，但墓葬形制与出土器物具有明显的时代特征。

从墓葬形制上看，这七座墓葬可分为两组。M4、M6均为带短甬道的单室穹隆顶砖室墓。这两座墓葬曾于20世纪90年代进行过抢救性发掘，此次发掘在上次发掘的基础上，对墓道等部分进行了更为细致的清理。至于这两座墓葬的年代，之前的发掘者据墓葬形制及随葬器物将其定为东晋前期[2]，从此次发掘情况来看，这两座墓葬的年代判断应当无误，此不赘述。

M2、M8、M13 均为"凸"字形单室砖室墓，M12 为长方形单室砖室墓，这两种墓葬形制均见于东晋至南朝早期。相似的墓例有南京象山王闿之墓[3]、南京太平门刘宋明昙憘墓[4]等。这几座墓葬，墓室内设施较为简陋，且保存状况差，随葬器物也几乎不见。从 M2、M8、M13 均设有棺床及 M8 出土的绳纹砖来看，这三座墓葬的年代大约在东晋晚期至南朝早期。

M3 为单室券顶墓，墓室平面呈长方形，其内设施齐全，甬道内有木门凹槽，墓壁设直棂假窗，并有"凸"字形壁龛，墓室后部设有棺床，这种墓葬形制主要见于东晋中晚期。相似墓例有南京象山夏金虎墓[5]、南京中山门外苜蓿园东晋太元九年（384 年）墓[6]等。从其随葬器物来看，青瓷碗腹部较深、假圈足，这种碗自东晋中晚期开始出现，并延续至南朝时期，同样类型的碗还见于南京南郊谢温墓[7]。因此，M3 的年代应当为东晋中晚期。

（二）墓主

M6 在 1995 年发掘时曾出土一件六面铜印，印文为"白记"、"孙寔"、"孙公远"、"孙寔白事"、"孙寔白笺"、"臣寔"，据此推测此墓墓主应为孙寔，字公远。M3 甬道壁见有凹槽，推测原为木门，这种现象主要见于六朝时期少数大中型墓葬中，如南京大学北园东晋墓[8]，其或代表某种特殊身份。这几座墓的形制、结构、方向等均相同或相近，分布较为规整，年代接近，应为东晋至南朝早期孙氏家族墓地。

领　队：岳　涌

发　掘：沈宏敏　孙林如　陈洪飞　范伟伟
　　　　韩光存　邰建胜　王玉文

摄　影：沈宏敏　陈洪飞　祝乃军

绘　图：孙林如　陈洪飞　董补顺

拓　片：雷　雨　马　雷

执　笔：沈宏敏　苏　舒

注　释

[1]　南京市博物馆《南京市石子岗东晋墓的发掘》，《考古》2005 年第 2 期；南京市博物馆等《南京市雨花台区宁丹路东晋墓发掘简报》，《东南文化》2014 年第 6 期。经过确认，本次发掘的 M6 和 M4 分别为 1995 年在此区域发掘的 M1 和 M2，故部分资料已于 2005 年发表。

[2]　南京市博物馆《南京市石子岗东晋墓的发掘》，《考古》2005 年第 2 期。

[3]　南京市博物馆《南京象山 5 号、6 号、7 号墓清理简报》，《文物》1972 年第 11 期。

[4]　南京市文物管理委员会《南京太平门外刘宋明昙憘墓》，《考古》1976 年第 1 期。

[5]　同[3]。

[6]　南京博物院《南京中山门外苜蓿园东晋墓清理简报》，《考古通讯》1958 年第 4 期。

[7]　南京市博物馆等《南京南郊六朝谢温墓》，《文物》1998 年第 5 期。

[8]　南京大学历史系考古组《南京大学北园东晋墓》，《文物》1973 年第 4 期。

南京江宁上坊中下村五座东晋南朝墓发掘简报

南京市考古研究所

南京市江宁区博物馆

2006 年 7 月至 2007 年 12 月，为配合江宁科学园基本建设，南京市博物馆考古部与江宁区博物馆在南京市江宁区上坊镇中下村抢救性发掘了五座六朝时期砖室墓。因这五座墓葬距离 2006 年在此区域发掘的孙吴墓[1]均不过数百米（图一），遂按顺序分别编号为 2006NJSM2、2007NJSM3 ～ 2007NJSM6（以下简称 M2 ～ M6）。M2 和 M3 虽早年遭盗掘，但现代施工并未对其造成破坏，形制保存较为完整，另外三座墓的部分结构均在道路施工中被破坏。现将发掘情况简报如下。

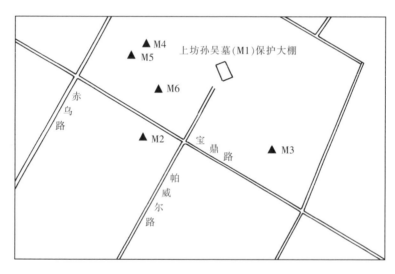

图一　墓葬位置示意图

一　墓葬形制

（一）M2

M2 地处一座高于周围地面的小土丘上。因早年遭盗掘，墓葬顶部和封门均被破坏坍塌，现墓坑开口于耕土层下。

M2 为竖穴土坑砖室墓，方向 185°，由墓坑、挡土墙、甬道和墓室组成（图二）。墓坑系开挖山体而成，打破土壤层和山体下部砂岩，平面呈长方形，南北长 7.4、东西宽 4.6、残高 3.64 米。坑壁规整，坑内填土为红褐色，夹杂黄色生土块。砖室部分平面呈"凸"字形，甬道长 1.6、内宽 1.48、残高 1.72 米。封门破坏严重，可见为单层砖垒砌，厚 0.18 米。甬道中部设一道木门，

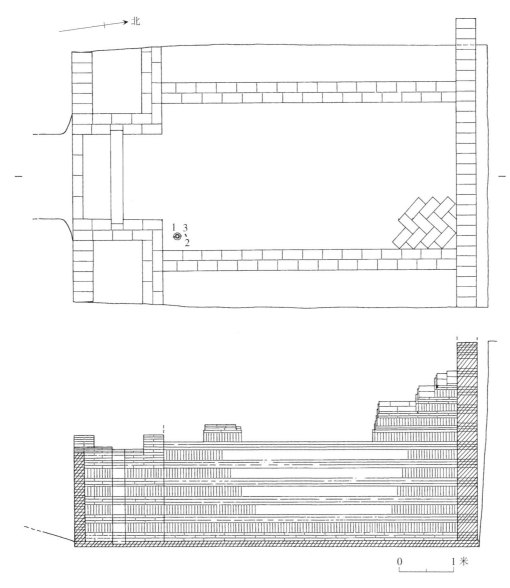

图二　M2 平、剖面图
1. 青瓷鸡首壶　2、3. 金环

门已朽，现于甬道底和两壁存有门槽，槽宽 0.22、深 0.04 ~ 0.06 米。墓室平面呈长方形，内长 5.3、宽 2.58、残高 3.6 米。甬道和墓室两壁均以砖"三顺一丁"全砌四组或五组为基墙，后用楔形砖发券，砖墙和顶部均厚 0.36 米。墓葬底部铺地砖为两层，皆呈"人"字形平铺。甬道外部两侧各有两道挡土墙直抵墓坑壁；墓室后墙两侧各有一道挡土墙，其中一侧直抵墓坑壁，另一侧伸出墓坑。

墓葬所用青砖有长方形和楔形两种，长方形砖长 36、宽 18、厚 4 厘米，楔形砖窄端宽 13 ~ 16 厘米。

（二）M3

M3 发现时，砖室周围的土已被掘净，顶部和墓坑已被破坏。

M3 为竖穴土坑砖室墓，方向 180°，由斜坡墓道、排水沟、封门、甬道和墓室组成（图三）。

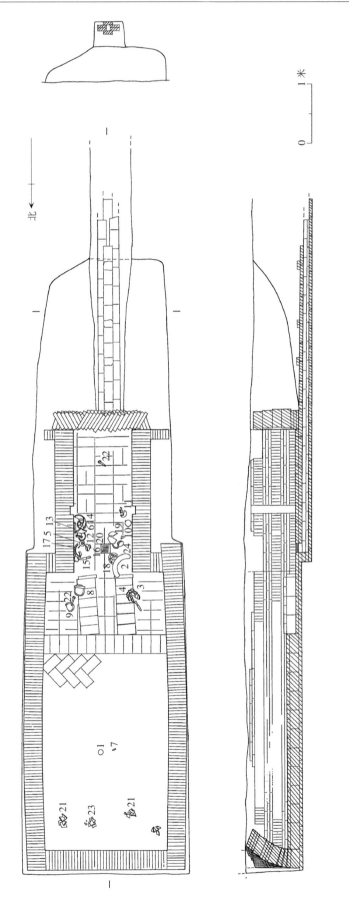

图三　M3 平、剖面图

1. 青瓷盏　2. 陶凭几　3、4、8、9、13、14、18、24. 陶盘　5. 陶果盒　6、21. 青瓷盘口壶　7. 滑石猪　10. 酱釉三足砚　11、19. 青瓷鸡首壶　12. 青瓷碗　15、16. 青瓷唾壶　17. 酱釉盘口壶　20. 陶瓷井盖　22. 铜棺钉　23. 铁片

墓坑平面呈长方形，略大于砖室，至甬道处变窄。斜坡墓道与甬道部分墓坑等宽，残长至封门前2.6米处，近封门部分较平缓，向前坡度增大至近30°。排水坑开挖于墓道正中，宽0.72米，探明长度超过17米。排水沟用四层砖顺砌，中间留有宽6、高9厘米的排水孔，通向甬道后部铺地砖下。甬道后部下水孔近方形，边长15.8厘米，设陶窨井盖一块。

砖室部分平面呈"凸"字形，全长7.76、残高0.96米。封门设于甬道外口，与甬道等宽，底部三层平砖，上部残存四层丁砖，丁砖各层皆交向斜砌。甬道长2.4、宽1.66米，中部设一道木门，门已朽，现于两壁存有门槽，槽宽0.14、深0.06米。墓室两壁略向外弧，内长4.7、宽2.6~2.8米。墓室后部为砖砌棺床，与墓室等宽，长3.64、高于墓室前铺地砖0.16米，下部为一层丁砖，其上一层砖平铺呈"人"字形，前端以一排顺砖平铺。棺床前正中置砖砌长方形祭台两座，均为在丁砖上平铺六块砖而成。甬道和墓室壁均为"三顺一丁"方式砌筑，残存两至三组，均厚0.32米。墓葬底部铺有一层平砖，砖墙和棺床均以此为基础垒砌，墓室前部和甬道内在平砖之上还以"两横两纵"方式平铺一层砖。此外，甬道口外两侧各有一道挡土墙。

墓葬所用青砖为长方形，素面，长32、宽16、厚4厘米。

（三）M4

M4墓坑打破沙石层，为竖穴土坑砖室墓，方向165°，封门、墓室前部和券顶已不存，仅剩长方形墓室后半部和一小段排水沟。墓坑长6.9、宽2.7~2.85、深2米。排水沟位于墓葬南部偏东，残长0.6米，排水孔宽8、高8厘米。砖室残长4.65、内宽1.98~2.1米。墓室后部为棺床，长3.5米，与墓室等宽，为在墓坑底部生土台上铺两层砖而成，上层平铺呈"人"字形，下层横向错缝平铺，高出墓室前部0.17米。墓壁砌于"两横两纵"平铺的铺地砖之上，砌法为"三顺一丁"，后壁残存六组，壁厚0.35米。后壁正中有直棂假窗，由三块砖侧立而成，宽0.64米（图四）。

墓葬所用青砖为长方形，部分砖侧面模印"米"字形纹饰，长34、宽17、厚4厘米。

（四）M5

M5为竖穴土坑砖室墓，方向150°，封门及墓道被机械破坏，仅存长方形券顶墓室，残长4、宽1.58、残高1.2米。墓室底部铺地砖为两层，下层横向错缝平铺，上层平铺呈"人"字形。墓室前部铺地砖上并列摆放三块砖，形成简易祭台。墓壁砌法为"三顺一丁"，残存四组（图五）。

墓葬所用青砖为长方形，长33、宽16、厚4厘米。

（五）M6

M6为竖穴土坑砖室墓，方向200°，墓道已被破坏殆尽，由封门、甬道和墓室组成（图六）。

砖室平面近"凸"字形，全长5.65米。封门砌于甬道口，长1.7、残高1米，以"两顺一丁"方式砌筑，残存三组。甬道长1.2、内宽0.98、残高0.86米。墓室平面近长方形，后壁向外弧凸，长4、内宽1.66~1.76、残高1.6米。墓室后部为棺床，长3.6米，与墓室等宽，为在墓坑底部生土台上错缝平铺一层砖而成，生土台前端以一排丁砖锁口，棺床高出墓室前部铺地砖0.14米。墓壁以"三顺一丁"方式砌筑，壁厚0.33米。两侧壁和后壁均有直棂假窗和"凸"字形壁龛。

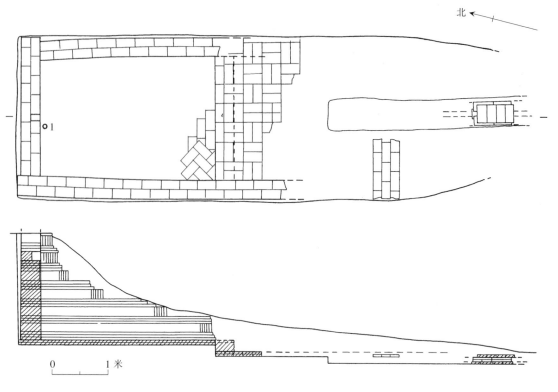

图四　M4 平、剖面图
1. 青瓷盏

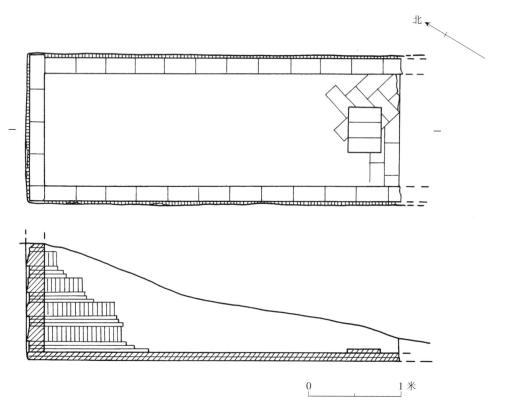

图五　M5 平、剖面图

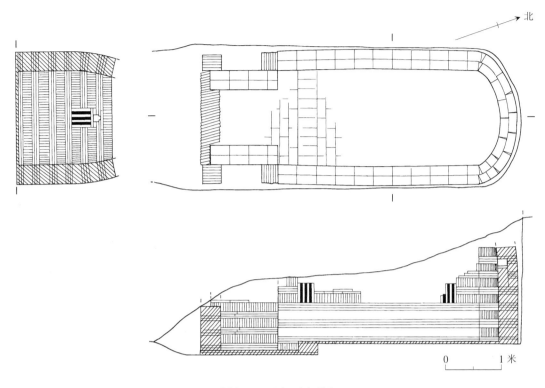

图六　M6 平、剖面图

后壁保存较好，直棂假窗由三块砖侧立而成，宽 0.28、高 0.33 米，上部壁龛宽 0.08、高 0.12、进深 0.16 米，其内置一件青瓷盏。

墓葬所用青砖有长方形和楔形两种。砖长侧均模印菱形纹和莲花纹，端侧模印方胜莲花纹，多数砖两侧皆有纹饰，仅少量砖的一面有纹饰，另见楔形砖较薄侧模印圆形方孔钱纹。长方形砖长 34、宽 16.5、厚 4 厘米，楔形砖窄端宽 13 厘米。

二　出土器物

（一）M2

出土青瓷鸡首壶 1 件、金环 2 件。

青瓷鸡首壶　1 件（M2:1）。整体器形向鸡首一侧倾斜。盘口，直颈，斜肩，鼓腹，最大腹径靠上，平底。肩部有对称的两个桥形系，两系间一侧为执手，略高于盘口，另一侧为高颈鸡首，高冠，鼓眼，圆嘴中空通向壶内。肩部饰两周凹弦纹，盘口处有对称分布的四处褐斑彩点，鸡首冠处也有褐斑彩。灰白胎，底部因未施釉而呈浅褐色，可见多处支钉烧制痕迹。青釉，釉不及底，釉层上部较厚而下腹部较薄。口径 5.6、底径 6.8、高 15.6 厘米（图七:1）。

金环　2 件。形制、大小均相同。圆形，截面呈矩形。M2:2，受挤压略微变形。直径 1.7、环面宽 0.15、厚 0.1 厘米（图七:2）。

（二）M3

出土瓷器、陶器等共 26 件。

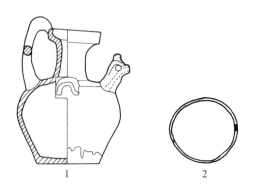

图七　M2 出土器物
1. 青瓷鸡首壶（M2∶1）　2. 金环（M2∶2）　（1 为 1/4，2 为 1/1）

青瓷盏　1 件（M3∶1）。圆唇，斜弧腹，假圈足，平底。口沿外饰一周凹弦纹。灰白胎。青釉，外部施釉不及底。口径 10、底径 5.4、高 4.4 厘米（图八∶1）。

青瓷碗　1 件（M3∶12）。尖唇，弧腹，平底微内凹。口沿外饰一周凹弦纹，内底有一周九个支钉疤痕。灰白胎。青釉，外部施釉不及底。口径 12、底径 7.2、高 4.6 厘米（图八∶2）。

青瓷盘口壶　2 件。M3∶6，器形较大。浅盘口微敞，直颈，斜溜肩，鼓腹，平底微内凹。肩部对称贴附两个桥形复系。盘口外壁饰两周凹弦纹，肩部饰一周凹弦纹，盘口沿处点有三处褐斑彩。灰白胎。青釉，釉不及底，底呈红褐色。盘口径 16、底径 11.2、高 31.2 厘米（图八∶5）。M3∶21，仅存壶身。圆鼓腹，平底。肩部对称贴附两个桥形方系。肩部饰一周凹弦纹。灰白胎。青釉，釉不及底。底径 11.2、残高 12.8（图八∶6）。

青瓷鸡首壶　2 件。M3∶11，直壁小盘口，微束颈，溜肩，鼓腹，平底微内凹。肩部对称贴附两个桥形方系，系间一侧为执手，略高于盘口，执手近盘口处刻划四道凹弦纹，另一侧为昂头鸡首，高冠，鼓眼，圆嘴，唇部中空，但与壶体不通。肩部饰两周凹弦纹，鸡首一只眼上点褐斑彩。灰白胎。青釉，釉不及底。口径 5.2、底径 8.6、高 11.6 厘米（图八∶9；彩版六∶1）。M3∶19，盘口外壁内凹，直颈，平肩，鼓腹，平底微内凹。肩部对称贴附两个桥形方系，系间一侧为魑首执手，魑身出于肩部，口衔盘口，另一侧为昂头鸡首，锥形冠，双眼凸出，圆唇中空。肩部饰一周凹弦纹。灰白胎。青釉，底部未施釉并可见刮削痕。口径 9.8、底径 11、高 18.2 厘米（图八∶10；彩版六∶2）。

青瓷唾壶　2 件。M3∶15，盘口微敞，矮束颈，腹部向下渐大，假圈足较矮，平底微内凹。灰白胎。青釉，釉不及底，底部可见清晰刮削痕。口径 8.8、底径 9、高 7.8 厘米（图八∶4）。M3∶16，直盘口，直颈，腹部向下渐大，假圈足较矮，平底微内凹。灰白胎。青釉，釉不及底，底部磨制光滑。口径 9.8、底径 12.6、高 8.6 厘米（图八∶3；彩版六∶3）。

酱釉盘口壶　1 件（M3∶17）。浅盘口微敞，盘口外壁内凹，矮束颈，鼓腹，平底。肩部对称贴附两个桥形系。红褐色胎。酱釉，釉不及底。口径 6、底径 6.4、高 8.6 厘米（图八∶7）。

酱釉三足砚　1 件（M3∶10）。圆形，子口，平底，下附三足外撇。内底有六处支钉痕迹，外底有不规则支烧疤痕。灰白胎。酱釉，釉层开片。口径 11、高 4.5 厘米（图八∶8；彩版六∶4）。

陶盘　8 件。形制基本相同。敞口，圆唇，平底。内底有同心圆凸弦纹。M3∶13，口径 20.4、底径18、高2厘米（图九：1）。

陶果盒　1件（M3：5）。圆形，子口，中间有一周同心圆凸棱，圈足微外撇。口径22.8、足径24.4、高5厘米（图九：2）。

陶凭几　1件（M3：2）。几身呈弧形，上部素面圆滑，下部凹槽中空，三条几腿与几身以榫卯方式相接，五趾兽足。长48.8、几面宽8.8、高23厘米（图九：6；彩版六：5）。

陶窨井盖　1件（M3：20）。近方形，有七个长方形漏孔。长15.6、宽15.4、厚2.2厘米（图九：3）。

滑石猪　1件（M3：7）。灰白色。长条形，嘴、耳、眼和后足刻划清晰，背部正中刻两条脊线，两侧刻出鬃毛。长6.4、宽1.15、厚0.8厘米（图九：5）。

铜棺钉　2件（M3：22）。形制相同，尖头已断。M3：22-1，通体绿锈。覆斗形钉帽，扁长条形钉身，截面呈长方形。残长23.3厘米（图九：4）。

铁片　2件（M3：23）。呈不规则椭圆形，可见粘有木头痕迹。

（三）M4

青瓷盏　1件（M4：1）。尖唇，浅腹，假圈足，平底。内底匀称分布三个支烧疤痕。灰白胎。青黄釉，釉不及底。口径8.6、底径5.2、高3.4厘米（图一〇：1）。

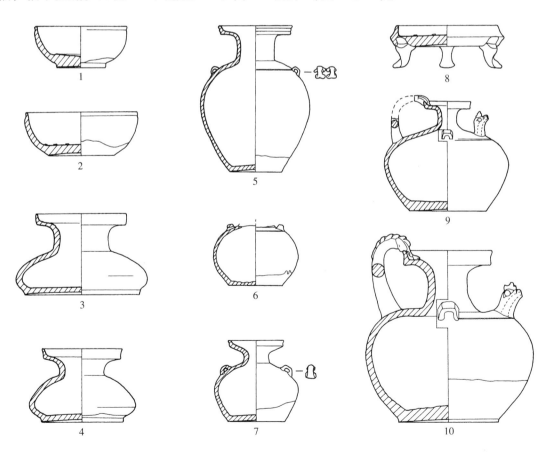

图八　M3出土瓷器

1. 青瓷盏（M3：1）　2. 青瓷碗（M3：12）　3、4. 青瓷唾壶（M3：16、15）　5、6 青瓷盘口壶（M3：6、21）　7. 酱釉盘口壶（M3：17）
8. 酱釉三足砚（M3：10）　9、10. 青瓷鸡首壶（M3：11、19）　（5、6为1/8，余为1/4）

（四）M5

出土青瓷器9件，器形有盏、碗和盘口壶。

盏　7件。形制、大小基本相同。圆唇，弧腹较深，假圈足，平底。灰白胎。青釉，釉不及底，个别内底有积釉现象。M5：6，口径8.6、底径4.6、高5.2厘米（图一〇：2）。M5：7，口沿外饰一周凹弦纹。口径8.8、底径5、高4.9厘米（图一〇：3）。

碗　1件（M5：9）。口微敛，圆唇，深弧腹，假圈足，平底。口沿处饰一周凹弦纹，腹与内底结合处亦饰一周凹弦纹。灰白胎。青黄釉，釉不及底。口径13.6、底径9.2、高6.6厘米（图一〇：10）。

盘口壶　1件（M5：8）。盘口，微束颈，鼓腹，平底。肩部对称贴附四个桥形系。肩部饰两周凹弦纹。灰白胎。青黄釉，釉不及底，底部可见刮削痕迹。口径8、底径9.4、高15.6厘米（图一〇：11；彩版六：6）。

（五）M6

出土青瓷器6件，器形有盏和六足砚。

盏　5件。假圈足，平底。灰白胎。青黄釉，釉不及底。M6：1，尖唇，深直腹。口沿外饰两周凹弦纹。口径7、底径3、高5.4厘米（图一〇：4）。M6：2，方唇，深直腹。口沿外饰两周凹弦纹。口径7、底径3、高5厘米（图一〇：5）。M6：3，圆唇，深腹。口沿外饰一周凹弦纹。口径7.2、底径3、高4.5厘米（图一〇：6）。M6：4，圆唇，深腹。口径7.2、底径3.2、高4厘米（图一〇：7）。M6：5，圆唇，深腹，假圈足，平底。口沿外饰一周凹弦纹，底部深刻凹槽一周，内底有三处支钉疤痕。口径9、底径3.4、高5.6厘米（图一〇：8）。

六足砚　1件（M6：6）。口沿及足部皆残。子口，底部弧凸，下附六足。灰白胎。青黄釉，内底无釉。直径12.8、残高3.2厘米（图一〇：9）。

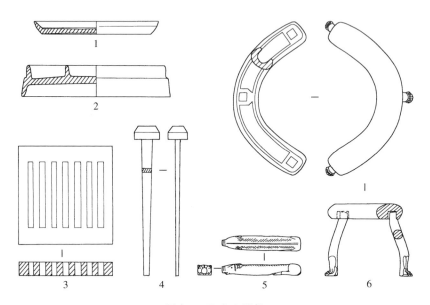

图九　M3出土器物

1. 陶盘（M3：13）　2. 陶果盒（M3：5）　3. 陶窨井盖（M3：20）　4. 铜棺钉（M3：22－1）　5. 滑石猪（M3：7）
6. 陶凭几（M3：2）　（5为1/3，6为1/12，余为1/6）

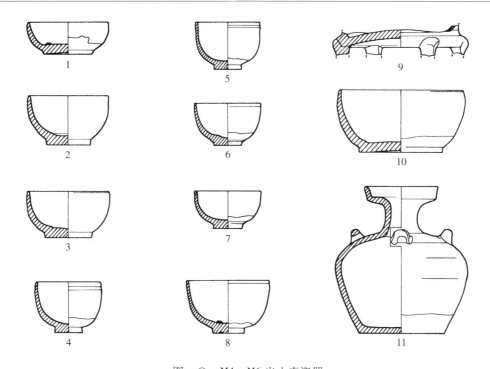

图一〇　M4～M6 出土青瓷器

1~8. 盏（M4:1、M5:6、M5:7、M6:1~5）　9. 六足砚（M6:6）　10. 碗（M5:9）　11. 盘口壶（M5:8）　　（均为 1/4）

三　结　语

　　本次发掘的五座墓葬的形制和出土器物均在南京地区六朝墓中较为常见，具有典型的时代特征。M2 和 M3 均为平面呈"凸"字形的单室券顶砖室墓，在甬道中发现有安置木门的门槽，这种在甬道中设木门的现象多见于东晋中晚期大中型墓葬，如老虎山东晋颜氏家族墓[2]、司家山东晋义熙二年（406 年）谢温墓[3]、富贵山六朝墓地 M2 和 M4[4] 等。M3 出土的青瓷鸡首壶腹部圆鼓、鸡头上扬、执手高于盘口的特征属于东晋中晚期的风格。因此，M2、M3 的年代应同为东晋中晚期，但 M2 未见棺床，后壁也未见壁龛，可能较 M3 略早。

　　M4 残甚，但由后壁带有直棂假窗和"凸"字形壁龛以及墓砖模印"米"字形纹饰等现象来看，年代应属于东晋晚期或南朝早期。M5 墓底不见棺床，结合出土的青瓷盘口壶腹部圆鼓和青瓷碗深腹、口沿外饰一周凹弦纹的特征来看，年代应为东晋晚期。M6 后壁弧凸，墓壁用砖模印莲花纹等图案，并出土青瓷六足砚和深直腹小盏，是典型的南朝晚期墓葬。

发　掘：马　涛　陈大海　张九文　王光明
　　　　龚巨平　许长生　周维林　安守文
　　　　董补顺　常守宝
摄　影：王　泉　陈大海
绘　图：董补顺　陈大海
执　笔：陈大海

注　释

［1］　南京市博物馆等《南京江宁上坊孙吴墓发掘简报》，《文物》2008 年第 12 期。

［2］　南京市文物保管委员会《南京老虎山晋墓》，《考古》1959 年第 6 期。

［3］　南京市博物馆《南京南郊六朝谢温墓》，《文物》1998 年第 5 期。

［4］　南京市博物馆《江苏南京市富贵山六朝墓地发掘简报》，《考古》1998 年第 8 期。

南京雨花台华为南京基地 36 号南朝墓发掘简报

南京市考古研究所

2006 年 8 月至 2007 年 2 月，为配合华为南京基地的施工建设，南京市博物馆考古部（现为南京市考古研究所）对其施工范围内进行了考古勘探和发掘工作，共清理六朝时期砖室墓 70 座。现将其中一座编号 06NYHM36（以下简称 M36）的墓葬发掘情况简报如下。

一　墓地概况

墓地位于南京市雨花台区北部，南京城的南郊，东至花神大道，西达安德门大街，南临软件大道，北接雨花台风景区（图一）。在此区域内，分布有三条低矮的南北向小山脉，M36 位于东侧小山脉中一座小山丘的东坡中部。

二　墓葬形制

M36 为竖穴土坑砖室墓，平面呈"凸"字形，砖室总长 8.46 米，方向 187°。由于此墓早年被

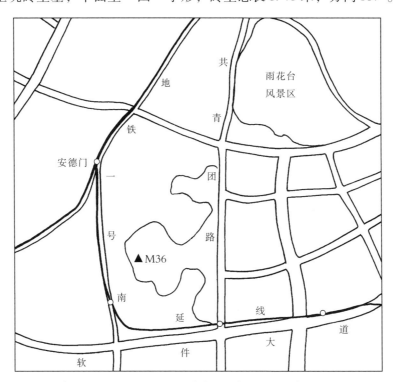

图一　墓葬位置示意图

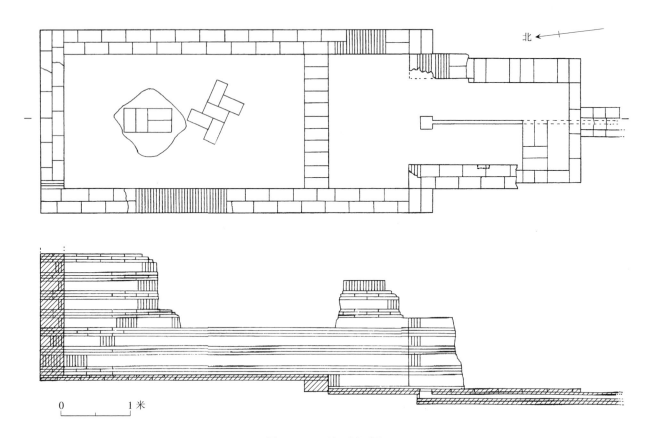

图二　M36 平、剖面图

盗掘，整个墓顶已被破坏，目前仅见甬道、排水沟和墓室（图二）。甬道损毁严重，仅存铺地砖，长 2.5、宽 1.16、残高 1 米，铺地砖砌法为"两横两顺"平铺。甬道西壁距甬道前侧 1.32 米处底部设一榫洞，边长 0.18 米，推测为设置木门之用。甬道近墓室处正中设一方形窨井，边长 0.18 米，排水沟自窨井开始向外延伸，甬道外侧排水沟仅存 0.5 米。排水沟由五层砖砌成，最下面为两层"一横两顺"砖，其上两侧平砌一层顺砖，中部留有排水孔，再上平砌一层横砖，最后在横砖上压一层顺砖。墓室受挤压，底部向上拱起，长 4.96、宽 1.9、残高 1.7 米。墓壁砌法为"三顺一丁"。墓室前部铺两层地砖，下层为横向平铺，上层为"两横两顺"平铺。墓室后部设有棺床，与墓室等宽，长 3.8、高出墓室底 0.2 米。棺床为两层砖，下层横向平铺，上层平铺呈"人"字形，前端以一排丁砖封口。

三　出土器物

墓内葬具及人骨皆腐朽，出土有陶器、瓷器、金器、银器等。由于墓葬早年被盗，出土器物已移位，发掘时金罐及银戒指位于棺床后部，瓷盘口壶位于墓室前部西侧，其他器物位于甬道两侧。

1. 陶器

30 件。器形有罐、附錾带流罐、唾壶、盘、灯、仓、砚、凭几、俑。

　　罐　1 件（M36：27）。灰陶。侈口，圆唇，鼓腹，小平底。口径 4.8、底径 2、高 3.6 厘米（图三：1）。

　　附錾带流罐　2 件。灰陶。形制相同。直口，方唇，直颈，鼓腹，假圈足，平底略内凹。前侧设有一流，后侧自口部至腹部设一扁条形錾，另两侧分别对称置一桥形系。颈部上下各饰两组由数周弦纹组成的纹饰带。M36：14，口径 9.2、底径 9.2、高 11.2 厘米（图三：4；彩版七：1）。

　　唾壶　2 件。灰陶。形制相同。盘口，圆唇，束颈，扁鼓腹，假圈足，平底略内凹。M36：28，口径 8.8、底径 8.8、高 11.6 厘米（图三：2）。

图三　陶　器

1. 罐（M36：27）　2. 唾壶（M36：28）　3. 灯（M36：25）　4. 附錾带流罐（M36：14）　5. 仓（M36：30）　6、7. 盘（M36：5、13）
8. 砚（M36：24）　9. 凭几（M36：32）　10、11. 俑（M36：16、20）　（1 为 1/3，9 为 1/10，余为 1/5）

盘　9件。灰陶。内底均饰两周凸弦纹。M36：5，敞口，圆唇，斜腹，平底内凹。口径14.2、底径12、高2.2厘米（图三：6）。M36：13，敞口，平唇，斜直腹，平底。口径18、底径16、高2.6厘米（图三：7）。

灯　2件。灰陶。形制相同，均由灯盏、灯柱和托盘组成。灯盏为敛口，平唇略凹，腹微鼓，圜底。灯柱中空，中部有一周凸棱。托盘为敞口，斜直腹，平底。M36：25，灯盏口径9.6、托盘口径18.8、底径17.2、高14.8厘米（图三：3）。

仓　2件。灰陶。形制相同。M36：30，悬山顶，正脊两端置鸱尾，仓体中空，一面辟有五个仓门，下为长方形基座。顶长13.6、宽8厘米，基座长14、宽6.8厘米，通高18.2厘米（图三：5；彩版七：2）。

砚　1件（M36：24）。灰陶。子口，圆唇，斜腹，平底内凹，下附三蹄形足。口径14.4、高5.8厘米（图三：8）。

凭几　3件。灰陶。形制相同。M36：32，几面呈半圆弧状，截面近椭圆形，背部有三个插置几腿用的方形凹槽，几腿呈蹄形足。几面残长39.4、高23.6厘米（图三：9）。

俑　8件。灰陶。有男俑和女俑两类。男俑4件，形制相同，均作直立拢手状，头戴前部低平、后部斜高的"介帻"，身着右衽交领广袖长袍，有中衣。M36：16，高29厘米（图三：10；彩版七：3）。女俑4件，形制相同，均作直立拢手状，头束椭圆形发髻，髻长过耳，面部丰腴，身着右衽交领广袖长袍，有中衣。M36：20，高27.4厘米（图三：11；彩版七：4）。

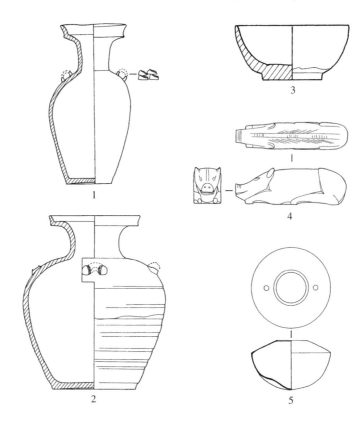

图四　出土器物

1、2. 瓷盘口壶（M36：1、2）　3. 瓷碗（M36：3）　4. 滑石猪（M36：35）　5. 金罐（M36：37）　（1为1/10，2为1/6，余为1/3）

2. 瓷器

4 件。器形有盘口壶、碗。

盘口壶　2 件。M36∶1，器形瘦长，大盘口，束颈，溜肩，斜弧腹，平底略内凹。肩部两侧置对称的双复系。器内外施青釉，釉色泛黄。口径 18、底径 12.4、高 42 厘米（图四∶1）。M36∶2，器形矮胖，盘口，束颈，圆肩，斜弧腹，平底略内凹。肩部置四个对称的条形横系，下腹部饰数周宽弦纹。器内外施青釉，脱釉现象严重。口径 14.8、底径 13.6、高 27.6 厘米（图四∶2）。

碗　2 件。形制、大小基本相同。侈口，圆唇，斜弧腹，假圈足，平底。器内外施青釉。M36∶3，口径 9、底径 4.8、高 4.3 厘米（图四∶3）。

3. 其他

9 件。包括金罐、银戒指和滑石猪。

金罐　1 件（M36∶37）。敛口，斜肩，斜弧腹，圜底。素面，肩部两侧各有一穿孔。口径 2.4、高 3.9 厘米，重 79.8 克（图四∶5；彩版七∶5）。

银戒指　6 件。均为圆环形，素面。直径 1.5~2 厘米。

滑石猪　2 件。形制相同。M36∶35，四肢略作匍匐状，头部伏于两前肢之间，两耳斜向上翘，短尾贴于臀下，背部刻划有猪鬃纹饰。长 9、宽 2.1、高 2.9 厘米（图四∶4；彩版七∶6）。

四　结　语

M36 未出土明确的纪年材料，但其墓葬形制及部分出土器物与南京地区发掘的刘宋明昙憘墓[1]基本一致，可以推测其时代为南朝早期。

南朝时期仅次于帝陵的大中型墓葬总长度为 7~10 米[2]，也可将其细分为 9~10 米和 7~8 米两个等级[3]，前者为皇家宗室王侯墓，后者为高级士族官员墓。本次发掘的 M36 砖室总长 8.46 米，故此墓的墓主或为南朝高级士族官员。

由于金银产量的减少及佛教兴盛消耗了大量金银，可以说南朝时期是金银生产和金银器制作的衰落时期，这一阶段出土的金器较少，且多为小型器[4]。M36 出土的金罐重 79.8 克，在以往发掘的同时期墓葬中较为罕见。同时，此件金罐表面有摩擦痕迹，说明其为墓主生前用器，也佐证了墓主身份较高的推论。

发　掘：祁海宁　陈大海

　　　　　李　翔　骆　鹏

摄　影：骆　鹏　祝乃军

修　复：蒋艳华

绘　图：董补顺

执　笔：李　翔　陈大海

注　释

[1]　南京市文物管理委员会《南京太平门外刘宋明昙憘墓》，《考古》1976 年第 1 期。

［2］　冯普仁《南朝墓葬的类型与分期》,《考古》1985 年第 3 期。

［3］　周裕兴《南京南朝墓制研究》,《南京大学历史系考古专业成立三十周年纪念文集》, 天津人民出版社, 2002 年。

［4］　齐东方《三国两晋南北朝时期的金银器》,《北方文物》2000 年第 1 期。

南京板桥街道钟家岗南朝墓发掘简报

南京市考古研究所

2013 年 10～12 月，为配合板桥市场群的建设，南京市考古研究所对此地区进行了大规模勘探和发掘工作，发现一处由六座南朝砖室墓（编号 13NYBM7～13NYBM12，以下简称 M7～M12）构成的墓地，且此墓地被一座宋代土坑墓和三座清代土坑墓打破或再利用。现将本次发掘的南朝墓的情况简报如下。

一　墓地概况

六座南朝墓位于雨花台区板桥街道钟家岗村南部（图一），平面呈"一"字形南北向排列，均朝向西侧洼地。墓葬封土不存，两座为一组，共分三组，同组两墓埋藏深度相近且间距不超过 2 米，而各组之间埋藏深度不同（图二）。其中，中部一组两座墓（M7、M8）的排水沟分别被清代土坑墓（M13、M14）打破，其墓室又分别被清代土坑墓（M6）和宋代土坑墓（M15）再利用。

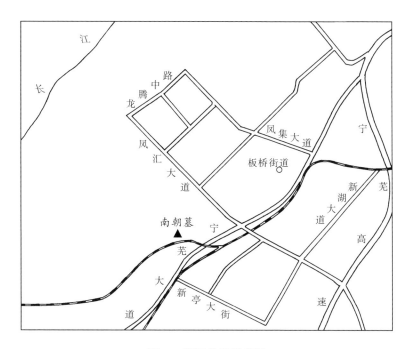

图一　墓地位置示意图

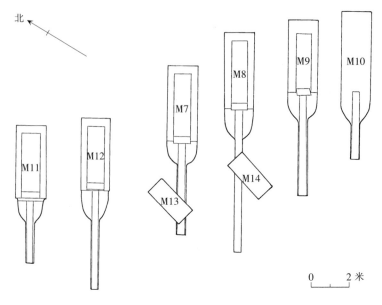

图二　墓葬平面分布图

二　墓葬形制

　　六座墓葬均属于小型长方形券顶砖室墓，形制相同，方向240°，由墓道、排水沟、墓室等部分构成。墓道为平底，由封门到排水沟呈弧形内收，长1.2～1.4米。排水沟均位于墓室前方正中，残长2～6、宽约0.4米。砖砌排水孔与封门处铺地砖齐平。墓室平面呈长方形，其中，M7长3.6、宽1.2、残高1.6米（图三），M8长3.86、宽1.26、残高1.56米（图四），M9长3.56、宽1.2、残高1.45米（图五），M10长4.4、宽1.5米（图六），M11长3.7、宽1.22、残高1.1米（图七），M12长3.8、宽1.32、残高0.9米（图八）。墓壁砌法为两组"三顺一丁"，其上以单砖或楔形砖起券。除保存较差的墓葬墓壁残甚外，M7～M9墓壁上部均设壁龛，其中两壁壁龛呈"凸"字形，后壁壁龛呈长方形。墓室底部设一层铺地砖，分为两种类型，M11和M12铺地砖为横向错缝平铺，其余墓室铺地砖则平铺呈"人"字形。墓室内前端除M10被破坏严重外，其余均有砖垒祭台，且墓室后部不设棺床。

　　墓葬用砖尺寸相近，砖侧面均不见模印纹饰。

三　出土器物

　　墓葬出土器物数量不多，以青瓷盏和陶模型明器为主。其中，青瓷盏原应置于壁龛内，个别掉落墓底，陶模型明器位于祭台上或周围。

　　（1）M7出土器物5件，包括青瓷盏和陶俑，另有1件器物出土时已不辨器形。

　　青瓷盏　3件。弧腹，假圈足，平底。器表施青釉，釉不及底。M7:5，直口。口径8.4、底径4.4、高4.4厘米（图九:1）。M7:4，直口。口径8.4、底径4.4、高4.2厘米（图九:2）。M7:1，

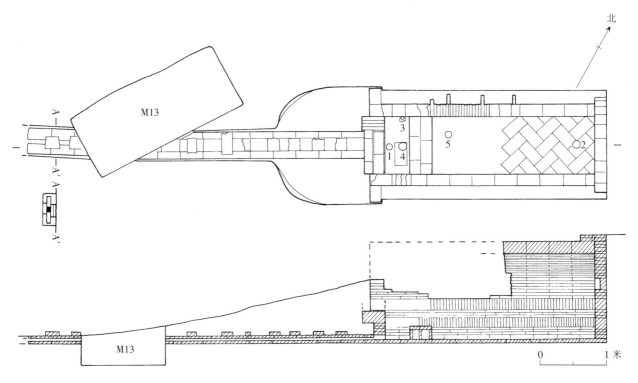

图三　M7 平、剖面图
1、4、5. 青瓷盏　3. 陶俑　（2 器形不明）

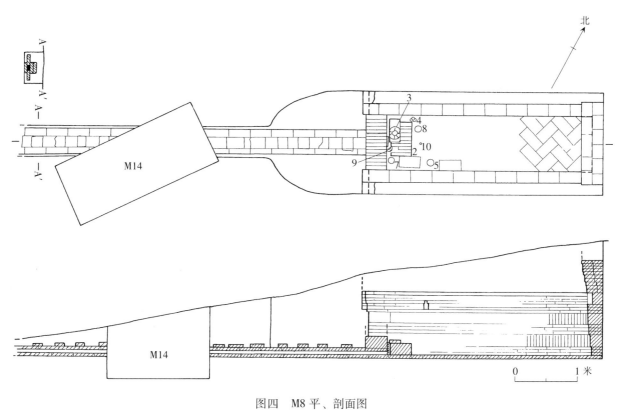

图四　M8 平、剖面图
2. 陶窖井盖　3. 陶果盒　4. 陶俑　5、7~9. 青瓷盏　10. 铜钱　（1、6 器形不明）

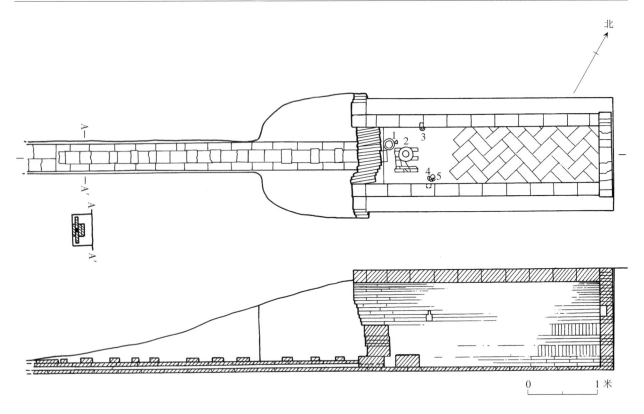

图五　M9 平、剖面图
1. 陶魁　2. 陶果盒　3~5. 青瓷盏

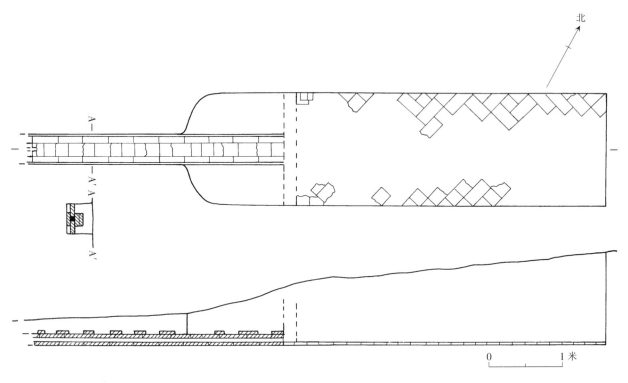

图六　M10 平、剖面图

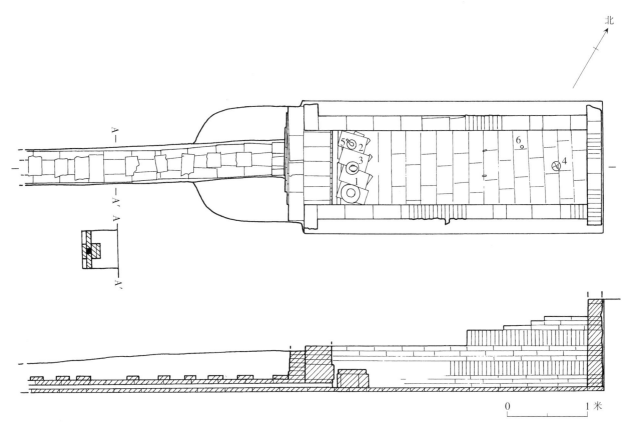

图七　M11 平、剖面图
1. 陶果盒　2. 陶盘　3. 陶耳杯　4. 陶魁　5. 陶勺　6. 铜钱

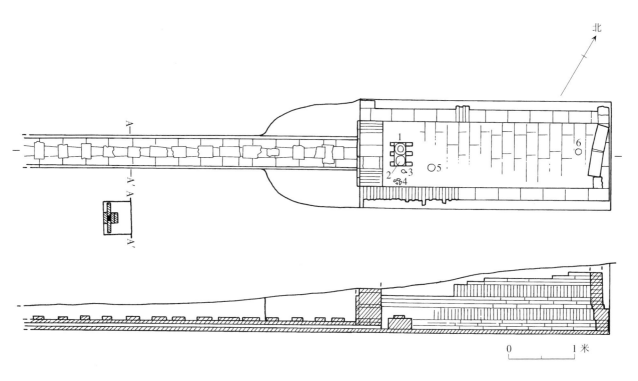

图八　M12 平、剖面图
1. 陶果盒　2. 陶盘　3. 陶勺　5、6. 青瓷盏　（4 器形不明）

敞口。口径 8.4、底径 4.4、高 3.4 厘米（图九:3）。

陶俑　1 件（M7:3）。头戴冠，身着交领宽袖长袍。双手拢于袖内。高 25.8 厘米（图九:21）。

（2）M8 出土器物 10 件，包括青瓷盏、陶果盒、陶俑、陶窨井盖和铜钱，另有 2 件器物出土时已不辨器形。

青瓷盏　4 件。假圈足，平底。器表施青釉，釉不及底。M8:8，直口，弧腹，内底凸起。口径 8.6、底径 4.8、高 4.2 厘米（图九:4）。M8:5，上口近直，至中腹部开始斜收至底。口径 8.6、底径 5、高 4 厘米（图九:5）。

陶果盒　1 件（M8:3）。圆形，子母口，平底，圈足。内底有一道同心圆凸棱将果盒分为内外两格。口径 15.6、足径 18.4、高 4 厘米（图九:13）。

陶俑　1 件（M8:4）。女俑。头戴冠，身着交领长袍，袍下露双脚，双手置于腹部。高 24.8 厘米（图九:22；彩版八:1）。

陶窨井盖　1 件（M8:2）。长方形，中部有六个条形漏孔。长 14.8、宽 13.4、厚 1.4 厘米

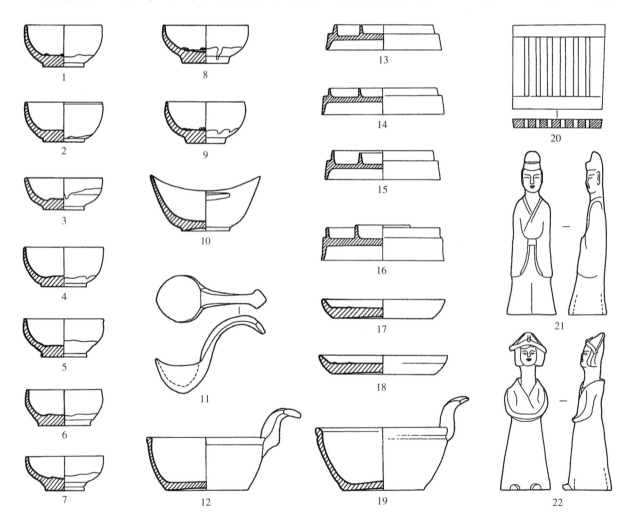

图九　出土器物

1~9. 青瓷盏（M7:5、M7:4、M7:1、M8:8、M8:5、M9:4、M9:3、M12:5、M12:6）　10. 陶耳杯（M11:3）　11. 陶勺（M11:5）　12、19. 陶魁（M11:4、M9:1）　13~16. 陶果盒（M8:3、M9:2、M11:1、M12:1）　17、18. 陶盘（M11:2、M12:2）　20. 陶窨井盖（M8:2）　21、22. 陶俑（M7:3、M8:4）　（13~16、20~22 为 1/6，余为 1/4）

（图九：20）。

铜钱　1枚（M8：10）。圆形方孔。钱文隐约可辨为"货泉"。

（3）M9出土器物5件，包括青瓷盏、陶果盒和陶魁。

青瓷盏　3件。直口，弧腹，假圈足，平底。器表施青釉，釉不及底，剥釉现象严重。M9：4，口径8.2、底径5.6、高3.8厘米（图九：6）。M9：3，口径8.4、底径4.2、高3.6厘米（图九：7）。

陶果盒　1件（M9：2）。圆形，子母口，平底，圈足。内底有一道同心圆凸棱将果盒分为内外两格。口径17.2、足径19.6、高4.2厘米（图九：14）。

陶魁　1件（M9：1）。直口外敞，斜腹，平底微内凹。一侧有弯曲的短柄，柄首呈菱形。口径14.4、底径8.8、高6.6厘米（图九：19；彩版八：2）。

（4）M11出土器物6件（组），包括陶盘、果盒、魁、耳杯、勺和铜钱。

陶盘　1件（M11：2）。敞口，圆唇，斜腹，平底微内凹。内底有两周凸弦纹。口径13.2、底径10.4、高2厘米（图九：17）。

陶果盒　1件（M11：1）。圆形，子母口，平底，圈足。内底有一道同心圆凸棱将果盒分为内外两格。口径16、足径18.4、高4.6厘米（图九：15；彩版八：3）。

陶魁　1件（M11：4）。直口外敞，斜弧腹，平底内凹。一侧有弯曲的短柄，柄首呈菱形，已掉落。口径12.8、底径9.2、高5.6厘米（图九：12）。

陶耳杯　1件（M11：3）。敞口，尖唇，斜弧腹，两端高翘，假圈足，平底内凹。长径12、短径6、底长径5.2、底短径2.8、高5.9厘米（图九：10）。

陶勺　1件（M11：5）。敞口，尖唇，斜弧腹。一侧有弯曲的长柄，柄首呈菱形。长12厘米（图九：11）。

铜钱　1组5枚（M11：6）。锈蚀严重，仅可辨钱文为"大泉五十"。

（5）M12出土器物6件，包括青瓷盏、陶盘、陶果盒和陶勺，另有1件器物出土时已不辨器形。

青瓷盏　2件。直口，弧腹，假圈足，平底。器表施青釉，釉不及底。M12：5，口径9.2、底径5、高4厘米（图九：8）。M12：6，口径8.6、底径4.2、高4.4厘米（图九：9）。

陶盘　1件（M12：2）。敞口，圆唇，斜腹，平底微内凹。内底有两周凸弦纹。口径13.6、底径11.2、高2厘米（图九：18）。

陶果盒　1件（M12：1）。圆形，子母口，平底，圈足。内底有一道同心圆凸棱将果盒分为内外两格。口径18.4、足径19.6、高5.6厘米（图九：16）。

陶勺　1件（M12：3）。敞口，尖唇，斜弧腹。长柄已残。长6、宽4.8、高4厘米。

四　结　语

本次发掘的六座砖室墓的墓葬形制和出土器物的器形、特征均相似，因此它们应属同一时代。在墓葬形制方面，小型长方形砖室墓在南京地区使用时间较长，就六朝而言，各期均有发现。本次发掘的这六座墓，使用了东晋至南朝时期较为流行的方式，如墓壁均使用"三顺一丁"砌法且墓顶均为券顶，未使用六朝早期常见的平砖顺砌墓壁和叠涩顶做法，但各墓均未发现模印花纹砖，与南京地区南朝中晚期墓墓砖普遍装饰莲纹图案不同。在出土器物方面，圆形陶果盒和假圈足青瓷盏也是南朝时期的典型器物。综上所述，这六座砖室墓的年代应为南朝早中期。

本次发掘的六座南朝墓方向相同、排列整齐，形制与出土器物特征较为一致，应在营建时有整体规划。根据墓葬分布情况与埋藏深度，以及各墓室狭小均仅可容一棺的特征，或可推测每组墓葬为一对夫妇异穴合葬墓。

领　　队：龚巨平

发　　掘：陈大海　薛春明
　　　　　　常守帅

摄　　影：陈大海

修　　复：蒋艳华

绘　　图：董补顺

执　　笔：王　海　陈大海

南京江宁将军山两座唐墓发掘简报

南京市考古研究所

南京市江宁区博物馆

为配合南京康厚置业九间堂项目的建设，2012年6月至2013年6月，南京市考古研究所对位于南京市江宁区将军山东南麓的项目地块进行了考古勘探和发掘（图一），清理六朝至明清时期墓葬20余座。其中两座小型砖室墓（编号2012NJJM26、2012NJJM44，以下简称M26、M44）相距较近，墓葬规模、形制及出土器物均十分相似。现将这两座墓的发掘情况简报如下。

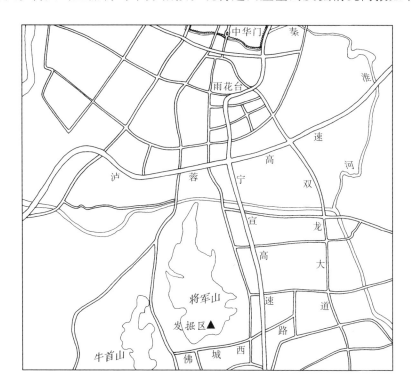

图一　发掘区位置示意图

一　墓葬形制

M26、M44均位于将军山东南缘，相距约300米。M26在康厚水库以东、康厚街以西约20米的一处坡地上；M44则在康厚水库以西的一处缓坡上，西距沐崀墓约15米。

M26　竖穴土圹砖室墓，墓口距地表0.8~1.4米，平面近"凸"字形，土圹全长5.15米，由墓道、排水沟、墓室三部分组成，方向165°。因早年被盗扰严重，墓室顶部无存（图二）。

墓道位于墓室南部，平面近长方形，现长1.5、宽0.8、深0.35～0.4米，南部被晚期坑破坏无存。墓道两壁较直，底部不平，呈南高北低状。

排水沟现清理部分长2.05、宽0.34米，北起棺床南侧，由封门底层的中部而过，向南约0.3米遇岩石向东稍弯曲，贴墓道东壁向南延伸，南半段被一较大晚期坑打破至底。排水沟砌法为底部置一层砖，平砖之上的两侧各顺置一层砖，顺砖上部由平砖覆盖，两顺砖之间留有0.06米的排水孔。

墓室平面呈不规则长方形，北窄南宽，墓室土圹长3.6、宽0.84～1.3米，西壁被破坏长度2.2米。砖室早年遭盗扰，破坏严重，内长3、宽0.46～0.6米，墓顶无存。墓室南部残存高0.56米的封门墙，底部中间留有排水孔，其上由平砖错缝顺砌9层，其上一层中间为丁砖，两端为平砖，并用泥粘接。墓室东壁残高0.39、西壁残高0.27米，砌筑方法为“三顺一丁”，并用泥粘接，现存1组半。北壁仅残存少许丁砖层。墓室北部为棺床，长2.7、高0.14米，与墓室等宽。棺床上层以砖平铺呈“人”字形且前部为顺砖，前端以丁砖锁口。

M44　竖穴土坑砖室墓，平面呈“凸”字形，墓圹全长5.4米，由墓道、排水沟、墓室三部分组成，方向115°（图三）。

墓道位于墓室东部，东宽西窄，北侧向外延伸，直壁，平底，发掘部分长1.3、宽1.1～1.5、深0.62米。

排水沟自棺床前端经封门底部向东延伸，后向北弯曲。排水沟砌法为底部平铺一层砖，其上两砖并列顺砌形成排水孔，上部再顺置一层砖，排水孔宽0.01米。

墓室土圹长3.9、宽1.2～1.6、深0.46米。砖室早年遭盗扰，破坏严重，内长3.2、宽0.86、残高0.08～0.3米。封门墙以单层顺砖错缝平砌10层，其上以残砖立砌1层，残高0.5米。墓壁现存砖2～5层，砌筑方法为“四顺一丁”。墓室西部为棺床，长3.02、高0.14米，与墓室等宽。棺床砌法与M26相同。

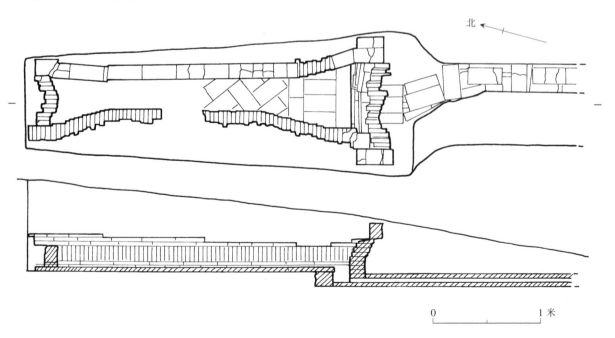

图二　M26平、剖面图

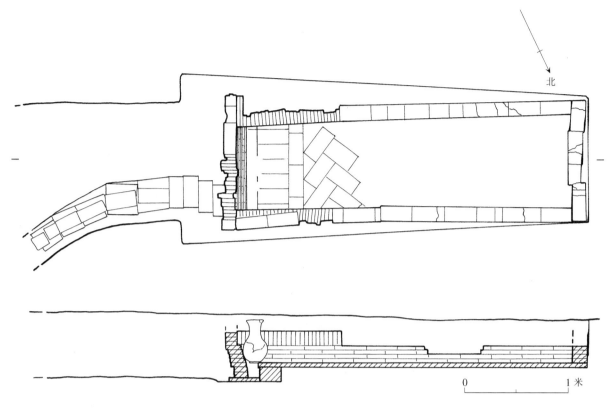

图三　M44 平、剖面图

二　出土器物

两墓因早年被盗扰破坏严重，故墓主的葬式、葬具均不详。出土器物较少，以陶瓷器为主，器形有盏、碗、盘口壶等。

（1）M26 出土器物 4 件，包括瓷盏、瓷碗、瓷盘口壶和铜钱。

瓷盏　1 件（M26：1）。敞口，圆唇，斜弧腹，平底。内底有五个支烧痕，外底有六个支烧痕。器表施深青色釉，内外不及底。口径 15.8、底径 7.2、高 4.8 厘米（图四：1）。

瓷碗　1 件（M26：4）。直口，圆唇，折腹，平底。红胎。器表施酱黄色釉，釉色偏黑。口沿内外施釉，釉不及内外底。口径 12.8、底径 6、高 4.6 厘米（图四：2）。

瓷盘口壶　1 件（M26：3）。残，仅存口颈部。盘口外侈，长直颈。盘口下部有一周凸棱。肩部贴附双系。口径 16.4、残高 20.8 厘米（图四：4）。

铜钱　1 枚（M26：2）。残，钱文为"开元通宝"。

（2）M44 出土器物 4 件，包括瓷盏、瓷盘口壶、釉陶钵和釉陶壶。

瓷盏　1 件（M44：1）。直口，圆唇，折腹，平底内凹。内底有五个支烧痕，外底有四个支烧痕。灰黄胎。器表施青釉，内外不及底。口径 10.4、底径 5.2、高 3.8 厘米（图四：6）。

瓷盘口壶　1 件（M44：3）。盘口外侈，长直颈，溜肩，斜弧腹，平底。盘口下部有一周凸棱。肩部贴附五个横系。灰胎，胎质粗杂，有气孔。腹部以上施青釉。烧结度差，颈腹部有鼓包。

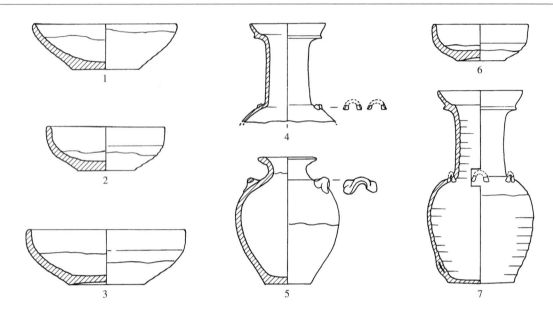

图四　出土器物

1、6. 瓷盏（M26:1、M44:1）　2. 瓷碗（M26:4）　3. 釉陶钵（M44:2）　4、7. 瓷盘口壶（M26:3、M44:3）　5. 釉陶壶（M44:4）　（4、5、7 为 1/8，余为 1/4）

口径 18.4、底径 14.4、高 40.8 厘米（图四:7）。

　　釉陶钵　1 件（M44:2）。口微敛，折腹，平底内凹。内底有四个支烧痕。红胎，胎质较粗。釉内外不及底，脱甚。口径 17.2、底径 8.4、高 5.8 厘米（图四:3）。

　　釉陶壶　1 件（M44:4）。敞口，圆唇，束颈，溜肩，鼓腹，平底。肩部贴附对称的两系。红胎，胎质较粗。器表脱釉现象严重。口径 12.8、底径 9.6、高 26.8 厘米（图四:5）。

三　结　语

　　以往南京地区发现的隋唐墓葬较少[1]，数量不仅远少于六朝墓葬，也少于南唐及两宋时期墓葬，且已见发表的隋唐墓葬资料均出土有墓志，年代明确，而对于没有明确纪年的隋唐墓葬则基本不见发表。将军山这两座小型砖室墓，墓葬形制相同，出土盘口壶器形一致，盘口下部均有一周凸棱，与六朝时期的盘口壶无论在胎质还是在造型上均有了明显的不同。M26 出土了"开元通宝"，也为墓葬断代提供了依据。虽然目前仍无法明确墓葬的准确时代，但其墓葬形制和出土器物为全面了解南京的历史文化提供了新资料。

领　队：祁海宁

发　掘：王　宏　郭龙发

　　　　王海平　王宇翔

摄　影：祝乃军

绘　图：董补顺　王宇翔

拓　片：雷　雨

执　笔：王　宏

注　释

[1]　南京市文物保管委员会《南京钱家渡丁山发现唐墓》,《考古》1966 年第 4 期；朱兰霞《南京清理一座唐代夫妇合葬墓》,《文博通讯》1983 年第 3 期；南京市博物馆《江苏南京市出土的唐代琅琊王氏家族墓志》,《考古》2002 年第 5 期；南京市博物馆《南京侯家塘唐墓》,《南京文物考古新发现》（第三辑），文物出版社，2014 年。

南京浦口章家洼宋墓发掘简报

南京市考古研究所

2004 年 10 月，南京市博物馆考古部（现为南京市考古研究所）在南京市浦口区大桥村一组章家洼发掘了一座宋代砖室墓（图一），编号 04NPZM1（以下简称 M1）。此墓位于一座山的南麓半山坡，总体形势为坐北朝南，其南面为两山形成的山谷和开阔地带。发掘时，墓葬券顶部分已暴露在外，青砖风化，券顶坍塌，其上长有大量灌木。墓葬前部被施工毁坏，从破坏的地方看，墓室内积满淤土，土质较硬且已分层，说明墓葬早期已被破坏和盗掘。现将本次发掘情况简报如下。

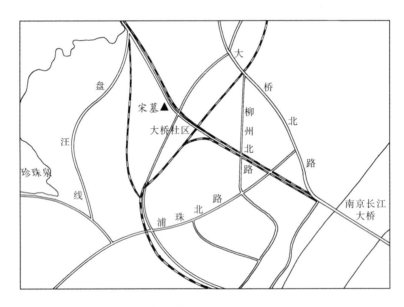

图一　墓葬位置示意图

一　墓葬形制

墓葬为砖砌券顶结构，平面呈长方形。砖室全长 5.68 米，由甬道、封门墙、前室、后室等部分组成，方向 228°（图二）。墓道因毁坏严重，已不存。墓葬券顶仅后部保存较好，但结构已被破坏。从墓葬后部残存的部分看，墓葬原有封土，现仅存厚约 0.2 米，中间夹杂一层石灰土。

甬道较短，在发掘前已遭到破坏，券顶不存，长 0.44、内宽 1.33、残高 1.3 米。

封门墙砌于甬道内，宽 1.33、残高 1.3、厚 0.28 米。残存部分砌法为以一组"二顺一丁"砖

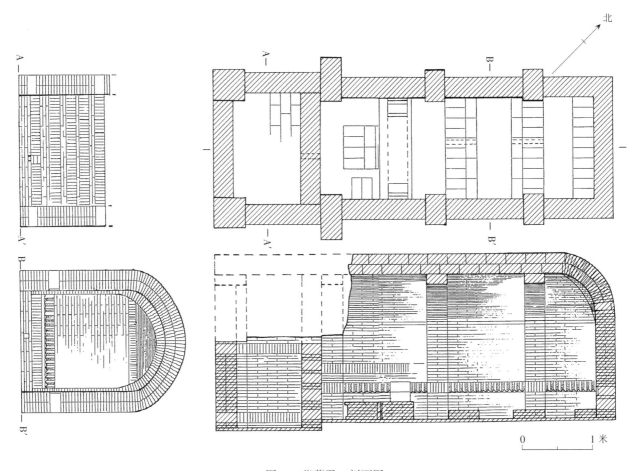

图二 墓葬平、剖面图

起砌，其上错缝平砌20层，再上为一层丁砖。

甬道后为前室，平面呈长方形，长1.06、宽1.55、残高1.3～1.4米。残存侧壁砌法为以一组"二顺一丁"砖起砌，其上错缝平砌20层后砌一层丁砖，再上为错缝平砌。前室铺地砖为一层，横向错缝平铺，低于后室地面0.12米。前室后部砌有第二道封门墙，宽1.55、残高1.16、厚0.28米。残存部分砌法为以两组"三顺一丁"砖起砌，其上一组"二顺一丁"和一组"一顺一丁"，再上为一组"二顺一丁"。第二道封门墙的最下一组"三顺一丁"砖的丁砖间有三块横砖平砌作为墓室的排水口封口，横砖下有排水口，宽8、高4厘米。发掘时，此道封门墙的顶上放置有青瓷碗，推测原应有壁龛一类的结构存在。

后室平面呈长方形，券顶，长3.9、宽1.4、高2.04米。后室顶部有两个拱券将其分为三段。拱券自墓底起砌，向内凸出，至起券时逐渐内凸并最终独立于券顶内呈拱门状。后室第一段左壁以九层平砖起砌，其上以砖侧立砌成假窗棂，其上为五层平砖，再上又为一层假窗棂，最后平砌至券顶。右壁则为以九层平砖起砌，上为一层假窗棂，再上为一组"四顺一丁"砖，余下平砌至券顶。后室中后两段的两壁均以九层平砖起砌，其上为一层假窗棂，再上平砌至券顶。后壁砌筑较为特殊，底部砌法同上，至起券时用楔形砖砌筑，使得两角和后壁处逐渐内收，从两侧向内卷抹，形成后壁上部的圆弧状，近似穹隆顶。后室铺地砖为单层平铺，规律不甚明显。后室最前端砖墙外两侧砌筑有短挡土墙，长0.28、厚0.3米。

图三　楔形砖拓片（2/3）

后室主要分为两部分，前部有祭台，后部为棺室。祭台和棺室之间当有隔墙，惜发掘时已被破坏，仅余部分墙体。祭台截面呈"工"字形，长 0.58、宽 0.53、高 0.24 米。在祭台左侧、紧贴墓室左壁另砌有一砖台，长 0.3、宽 0.28、高 0.24 米。祭台之后砌有四座砖台，前三个砖台长 0.45、高 0.12 米，与后室等宽，间隔 0.5 米，最后一个砖台紧靠后壁，长 0.3、高 0.12 米，与后室等宽，距第三砖台 0.4 米。在最前部的砖台上、紧靠祭台另筑有砖砌建筑，从残存部分看，可能为神龛类结构。砖台推测应为放置棺木的棺座。棺座之下中间留有排水口，在穿过第一砖台后沿墓壁两侧底部的排水槽至前部排水口通向前室。

墓葬用砖均为青灰色，不甚规整，主要有两种：长方形砖，系墓葬主体用砖，长 29.4、宽 14、厚 3.5 厘米；楔形转，主要用于砌筑后室券顶，长 20、宽 9.8~13.1、厚 5.8 厘米，在短端侧面模印有缠枝花纹（图三）。

二　出土器物

此墓虽被盗掘，仍出土器物 15 件（组），包括瓷器、釉陶器、铜器、铁器、银器等。主要出土于祭台附近。

瓷执壶　1 件（M1:2）。直口，圆唇，直颈，宽折肩，弧腹，圈足。肩部一侧置一曲流，另一侧置一扁平执手，执手表面有圆点装饰。足部有一周凸棱。砖红色胎，胎质细腻，表面呈黄白色。器表釉层脱落殆尽。口径 4、足径 7.2、高 18 厘米（图四:1）。

瓷碗　2 件。M1:3-1，口微敛，圆唇，弧腹，矮圈足，足墙内侧外撇，外侧旋削，碗内鸡心底。灰白胎，胎质粗糙。器表施青白釉，外部施釉不及底，釉层有冰裂纹。口径 11.9、足径 4.2、高 3.9 厘米（图四:3）。M1:3-2，敞口，圆唇，腹微弧，矮圈足，足外侧旋削，内底中央有丘状凸起。外部饰一周莲瓣纹。灰白胎。器表施青白釉，外部施釉不及底。口径 14.8、足径 5.4、高 5 厘米（图四:4；彩版八:4）。

瓷盏托　2 件。仅余托部。外托葵口，圆唇，内托呈倒置的圈足状，矮圈足。器表施青白釉，外部施釉不及底。M1:4，灰白胎。内外施青灰釉，釉层有冰裂纹。口径 12.4、足径 6.4、高 3 厘米（图四:5）。M1:5，白胎。器表施青白釉。口径 12.4、底径 6、高 2.4 厘米（图四:6）。

瓷器盖　1 件（M1:6）。纽呈斗笠形，束颈；盖身上部呈二层台阶状，边沿呈弧形，下部为圆柱形口塞。青灰胎。器表施青白釉，口塞部分施釉不及底。高 6.4、直径 5.8 厘米，口塞部分高 2.9、直径 5.2 厘米（图四:7）。

釉陶罐　1 件（M1:1）。敞口外卷，尖唇，束颈，溜肩，弧腹，平底内凹。肩部贴附四个对称的泥条竖系。青灰胎。器表施青黄色釉，釉层脱落，外部施釉不及底，有积釉和流釉现象。口径 11.4、底径 9.8、高 32.8 厘米（图四:2）。

铜镜　1 件（M1:7）。圆形，圆纽，无纽座。厚缘，边缘自外向内呈坡状。整体截面呈梯形。

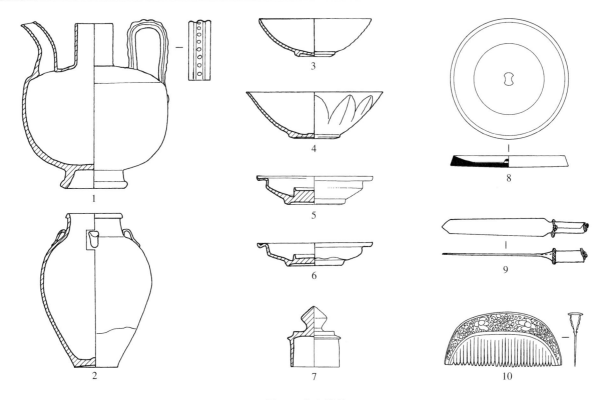

图四　出土器物

1. 瓷执壶（M1:2）　2. 釉陶罐（M1:1）　3、4. 瓷碗（M1:3-1、3-2）　5、6. 瓷盏托（M1:4、5）　7. 瓷器盖（M1:6）　8. 铜镜（M1:7）　9. 铜饰件（M1:10）　10. 银梳（M1:8）　（2为1/8，9为1/2，8、10为1/3，余为1/4）

素面。直径9.7、厚1厘米（图四:8）。

　　铜饰件　1件（M1:10）。整体呈剑形，三角形剑尖，扁平剑身，绞丝制成剑格，圆柱形剑柄，剑首残缺。残长7.9、宽1、厚0.1~1厘米（图四:9）。

　　铜钱　1组（M1:12）。均锈蚀。可辨钱文有"祥符元宝"、"咸平元宝"、"开元通宝"、"至道元宝"、"淳化元宝"、"宋元通宝"等。

　　铁削　1件（M1:11）。锈蚀严重。残长9.3、宽2.7、厚0.4厘米。

　　银梳　1件（M1:8）。近半圆形，齿部略有残缺，共30齿。梳背镂空饰三组团花，团花间以叶隔开，枝蔓状地纹。长9.5、高4.4厘米（图四:10；彩版八:5）。

　　银钗　2件。一件完整，另一件残断。M1:9，双股，呈圆柱状。长5.6厘米。

　　银饰件　1件（M1:13）。残甚。

三　结　语

　　本次发掘的这座墓葬没有出土带有明确纪年的材料，无法确定其准确年代。但从出土的铜钱来看，可辨识的最晚的铜钱为"祥符元宝"，为宋真宗大中祥符年间铸造。另外，此墓出土釉陶罐的器形在南唐至北宋早期较为常见，具有明显的时代特征，故推断这座墓葬的年代为北宋早期。

　　此墓的形制比较特殊，墓室内部有拱券结构，底部砌有条台状棺座，且后壁顶部砌筑形式与穹隆顶类似。目前还未发现其他北宋早期墓葬采用此种形制。本次发掘为本地区宋代墓葬的研究提供了新资料。

发　　掘：张金喜　邵　磊　周保华

摄　　影：周保华

绘　　图：周保华　董补顺

执　　笔：周保华　张　鹏

南京江宁街道宋墓发掘简报

南 京 市 考 古 研 究 所
南 京 市 江 宁 区 博 物 馆

2013年4月19～30日，南京市考古研究所和江宁区博物馆对位于南京市江宁区江宁街道宁芜公路东侧原江宁镇粮管所院内的一座宋墓（编号2013NJJM6，以下简称M6）进行了抢救性发掘，并对周围区域进行了调查钻探（图一）。此墓地处一丘陵高地上，早期由于施工取土，墓葬前部已被破坏，顶部石板塌落。现将本次发掘情况简报如下。

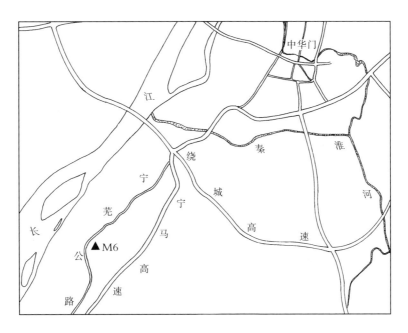

图一　墓葬位置示意图

一　墓葬形制

M6为长方形竖穴土坑砖石结构并列双室墓，方向85°（图二）。由于两室并非同时砌筑，因此墓室不完全对称，大小、用砖也不相同。其中，南室规模较大，墓坑打破北室墓坑。在中部砖墙位置，南室砖墙也有叠压在北室砖墙之上的现象，由此确认南室的砌筑应晚于北室。

南室东半部被破坏殆尽，且墓室内早年已遭盗掘。结合底部残留条石印迹推断，墓室长4.2、宽2.3、高1.92米。墓底不铺砖，以一层条石为墙基，其上单层顺砖平砌墓壁，再上铺一层条石，与若干石板搭扣封顶，墓壁厚0.18米。墙基所用条石为长方形砂岩，上部条石边侧有L形槽，条

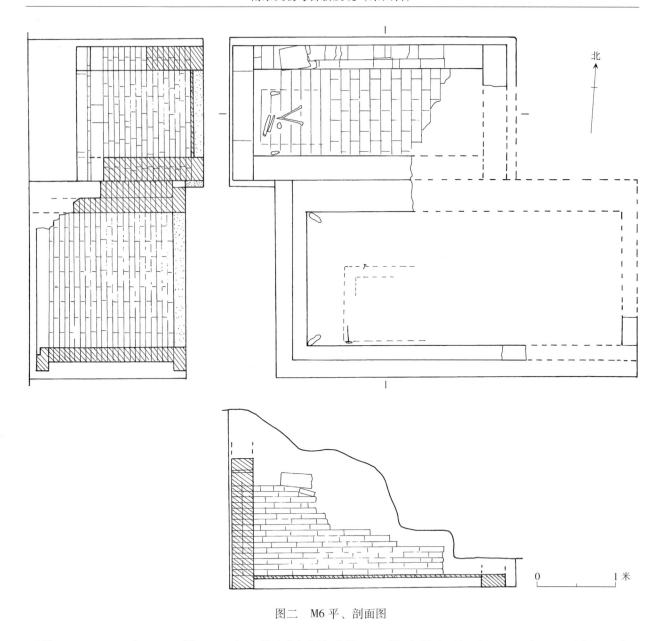

图二　M6 平、剖面图

石长 1.3~2.4、宽 0.3、厚 0.16 米。墓室用砖较为统一，均为长方形，长 36、宽 18、厚 7 厘米。墓室底部偏南可见棺木朽痕和部分铁棺钉。

北室结构与南室相似，但规模较小，长 3.5、宽 1.7、高 1.6 米。北室墓底低于南室墓底 0.22 米，墓顶低于南室墓顶 0.52 米。墓室底部有铺地砖，为横向错缝平铺。墓室后壁顶部两块条石间形成一个类似壁龛结构。墓壁为双层顺砖平砌，厚 0.3 米。条石质地、尺寸与南室所用基本相同，但个别仅长 0.74 米。墓壁用砖长 34、宽 16、厚 7 厘米，铺地砖长 26、宽 14、厚 5 厘米，两室间个别大砖长 36、宽 19、厚 7 厘米。墓室底部有棺木朽痕和部分腿骨，足部摆放两根炭棒。

二　出土器物

因墓葬早期被盗掘和破坏，仅残留部分随葬器物。其中南室出土铁牛 3 件和铁棺钉若干；北室出土铁牛3件、金帔坠1件及铜钱和铁棺钉若干；外部扰土中又清理出铜钱若干和部分碎瓷片。

白瓷盘 1件（M6：12）。出土于扰土中，残缺大半。大敞口，折腹，上腹内收，下腹外鼓，矮圈足。内壁及内底刻花卉纹。白胎。器表施白釉，釉色莹润。口径21.6、足径6.6、高5.4厘米（图三：1）。

青瓷罐 1件（M6：13）。出土于扰土中，残缺大半。直口，折肩，腹略鼓，底缺。器表施青釉，釉色莹润。口径19.2、残高12.6厘米（图三：2）。

金帔坠 1件（M6：4）。椭圆形水滴状，由两块金片打作、拼合而成。两面纹饰相同，边缘薄，中心纹饰鼓凸，尖部有一细小穿孔。主体纹饰为一对凤鸟，张喙，展翅，一腿抬起，鸟身錾刻有细小的羽毛。凤鸟上下各有一结，丝带飘垂，与凤鸟连为一体，边缘饰一周连珠纹。长8.1、最宽6.2、最厚0.6厘米（图三：3；彩版八：6）。

铁牛 6件。纯铁铸造，锈蚀严重。北室出土3件，大小、形制基本相同。M6：7，站姿，四肢直立，头部细节因锈蚀而难以分辨。长11、宽3.4、残高7.6厘米（图三：4）。南室出土3件，器形较大，大小、形制基本相同。M6：8，站姿，四肢直立，前胸下垂明显，头部可辨眼、鼻、嘴、耳，无角，尾残。长24、宽9.2、高16厘米（图三：5）。

铜钱 41枚。北室底部出土23枚，南室及扰土中出土并采集18枚，部分锈蚀严重。北室出土铜钱的钱文可辨有10种，包括"开元通宝"1枚、"太平通宝"1枚、"皇宋通宝"1枚、"圣宋通宝"1枚、"咸平元宝"1枚、"祥符元宝"1枚、"熙宁元宝"2枚、"元丰通宝"2枚、"元祐通宝"2枚、"政和通宝"1枚。南室及扰土中出土铜钱的钱文可辨有8种，包括"开元通宝"1枚、"太平通宝"3枚、"元丰通宝"2枚、"元祐通宝"1枚、"皇宋通宝"1枚、"熙宁元宝"1

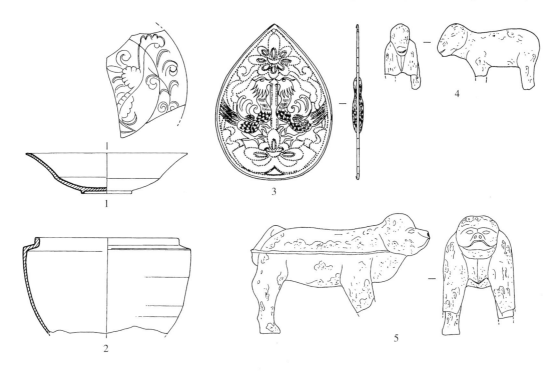

图三 出土器物
1. 白瓷盘（M6：12） 2. 青瓷罐（M6：13） 3. 金帔坠（M6：4） 4、5. 铁牛（M6：7、8） （3为1/2，4为1/4，余为1/5）

枚、"圣宋通宝" 1 枚、"绍圣元宝" 1 枚。

铁棺钉　若干。分两种。M6：9，圆形钉帽，锥形钉身，钉身截面呈长方形。长 21、钉帽直径 10、钉身最大边长 1 厘米。M6：10，由一根铁条锻造而成，穿有一环。长 14、环径 8.4、最大截面边长 1.2 厘米。

三　结　语

本次发掘的这座墓葬虽未发现文字材料，但其形制具有南京地区典型的宋墓特征，此发掘点之南约 2 公里的清修、建中等地曾发掘的秦桧及其家族墓葬均与此墓极为相似。结合墓葬北室出土有纹饰精美的双凤纹金帔坠来看，此墓可能为秦氏家族的一座夫妇合葬墓。

领　队：王　宏

发　掘：陈大海　许长生　王志华　周保华
　　　　毛　磊　韩光存　薛马宁

摄　影：陈大海　毛　磊　祝乃军

绘　图：董补顺　韩光存　陈大海

执　笔：陈大海

南京雨花台小行里宋代窑址发掘简报

南 京 市 考 古 研 究 所
南 京 市 雨 花 台 区 文 化 广 播 电 视 局

2009 年，南京市博物馆考古部（现为南京市考古研究所）在对"名城世家"商品房项目工地进行考古勘探时发现三座窑址（编号 Y1 ~ Y3），并随即对其进行了考古发掘。现将发掘情况简报如下。

一 地理位置

发掘区位于南京市雨花台区小行里 198 号，北部紧邻宁芜铁路，原为钛白化工厂所在地（图一）。发掘前，此地块经过拆迁去除硬化地面后，出露原始的红色砂岩山体土。从总地势来看，窑址所在区域原应为丘陵地带，窑址系在山坡上依山势修建而成，现因毁坏，仅剩余底部，开口层位已经不存。

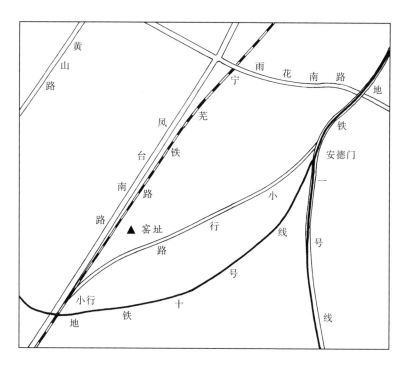

图一 窑址位置示意图

二　窑址形制

本次发掘的三座窑址相隔不远，平面呈弧形分布（图二）。下面分别介绍。

（一）一号窑

Y1平面整体呈马蹄状，方向330°，由操作间、窑门、火膛、窑床、烟道等部分组成，窑室全长5.76、宽3.54米。窑室周围有一圈红烧土，宽约0.14米（图三；彩版九：1）。

操作间　位于窑室北侧，平面近圆形，圜底，上口最大直径1.5、底部直径约0.8、深约0.8米。

窑门　位于火膛前端，青砖平砌而成，残存5层，宽0.6、残高0.34米。在窑门两侧建有挡

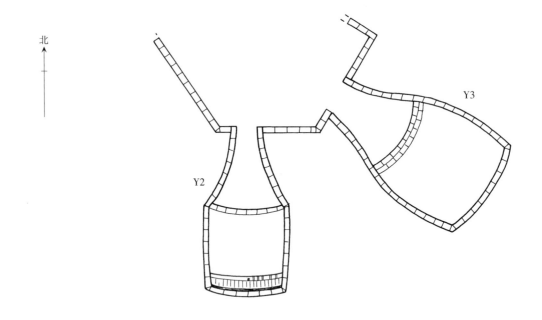

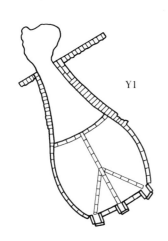

图二　窑址平面分布图

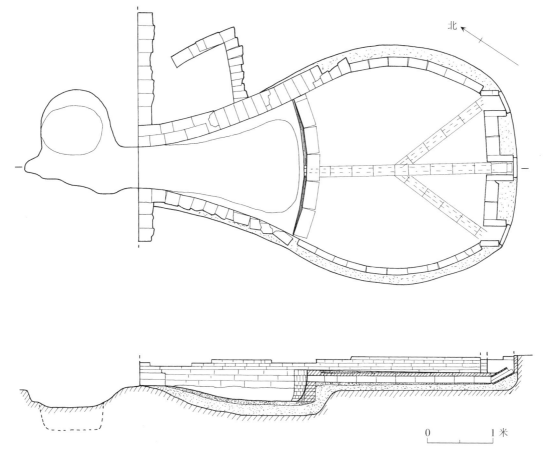

图三　Y1 平、剖面图

土墙，以青砖错缝平砌，西侧残长 0.8、东侧残长 1.6 米。

火膛　平面呈马蹄状，整体似簸箕形，前高后低，上口长 2.5、宽 0.6～1.96 米，底部长 2.42、宽 0.6～1.4 米，底部距窑床面 0.1～0.46 米。底部残留厚约 0.05 米的灰烬层，红烧土厚约 0.18 米。

窑床　平面呈鼓形，前端内弧，最长 2.86、最大径 3 米。前部以青砖平砌封口锁边，共 8 层，高 0.46 米。前部中间砌有通风孔，其砌法为两侧砖侧立砌，其上以砖平铺，孔宽 0.06、高 0.09 米。通风孔在窑床中部分成三道通向后部的烟道，并在进入烟道时略向上抬高。窑床表面残留青灰色烧结面，残厚 0.02～0.04 米。

烟道　位于窑室后壁，并列三道，长 0.3～0.4、宽 0.2～0.22、残高 0.26 米。烟道连接通风孔，并应在窑室上设有吸火孔，惜已被破坏，情况不知。

此外值得注意的是，在火膛东侧窑壁外砌筑有不规则方形小室，从残存部分看，此小室未封闭砌筑。在燃烧室东壁有部分砖壁独立砌筑，从窑壁情况看，其可以打开，原应留有口通向小室，后未知原因封闭。

整个窑室部分壁砖残留较少，均为平砌，其中，西侧残存 1 层、东侧残存 5 层。砌筑窑壁所用青砖大小不一，主要有三种规格：大型砖长 41、宽 20、厚 8 厘米，中型砖长 32、宽 16、厚 4 厘米，小型砖长 29、宽 10、厚 4 厘米。

（二）二号窑

Y2 平面整体呈马蹄状，方向 6°，由操作间、窑门、火膛、窑床、烟道等部分组成，窑室全长 5.7、宽 3.2 米。窑室周围有一圈红烧土，宽 0.2 ~ 0.3 米（图四）。

操作间　位于窑室北侧，整体呈斜坡状，残长 2、最宽 1.2、残深 0.8 米。两侧砌有砖墙，单排纵向平砌，西侧残长 0.38、残高 0.42 米，东侧残长 0.98、残高 0.38 米。

窑门　位于火膛前端，青砖错缝平砌而成，宽 0.68、高 0.9 米。窑门两侧建有挡土墙，以青砖错缝平砌，西侧残长 1.15、残高 0.9 米，东侧残长 2、高 0.9 米，并与 Y3 的西侧挡土墙相接。在西侧挡土墙中部另砌筑一道砖墙，向北、向外延伸，略有弧度，南部错缝平砌，北部斜放垒砌并有多次修补痕迹，残长 3.8、残高 0.18 米。根据此道砖墙的位置并结合 Y3 东侧砖墙形制，推测砖墙或为操作间的建筑基础。

火膛　平面呈鼓形，整体呈簸箕形，前窄后宽，两侧壁以青砖错缝平砌，在接近窑床的位置近坡状内收，平底，长 2.8、宽 0.68 ~ 2.2、残深 0.9 ~ 0.96 米。底部残留厚 0.04 ~ 0.06 米的灰烬层。

窑床　平面近方形，前端内弧，长 2.3 ~ 2.4、宽 2.6 米。前部以青砖平砌封口锁边，共 6 层，高 0.5 米。后部设有吸火孔，呈排状分布，底部青砖平铺 1 层。从残存情况看，吸火孔以单砖侧立形成分隔，每孔长 0.16、宽约 0.1 米，高度不详。窑床表面呈青灰色，烧结厚度约 0.06 米。

烟道　位于吸火孔后部，紧贴窑室后壁，长 0.28、宽 2.5、残高 0.3 米。底部以青砖平铺 1 层，残存部分烟道后壁呈坡状外弧。

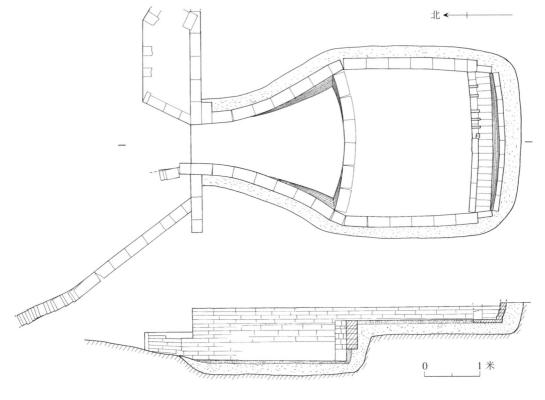

北 ←

0　　　　1 米

图四　Y2 平、剖面图

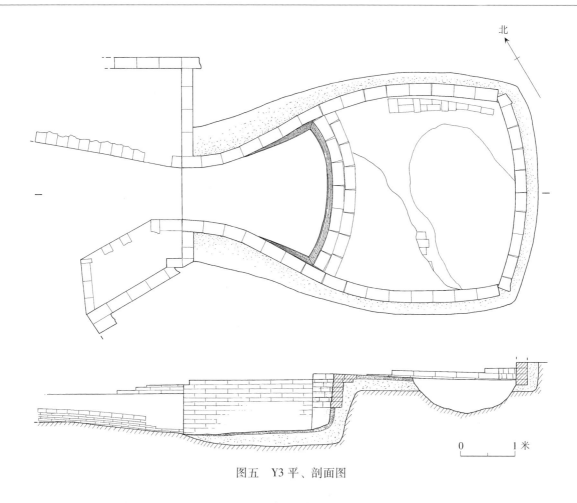

图五　Y3 平、剖面图

　　整个窑室部分以单砖错缝平砌而成，残高 0.24 米。砌筑窑壁所用青砖长 40、宽 16、厚 5 厘米。

　　（三）三号窑

　　Y3 位于 Y2 东侧，整体呈马蹄状，方向 300°，由操作间、窑门、火膛、窑床等部分组成，窑室全长 6.3、宽 3.95 米。窑室周围有一圈红烧土，宽 0.2~0.5 米（图五；彩版九：2）。

　　操作间　位于窑室西侧，残存部分平面呈长条形，底部呈斜坡状通向窑室，边界不明显，残存灰烬部分长 2.6、宽 0.9~1.8 米。操作间两侧砌有砖墙，平面呈喇叭形向外延伸，东侧连接窑门。南侧砖墙平面呈曲尺形，残长 3 米，并与 Y2 操作间的东侧砖墙相连；北侧砖墙自窑门向外残长 2.7 米。砖墙所用青砖均为残砖，与窑室挡土墙之间形成一个平台状空间。

　　窑门　位于火膛前部，宽 0.92、残高 0.86 米。两侧建有挡土墙，南侧挡土墙较短，与 Y2 东侧挡土墙相连，长 0.65 米；北侧挡土墙平面呈曲尺形，北段长 1.56、西段残长 1.5 米。

　　火膛　整体呈簸箕形，前窄后宽，长 2.65、宽 0.92~2.6、残深 0.95 米。底部不平整，残留有厚约 0.04 米的灰烬层。后部以青砖错缝平砌 7 层连接窑床。

　　窑床　晚期扰动较为严重，后部基本被破坏。平面近方形，前端内弧，长 3.2~3.4、宽 3.95 米。前部两排青砖弧形铺砌锁边，高于火膛底部 0.9 米。窑床表面有厚约 0.06 米的青灰色烧结面。从窑床北侧窑壁附近的烧结残留看，该窑沿南北壁似留有通风槽，因毁坏严重，具体形制已不详。窑床后部为烟道，从残存情况看，烟道前留有吸火孔，具体情况已不明。

整个窑室部分由单砖错缝平砌而成，窑壁宽 0.2 ~ 0.24 米，火膛部分残高 0.92、窑床部分残高 0.08 ~ 0.3 米。

三　出土器物

窑室由于毁坏严重，未见任何出土器物，但在三座窑室的窑壁上均发现有铭文砖，铭文在砖的侧面。介绍如下。

砖一　模印阴文，双排，阴线框，铭文为"江宁府城砖江宁县」窑户王玠官" 13 字，铭文后有戳记（图六：1）。

砖二　模印阴文，单排，铭文为"江宁县窑户王玠官" 8 字，铭文后有戳记（图六：2）。

砖三　模印阴文，单排，阴线框，铭文为"江宁县窑户王玠官" 8 字，铭文后有戳记（图六：5）。

砖四　模印阳文，右读，铭文为"建康都统司" 5 字（图六：3）。

砖五　模印阳文，右读，铭文为"建康府" 3 字（图六：4）。

砖六　模印阳文，铭文为"赵" 1 字（图六：6）。

图六　出土铭文砖拓片（1/4）

砖七　模印阳文，铭文为"赵上"2字（图六：7）。

砖八　模印阴文，单排，铭文为"行宫窑户郑德□"7字（图六：8）。

四　结　语

本次发掘的三座窑址位置相近，尤其是 Y2 和 Y3 相接，虽然存在早晚关系，但相隔时间应不会太远。窑内没有出土任何器物，无法证明此组窑的性质，但从窑室砌砖上的铭文可以对其时代进行初步判断。

南京古来名称众多，建康、金陵、江宁、升州等等。通过梳理资料可知，南唐立国，改杨吴的金陵府为江宁府[1]；北宋初年一度改升州，不久又复名；宋王朝南渡，建炎三年（1129 年），改江宁府为建康府，时称"东都"；绍兴二年（1132 年），诏以建康府旧治修为行宫[2]；元灭宋后，改为集庆路。铭文砖为修建江宁府、建康府、建康都统司及行宫所制，并有窑户名，虽不排除使用废弃墙砖的可能，但时间亦不会相隔太远。因此，这三座窑址的时代不会早于南宋初年。另外，修建窑室所用青砖大小也为宋代常见的规格。故推测三座窑址的时代均为南宋。

关于建康都统司，绍兴十一年（1141 年），南宋王朝解除了韩世忠、张俊、岳飞三大将的兵权，将诸军改属御前，称某州（府）驻扎御前诸军都统制司，形成屯驻大军体制[3]。御前诸军都统制为屯驻大军的最高统兵官，统领本都统司辖下军马。《宋史·职官七》对于诸军都统制有载，"旧制，出师征讨，诸将不相统一，则拔一人为都统制以总之，未为官称也。建炎初，置御营司，擢王渊为都统制，名官自此始……绍兴十一年，三大将兵罢，诸军皆冠以'御前'二字，擢其偏裨为御前统领官，以统制御前军马入衔，秩高者为御前诸军都统制，且令仍旧驻扎，以屯驻州名冠军额之上"[4]，并延续南宋初年的体系，主要设有镇江、建康、鄂州和兴州四大都统司。建康都统司，《景定建康志》载其在"行宫北，绍兴十二年建"[5]。按照文献记载及考古发掘可知，南宋建康行宫的北至在今天的羊皮巷、户部街一带，由此可知，建康都统司的大致位置在今游府西街一带。

领　队：祁海宁

发　掘：周保华　韩光存

摄　影：周保华

绘　图：韩光存　董补顺

执　笔：周保华　张　鹏

注　释

[1]　（宋）周应合《景定建康志》卷一二《建康表八》载，"吴主天福元年，诏齐王徐知诰置百官，以金陵府为西都"，南京出版社，2008 年；《资治通鉴》后晋纪二《高祖圣文章武明德孝皇帝上之下天福二年》载，"知诰始建太庙、社稷，改金陵为江宁府，牙城曰宫城，厅堂曰殿"，中华书局，1956 年。

[2]　记载的资料较多，具体可参见王志高《南宋建康府城考》，《但留形胜壮山河——城墙科学保护论坛论文

集》，凤凰出版社，2008 年。

[3] 熊燕军《从御前诸军都统制的选任看南宋的"驭将之术"——以〈景定建康志〉载建康都统制为中心》，《中原文化研究》2013 年第 4 期。

[4] 《宋史·职官七》，第 3981 页，中华书局，1977 年。

[5] （宋）周应合《景定建康志》卷二六《官守志三》，南京出版社，2008 年。

南京大报恩寺遗址塔基与地宫发掘简报

南京市考古研究所

一 遗址概况

大报恩寺遗址位于江苏省南京市主城正南门（明代为聚宝门，现称中华门）外的古长干里地区。遗址北抵秦淮河，南至雨花台，西临雨花路（明代为长干街），东至南京晨光集团厂区（明代俞通海墓园），占地面积约 25 万平方米（图一）。

大报恩寺遗址建寺、建塔的历史极为悠久，屡经毁建，在中国佛教史上占有重要地位。它最早为孙吴时期比丘尼创建的小精舍，建有阿育王塔，后毁于吴末孙琳之乱，西晋初由僧人原址重建。两晋时期，此寺逐渐兴盛，先后建起两座阿育王塔，尤其是东晋孝武帝宁康年间，高僧刘萨诃（慧达）在寺内发现佛祖真身舍利及发、爪等物，轰动南北，该寺由此被尊为东土 19 份真身舍利瘗藏地之一。梁武帝时期，该寺大规模扩建，并改造双塔，成为南朝最重要的寺院之一。六朝时期，该寺的正式名称为阿育王寺，但因地处长干里，通常被称作"长干寺"。隋末，该寺毁于兵火。隋唐时期，两塔地宫先后被打开，舍利与瘗藏物品流散一空，寺址破败，废为军营。北宋大

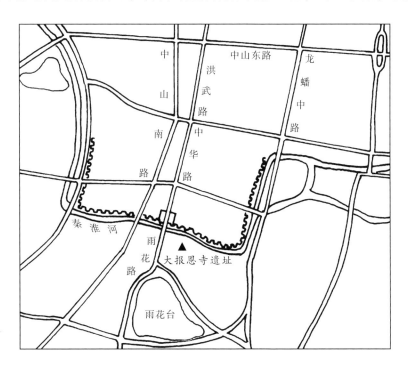

图一 遗址位置示意图

中祥符年间，高僧可政得到宋真宗支持，于原址重建长干寺，新建九层砖塔，初名"真身塔"。天禧二年（1018 年），真宗为重建的长干寺赐额"天禧寺"，并赐塔名"圣感舍利塔"。元代，天禧寺被敕封为"天禧慈恩旌忠教寺"，继续保持江南大刹的重要地位。明初洪武年间，天禧寺、塔得到大修，但永乐六年（1408 年）毁于人为纵火。永乐十年（1412 年）明成祖朱棣下诏原址重建该寺，"准宫阙规制"，升其为皇家寺院，赐新额为"大报恩寺"。此次重建历时 17 年，至宣德三年（1428 年）最终完工。

明代大报恩寺总体分为南、北两区。北区沿中轴线依次设置金刚殿（山门）、香水河桥、天王殿、大殿、琉璃塔、观音殿、法堂等主要建筑，中轴线两侧设置御碑亭、经藏殿、轮藏殿、祖师殿、伽蓝殿、画廊等建筑；南区主要设置藏经殿、三藏殿、旃檀林、方丈等四组大型配套建筑。其中，琉璃塔是大报恩寺中最著名的单体建筑，九级八面，高 78 米，通体以五彩琉璃砖和白瓷砖为饰。清咸丰年间，大报恩寺毁于太平天国兵火。

2007 年 2 月至 2010 年底，为配合"大报恩寺遗址公园"的建设，南京市考古研究所经国家文物局批准，对遗址北区进行了全面、系统的考古发掘，发掘面积 3.6 万平方米，基本廓清了遗址北区明代主要建筑和总体布局（图二）。在此过程中，考古队于 2007 年 11 月在遗址北区中轴线上发现了一座塔基（编号 TJ1），并在塔基中心发现一个开口为圆形的地宫（编号 DG1），其后又在塔基内发现两个性质特殊的灰坑（编号 H36、H37）及在塔基外发现围绕塔基分布的 46 个近方形柱坑（编号 ZK1～ZK46）（图三）。自 2008 年初开始，考古队陆续对上述遗迹进行发掘，从地宫中发掘出"佛顶真骨"舍利、七宝阿育王塔等大量北宋时期珍贵的佛教文物。现将本次发掘情况简报如下。

二　塔基与地宫

塔基位于遗址北区中轴线中段的一座土山之上，这里是整个遗址的最高处，旧称"宝塔顶"。塔基与地宫均直接开口于表土层下，表面被多个近现代排水沟、防空洞和灰坑打破，破坏较为严重（彩版一〇：1）。塔基除西部一小部分因被现代大型建筑占压未能发掘外，其余部分均已发掘，并发现多座东吴和五代时期墓葬被 TJ1 打破。

塔基平面呈正八边形，由五层结构环绕而成，除中心处的地宫外，其余四环平面皆呈八边形。最外环为基槽，破坏较严重，仅正北、东北和正东三边的局部得以保存。其中正北和东北部的基槽保存状况较好，分别残存 7.9 米和 6.4 米，基槽宽 1.1、残深 0.8 米。基槽侧壁和底部皆用石灰浆涂抹，槽内原先砌砖。在正北部基槽底部残存 4 块青砖，其中第一块完整，长 39、宽 18、厚 7 厘米；第四块残损，残长 38、宽 17.5、厚 7 厘米；第二、三块皆为两截断砖拼成，拼合后每块砖长 41、宽 17、厚 8 厘米。正北和东北两基槽交汇处保存完整，这是目前唯一保存的塔基最外层夹角。紧靠此夹角发现一方形柱坑（TJ1－ZK1），边长 0.55、残深 0.12 米，坑内以石灰浆涂抹，推测其属于塔底层副阶的柱础。从地宫中心到基槽外侧的垂线距离为 14.7 米，到塔基外角的直线距离为 15.9 米。由此推算出每边基槽完整长度应为 12.1 米，塔基的最大径为 31.8 米。第二环和第四环为两圈山体土，分别宽 6 米和 2.8 米，其中第二环可称为"外环山体土"、第四环可称为"内

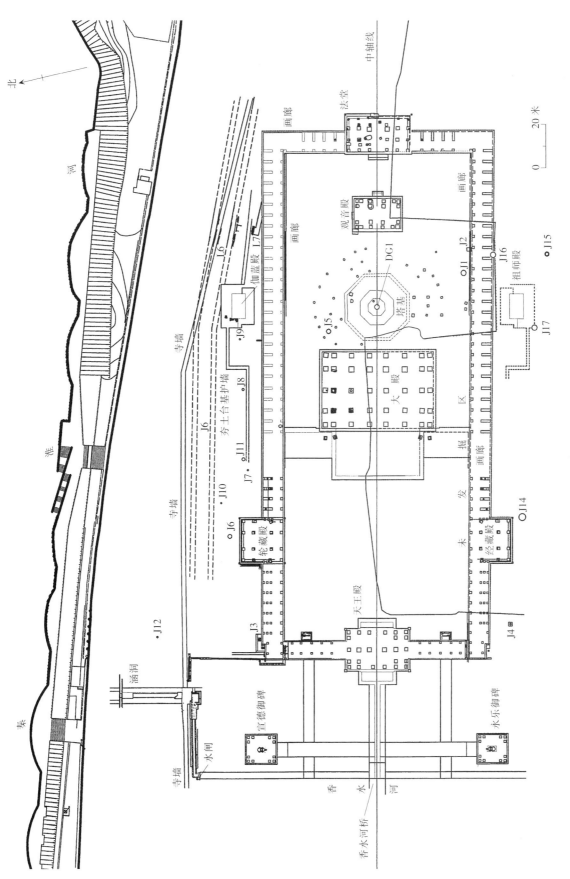

图二　大报恩寺遗址北区总平面图

环山体土"。第三环宽 3.7 米，内部包含上下两层：上层以大小不等、形状不规则的麻石块与山体土混合夯筑而成，称为"夹石夯层"，深 1.5 米；下层为山体土层，表面经过夯打，夯窝直径 4～5 厘米（彩版一〇：2）。从第三环在塔基中所处的位置及其独特的内部结构判断，其功能为承重，塔身应建在此环之上。第五环即塔基中心，为圆形地宫开口，直径 2.32 米。地宫表面虽遭多个晚期坑破坏，但皆未深入，因此地宫未遭盗掘，保存完好。

　　地宫形制为圆形竖穴土圹，从山体土中垂直下挖而成。地宫底部至现存地表 6.74 米，是目前国内发现的最深的舍利塔地宫。其内共有 40 层堆积，除第 37～39 层为两层夯土中间夹一层平铺的铜钱外，其余堆积从上至下皆以一层夯土、一层夹石夯层的方式有规律地填充（图四；彩版一一：1）。夯土层厚薄不均，厚 0.08～0.48 米；夹石夯层厚 0.15～0.25 米，所用石料与塔基第三环结构中所用石料相同。夯土和夹石夯层中的包含物极少，仅在第 33 层和第 37 层中分别发现一

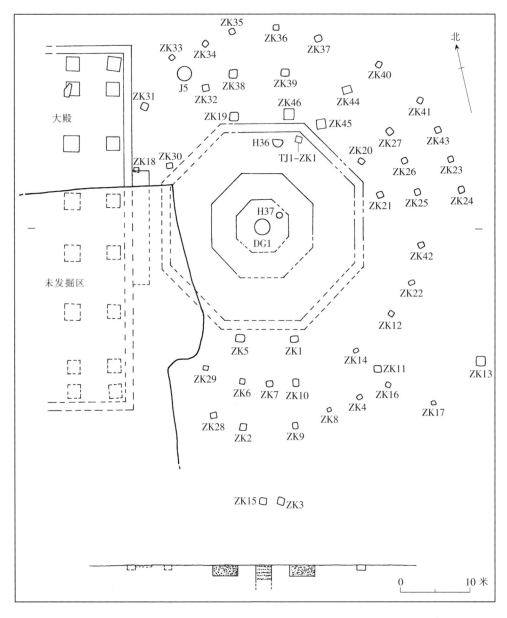

图三　TJ1 发掘区平、剖面图

片六朝青瓷残片。在第 25 层下、距地表 4.28 米的地宫中心部位，发现一块边长约 0.9、厚 0.2 米的近方形覆石。覆石加工较粗糙，两角呈圆角，底部中心处凿有方孔，方孔边长 0.16、深 0.1 米。与覆石近乎同深度、紧贴地宫壁，用单层青砖围砌一周，呈箍状，砖长 36 ~ 36.5、宽 17.6 ~ 18、厚 6 厘米（彩版一一：2）。砖砌"围箍"下为圆形生土二层台，地宫直径由此收缩至 2.13 米。覆石直接叠压在其下的方柱状石函上，石函高 1.83 米，内藏铁函。石函周围同样以一层夯土、一层夹石夯层的方式填埋。在石函下，有一个平面近圆形的小型埋藏坑，直径 0.64 米，剖面呈斗状，深 0.44 米。坑底放置一只青瓷壶，壶嘴朝西，方向 289°，与大报恩寺遗址北区中轴线的方向一致。壶内装有一枚水晶球，壶口倒扣一只白瓷碗为盖，旁边另外正放一只青瓷碗。

三　H36 与 H37

H36 与 H37 均发现于塔基内，与地宫一样，皆开口于表土层下。

H36 位于塔基第二环北部略偏东，中心距塔基正北部基槽外沿 3.4 米，距塔基东北角 4.88 米。H36 开挖于山体土中，南部被一现代坑打破，平面呈半椭圆形，长 1.4、宽 1.1 米。坑壁较直，坑底南

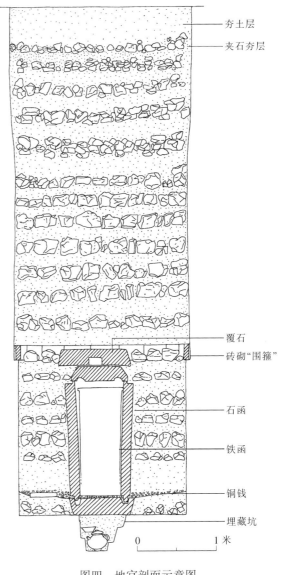

图四　地宫剖面示意图

高北低，呈台阶状，深 1.14 米。坑内均为夯土，填充密实，未见其他包含物。夯土为纯净的黄褐色山体土，现存 14 层，除第 1 层外，每层厚 8 ~ 9 厘米；夯窝均清晰可见，直径 4.5 ~ 5 厘米（图五）。

H37 位于塔基第四环东北部，中心与 DG1 中心相距仅 3.05 米。H37 与 DG1 形制相同，皆为圆形竖穴土圹，直径 0.8、深 2.32 米。H37 形制规整，坑壁垂直，坑底平整且经过夯打，夯窝直径 8 厘米。坑内被土和杂物填满，未发现分层和夯打痕迹。坑内的包含物有石块、砖瓦残片、石灰粒、陶瓷残片等，从上至下皆有分布，但主要集中于坑底（图六）。从出土的陶瓷残片中，复原出 7 件较完整的器物。

四　塔基外围发现的柱坑

在塔基周围目前已发现柱坑 46 个，除 ZK19、ZK46 等个别柱坑表面残留一层铺砖灰浆面之外，

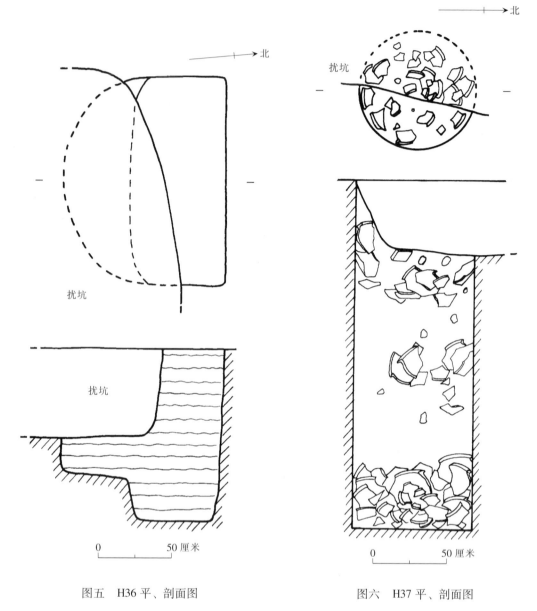

图五　H36 平、剖面图　　　　　图六　H37 平、剖面图

其余皆开口于表土层下。柱坑围绕塔基，大致排列成 4 圈。其中，第一圈柱坑紧贴塔基基槽而建，目前发现 8 个，圈围直径 32.2 米；第二圈柱坑目前发现 16 个，圈围直径 44.9 米；第三圈柱坑目前发现 17 个，圈围直径 57.1 米；第四圈柱坑目前仅发现 4 个，位于塔基南部和东南部，圈围直径达 78.6 米。另外还发现个别柱坑（ZK11），位于两圈之间。大报恩寺遗址发掘前为居民区，柱坑多被各种近现代沟、坑打破，仅残存底部或局部，因此推断，应有一定数量的柱坑已被晚期建筑和人类活动彻底破坏，其原始数量应大于目前所发现的数量。此外，在塔基西部发现的柱坑数量极少，除了现代建筑占压导致部分面积未能发掘这一因素外，明代大殿的占压应是更为重要的原因。发现于大殿后台阶基槽之下的 ZK18，虽然仅残存底部，但它与大殿的叠压关系说明，柱坑建造、使用在前，大殿建设在后。明代大殿应已将塔基西部的大量柱坑叠压于其下，或者彻底破坏。

这些柱坑平面均近方形，但多不甚规整，大小也不一致，较大者如 ZK5，边长 1.3 米，较小者如 ZK4，边长 0.66 米，但多数边长 0.8~1 米。现以最规整的 ZK5 为例，介绍其内部结构。

ZK5　位于塔基南部，属于第一圈柱坑，开口边长 1.3 米，坑壁较直，深 0.8 米。此坑近中心处为一直径 0.29 米的圆形柱状坑，柱状坑垂直向下直通底部放置的一块石板，因仅解剖二分之一，推测该石板为正方形，边长 0.52、厚 0.05 米。柱状坑周围以一层土、一层碎砖瓦的方式填充、夯实，柱状坑内部同样以一层土、一层碎砖瓦的方式填满、夯实，但与周围填充层错缝分布，明显为二次填充（彩版一一：3）。填充的碎砖瓦主要为普通的青砖瓦，但也夹杂一些素烧琉璃残片。

本次发掘对已发现的 46 个柱坑均进行了二分之一解剖，证实柱坑内部虽有部分坑壁斜收、剖面呈倒梯形且坑底放置石板不规整（如 ZK40），也有部分柱坑中栽设柱子略偏离柱坑中心（如 ZK28）（彩版一一：4），但所有柱坑内部的基本结构和所使用的材料完全一致。由此认为，这批柱坑应是同时形成的。

五　地宫出土器物

地宫出土器物种类丰富、数量众多，除 6000 余枚铜钱外，还清理出金、银、铜、铁、陶、瓷、玉、玛瑙、水晶、玻璃、丝绸、香料等各种质地的器物 236 件（份）。

地宫中的器物主要出土于四个不同的位置：一是石函外，主要出土于第 38 层和底部埋藏坑中；二是石函与铁函之间，主要放置于铁函顶部及石函与铁函之间的空隙中；三是铁函内、七宝阿育王塔外，主要放置于塔顶盖之上；四是七宝阿育王塔内，即塔座和四座山花蕉叶的内部。其中，第一、二部分出土器物种类较少，以铜钱为主；第三、四部分是地宫供养器物的精华，其较少以单件的形式放置，而是大多以丝织物为袱，将不同质地的多件器物包在一起，形成 23 个小包裹。此次限于篇幅，我们主要从功能上将地宫出土器物分为瘗藏容器、舍利、供养器物三大类，然后再根据材质的不同进行介绍。

（一）瘗藏容器

19 件。材质多样，组合关系复杂，共瘗藏舍利 11 份（图七）。

石函　1 件（DG1：8）。整体呈方柱状，由盝形顶盖、倒梯形底座及四块长方形壁板组合而成，最大边长（底座口部）82、通高 183 厘米（图八；彩版一二：1）。底座顶面和四块壁板的底部分别凿有卯孔和榫头，以榫卯方式连接；四块壁板上部和顶盖底面分别凿有凸棱和凹槽，应以子母口方式盖合。值得注意的是，南、北两壁板正面两侧分别凿有卯孔，东、西两壁板侧面原先相应凿有榫头，但后来皆被凿平，仅残存榫头根部的痕迹。因此推测，石函四壁原应以榫卯结构拼接，但由于内藏铁函的尺寸超出设计标准（经测算，四壁板垂直插入底座后石函内部正方形空间的边长为 55 厘米，而铁函顶部边长为 58 厘米），故不得不改变拼接方式。出土时发现，石函四壁板分别斜插入底座，相互之间取消了榫卯结构，石函口部四向略张开，顶盖搭在凸棱上，未能正常盖合，四壁之间的空隙塞以小石条，并用石灰、麻絮的混合物填充。在石函北壁板上刻有题为《金陵长干寺真身塔藏舍利石函记》的长篇铭文（图九），由"法主承天院住持圆觉大师赐紫"德明撰写，详细介绍了僧人可政得到宋真宗的支持，与将仕郎、守滑州助教王文共为"导首"，于

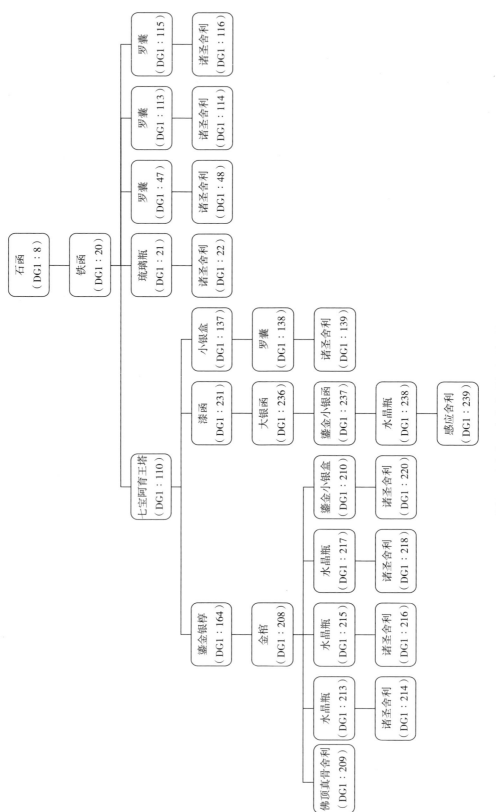

图七　地宫出土瘗藏容器与舍利系络图

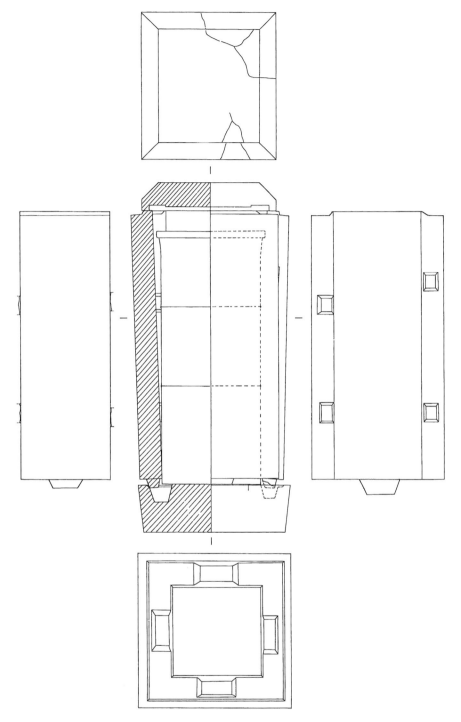

图八 石函（DG1:8）（1/20）

六朝旧址重建长干寺，新建高达二百尺的九级砖塔，于大中祥符四年（1011年）六月举办"阖郭大斋"，在塔下瘗藏佛顶骨舍利这一重要历史事件。铭文阴刻楷书，16行，满行40字。录文如下：

　　金陵长干寺真身塔藏舍利石函记　　法主承天院住持圆觉大师赐紫德明述并书」

　　我大牟尼师，嗣贤劫第四之大宝也，总法界为化封，以教理为命令，垂衣利物四十九年。

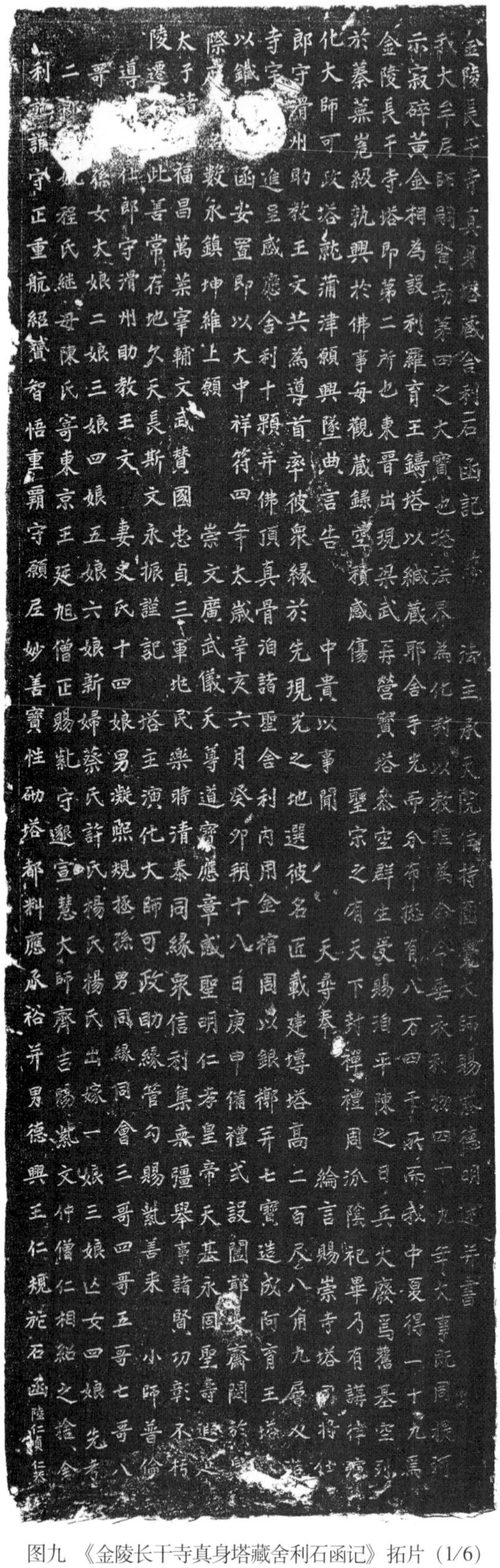

图九　《金陵长干寺真身塔藏舍利石函记》拓片（1/6）

大事既周，提河」示寂，碎黄金相为设利罗，育王铸塔以缄藏耶。舍手光而分布，总有八万四千所，而我中夏得一十九焉。」金陵长干寺塔，即第二所也。东晋出现，梁武再营。宝塔参空，群生受赐。洎平陈之日，兵火废焉。旧基空列」于蓁芜，崆级孰兴于佛事。每观藏录，空积感伤。

圣宋之有天下，封禅礼周，汾阴祀毕，乃有讲律演」化大师可政，塔就蒲津，愿兴坠典。言告中贵，以事闻天，寻奉纶言，赐崇寺、塔。同将仕」郎、守滑州助教王文，共为导首。率彼众缘，于先现光之地，选彼名匠，载建砖塔，高二百尺，八角九层，又造」寺宇。□□进呈感应舍利十颗，并佛顶真骨洎诸圣舍利，内用金棺，周以银椁，并七宝造成阿育王塔，□」以铁□□函安置。即以大中祥符四年太岁辛亥六月癸卯朔十八日庚申，备礼式设阃郭大斋，闷于 皋 」际， 庶 □名数，永镇坤维。

上愿崇文广武仪天尊道宝应章感圣明仁孝皇帝天基永固，圣寿遐延；」太子诸 王 ，福昌万叶；宰辅文武，赞国忠贞；三军兆民，乐时清泰；同缘众信，利集无疆；举事诸贤，功彰不朽；」陵迁 谷 变 ，此善常存；地久天长，斯文永振。谨记。

塔主演化大师可政。助缘管勾赐紫善来，小师普伦。」导 首 将 仕郎、守滑州助教王文，妻史氏十四娘，男凝、熙、规、拯，孙男同缘、同会、三哥、四哥、五哥、七哥、八」哥、 九 哥 ，孙女大娘、二娘、三娘、四娘、五娘、六娘，新妇蔡氏、许氏、杨氏、杨氏，出嫁一娘、三娘，亡女四娘，先考」二郎， 先 妣程氏，继母陈氏，寄东京王廷旭。僧正赐紫守邈宣慧大师齐吉，赐紫文仲，僧仁相，绍之。舍舍」利施护、守正、重航、绍赟、智悟、重霸、守愿、尼妙善、宝性。砌塔都料应承裕并男德兴，王仁规。旎石函陆仁贞、仁恭。

铁函 1件（DG1：20）。整体呈方柱状，口部边长56、底部边长53、通高132厘米，加压框后边长58厘米。器身内壁光滑平整，外壁未经打磨，粘连较多铁质瘤状物；距离底部52厘米和94厘米处各有一道范痕。出土时铁函口部放置两层盖板，并压上一道平面呈"回"字形的角铁框，铁框与盖板之间的缝隙以铁水浇实。以此推断，器身上的瘤状物，可能为密闭铁函时铁水下淌、粘连器身所致（图一〇；彩版一二：2）。

七宝阿育王塔 1件（DG1：110）。单层方形，由下部塔座和上部塔盖两部分组成，以子母口相合。通高117、最大边长（塔座底板）45厘米（图一一；彩版一三）。内部以檀香木制作骨架，表面为银皮，通体鎏金，塔体上凿有452个圆孔以镶嵌宝石。经初步鉴定，所镶宝石的种类有水晶、玻璃、玛瑙、青金石等。塔座内部中空，盛放供养物品。塔盖顶部中心处立塔刹，刹柱根部套有两个圆环，从下向上设五层相轮，逐层内收，顶部为火焰珠和葫芦形宝瓶。塔盖顶部四角设四座山花蕉叶，横剖面为三角形，内部中空，同样放置供养物品。山花蕉叶与塔刹之间以链条相连，链下悬挂风铃。塔体表面捶揲佛教纹饰与图案：相轮上饰忍冬和连珠纹；塔刹根部圆环上饰金刚杵和天王像；山花蕉叶四个内侧面上，两面各饰一立佛、两供养菩萨，另两面各饰一坐佛、两护法天王；山花蕉叶八个外侧面上共有19幅画面，分别为梦感白象、胁下降生、步步生莲、双龙灌顶、比武掷象、断发出家、仙人献草、连河洗污、牧女献糜、法轮初转、示寂涅槃等佛传故事；塔盖和塔座底部四周皆饰佛像；塔座腹部四角饰大鹏金翅鸟，四面分别浮雕"萨埵太子饲虎"、"大光明王施首"、"尸毗王救鸽命"、"须大拏王"四幅大型本生变相。塔身上下还发现20条共300余字的铭文——塔盖底部四面分别捶揲"皇帝万岁"、"重臣千秋"、"天下民安"、"风调雨顺"四字吉语；塔刹根部、山花蕉叶内侧、塔盖底部四周、塔座变相下部等处皆有錾刻铭文，主要为施主姓名、捐资数目、打造内容等。其中，位于塔盖顶面两个椭圆形开光之中的铭文最长、内容最为丰富，介绍了集资打造七宝阿育王塔的详细情况（彩版一四）。分别录文如下：

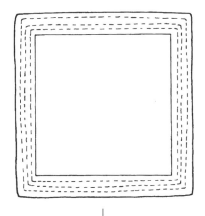

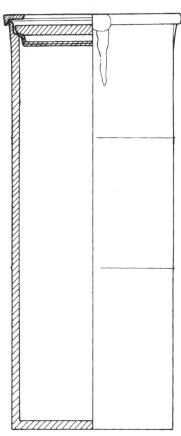

图一〇 铁函（DG1：20）（1/12）

> 共计用银一百二十二两：」曾再遇银十两，浦宅刘氏一娘」银九两三分，曹延寿银五两，」张宅刘氏一娘银二两，高邮军」戴承坦银五两半，昇州李承弟」银二两，六名共舍到银三十四两，一起」除舍到列。买银八十七两三分，计钱」八十四贯二百四十文足陌。打造银塔手」工钱二十二贯七百五十文足，」镶珠宝手工三百八十五文足，五贯」文足买檀香并手

图一一　七宝阿育王塔（DG1∶110）（约 1/5）

工作塔身，共用钱」一百一十二贯三百七十五文足陌。」会首张重旺舍钱四十一贯一百八十九文足，」王文舍钱十五贯四百文足，浦承务」舍钱十三贯五百三十六文足陌。」张约舍钱一十一贯二百八十文足陌，」徐守忠舍钱一十贯文足陌，」曹延寿钱一贯文足，浦宅刘氏」一娘钱七百七十文足，刘氏一娘舍」钱四百文足，戴承矩一十五」贯四百文足，演化母庚」氏、并普仁、普轮舍钱」二贯五百文足。

九百文足通剩水银钱。」通收到钱一百一十二贯三百」七十五文足陌，已在前项用遍，」舍到前件银不在此钱内。」共渡过金二两八钱半：高邮军」戴承坦舍金二两，会首张重」旺、弟重义、男延熙、仲氏二娘、」武氏九娘合家眷属等，舍渡塔」金八钱半。徐俗舍檀香七斤同作」塔身，卢承福舍水晴五十个，」演化大师将到大圣七宝念珠并水」晴珠宝，并装在塔上，钟旺舍水晴。」大中祥符四年四月八日记。」扬州银作裹装匠人朱承信，」男守恭，弟承旺镌字。」勾当造七宝塔弟子张延熙，」都会首弟子张重旺，」守滑州助校弟子王文，」演化大师勾当造塔可政。

漆函　1件（DG1∶231）。近方形，由函盖和函身两部分组成，以子母口相合，底部设八只云形足。通体内外髹绛紫色漆。长31.8、宽31、通高23.3厘米。

鎏金银椁　1件（DG1∶164）。银质，局部鎏金。由上部长方形椁体和下部须弥底座两部分组成，出土时两端各以一根银丝捆系。银椁表面以捶揲、錾刻等方法表现纹饰。椁盖顶部有五个折面，正中一面满饰缠枝莲纹，其余四面除莲纹外，还分别饰鸾鸟、迦陵频伽鸟；椁盖两端面皆雕饰门楼，包括双层屋檐和檐下斗拱，檐上围绕如意云纹。椁体两端面与椁盖两端面纹饰相接，表现双门，门上饰拄剑门神；两侧面中部亦为双门，上饰拄剑门神，其两侧各设一龛，每龛内各有一伎乐神，分别持笛、排箫、拍板、笙等乐器。须弥底座下枋饰一周花卉，下枭、上枭和上枋等皆饰仰、覆莲瓣，束腰一周有八个桃形壸门，内饰莲花（图一二、一三；彩版一五∶1、3）。椁内底部铺置乳香和金银币，金棺放置其上。底座上枋内部中空，满盛乳香和金银币；上枋顶面有錾刻铭文"大宋大中祥符四年辛亥四月八日，金陵长干寺奉真身舍利大卿施护佛顶骨。首座守正、通悟大师重航、尼宝性、比丘绍赟各奉舍利。赐紫守愿、普定银各五两，王氏银十两"（图一四；彩版一五∶2）。底座仰覆莲瓣、壸门及椁体门楼、门神、伎乐神、花卉等主纹处鎏金，衬底保持银本色，层次分明。底座长18.4、宽10.4、通高20厘米。

金棺　1件（DG1∶208）。纯金制成。由棺盖与棺体两部分组成，出土时两端各以一根金丝捆系。金棺表面纹饰皆为錾刻。盖顶五折面，正中一面饰缠枝莲纹，其余四面除莲纹外，皆加饰两鸾鸟；盖两端面各饰一鸾鸟和卷草纹。棺体两端面皆设双门，上饰拄剑门神；两侧面各设三龛，龛内各有一伎乐神，分别持箫、拍板、简板、笛、笙、排箫等乐器（图一五、一六；彩版一六∶1）。棺体底部有錾刻铭文"建长干寺塔会首、将仕郎、守滑州助教王文，并妻史氏十四娘施金四两；育王第一塔主崇惠大师绍□施金三两"（图一七）。棺盖长13、宽5.6厘米，棺体长12.4、宽6厘米，通高7.8厘米。

大银函　1件（DG1∶236）。银质。方形盝顶，由函盖与函体两部分组成，以子母口相合。器表通体以卷草为底纹。函盖边脊皆捶揲出凸棱，顶面捶揲双龙戏珠，四个斜面上分别捶揲双凤，口部四立面上各錾刻三只双头金刚杵，杵心处以莲花为饰。函体四角似各錾刻出一柱，上饰莲瓣纹；四外壁面上各有两道圆弧，似表示在两柱之间开有一圆形拱门，拱门中心为圆形开光，各浮雕一尊坐佛。近底部一周錾刻八朵云纹。最大边长（盒底）14.5、通高13.2厘米（图一八：1；彩版一六：2）。

　　鎏金小银函　1件（DG1：237）。银质，函盖面主纹鎏金。方形，由函盖与函体两部分组成，以子母口相合。函盖顶面以戳印的小圆圈为底纹，中心设一菱形框，框内及框外四角皆饰牡丹纹；函盖四边立面各饰一只双头金刚杵，杵心为莲花。函体四外壁亦饰金刚杵。边长7.7、高5.7厘米（图一八：3；彩版一六：3）。

　　鎏金小银盒　1件（DG1：210）。银质，鎏金。除平底外，整体如球形，由盖和盒体两部分组成，以子母口相合。出土时，盖与盒体分开，舍利流出。盖顶部为一圆形开光，开光内捶揲"佛"

图一二　鎏金银椁（DG1：164）（1/2）

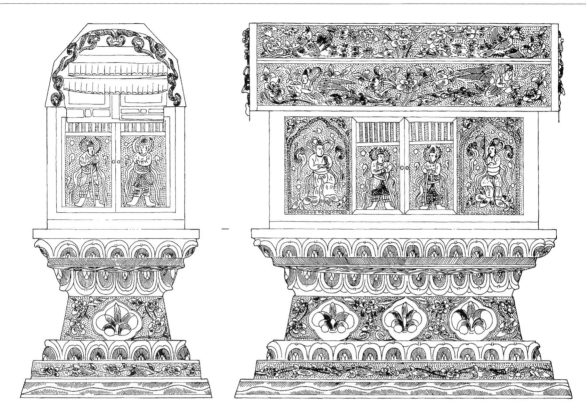

图一三 鎏金银椁（DG1:164）（1/2）

字，开光周围錾刻一周覆莲瓣，向下再錾刻一周花卉纹和一周弦纹；盒体表面自上至下錾刻弦纹、花卉纹和仰莲瓣各一周；盒底錾刻莲蓬纹。最大腹径2、高1.8厘米（图一八:2；彩版一六:4）。

小银盒 1件（DG1:137）。整体近立方体，以三块银皮分别打制顶盖、底盖和盒体四周，组合而成。顶盖以背面戳点的方式，双写"王仁规"姓名；盒体四周錾刻牡丹花叶纹，浅刻"王仁规"姓名，并有戳点的"千"字等纹饰；底盖錾刻花叶纹，浅刻"王仁规"姓名，亦饰戳点纹。底盖与盒体的对应位置打有小穿孔，推测应穿入铆钉加以连接和固定，但出土时未发现铆钉。长2.1、宽1.8、高2.2厘米（图一八:4；彩版一六:5）。

玻璃瓶 1件（DG1:21）。深蓝色，葫芦形，出土时上部已残碎。附近发现3粒舍利，推测应为此瓶中流出。最大腹径3、残高3.6厘米。

水晶瓶 4件。DG1:213，无色透明。由盖、身、底三部分组成，出土时各部分已散开，舍利流出。盖造型似柱头，顶部为莲苞，下部为管状塞。身为侈口，平唇，长颈，球腹，腹部表面饰六道凸棱；内腔颈部为管状，至腹部扩大。底为双层圆台状，平底。口径1、底径2.3、通高7.4厘米（图一九:1；彩版一七:1中）。DG1:215，有盖，整体呈瓜状，出土时盖与瓶体已分开，舍利流出。盖为绿色玻璃制成，六瓣瓜蒂形，中有一小孔，以一截细铜管穿过作为捉手。瓶体为水晶制成，无色透明，侈口，圆唇，短粗颈，球腹，凹底，底部亦呈六瓣瓜蒂形。瓶体表面有六道纵向凹槽。内腔为管状。口径1.2、底径1.1、通高4.7厘米（图一九:2；彩版一七:1左）。DG1:217，无色透明。有盖，盖顶为莲苞，下为管状塞。瓶身呈葫芦形，直口，平唇，平底。内腔为管状。口径1.1、底径1.2、通高5.1厘米（图一九:3；彩版一七:1右）。DG1:238，无色透

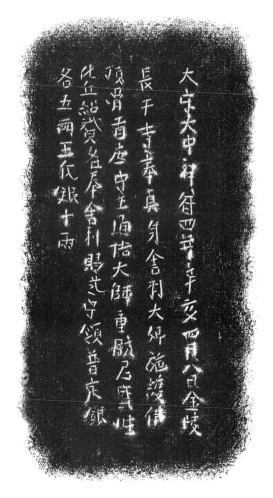

图一四　鎏金银椁（DG1:164）底座上枋
顶面铭文拓片（约2/3）

明。直口，长颈，长弧腹，平底。器身有六条纵向棱
线。瓶内腔为管状，口部以丝织品堵塞，内藏"感应舍
利"。口径1.1、底径2、高7.9厘米（图一九:4；彩版
一七:2）。

罗囊　4件。皆呈棕褐色，用一块面料以丝线缝合
成囊状。组织结构皆为四经绞罗。DG1:138，正方形小
囊。边长1.1厘米（彩版一七:4）。DG1:47，长方形。
1/1平纹，一纬纬线较粗、一纬纬线较细，幅边为平
纹。长21.5、宽6.8厘米（彩版一七:3）。

（二）舍利

11件（份）。根据地宫出土碑文记载，地宫瘗藏的
舍利共有三种，分别为"佛顶真骨"舍利、"感应舍
利"和"诸圣舍利"。

佛顶真骨舍利　1件（DG1:209）。不规则形，隆
起如小拳，表面布满小孔，内部聚含有大量红、白、
灰、黄、黑等各色舍利。出土时呈淡褐色，干燥后渐呈
灰白色。长5、宽3.5、高3.4厘米（彩版一七:5）。

感应舍利　1份（DG1:239）。据碑文记载应为10
粒，但打开水晶瓶（DG1:238）后共发现15粒。大小
不一，长1~3毫米。其中有两粒近椭圆形，无色透明；
其余为不规则形，呈灰、黄、淡红、黑等多种颜色
（彩版一七:6）。

诸圣舍利　9份。每份数量不等，皆为不规则形，长0.03~4.5毫米。透明或半透明，主要呈
白、黑、灰、黄、红色等。DG1:22，目前清理出3粒。DG1:48，清理出3298粒（彩版一八:1）。
DG1:214，共376粒。为留存于水晶瓶（DG1:213）中未流溢的舍利。DG1:220，目前清理出166
粒。出土于金棺底部，与香料混杂，推测是由两个水晶瓶（DG1:213、215）及鎏金小银盒
（DG1:210）三件瘗藏容器中流出的舍利所组成。

（三）供养器物

206件（份），包括瓷器、铜器、金银器、水晶器、玻璃器及香料、丝织品等。另有铜钱6000
余枚。

1. 瓷器　3件。

碗　2件。敞口，圆唇，斜腹，圈足。DG1:3，白胎，残存轮制痕迹。内外施白釉，器内满
釉，器表施釉不及底，有挂釉现象。口径11.6、底径4.6、高4厘米（图二〇:1；彩版一八:2）。
DG1:4，制作粗糙，内、外底各有一周9个支烧点。灰黑胎，残存轮制痕迹。内外施青褐色釉，
器内满釉，器表施釉不及底，挂釉、剥釉现象明显。口径18、底径9.2、高5.4厘米（图二〇:3；
彩版一八:3）。

图一五　金棺（DG1∶208）（2/3）

图一六　金棺（DG1∶208）（2/3）

图一七　金棺（DG1：208）底部
铭文拓片（原大）

壶　1件（DG1：5）。侈口，圆唇，短粗颈，斜肩，扁鼓腹，下腹斜收，圈足。肩部一侧置短流，一侧置把手，另两侧各置一竖系。系与把手上皆饰纵向条索纹，把手上还有"×"、"－"两个压印符号。灰黑胎。内外施青褐色釉，器内施釉至颈部，器表施釉近底部。口径10.2、底径9、最大腹径26.6、高20.8厘米（图二〇：2；彩版一八：4）。

2. 铜器　4件，另有铜钱6000余枚。

镜　1件（DG1：24）。出土时以丝带系于七宝阿育王塔刹柱之上。圆形，圆纽，六叶柿蒂形纽座，缘为八瓣葵口。镜面光洁，镜背饰八花四鸟。近边缘处有一周墨书题铭，内容可辨为"……有愿……圆……大中祥符四年六月二十七日……佛弟子印文义舍古镜"。直径21.6、纽径2.4、缘厚0.4厘米（图二一：1；彩版一八：5）。

佛像　1件（DG1：241）。放置于鎏金小银函内。铜质内胎，表面通体鎏金。上部为佛像，结跏趺坐，衣纹与手印模糊不清，似右手上举，施无畏印，左手放于左膝之上，有圆形头光；下部为梯形底座，内部中空。高3.3、宽1.4、厚1.1厘米（图二一：2；彩版一九：1）。

牌　1件（DG1：35）。分框架和背板两部分，以铆钉组合而成。组合后主体为一圆拱形龛，龛内浮雕佛陀、双虎、六弟子，龛外另有四弟子，共同表现"舍身饲虎"的主题。龛右侧有一插座，顶面呈扇形，下部中空、立三柱，顶面中心有一圆孔，可插入杆状物体。此座似有古希腊柱殿的风格。宽8.4、高6.8、残深2.2厘米（图二一：3；彩版一九：2）。

铜币　1枚（DG1：222）。放置于金棺中，带有明显域外风格。圆形无孔，正面中间为一头牛，牛背上方有一弯月；背面正中为一圆点，四周围绕四个不规则的纹饰。正、背两面的边缘皆饰一周不规整的圆点纹。直径1.85、缘厚0.08厘米（彩版一九：3、4）。

铜钱　经初步清点有6000余枚，是地宫瘗藏最多的供养物品。以方孔圆钱为主，其中时代最早的为秦"半两"，最晚的为宋真宗"祥符元宝"，数量最多的是"开元通宝"，并发现有多种花钱和其他特殊钱币。DG1：28，圆形方孔。正背面均为一龙一凤纹。钱径2.9、穿宽0.5、缘厚0.18厘米（彩版一九：5）。DG1：108，2枚。均为圆形方孔。一枚正面为双龙纹，另一枚正面为双凤纹，背皆素面。钱径3.1、穿宽0.7、缘厚0.1厘米（彩版一九：6）。DG1：109，圆形方孔。正面为"景德元宝"钱文，背面磨光后，雕刻"佛手拈花图"。钱径2.5、穿宽0.6、缘厚0.1厘米（彩版一九：7）。

3. 金银器　61件。

鎏金银瓶　1件（DG1∶117）。银质，纹饰处鎏金。上盖下瓶。盖造型为卷曲的荷叶，以一截莲茎为纽。瓶敞口，细长颈，溜肩，弧腹，平底略凹。颈、肩、腹部分别錾刻云鹤纹、羽翅纹和四天王像，底部有凸出的双层仰莲瓣。出土时瓶内剩余已成块状的乳香。口径4.2、底径3.8、通高16.3厘米（图二二；彩版二○∶1）。

鎏金银香炉　1件（DG1∶68）。银质，器表通体鎏金。中间为长条形持杆，前端分出两茎，一茎顶端为倒扣的大莲叶，另一茎再分出五小茎，顶端分别设置莲蓬形带盖宝子、莲花形香炉、两朵莲苞及一座莲台，莲台上设一尊带背光的佛像，结跏趺坐，双手示禅定印；持杆后端另设一个莲蓬形带盖宝子，并分出一茎，顶端为一片倒扣的小莲叶。前后两端的大、小莲叶为此件器物的支座。香炉口径8.1、大莲叶底径8.3、小莲叶底径5.5、通长34.8厘米（图二三；彩版二○∶4）。

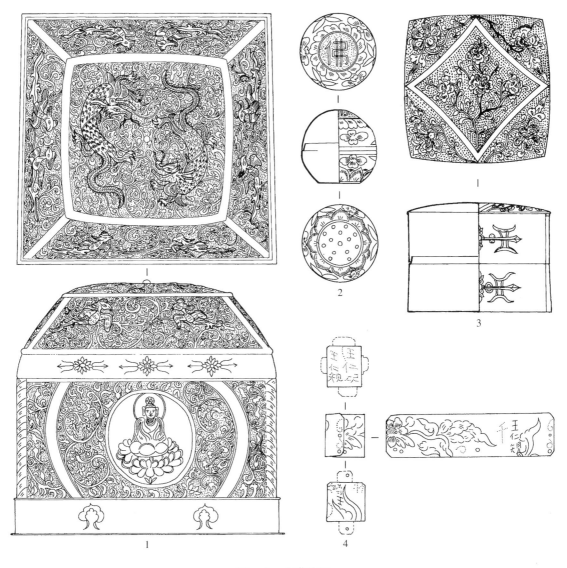

图一八　瘗藏容器

1. 大银函（DG1∶236）　2. 鎏金小银盒（DG1∶210）　3. 鎏金小银函（DG1∶237）　4. 小银盒（DG1∶137）　（2为1/1，余为1/2）

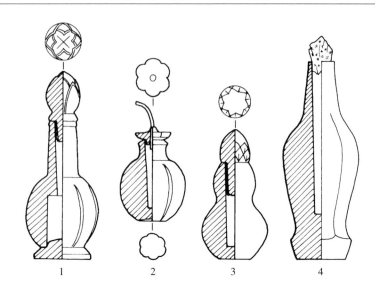

图一九　水晶瓶
1. DG1∶213　2. DG1∶215　3. DG1∶217　4. DG1∶238　（均为2/3）

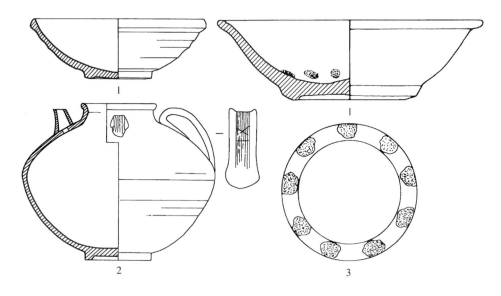

图二〇　瓷　器
1、3. 碗（DG1∶3、4）　2. 壶（DG1∶5）　（2为1/5，余为2/5）

　　鎏金银莲蓬宝子　1件（DG1∶244）。银质，通体鎏金。造型为单枝莲蓬。莲蓬内部中空，上有盖，二者一侧均有环，以银丝捆系联结。莲茎根部较尖，有残损痕迹。莲蓬口径3.4、通高10.5厘米（图二四∶1）。

　　鎏金银香盒　1件（DG1∶149）。银质，顶面局部鎏金。上盖下盒，以子母口盖合，出土时内盛乳香。盖顶面呈拱形，錾刻双凤。盒直口，上腹较直，下腹斜收，平底略凹。盖口径5.6、盒底径3.8、通高4.7厘米（图二四∶2；彩版二一∶1）。

　　鎏金银香囊　1件（DG1∶145）。银质，器表通体鎏金。整体近球形，上、下两部分造型相同，以子母口盖合。以上半部为例，顶部中心为双层覆莲瓣，莲瓣中心设圆形拉环，腹部一周设5个拱形开光，内部以卷草为底纹，主纹分别为三只鸾鸟和两只瑞兽。除莲瓣和开光外，其余部分均为

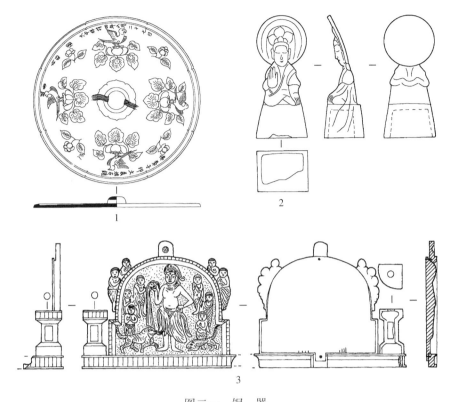

图二一　铜　器

1. 镜（DG1：24）　2. 佛像（DG1：241）　3. 牌（DG1：35）　（1 为 1/5，2 为 1/1，3 为 1/2）

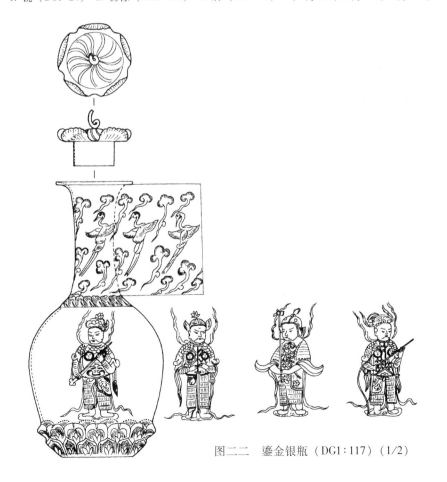

图二二　鎏金银瓶（DG1：117）（1/2）

图二三　鎏金银香炉（DG1:68）（约1/2）

镂空卷草纹。口径12.6、通高12.8厘米（图二四:4；彩版二一:2）。

　　鎏金银香匙　1件（DG1:146）。银质，器表通体鎏金。匙把为管状，匙身附三耳，耳上錾刻牡丹花纹，匙内底錾刻云纹、花草、麒麟及一手托葫芦宝瓶的神人形象。长11、宽8.1、高1.9厘米（图二四:3；彩版二〇:2）。

　　鎏金银饰件　1件（DG1:16）。银质，正面鎏金。造型为一只展翅飞翔的凤鸟。长3.8、宽2.3、厚0.3厘米（图二四:5；彩版二〇:3）。

　　鎏金银钗　4件。银质，通体鎏金。形制相同，均以一根银条对折而成，顶部较粗，脚部较尖，银条截面呈圆形。其中两件顶部有"徐俌梃 银"四字铭文，另两件无铭文（彩版二一:3）。DG1:243，长17厘米。

　　银香盒　1件（DG1:136）。上盖下盒，以子母口盖合，出土时满盛乳香。盖弧顶较平，圆肩，折腹。顶部饰双凤和缠枝花卉，肩、腹部饰两周缠枝花卉。盒直口，上腹较直、折收，下腹圆弧，平底，假圈足。上腹饰一周缠枝花卉，下腹饰一周仰莲瓣，假圈足表面饰一周栉齿纹和卷缘莲叶纹，假圈足内外底亦饰一片卷曲的莲叶。盖口径13.8、盒底径9.8、通高10.3厘米（图二五；彩版二一:4）。

　　银葫芦形瓶　1件（DG1:132）。凹底。内部中空，顶端开圆形口，出土时无塞。最大腹径2.7、高3.8厘米（彩版二二:1左）。

银环　1件（DG1：95）。素面。外径2.2、内径1.7厘米。

银钩　1件（DG1：143）。由一条银片纵向对折，顶端两折面稍分开，尾端合为一体。素面，顶端有一小圆穿。长13.7、宽0.7厘米。

钱币　46枚。"祥符元宝"金、银币，各20枚。皆为打制，单面錾刻"祥符元宝"钱文。钱径2.5～2.9、穿宽0.5、缘厚0.08厘米（彩版二二：2）。"千秋万岁"金、银币，各1枚。铸造，正面为"千秋万岁"钱文，背部素面。钱径2.9、穿宽0.5、缘厚0.1厘米（彩版二二：3）。"开元

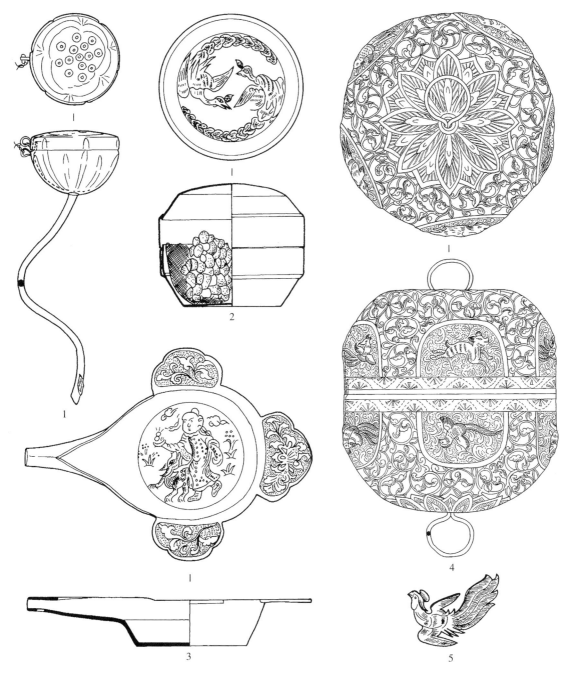

图二四　鎏金银器

1. 莲蓬宝子（DG1：244）　2. 香盒（DG1：149）　3. 香匙（DG1：146）　4. 香囊（DG1：145）　5. 饰件（DG1：16）
（4约为1/2，余为2/3）

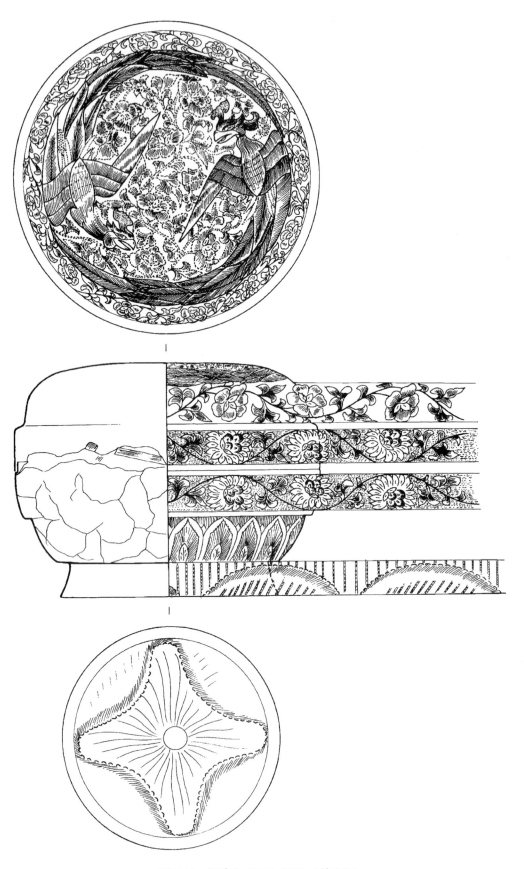

图二五　银香盒（DG1∶136）（约2/3）

通宝"金币，3 枚。铸造，正面为"开元通宝"钱文，背部素面。钱径 2.4、穿宽 0.6、缘厚 0.12～0.18 厘米（彩版二二：4 左）。"至道元宝"金币，1 枚。铸造，正面为"至道元宝"钱文，背部素面。钱径 2.5、穿宽 0.6、缘厚 0.15 厘米（彩版二二：4 右）。

4. 水晶器　10 件。

杯　1 件（DG1:121）。无色透明，出土时内盛乳香。整体作蕉叶形，一侧有短錾，口部镶银釦。长 18.7、宽 7、高 4.1 厘米（图二六：1；彩版二二：5）。

念珠　2 件。一件散断，一件完整。DG1:118，由 107 颗水晶珠以丝绳串成，绳头露于一侧。上、下各为一颗大珠，其间串连小珠，一侧 50 枚，另一侧 49 枚，大小珠之间以桃花形铜片分隔。底部大珠之下分两叉，各串三颗小珠，再接莲苞形铜坠脚，下垂丝穗。大珠直径 1.8、小珠直径 0.7 厘米（图二六：6；彩版二三：1）。

葫芦　1 件（DG1:226）。无色透明。最大腹径 2、高 3 厘米（图二六：5；彩版二二：1 右）。

球　6 件。均为实心球体。其中 4 件为无色透明，直径 2.6～5.1 厘米；另 2 件为烟晶，内部

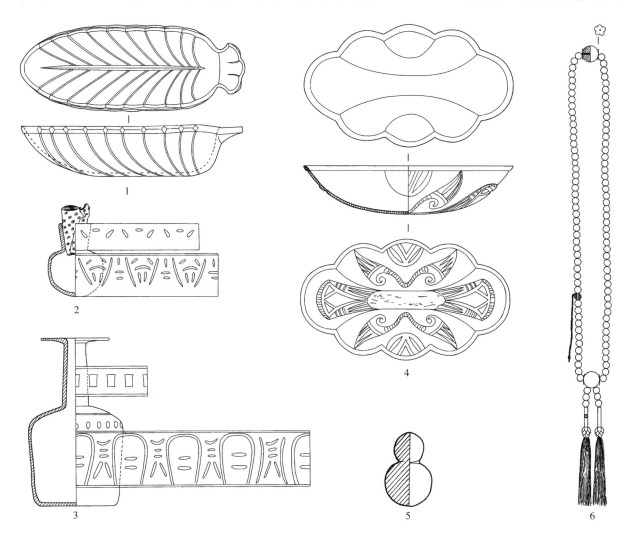

图二六　水晶、玻璃器

1. 水晶杯（DG1:121）　2、3. 玻璃瓶（DG1:42、126）　4. 玻璃杯（DG1:120）　5. 水晶葫芦（DG1:226）　6. 水晶念珠（DG1:118）　（5 为 2/3，6 为 1/4，余为 1/3）

呈茶色烟雾状，直径分别为2.3厘米和3.7厘米（彩版二三：2）。

5. 玻璃器　3件。

瓶　2件。DG1：42，深蓝色，内盛乳香，以丝绸封口。侈口，圆唇，颈部上粗下细，球腹，圜底。纹饰皆为凹刻，颈、腹部纹饰均分三组：颈部每组为两个斜长点呈倒"八"字形，中间加一个横长点；腹部似刻划三张人面形纹饰，表现出眼、嘴、胡须等，其间刻划一竖点、两横点。口径2.6、最大腹径4.6、高6厘米（图二六：2；彩版二三：3）。DG1：126，出土时在饱水状态下呈翠绿色，干燥后渐呈蓝色。内盛一丝袋，以丝织品封口，丝袋内为银色小颗粒和丁香。瓶体口微侈，宽平沿，长直颈，斜肩，直腹略斜收，平底。纹饰皆为凹刻，颈部两周弦纹间饰四个长方形竖点，肩部饰一周弦纹，肩腹相交处饰一周水滴纹，腹部两周弦纹间饰四个壶门状纹饰，其内皆有两个横长点，壶门间除一处加饰两条竖弧线外，余均刻划上"三"下"八"形纹饰。口径5.7、底径6、高13.8厘米（图二六：3；彩版二三：4）。

杯　1件（DG1：120）。墨绿色，出土时内盛乳香。扁长形，八瓣葵口，口部镶银釦，器体八曲。器内无纹饰，器表对称饰鸟纹，冠、眼、尾羽皆有表现。长17.6、宽10、高4厘米（图二六：4；彩版二三：5）。

6. 香料　18件（乳香除外）。

乳香　地宫中多件器物出土时皆满盛黄白色香料，因经水浸泡，出土时皆胶结成块状。经中国文化遗产研究院检测，其与现代乳香特征基本吻合，由此判断这些香料为乳香或与乳香类似的天然树脂香料。需要指出的是，出土时这些香料中夹杂了大量菱形小绫片，边长约2厘米，因乳香放入地宫时原为香饼、香块，故推测这些小绫片或为香料的衬垫。

檀香　1件（DG1：155）。出土于鎏金银香囊中。雕刻成云纹形，局部残断。残宽2.3、高2.2、厚0.9厘米（彩版二四：1）。

沉香　14件。深褐色，均呈不规则形。经南京林业大学鉴定，种类为瑞香科白木香属之白木香，系沉香的一种。DG1：33，出土于铁函内。形如莲蓬。最大径7、高9.8厘米（彩版二四：3）。DG1：251，6件。出土于七宝阿育王塔内，多为长条状，长7～10.5、直径2.6～3.4厘米（彩版二四：2）。

豆蔻　2件（DG1：246）。深褐色，椭圆形。分别为长2.5、直径2厘米和长2.8、直径1.8厘米。

丁香　1份（DG1：127）。约50枚，出土于玻璃瓶（DG1：126）内，与银色小颗粒混装。深褐色，均为干燥后的花蕾。长1.3～1.5厘米（彩版二四：4）。

7. 丝织品　98件。

地宫内目前清理出各类丝织品102件，除前述4件罗囊外，归于本类共98件，包括罗、绢、绮、绫、纱、絁等，使用的装饰手法有提花、泥金、彩绘、刺绣等。在其中15件丝织品上，发现有当时各位主事和施主的墨书题记。现择部分介绍如下。

罗袱　DG1：34，绛紫色。近方形，四经绞罗。长56、宽47.7厘米。

罗帕　DG1：163，黄褐色。方形，四经绞罗地上以二经绞罗提显菱形花。边长50厘米。DG1：207，黄褐色。近方形，四经绞罗。上有墨书"建塔主讲律临坛演化大师赐紫可政。先受业和尚金陵昇元寺长讲《上生经》、《百法论》大德赐紫玄月。坛中和尚唐左街僧录演法大师昭谋，羯磨阇梨绍贤，教授阇梨知白，证戒阇梨法偬、处安、彦咸、崇节、德明、浩兴、道随。生身父高洪张洪，生身母禹氏十一娘"。长56、宽48厘米（彩版二五：1）。DG1：250，黄褐色。长方形，四经绞罗。上有墨书"高邮军左厢招贤坊弟子荀怀义谨舍水晶杯一只，碧琉璃杯一只，白砗磲念珠一串，幸遇皇帝建金陵长干寺阿育王所造释迦佛真身舍利塔，下收葬供养舍利。所愿劫劫生生长承佛护。时大宋大中祥符三年□月□日，弟子荀□记"。长52、宽46厘米（彩版二五：2）。

罗片　DG1：39，黄褐色。长方形，四经绞罗。上有墨书"大宋国昇州右厢建业坊弟子周仁祐、男颖，桑氏七娘，郭氏八娘，孩子大女、小女等，各愿：皇帝万岁，国祚遐昌；天下民安乐，天下丰稔；世世生生常敬三宝，常敬三宝。大中祥符四年六月二十六日"。长19.8、宽12.4厘米（彩版二六：1）。

罗囊　DG1：36，黄褐色。四经绞罗。囊体双层面料，外有包缝装饰线。口部呈柿蒂形，有四条绦带，每条由两股合成，每股由两根纱线以Z拈成股，带上编织团花。囊长9、宽6.5厘米，带长9厘米（彩版二六：2）。

罗地泥金夹袋　DG1：167，紫红色。长方形，四经绞罗地上显花，1/1平纹，表面泥金绘卷草纹。长19、宽9.5厘米（彩版二四：5）。

罗地泥金帕　DG1：62，绛紫色。方形，四经绞罗。正中泥金绘团龙纹，四角绘凤鸟卷草纹。一角因钙化略有破损。边长61厘米（彩版二六：3）。标本DG1：64，绛紫色。方形，四经绞罗。全幅泥金绘16个团形纹饰，其中四角为"千秋万岁"四字吉语，其余为12只团凤。边长60厘米（彩版二七：1）。

鸳鸯饰品　DG1：37，四经绞罗。钉金绣交颈鸳鸯图案。盘长结作吊佩之用，有流苏饰边。主体长10、宽9厘米，盘结长5.5、宽4厘米。

绢帕　DG1：148，黄褐色。方形，1/1平纹。中部四角刺绣"永保千春"四字吉语，正中刺绣杜牧《赠终南兰若僧》诗文"家在城南杜曲旁，两枝仙桂一枝芳。禅师都未知名姓，始觉空门气味长"。边长61厘米（彩版二七：2）。DG1：80，黄灰色。方形，1/1平纹。上有墨书"崇圣寺承天甘露戒坛院新戒僧思齐，今者遭逢演化大师殉藏如来顶骨真身舍利之资，追荐亡考葛七郎、亡翁葛三郎、亡婆杨氏十娘，同承胜利之因，当超升之果。当愿思齐凤缘不断，万劫千生长为如来弟子，绍隆三宝，作大因缘。大中祥符四年岁次辛亥六月二十七日，新戒僧思齐题记"。边长49厘米（彩版二八：1）。

绢巾　DG1：93，浅红色。方形，1/1平纹。其上印绘绛紫色折枝花朵。边长59厘米。

绮帕　DG1：59，黄褐色。长方形，1/1平纹。地上以纬度浮长显方格花纹。因钙化略有破损。长90、宽48厘米（彩版二八：2）。

绮巾　DG1：144，黄褐色。长方形，1/1平纹。地上以3/1S斜纹显菱形花纹。上有墨书"金陵管内僧正赐紫守邈谨舍钱壹佰贯文七十七，泊烧砖三万口，于长干寺造塔供养释迦如来真身感应舍利。所会胜缘，愿比丘守邈劫劫生生为佛弟子，所生父母、受业师资同沾利益。大中祥符四年六月二十七日记"。长63、宽52厘米（彩版二九：1）。

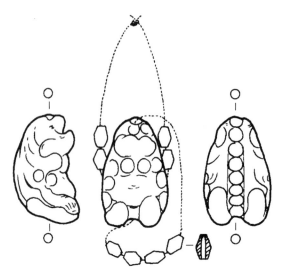

图二七　琥珀饰件（DG1：225）（原大）

绫囊　DG1：102，黄褐色。长方形，以两块面料拼缝。一块为 2/1Z 斜纹地上以 1/5Z 斜纹显花，另一块为 1/2S 斜纹地上以 5/1S 斜纹显花。长 28、宽 6.2 厘米。

绫袱　DG1：134，绛紫色。方形，表里双层。表层为 2/1S 斜纹地上以 1/5S 斜纹显花，花纹似为卷草纹；里层为 1/3Z 斜纹地上以 3/1S 斜纹显花，花纹为折枝花朵。此袱用于包裹银香盒。边长 38 厘米。

纱帕　DG1：79，绛紫色。长方形，绞纱地上以纬度浮长显花。表面印金色折枝牡丹纹，并有墨书"昇州左厢武定坊住居弟子华文用、文雅，并母吕氏五娘、妻李氏一娘阖家人口等，同舍手杷子一条、土黄二十斤、细香三两于重修长干寺葬佛顶骨舍利塔所衬函，愿永为不朽。大中祥符四年七月二十七日记"。长 75、宽 53 厘米（彩版二九：2）。DG1：31，绛紫色。近方形。绞纱地上以经度浮长显菱形"田"字纹和鸾鸟纹。略有破损。长 60、宽 58 厘米（彩版三〇：1）。

绝经袱　DG1：204，绛红色。1/1 平纹，一纬纬线粗，一纬纬线细。上有墨书"六合县太平坊弟子陈知厚施造长干寺三门，愿承三宝恩光，永延福寿，一家眷属，同意结缘。男延寿、男怀玉、孙男仲□、仲宣、仲良、仲贤，孙孩儿旃□、小旃、旃保"。此袱内包贝叶经。长 59、宽 57 厘米（彩版三〇：2）。

8. 其他　9 件（份）。

玉碗　1 件（DG1：125）。青玉质。直口，折沿，弧腹，平底，假圈足。素面。器内满盛乳香。口径 13.2、底径 6.8、高 4 厘米（彩版三一：1）。

玉环　1 件（DG1：142）。牙黄色。截面呈桃形，残留管穿痕迹。外径 5.2、内径 3 厘米。

玛瑙珠　1 件（DG1：13）。紫红色，半透明。球形，表面未完全打磨光滑，略有凹凸。中心有圆形穿孔。直径 2.7、孔径 0.35 厘米。

琥珀饰件　1 件（DG1：225）。主体为一个动物造型的暗红色琥珀，侧视似为熊。琥珀纵向、横向各有一穿孔，分别以细丝绳穿过成环，每根丝环上各穿四颗小金珠。琥珀长 2.9、宽 1.9、高 1.9 厘米，金珠长 0.7、直径 0.4 厘米（图二七；彩版三一：2）。

琥珀珠　1件（DG1:242）。出土于鎏金小银函中。深紫色。整体呈馒头状，平底，表面略有凹凸。最大径2.2、高1.9厘米。

银色颗粒　1份（DG1:286）。近千粒。成分待检测。直径0.2~0.8厘米（彩版三一:3）。

贝叶经　1件（DG1:205）。出土时码成一叠，以丝绳扎系，具体数量不明。页面呈紫红色，写有黑色梵文经文。每页约长27、宽5厘米（彩版三一:4）。

铭文砖　2件。长方形青砖，一面以朱砂题写铭文。DG1:14，铭文大多模糊不清，仅可辨"邵……舍钱叁拾……"砖长35、宽17.5、厚5.5厘米。DG1:15，铭文为"王□年舍钱叁拾□文，砖拾贰□"。砖长34.8、宽17.6、厚5.7厘米。

六　H37 出土器物

H37出土器物均为碎片，经拼对后发现有7件较完整，其中1件釉陶缸残存大半。

陶盆　3件。敛口。H37:2，泥质灰陶。沿下撇，上腹较直，下腹斜收，平底。口径39.8、底径24.5、高12.4厘米（图二八:1）。H37:3，泥质灰陶。沿上折，斜直腹，平底内凹。口径41.6、底径29.6、高14.4厘米（图二八:2）。H37:4，夹砂红褐陶。沿上折，上腹略鼓，下腹斜收，平底。口径39.2、底径15.2、高21.1厘米（图二八:3）。

釉陶缸　3件。其中2件完整，1件残存大半。器形相同，均口大底小。敛口，厚唇，圆肩，弧腹斜收，平底内凹。灰黑胎。施酱褐色釉，釉不及底，挂釉明显。H37:5，口径41.7、底径14、高49.8厘米（图二八:5）。

青瓷钵　1件（H37:7）。敛口，平沿略下撇，溜肩，上腹略鼓，下腹斜收，平底内凹。灰黑胎。内外满施青灰色釉。口径25、底径9.7、高12.6厘米（图二八:4）。

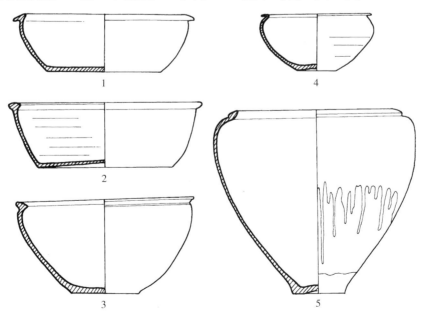

图二八　H37 出土器物

1~3. 陶盆（H37:2~4）　4. 青瓷钵（H37:7）　5. 釉陶缸（H37:5）　（5为1/10，余为1/8）

七　结　语

　　南京大报恩寺遗址由于具有明代皇家寺院的重要历史背景，自发掘之初就广受关注。塔基与地宫发现之后，由于出土了"佛顶真骨"舍利和大量珍贵文物，在海内外考古界与佛教界产生了巨大影响，是自陕西法门寺地宫、浙江雷峰塔地宫之后，我国佛教考古的又一次重大发现。

　　就地宫而言，由于出土了《金陵长干寺真身塔藏舍利石函记》和大量文字材料，其时代与性质较为清楚——它是建于北宋大中祥符四年的长干寺真身塔地宫。此地宫瘗藏的"佛顶真骨"舍利、"感应舍利"和"诸圣舍利"极为珍贵，它们的发现对于推动我国佛教文化的传承与发展具有深远意义。地宫中出土的材质丰富、多达七重的宋代舍利瘗藏容器，品类多样、保存完好且带有大量文字信息的宋代丝织品，乳香、檀香、沉香、豆蔻、丁香等众多香料实物，以及香囊、香炉、香匙、瓶、杯等成组的宋代香具，均在以往的考古发掘中极为罕见，为今后开展各门类的相关研究提供了重要的实物资料。

　　就遗迹现象而言，塔基有许多地方值得深入探索。由于篇幅所限，我们另外撰文，对大报恩寺遗址塔基的时代、性质及相关问题进行探讨[1]，此不赘述。

　　附记：本项目考古领队为祁海宁，参加发掘者有龚巨平、周保华、王军、华国荣、白宁、葛维成、李毅、宋燕、周晓彬、侯贵春、吴文华、郭龙发、王道柱、王玉文等。另外，地宫出土的丝织品、香料、木材等有机质文物的鉴定工作得到中国丝绸博物馆、中国文化遗产研究院、南京林业大学的大力支持，特此感谢。

摄　影：黄秣人　王　泉　雷　雨
绘　图：董补顺　张建国　王　海
拓　片：熊其亮　沈利华
执　笔：祁海宁　龚巨平　周保华

注　释

［1］　祁海宁、周保华《南京大报恩寺遗址塔基时代、性质及相关问题研究》，《文物》2015 年第 5 期。

本文原载《文物》2015 年第 5 期，本次略作修改。

南京大报恩寺遗址六号井的发掘及与"义井"关系的探讨

南京市考古研究所

　　大报恩寺遗址位于江苏省南京市主城正南门外的古长干里地区。遗址北抵秦淮河，南至雨花台，西临雨花路，东至南京晨光集团厂区，占地约 25 万平方米（图一）。遗址得名于明代皇家寺院——大报恩寺。该寺是明成祖朱棣在原六朝长干寺、北宋至明初天禧寺的基础上重建形成的，是明代规模最大、等级最高的皇家寺院。清咸丰六年（1856 年），该寺毁于太平天国兵火。

　　从 2007 年初至 2013 年末，为配合"南京大报恩寺遗址公园"的建设，南京市考古研究所经国家文物局批准，对遗址北区进行了全面、系统的考古发掘，共完成发掘面积 3.6 万平方米。遗址北区明代主要建筑和总体布局得到廓清，明代皇家寺院的原有面貌得到较充分的揭示。在此过程中，考古队在遗址北区先后发现了 17 口建造于不同时期的古井，其中六朝井 2 口、宋代井 8 口、明代井 6 口、清代井 1 口（图二）。2013 年 4 月，考古队在遗址北区北侧发现了一口砖砌古井（编号为 2013NBJ6，以下简称 J6），发掘证明它的始建年代为北宋，而后一直沿用至近代，其直径在该遗址已发现的所有宋井之中首屈一指，砌法也非常独特。更为重要的是，通过检索文献，该井很可能是北宋高僧可政与名相李迪连手创建的"义井"，在南京历史上留有佳话。现将该井的考

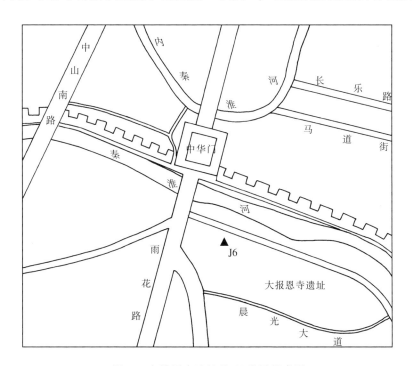

图一　大报恩寺遗址及 J6 位置示意图

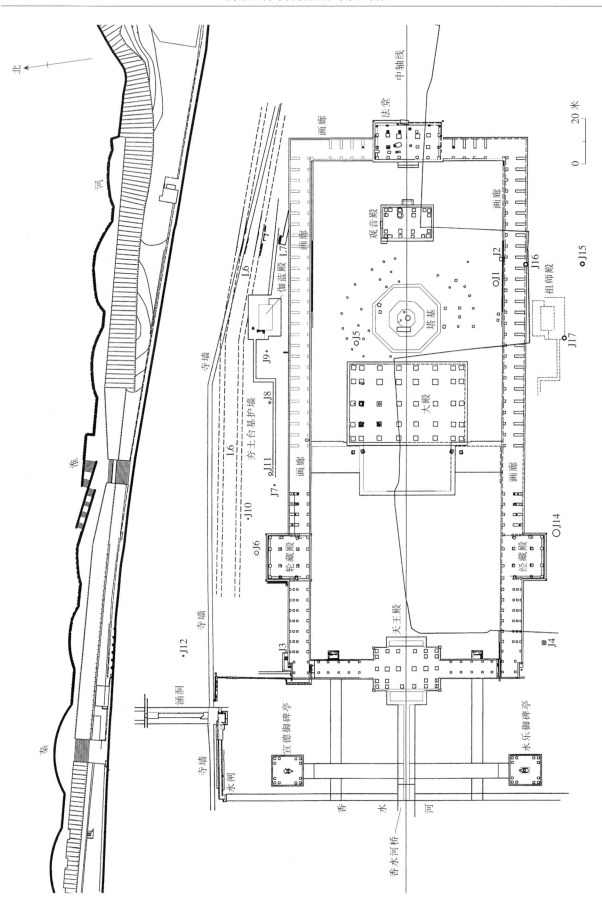

图二　大报恩寺遗址北区总平面图

古发掘情况以及对它的相关认识介绍如下。

一　J6 的结构

J6 开口于表土层下，距离现代地表 0.5 米。井圈为圆形，现存总深度为 12.8 米。井身以青砖砌筑，为便于砌成圆弧，所用砖皆为截去一段的不完整砖，残长 18～24 厘米。根据用砖、砌法和直径的不同，该井明显分成上下两段（图三）。

上段从现存井口向下至 3.1 米处，外口径 1.52、内口径 1.16 米。该段砌法简单，所有砖皆端面朝内、错缝平砌；砌工较粗糙，井身呈不规整的圆形。该段用砖非常杂乱，将三个不同时期的砖混合使用。其中，宽 18.5～20、厚 8.5～11.5、原长 36～44 厘米的砖是南京明初常用的大砖，与大报恩寺遗址明代建筑用砖相同；宽 17～20.5、厚 5.5～8.5、原长 35～41 厘米的砖为北宋砖，部分砖的一端带有模印文字，与该井下段所用砖情况相同；另外还有宽 12～16.5、厚 3.5～5.5、原长 28～34 厘米的砖，不少带有莲花、忍冬、钱纹等模印纹饰，是南京六朝时期的常用砖。

下段从井口下 3.1 米处至底，深 9.7 米，外口径 1.8、内口径 1.38 米。该段砌法复杂：最上部两层砖平砌；其下一圈以两砖交错的方式砌成侧立的"人"字形；再下以"五顺一丁"的方式组砖下砌，共三组，其中除第二组的丁砖为正常砌成、正端面朝内之外，其余两组的丁砖皆有规律地偏向一侧，砖角依次出棱；再下所有砖皆为平砌，或端面朝内，或以侧面朝内（彩版三二：1）。井底有铺地砖，未作解剖，层数不明。该段井身砌造精良，规整美观，用砖与上段出现的北宋砖相同。在部分砖的端面上发现有多种模印文字：正书的有"官样"、"南"、"西"、"匣王俗"、"南高琮"、"高琮"、"奎"、"溧水□"、"史訶"、"□天瑞"、"宋儒"、"穆□"等；反书的有"五"、"朱晃"、"溧水孙琛"等（彩版三二：2、3）。

二　井内堆积与出土器物

J6 发现时已全部填满。从口部至井下 4.4 米处，为第①层堆积，填埋的皆为现代垃圾，含有红砖、碎玻璃、铁皮罐、铁螺栓等现代材料与物品。从 4.4 米处往下，填土皆呈黑色淤泥状，饱含水分。从土色、土质上看不出明显变化，但是不同深度出土的器物，时代特征差异明显。因

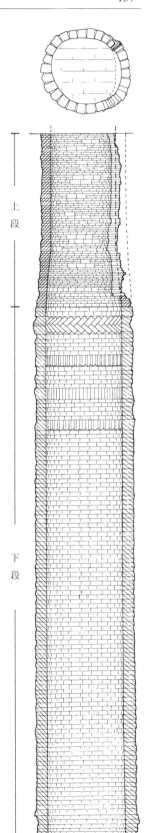

图三　J6 平、剖面图

此根据出土器物的不同，将J6①层下的堆积再划分为两层，分别进行介绍。

（一）第②层

从井下4.4米至6.1米，出土陶、瓷、石、铁、铜等各种质地器物共74件。

1. 陶器

共6件。

壶　1件（J6：23）。敛口，圆唇，溜肩，球腹，平底略凹。一侧置流，口部略残；一侧置柄，残损仅存根部；另两侧对称各置双竖系。夹砂紫红色胎，较粗糙，仅器表上腹部施酱黑色釉。口径9.2、底径11.6、高18厘米（图四：1）。

壶盖　1件（J6：17）。紫砂质。圆形，中心下沉式。圆形纽，顶面饰钱纹，中心有一圆形穿孔。盖径9.6、纽径2.4、高2厘米（图四：2）。

"牧童爬牛"玩具哨　1件（J6：36）。底部一牛横卧，一光头童子作向牛背上攀爬状。牛口与童子背部开孔，可作哨吹。紫红色胎，除童子头部及器底部外，通体施淡绿色釉。残长8.3、宽4.5、高4.5厘米（图四：3）。

脊兽　1件（J6：34）。头、底部及前肢皆残。整体呈蹲坐状，背部有双翼，尾部上翘。推测可能为凤或天马。灰黄色胎，通体施绿色釉。宽9.8、残高16.6厘米（图四：4）。

筒瓦　1件（J6：33）。仅残存中段，头及尾部皆残。灰黄色胎，表面施黑色釉。残长12、宽15.2、高8、胎厚4厘米。

瓦当　1件（J6：15）。当面残存不足二分之一，大小、纹饰皆与第③层出土的瓦当（J6：44）相同，下文介绍。

2. 瓷器

共25件。

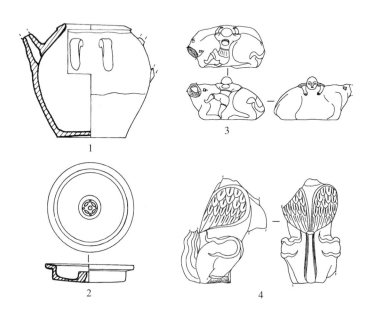

图四　第②层出土陶器

1. 壶（J6：23）　2. 壶盖（J6：17）　3. "牧童爬牛"玩具哨（J6：36）　4. 脊兽（J6：34）　（1、4为1/6，余为1/4）

青花瓷器　19件。胎皆以白色高岭土制成。

碗　14件，其中2件残损无法复原。根据口与腹部不同，分2型。

A型　3件。敞口，斜腹，圈足。J6：12，器内口部、近底部各饰两周弦纹，里心绘花草。器表口部与下腹部分别饰两周和一周弦纹，腹部绘兰花形图案，外底墨书"羡"字。口径12.8、足径5.6、高5.2厘米（图五：1）。J6：21，器内口部与下腹部各饰两周弦纹，里心绘折枝牡丹。器表口部饰两周弦纹，下腹部和圈足各饰一周弦纹，腹部绘"狮子穿花"图案，外底饰两周弦纹。整体除以青花装饰外，器口还饰一周褐彩。口径17.6、足径7.2、高7.5厘米（图五：2；彩版三二：4）。J6：22，器内口部与下腹部各饰两周弦纹，里心题"雨香斋"三字堂名款。器表口部、圈足和外底均饰两周弦纹。口径17.2、足径6.6、高5.3厘米（图五：4）。

B型　9件。侈口，深弧腹，圈足。J6：13，器内光素。器表口部、圈足各饰两周弦纹，上腹部绘缠枝牡丹，下腹部绘莲瓣纹。口径11.2、足径4、高6厘米（图五：3）。J6：4，器内光素。器表口部、圈足与外底各饰两周弦纹，腹部绘四朵兰花图案，外底有一长方形画押款，难以辨识。口径11.2、足径5.6、高5.8厘米（图五：5）。J6：14，器内口部、底部各饰两周弦纹，里心绘宝珠、火焰纹。器表口部饰两周弦纹，腹部绘龙纹与宝珠，圈足饰三周弦纹。口径9.6、足径4.8、高4.8厘米（图五：6）。J6：20，器内口部四周弦纹间饰花蕾状纹饰，底部饰两周弦纹，里心绘花卉。器表口部饰一周弦纹，上腹部绘缠枝牡丹，下腹部绘莲瓣纹，圈足饰三周弦纹，外底有方形篆书文字款，难以辨识。口径17.6、足径7.2、高7.2厘米（图五：8）。

杯　4件，其中2件残损无法复原。撇口，斜直腹，圈足。J6：1，器内光素。器表腹部以釉上黑彩的方式题写李白《客中行》诗句，部分文字已脱彩，仅存痕迹，外底有一方形青花篆书文字款，难以辨识。口径5.6、足径2.8、高4.4厘米（图五：7）。J6：2，器内口部、底部各饰两周弦纹。器表口部和圈足各饰两周和一周弦纹。口径9.2、足径4.2、高5.2厘米（图五：10）。

盘　1件（J6：18）。残存约八分之一。敞口，折沿，弧腹，圈足。器内口沿、腹部和里心皆饰花卉，分别以两周弦纹相隔。器表口沿与圈足各饰两周弦纹，腹部饰折枝花卉，外底两周弦纹内有一方形篆书款。口径14、足径8、高3.4厘米（图五：9）。

白瓷器　5件。胎皆以白色高岭土制成。

碟　1件（J6：11）。敞口，斜弧腹，圈足。器内外光素无纹饰。除外底外，满施灰白色釉。口径12、足径4.8、高2.8厘米（图六：1）。

杯　2件。侈口，斜弧腹，圈足。J6：8，器内外光素无纹饰。除外底外，满施灰白色釉。口径7.6、足径3.2、高4厘米（图六：3）。J6：9，器口饰一周金彩。除外底外，满施乳白色釉。口径6.4、足径3.2、高3.6厘米（图六：4）。

砖　2件。J6：16，横断面呈L形，上端残损，下端有一〔形凹槽。仅一面施纯白色釉，其余素烧无釉，釉面莹润。长26.8、宽14.8、厚7.6厘米（图六：5）。J6：32，残损严重。

青白瓷器　1件。

碟　1件（J6：10）。侈口，斜弧腹，圈足。器内外光素无纹饰。灰白色胎，除外底外，满施青白色釉。口径14.2、足径6.2、高3.4厘米（图六：2）。

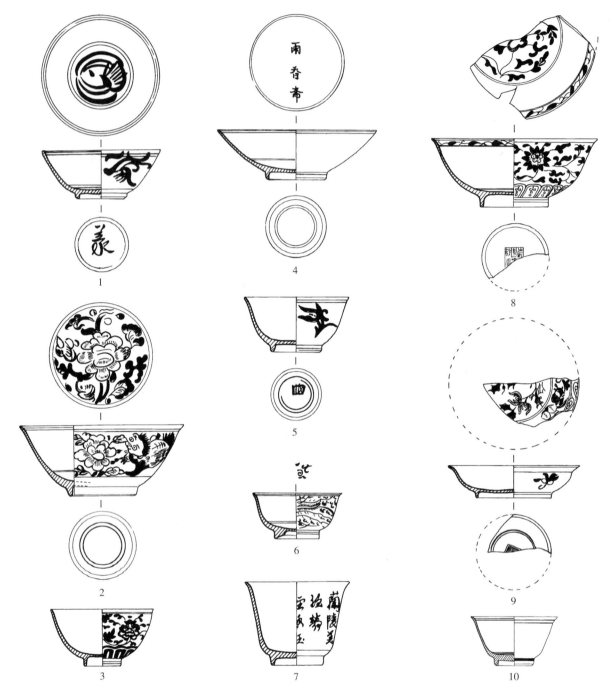

图五　第②层出土青花瓷器

1、2、4. A 型碗（J6∶12、21、22）　3、5、6、8. B 型碗（J6∶13、4、14、20）　7、10. 杯（J6∶1、2）　9. 盘（J6∶18）

（7 为 1/2，余为 1/4）

3. 石器

砚　2 件。J6∶31，长方形，四边略高，一端为半椭圆形砚堂，一端为半月形墨池。底部凿出浅圈足。底部浅刻多个文字，相互叠压，可辨认的有"长"、"赵"、"大"、"砚台"等。石质坚实，黑色。长 13.6、宽 8.6、高 2.2 厘米（图六∶6；彩版三二∶5 左）。J6∶30，正方形，四边略低，似为子母口，可能原先配有砚盖。中部凿出圆形砚堂兼墨池，一角凿有一个三角形注水口，直通砚堂。石质坚实,紫红色。边长9.2、高1.9厘米(图六:7;彩版三二:5右)。

4. 铁器

共6件。

弹丸　1件(J6:29)。圆形,不甚规整,表面粗糙,可能为炮弹丸。直径3.3厘米(图六:8)。

权　3件。形制相同。J6:26,近金字塔形,每面中间部分皆外凸。顶部置纽,上设一圆形穿孔;底部内凹。底边长4.8、高5.6厘米(图六:9)。

钩　1件(J6:41)。锚状,下部分三叉,顶部弯曲成环。高10厘米(图六:10)。

匕首　1件(J6:27)。前段呈柳叶形,头尖,中部起脊,双边开刃;后段以两块木片包夹,制成木柄,以五颗铆钉固定。长22.2、宽2.2、柄部厚0.9厘米(图六:12)。

5. 铜器

共35件。

挖勺　1件(J6:35)。以一根黄铜丝制成。一端弯曲成环状,一端捶扁成勺。环径2.3、长9

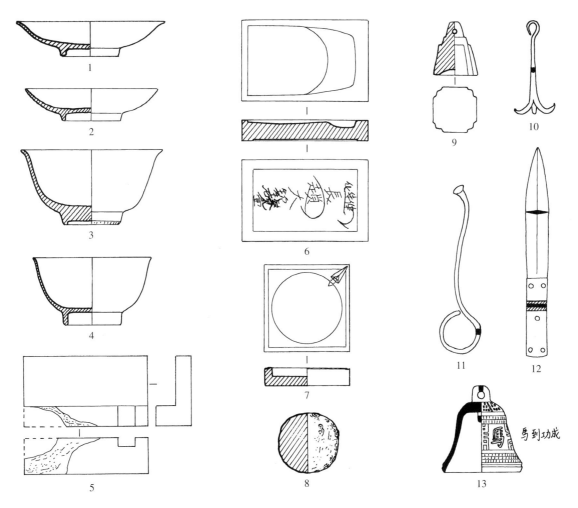

图六　第②层出土器物

1. 白瓷碟(J6:11)　2. 青白瓷碟(J6:10)　3、4. 白瓷杯(J6:8、9)　5. 白瓷砖(J6:16)　6、7. 石砚(J6:31、30)　8. 铁弹丸(J6:29)　9. 铁权(J6:26)　10. 铁钩(J6:41)　11. 铜挖勺(J6:35)　12. 铁匕首(J6:27)　13. 铜铃(J6:24)　(1为1/3,3、4、8、11、13为1/2,5为1/8,余为1/4)

厘米（图六：11）。

铃　1件（J6：24）。钟形，顶部置纽，上设一圆形穿孔。器内顶部亦有一环状纽，用于勾挂铃舌（已缺失）。器表顶部饰葡萄状乳丁，以竖线分隔，腹部上下饰方格纹，中间以四个篆书"寿"字为分隔，饰楷书"马到功成"四字吉语。底径4.4、高4.6厘米（图六：13）。

铜钱　29枚。除1枚北宋"至道元宝"外，其余皆为清代钱，计有"顺治通宝"2枚、"康熙通宝"21枚、"雍正通宝"2枚、"乾隆通宝"3枚。

铜币　4枚。1枚为"光绪元宝"，另3枚为面值十文的"中华民国开国纪念币"。

（二）第③层

从井下6.1米至底，共出土陶、瓷、银、铜、铁、石、木等各种质地器物211件。

1. 陶器

共154件。

韩瓶　125件，其中完整、可复原57件，残损无法复原68件。子母口，束颈，溜肩，平底或凹底。紫红色胎，器表轮制痕迹较明显。绝大部分器表施酱紫色或灰黄色釉，器内无釉，少量器内外皆不施釉。根据颈部不同，分2型。

A型　2件。圆唇，粗颈略束，凹底。肩部对称置双竖系。根据腹部不同，分2亚型。

Aa型　1件（J6：86）。器形瘦高，深直腹。除外底外，器内外皆施酱紫色釉。口径5.2、底径6、高21.2厘米（图七：1；彩版三三：1）。

Ab型　1件（J6：45）。器形较矮，弧腹。除外底外，器内外皆施酱黄色釉。口径5.6、底径6.8、高18.4厘米（图七：2）。

B型　55件。方唇，细颈深束，平底。根据腹部不同，分2亚型。

Ba型　44件。5件肩部无系，35件肩部对称各置一竖系，4件肩部两两相对置四竖系。J6：80，肩部无系。除外底外，器内外皆施灰黄色釉。口径5.2、底径5.6、高29.6厘米（图七：3；彩版三三：2左）。J6：79，肩部对称各置一竖系。素烧，器内外皆不施釉。口径5.2、底径6、高33.2厘米（图七：4；彩版三三：2中）。J6：81，肩部两两相对称置四竖系。除外底外，器内外皆施酱黄色釉。口径5.6、底径6.4、高35.2厘米（图七：5；彩版三三：2右）。

Bb型　11件。J6：115，素烧，器内外皆不施釉。口径4.8、底径4.8、高21厘米（图七：6）。J6：106，除外底外，器内外薄施一层灰黄色釉。口径4.8、底径5.2、高21.2厘米（图七：7）。

执壶　7件，其中完整、可复原3件，残损无法复原4件。高领，溜肩，假圈足。上腹部一侧置流，一侧置环形柄，另两侧对称各置一竖系。紫红色胎，器表轮制痕迹明显。J6：76，直口，圆重唇。施酱紫色釉，器表施釉近底部，器内仅口部施釉。口径8.4、底径6.8、高20.2厘米（图七：9；彩版三三：3左）。J6：78，直口，圆重唇。器表上半部及器内口部施酱黄色釉，器表下半部施酱紫色釉。口径9.2、底径7、高20.6厘米（图七：10；彩版三三：3右）。J6：59，子母口，方唇，肩及上腹部两侧对称置双竖系。施灰黄色釉，器表施釉至下腹部，器内仅口部施釉。口径8.8、底径9.6、高25.2厘米（图七：11）。

罐　12件，其中完整、可复原4件，不可复原8件。制作皆较粗糙，器表轮制痕迹明显。绝大多数为紫红色胎。施酱紫色釉，器表施釉至上腹部，器内仅口部施釉。J6：58，敛口，圆唇，束颈，

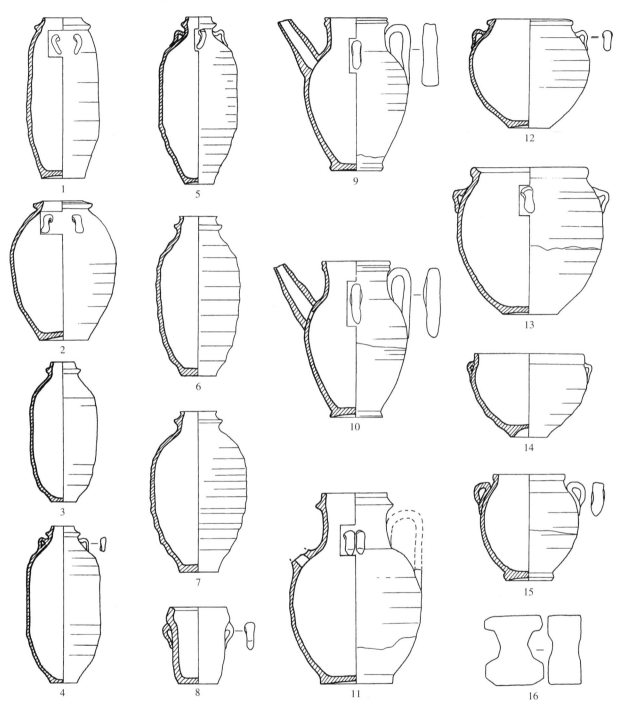

图七　第③层出土陶器

1. Aa 型韩瓶（J6：86）　2. Ab 型韩瓶（J6：45）　3～5. Ba 型韩瓶（J6：80、79、81）　6、7. Bb 型韩瓶（J6：115、106）　8. 双耳杯（J6：98）　9～11. 执壶（J6：76、78、59）　12～15. 罐（J6：58、87、71、75）　16. 坠子（J6：91）　（3～5 为 1/8，余为 1/5）

溜肩，球腹，平底略凹，肩部两侧对称各置一竖系。口径 11.6、底径 5.6、高 14.4 厘米（图七：12）。J6：87，敛口，圆唇，束颈，溜肩，球腹，平底略凹，肩部对称置四竖系。口径 16、底径 7.6、高 19.4 厘米（图七：13；彩版三三：4）。J6：71，直口，方唇，颈部微束，溜肩，弧腹，凹底，肩部两侧对称各置一竖系。朱红色胎，除外底外，器内外满施酱黑色釉。口径 14.8、底径 5、高 11 厘米（图七：14）。J6：75，直口，方唇，束颈，溜肩，球腹，假圈足。口径 9.6、底径 6、高 14 厘米

（图七：15）。

双耳杯　1件（J6：98）。敛口，尖唇，颈部外凸，直腹略内斜，平底。颈下两侧对称置耳状竖系。紫红色胎。除外底外，器内外满施酱黑色釉，釉层较厚。口径7.8、底径5.4、高10.2厘米（图七：8）。

坠子　4件。以青砖碎块加工而成，制作粗糙，大小不一。两头宽，中间细，呈马鞍形。J6：91，长9.2、宽8、厚4.4厘米（图七：16）。

筒瓦　2件。J6：64，灰陶。制作规整，表面光净，背面有麻布纹。长31.4、宽16.8、高9.6厘米（图八：1）。J6：49，残存前段。灰黄色胎，顶面施绿釉。残长20.4、宽17.2、高8.4、胎厚2厘米（图八：4）。

板瓦　1件（J6：70）。灰陶。制作较规整，表面光净，背面有麻布纹。平面呈梯形，一端宽，一端渐窄，横剖面为弧形。残长27.6、宽29.2、厚2厘米（图八：3）。

瓦当　1件（J6：44）。仅存当面，上饰莲花、莲叶纹。灰黄色胎，表面施绿色釉。直径16、厚2.4厘米（图八：2；彩版三三：5）。

砖　1件（J6：48）。长方形，两面残损。一面边侧有凸棱。灰黄色胎，顶面和侧面施棕色釉。残长22、残宽16.8、厚6厘米。

2. 瓷器

共38件。

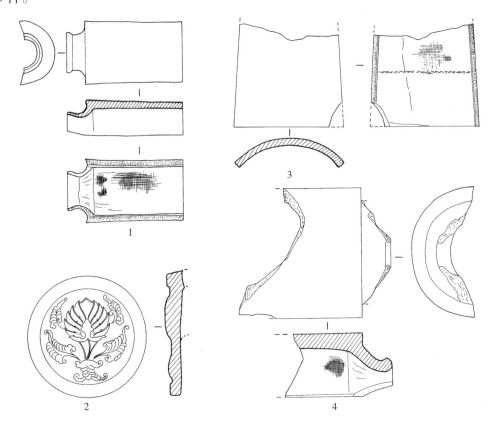

图八　第③层出土陶器

1、4. 筒瓦（J6：64、49）　2. 瓦当（J6：44）　3. 板瓦（J6：70）　（1、3为1/10，余为1/5）

青瓷器 17 件。

碗 14 件，其中可复原 5 件，不可复原 9 件。J6：40，敞口，圆唇，斜弧腹，圈足。青灰色胎。内、外底无釉，其余施青灰色釉。口径 15.2、足径 6.2、高 7.2 厘米（图九：1）。J6：42，敞口，圆唇，斜弧腹，圈足。青灰色胎。除外底外，内外皆施青黄色釉。口径 12.6、足径 4.6、高 5.8 厘米（图九：2）。J6：55，敞口，口部略外折，尖唇，斜弧腹，圈足外撇。灰黑色胎。青褐色釉，器内满釉，器表施釉至下腹部，脱釉严重。口径 18、足径 10.2、高 5.8 厘米（图九：3）。J6：56，敞口，口部略外折，尖唇，斜弧腹，假圈足。灰黑色胎。青灰色釉，器内满釉，器表施釉至下腹部，釉层冰裂状开片。口径 16.8、底径 5.6、高 6.6 厘米（图九：4）。J6：57，直口，圆唇，上腹较直，下腹弧收，假圈足。内底有三个支烧痕。灰白色胎。淡青色釉，器内满釉，器表施釉至下腹部，口部有一周褐色点彩。口径 12.4、底径 6.4、高 5.6 厘米（图九：5）。

盏 1 件（J6：54）。侈口，圆唇，上腹较直，下腹弧收，假圈足。灰白色胎。青绿色釉，器内满釉，器表施釉至下腹部，局部脱釉。口径 8.8、底径 4.8、高 3.4 厘米（图九：6）。

钵 2 件。J6：53，敛口，圆唇，弧腹，圈足。紫红色胎。除外底外，其余施青灰色釉。口径 6.8、足径 3.4、高 3.4 厘米（图九：7）。J6：146，敛口内折，圆唇，斜弧腹，圈足。器内浅划水涡状纹，器表浅划莲瓣纹。灰白色胎。除外底外，器内外满施青绿色釉，釉色莹润。口径 11.6、足径 3.6、高 5.6 厘米（图九：8）。

青白瓷 13 件。

罐 1 件（J6：72）。直口，方唇，短颈，溜肩，弧腹，凹底。灰白色胎。除唇部、外底外，器内外施青白色釉，器表釉下饰锈斑状点彩。口径 6.2、底径 6、高 9.6 厘米（图九：9；彩版三三：6）。

碗 10 件，其中可复原 5 件，不可复原 5 件。敞口，口部略外折，尖唇，斜弧腹，假圈足。器底皆有墨书"赵"字。J6：90，灰黑色胎。除外底外，器内外施青白色釉，釉料厚薄不均，挂釉、脱釉并存，制作粗糙。口径 16.8、底径 5.6、高 6.8 厘米（图九：10）。

高柄杯 2 件。皆残存柄部，无法复原。

此外，另有不可复原的黑瓷器 2 件、白瓷器 6 件，皆为碗底。

3. 其他

共 19 件。

银耳勺 1 件（J6：94）。以一根银丝制成，一端呈勺状。器身饰索状纹。长 12、勺宽 0.3 厘米（图九：11）。

铜钱 1 枚（J6：149）。北宋"皇宋通宝"。钱径 2.5、厚 0.15 厘米。

铁权 2 件。形制相同。J6：92，上半部近球形，下半部呈六边形，中部束腰，顶部设一倒梯形纽，上有一圆形穿孔。上半部直径 4.4、高 10 厘米（图九：12）。

铁铲 1 件（J6：63）。铲身弯曲，横剖面呈弧形，一端设圆形銎。长 27.6、宽 12.6、铲身厚 0.9、銎径 4.5 厘米（图九：14）。

石杵头 2 件。青石制成。形制相近，呈倒圆台形，顶部正中开一方形凹孔，以便插入木柄。

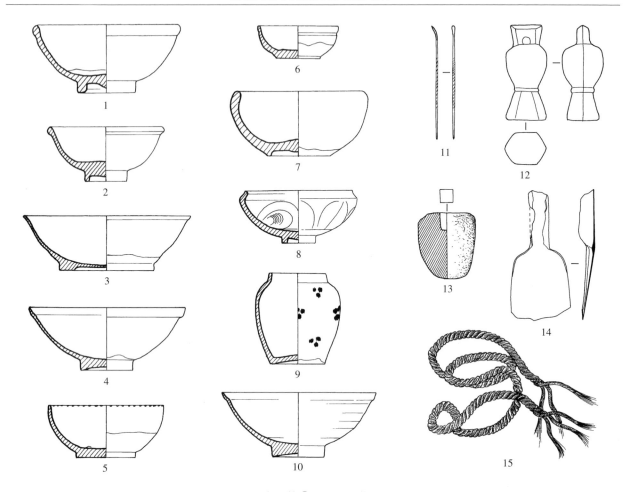

图九　第③层出土器物

1~5. 青瓷碗（J6：40、42、55~57）　6. 青瓷盏（J6：54）　7、8. 青瓷钵（J6：53、146）　9. 青白瓷罐（J6：72）　10. 青白瓷碗（J6：90）　11. 银耳勺（J6：94）　12. 铁权（J6：92）　13. 石杵头（J6：68）　14. 铁铲（J6：63）　15. 棕绳（J6：151）　（7 为 1/2，13、14 为 1/8，余为 1/4）

J6：68，顶面直径 12.4、高 14 厘米，凹孔边长 2.8、深 3.6 厘米（图九：13）。

　　木桶底板　5 件。形制相同。圆形，由 2~3 块板拼合而成。J6：150，直径 19、厚 1.2 厘米。

　　棕绳　2 件。制法相同。先用细棕丝搓成三小股，再将三股缠绕成一大股，呈麻花状。J6：151，残长 70、直径 0.5 厘米（图九：15）。

　　骨殖　5 件。计有人头骨残片 2 块、牛骨 1 块、鸡头骨 1 块、鹿角 1 块。

三　J6 的时代

　　井内堆积物是判断古井时代的重要参考，但是古井在使用过程中更可能经过掏洗，因而年代最早的器物堆积物未必能代表该井建成的年代，还需结合建筑材料的特征综合判断，才能准确把握。

　　（一）井内堆积物的时代

　　井内堆积物共分三层。

第①层为现代层。

第②层出土了多件青花瓷器，皆为民窑产品，其中不少带有图章式篆书款，文字模糊草率，难以辨识，这是民窑青花瓷器在清嘉庆、道光以后出现的较典型的特征[1]。该层出土了多枚钱币，没有一枚是明代钱币，绝大多数为清代制钱，最晚则为清末和民国初年的铜币。因此，该层堆积的时代应为清至民国时期。值得一提的是，该层出土的绿釉、黑釉琉璃构件和白瓷砖，是大报恩寺作为皇家寺院最具代表性的遗物。它们应是清末大报恩寺被毁后落入井内的。

第③层出土的少量器物带有南宋和元代风格。如 Aa 型韩瓶在江苏镇江罗城西垣南宋地层之中曾经出土[2]；青瓷钵（J6：146）与浙江龙泉大窑 Y2 出土的莲瓣纹钵形制相同，时代为南宋晚期[3]。该层出土的两件铁权，形制为元代权的标准式样，同类器物全国已发现数百件[4]。

第③层出土数量最多的器物是韩瓶，达 120 余件，从 J6 的最底部一直堆积至第②、③层的交接面。除了个别 A 型韩瓶外，占绝大多数的 B 型韩瓶是比较明确的明代产品，其中 Ba 型见于中山王徐达长孙媳何妙莲墓和定边伯沐昂侧室邢氏墓中[5]，Bb 型与明代宝船厂遗址出土的 B 型韩瓶形制相同[6]。韩瓶是一种便携式水器，主要配置于流动性强的军队和工匠。明初，大报恩寺及其前身的天禧寺经历过两次大型工程建设：一是洪武十五年至十八年（1382～1385 年），由工部侍郎黄立恭主持的天禧寺大修工程，历时 3 年；二是永乐十年至宣德三年（1412～1428 年），由工部主持的大报恩寺重建工程，历时 17 年。在第一阶段有大量工匠聚集此处，在第二阶段更是有数万名工匠和军队同时参与建设。因此推测，第③层中出土的韩瓶很可能来自于这两个阶段。

第③层还出土有多件琉璃砖瓦，更加明确地将该层堆积的时代下限推至明代。明初洪武年间，为满足大规模宫殿建设的需要，于城南聚宝山设立琉璃窑场[7]。这是南京历史上有明确记载的首处琉璃窑场，也是南京使用琉璃建材之始。大报恩寺重建时，明成祖敕命工部"梵宇皆准大内式"，使该寺获得了使用琉璃的特权[8]。J6 第②、③层能够出土琉璃器物，皆源于这一特殊的历史背景。综合上述分析，J6 第③层堆积的时代应为南宋至明代。

（二）J6 的始建年代

从井内堆积物考察，J6 的始建年代可溯至南宋，但是从井砖考察，其始建年代应定为北宋。其间的年代缺环，应是此井经过掏洗的缘故。

J6 下段用砖与《营造法式》卷一五《砖作制度》所载宋代"条砖"的规格相同，是典型的宋砖[9]。相同特征的砖，不仅在 J6 使用，而且在大报恩寺遗址宋代遗存中广泛存在。在大报恩寺遗址的发掘过程中，考古队通过解剖，在明代地层之下发现了保存完整的宋代地层和众多砖构建筑遗迹，如房址、道路、排水沟、山体护坡、登山踏道等。它们所用砖与 J6 下段所用砖不仅规格相同，而且很多砖上带有相似、甚至完全相同的模印铭文（图一〇）。这些遗迹用砖上发现的"南钱耸"、"南朱金"、"南□□"、"溧水袁□"、"溧水齐□"、"匠陶琮"、"匠许顶"等铭文，就分别与 J6 发现的"南高琮"、"溧水□"、"匠王俗"等较为类似，而"南"、"西"、"史訽"、"宋儒"、"溧水孙琛"等铭文砖既见于 J6，又见于其他宋代遗迹。该遗址明代地层下发现的宋代遗迹，都属于大报恩寺的前身——宋代天禧寺。据《景定建康志》、《天禧寺新建法堂记》等文献记载，宋代天禧寺的建设周期从北宋真宗大中祥符初年开始，至仁宗政和年间结束，而南宋时期天禧寺再未进行过较大规模的建设[10]。据此判断，J6 的始建年代与长干寺重

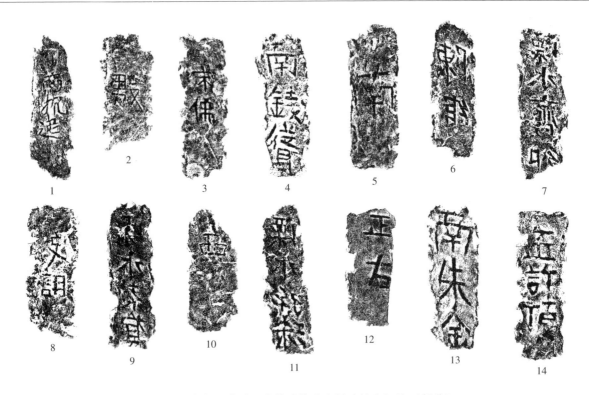

图一〇　大报恩寺遗址宋代建筑遗迹用砖铭文拓片（部分）

1."南□□"　2."殷"　3."宋儒"　4."南钱旹"　5."南"　6."陈绍"　7."溧水齐□"　8."史詡"　9."溧水袁□"
10."西"　11."溧水孙琛"　12."正右"　13."南朱金"　14."匠许顶"

建的年代相同，应为北宋。

（三）J6 的加建年代

J6 上下两段所用砖的种类和砌造方式截然不同，明显经历过一次加建过程。

J6 上段用砖虽然杂乱，但是如前文所述，大体来自六朝、北宋和明代三个不同时期，其中时代最晚的明代砖无疑是揭示其加建年代的关键。J6 上段所用的明代砖皆为大砖，时代特征鲜明，其规格与洪武早中期修建南京城垣时所用城墙砖基本一致，但皆为素面，没有城墙砖上常见的铭文，这种砖主要流行于洪武后期至宣德年间，尤其以永宣时期最为常见。比如南京新发现的修建于洪武二十三年（1390 年）的云南前卫指挥使高斌墓所用砖，除少量带有铭文外，绝大多数为素面大砖[11]；而建于永乐十五年（1417 年）的福清公主墓[12]、建于宣德七年（1432 年）的长春真人刘渊然墓[13]所用均为素面大砖，其规格皆与 J6 上段所用大砖相同。更为直接的证据是，J6 上段所用大砖与大报恩寺遗址明代建筑遗存中普遍使用的长方形砖相同。由此判断，J6 加建于明代永宣时期，与大报恩寺建设期相同。

J6 位于宝塔山西侧，在遗址发掘过程中我们发现，J6 下段的开口位置本与宝塔山西侧宋代地面的位置高度持平。但是明代重建大报恩寺时，在宝塔山西侧夯筑了大型台基，比原宋代地面高出 5.2 米。J6 紧邻该台基的北侧，要继续使用此井，必须将井口抬高，我们认为这是 J6 在明代大报恩寺重建期间往上加建的关键原因。另外，明代重建大报恩寺时破坏了不少遗址上的早期遗存，如六朝墓葬和宋代建筑遗迹等，所获早期砖料被用于加建 J6，不足的部分再补充当时的大砖，从而导致 J6 上段所用砖驳杂不纯。

综上所述，J6 始建于北宋，明代重建大报恩寺时经过加建，至清末大报恩寺被毁之前一直正常使用，民国以后遭到废弃。

四　J6 与北宋"义井"的关系

《景定建康志》（以下简称《景志》）是研究宋代南京城市情况最为重要的文献。该书卷一九集中记载了当时南京的名井、名泉。其中排在"景阳井"（即胭脂井，隋灭陈时陈后主与妃嫔藏身之井）和"龙天王井"（传说梁武帝皇后郗氏化身为龙之井）之后，位列第三的即是北宋天圣五年（1027 年）所建的"义井"。该条记曰："义井，在城南天禧寺侧。天圣五年，丞相李公迪所凿。"在该条下还专门收录了李迪本人撰写的《义井记略》[14]：

> 相国陇西公赴镇江宁，思福黎庶，志在康济，常虑一物不得其所。有塔主大律师可政者，乃谓城之南隅，康衢四达，憧憧往来，朝及其夕，请官之隙地，特建义井，俾历炎酷，以济其众。公跃闻斯美，笔允其请。遂募其积善者唐文遇出家帑以备其事。畚锸星聚，穿凿聿成，固砌翠珉，广覆华宇。冽冽其泉，纵铄金焦石，其源靡息，轮蹄绝虑，鱼樵无患，老幼承惠矣。天圣纪号五载孟春月一十有六日记。银青光禄大夫、行尚书刑部侍郎（碑字阙）内堤堰桥道、提举江南东路兵甲巡检公事、上柱国李迪。

该井为人所重，名相李迪的参与是关键之一。李迪《宋史》有传，称其"深厚有器局"，"公辅材也"。他是真宗与仁宗两朝重臣，两次受命为同中书门下平章事、集贤殿大学士。天圣初年离京，出任江宁知府[15]。然而通读《义井记略》可知，该井的建成实由高僧可政倡议、民间积善者唐文遇出资、知府李迪批准并拨官地支持，寺、民、官三方协作而成，并非李迪一人可以专美。该井自《景志》记载以来，《至正金陵新志》、正德《江宁县志》、康熙《江宁府志》、嘉庆《江宁府志》等历代方志史不绝书，均视其为南京名胜之一[16]。大报恩寺被毁之后，此地沧桑巨变，该井方才湮没无闻。

J6 经过发掘重见天日之后，我们发现它与义井存在较多共同之处。

首先，两者位置信息相符。《景志》与《义井记略》提供了三点关于义井的位置信息：一是位于天禧寺侧；二是邻近"康衢"，即大路；三是位于天禧寺之外的官地。天禧寺南侧本与雨花台相连，皆为山地，地势高起，是传统的墓葬分布区，历年发掘过多座六朝至明清时期的古墓葬；而该寺北侧邻近秦淮河，地势平坦，自汉代以来就是人烟密集区，因此所谓"天禧寺侧"应是指天禧寺北侧。2013 年 6 月，考古队于天禧寺北侧的东端发现两条宋代砖铺道路。其中位于北部的L6，叠压在明代大报恩寺北院墙之下，距离秦淮河岸约 28 米，由中、左、右三股道组成，宽达6.3 米。这是南京迄今发现的最为宽阔的宋代道路。根据其规模和走向，我们认为它无疑是宋代沿秦淮河南岸的主干道，应是《义井记略》提及的"康衢"。L7 位于 L6 之南，宽度仅有 1.75 米，但是用材、铺砌极为精良，明显为寺内道路。L6 与 L7 之间即是宋代天禧寺北院墙，该墙明代被改造为夯土台基的护墙。从该墙走向来看，J6 位于该墙之外，紧邻 L6，与《景志》所记载的义井位置信息完全相符。

其次，两者时代特征相符。义井建成于天圣五年，当时天禧寺还在进行一项重大工程——修建玄奘法师顶骨舍利塔（即白塔）[17]。1942年日寇侵占南京期间，盗掘大报恩寺"三藏塔"地宫，出土瘗藏玄奘法师顶骨舍利的宋代石函，上有铭文："大唐三藏大遍觉法师玄奘顶骨。早因黄巢发塔，今长干寺演化大师可政于长安传得，于此葬之，天圣丁卯二月五日。同缘弟子唐文遇，弟文德、文庆，弟子丁洪审，弟子刘文进，弟子张霭。"[18]天圣丁卯即天圣五年。该段铭文不仅清楚地表明白塔与义井两项工程几乎同时进行，而且它们的主要捐助人皆为唐文遇，说明义井在某种程度上是天禧寺"白塔"工程的公益附产品。始建于北宋的J6不仅与义井时代相符，其下层用砖与天禧寺内其他遗迹相同，更与义井乃为天禧寺附属工程的性质相符合。

第三，J6的规模、砌法和特殊的用砖与义井的要求与性质相符。可政、李迪等人创建义井的目标明确——解决城南交通要道之处大众的饮水问题，使"轮蹄绝虑，鱼樵无患，老幼承惠"，因此该井必须有较大的规模，可以同时满足多人使用。考古证实，在大报恩寺遗址已发掘的所有宋井中，J6的直径最大。其次，J6下层除了使用与天禧寺宋代遗迹相同的砖外，还特有"官样"铭文砖，它们在天禧寺其他遗迹上从未发现。该特点与义井乃为官井的性质也相符合。我们推测，李迪很可能在批准建井之时，不仅批给了官地，而且也可能提供了部分官砖。

第四，明代《大报恩寺全图》对寺井的标识，表明J6具有独特的地位。明代《金陵梵刹志》收录的《大报恩寺全图》，是现存最全面地反映明代大报恩寺盛况的画作（图一一）。此图于"正殿基"北侧绘制并标识出一口水井。通过位置比较，我们发现它代表的正是J6。大报恩寺内水井众多，该寺清代僧人悟明曾记载："古有七十二眼半井，今存十五。"[19]考古队现已发现的17口井中，至少有6口明代水井。在这6口井中，J6的规模并不突出，远逊于J1（直径2.4米）与J14（直径2.9米），而且J6的上段加建时较为草率，砌造水平也远逊于其他明井。然而《大报恩寺全图》对其他井一概视而不论，仅标识出J6，很可能意在强调该井为历史悠久的义井。

综上所述，我们认为大报恩寺六号井很有可能就是著名的义井。不过我们也认识到这一结论尚缺直接证据，带有推测成分。谨希望本文能起抛砖之效，让学界更多地关注义井以及其他已经

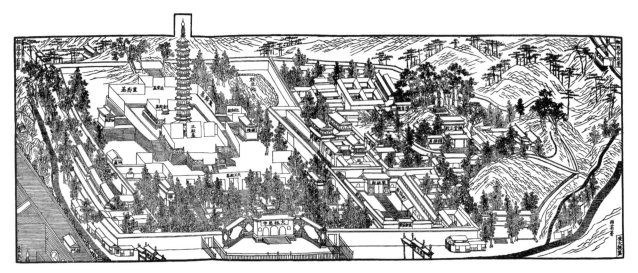

图一一　《金陵梵刹志》中收录的《大报恩寺全图》

消失的南京名井的研究。

执　笔：祁海宁

注　释

[1] 耿宝昌《明清瓷器鉴定》第十三章《明清瓷器款识》，第 345 页，紫禁城出版社，1993 年。

[2] 镇江博物馆《镇江唐宋罗城西垣考古勘探与发掘报告》，《印记与重塑——镇江博物馆考古报告集（2001 ~ 2009)》，江苏大学出版社，2010 年。

[3] 朱伯谦《龙泉大窑古瓷窑遗址发掘报告》，《龙泉青瓷研究》，文物出版社，1989 年。

[4] 丘光明等《中国科学技术史——度量衡卷》第十八章第三节《元代的衡制》，科学出版社，2001 年。

[5] 南京市博物馆《明中山王徐达家族墓》，《文物》1993 年第 2 期；南京市博物馆等《南京将军山明代沐昂侧室邢氏墓及 M21 发掘简报》，《东南文化》2013 年第 2 期。

[6] 南京市博物馆《宝船厂遗址——南京明宝船厂六作塘考古报告》，第 191 ~ 193 页，文物出版社，2006 年。

[7] 《明会典》卷一九〇《工部十》"砖瓦"条记载，"洪武二十六年定：凡在京营造合用砖瓦，每岁于聚宝山置窑烧造……如烧造琉璃砖瓦所用白土，例于太平府采取"，第 963 页，中华书局，2007 年。

[8] （明）葛寅亮《金陵梵刹志》卷三一《聚宝山报恩寺》，南京出版社，2011 年。以下引用皆同。

[9] （宋）李诫《营造法式》卷一五《砖作制度》记载，宋代"条砖"有两种，分别为"长一尺三寸、广六寸五分、厚二寸五分"和"长一尺二寸、广六寸、厚二寸"，商务印书馆，1954 年。按北宋官颁"太府尺"每尺为 31.4 厘米换算，分别为长 40.82、宽 20.41、厚 7.85 厘米和长 37.68、宽 18.84、厚 6.28 厘米。

[10] （宋）周应合《景定建康志》卷四六"天禧寺"条，第 1121 页，南京出版社，2008 年；（宋）李之仪《天禧寺新建法堂记》，《姑溪居士前集》卷三七，文渊阁《四库全书》本。

[11] 此墓位于南京市南郊雨花台区宁南街道，资料现存于南京市考古研究所。

[12] 南京市博物馆《南京邓府山明代福清公主家族墓》，《南方文物》2000 年第 2 期。

[13] 南京市博物馆《南京西善桥明代长春真人刘渊然墓》，《文物》2012 年第 3 期。

[14] （宋）周应合《景定建康志》卷一九，第 461 页，南京出版社，2008 年。

[15] 《宋史·李迪传》，第 10171 页，中华书局，1977 年。

[16] （元）张铉纂《至正金陵新志》卷五，第 130 页，南京出版社，2010 年；（明）王诰修《正德〈江宁县志〉》卷二，第 104 页，南京出版社，2012 年；（清）陈开虞纂修《康熙〈江宁府志〉》卷六，第 554 页，南京出版社，2011 年；（清）吕燕昭修《嘉庆〈江宁府志〉》卷七，第 283 页，南京出版社，2011 年。

[17] （宋）周应合《景定建康志》卷四六记载："白塔在寺东，即葬唐三藏大遍觉元奘大法师顶骨之所。金陵僧可政端拱元年得于长安终南山紫阁寺，俗呼为白塔，事具《塔记》。"第 1121 页，南京出版社，2008 年。

[18] ［日］谷田阅次《三藏塔遗址之发掘》，《玄奘大师研究》（下），第 347 ~ 360 页，（台北）大乘文化出版社，1978 年。

[19] （清）释悟明《折疑梵刹志》卷一，第 77 页，南京出版社，2013 年。

本文原载《东南文化》2015 年第 4 期，本次略作修改。

南京雨花台定坊村明代段琦墓发掘简报

南京市考古研究所

2013 年 8 月 4～8 日，南京市考古研究所对在基本建设过程中发现的一座砖室墓（编号 2013NYDM1，以下简称 M1）进行了抢救性发掘。此墓位于南京市雨花台区定坊村，北邻秦淮新河，南邻将军山风景区（图一）。墓葬封门部分被破坏，砖室其余部分保存较好。根据封门外发现的墓志可知，墓主为明代光禄寺左副使段琦。现将本次发掘情况简报如下。

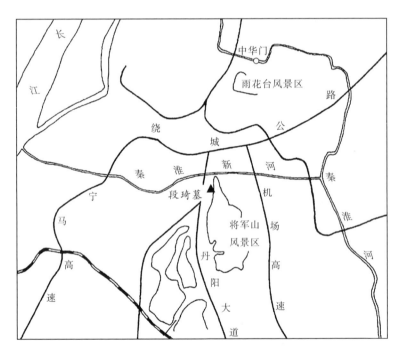

图一　墓葬位置示意图

一　墓葬形制

M1 为竖穴土坑砖室墓，墓坑平面呈长方形，略大于砖室，底部打破山体基岩。砖室由墓道、排水沟、挡土墙、封门墙和墓室组成，方向 35°（图二）。因封门前被破坏殆尽，故墓道结构不详，墓道底部仅存小段砖砌排水沟。排水沟呈曲尺形，由小砖两块侧立、上部平铺一层构成。封门墙外部两侧各砌一道挡土墙，单砖错缝顺砌，长 0.66、西侧残高 0.9、东侧残高 1 米。封门墙两端紧靠墓坑，东侧基墙较宽，基墙上部起券，起券方式为"三券三伏"。墓门宽 1.24、高约 2、厚

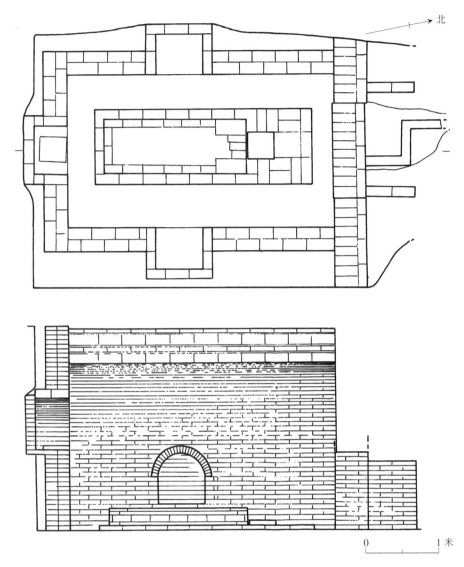

图二　M1 平、剖面图

0.45 米，内以三层砖平砌封堵。墓室内长 3.6、宽 2.02、高 2.2 米。墓壁以砖错缝平铺两层，东西两壁在距墓底 1.1 米处开始起券，起券方式为"两券两伏"。东西两壁及后壁各有一拱形壁龛。东西两壁壁龛对称，大小相同，距墓底 0.36、宽 0.64、高 0.64、进深 0.56 米；后壁龛距墓底 1.06、宽 0.64、高 0.68、进深 0.45 米。墓底无铺地砖，中部设砖砌祭台和棺床。祭台紧连棺床前端，单层砖平铺呈长方形，东西长 1、南北宽 0.72 米。棺床平面呈长方形，中部留有金井，在金井周围又以小砖围砌一周，高约 0.24 米。

二　出土器物

祭台上发现有氧化粉碎的铅锡质明器，但已无法提取，棺床上出土"大定通宝"铜钱 1 枚及果核、贝壳、铁棺钉等遗物，西侧壁龛内放置白釉梅瓶 1 件。此外，墓葬封门前发现墓志 1 合。

现将主要器物介绍如下。

白釉梅瓶　1件（M1:1）。小口，尖唇，细矮颈，斜溜肩，上腹较直，下腹斜收，平底，略起圈足。通体施白釉，表面有沁染。肩下墨书"内酒"二字。口径4.4、腹径18、足径12、高28厘米（图三）。

墓志　1合。正方形，边长43厘米。志盖残损较甚，阴刻篆书"□官段公墓志"，外有阴刻方框（图四）。志文阴刻楷书，19行，满行20字，共334字（图五）。录文如下：

故光禄寺左副使段公墓志铭

前进士武陵县儒学教谕会稽钟述夫撰

公讳琦，姓段氏，滇南澄江之河阳人。生而颖悟，甫弱」冠，读书学问。居家庭，事亲奉长，以孝谨闻。及授官光」禄，日之所司者皆珍羞异馔、爵鬯黄流之属，自非其」人之贤，而能守者鲜矣。不以其饫馀归诸己，而及人。」公守职惟谨，躬率其属斋戒、涤濯、烹调、蠲洁以进，必」尝之而后退。永乐甲午奉使外邦，尤能布宣威德，沾」及夷庶，使遐迩一体，岁贡方物不可胜数。」上深嘉之，钦赐第宅于应天之江宁。自是精白一心，」不敢有一毫殆于事。其处僚友、待官属，一以至诚先」之，人无间言。公生于洪武戊申四月七日，卒于宣德」甲寅己巳十五日子时，享年六十有七。子男二，曰瑛、」曰诚。男妇三，曰马氏妙庆、曰妙果、曰顾氏妙深。孙男」三，曰高真文、曰玄坛奴、曰众神保。其子瑛等将以是」年丧月十七日卜葬于江宁县安德乡上保村之原，」请余铭其墓。曰：」公之功，茂而丰。使遐邦，人景从。六十七，」归幽宫。安德乡，其永终。

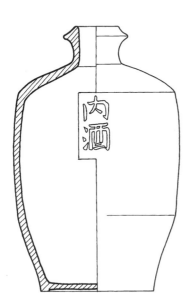

图三　白釉梅瓶（M1:1）(1/4)

图四　墓志盖拓片（1/5）

图五　墓志拓片（1/3）

三　结　语

本次发掘的段琦墓，形制保存较好，年代和墓主身份明确，是研究南京地区明代砖室墓的重要资料。墓主段琦，生于洪武戊申（1368年），卒于宣德甲寅（1434年），享年67岁。生前曾任光禄寺左副使，司膳，于永乐甲午（1414年）出使外邦，或是在使团中负责膳食之官，并因此次出使外邦之功，获钦赐宅第于江宁。

领　队：马　涛

发　掘：陈大海　周保华

　　　　常守帅

拓　片：雷　雨

执　笔：陈大海

南京江宁将军山明代沐斌夫人梅氏墓发掘简报

南京市考古研究所
南京市江宁区博物馆

2008 年，南京市博物馆（现为南京市考古研究所）联合江宁区博物馆在南京市西南郊一处基建工地内抢救性发掘了三座明代大型砖室墓（编号 2008JJM14～M16，以下简称 M14～M16）。据出土墓志可知，M16 为明代沐氏家族第二代黔国公沐斌及夫人张氏、徐氏合葬墓[1]，M14 为沐斌夫人梅氏墓。M15 虽墓志漫漶，但从墓葬形制、规格等方面，可以确定同属于沐氏家族。现将保存较好的 M14 发掘情况简报如下。

一　墓葬位置

M14 位于南京市江宁区将军山南麓，北距中华门 11 公里（图一）。墓葬所在的将军山原名观音山，因明代被划为黔宁昭靖王沐英家族墓地而被后人改称。自 20 世纪 50 年代至今，这一地区陆续发现 10 余座沐英家族墓葬，M14 则位于其中一条山陇的南端，呈西北—东南走向（图二）。

图一　墓葬位置示意图

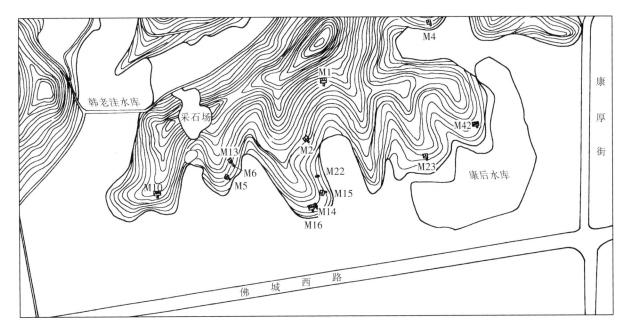

图二 沐英家族墓葬平面分布示意图

M1. 沐英墓 M2. 沐晟墓 M4. 沐朝辅墓 M5. 沐瓒墓 M10. 沐朝弼墓 M13. 沐昂墓 M14. 梅氏墓 M16. 沐斌墓 M22. 邢氏墓 M23. 沐昆墓 M42. 沐绍勋墓 （M6、M15 墓主不详）

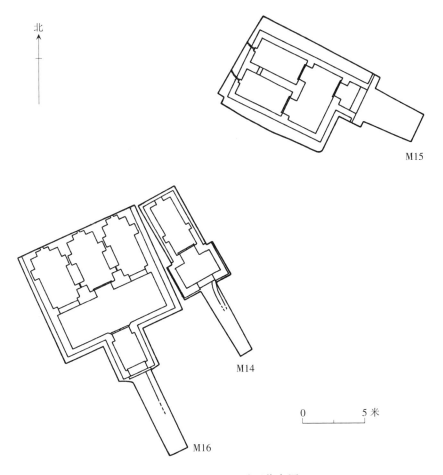

图三 M14～M16 平面分布图

M14 西与 M16 相距 0.1～0.4 米，东与 M15 相距 7.3～20 米（图三）。

二　墓葬形制

M14 开口于第①层下，距现地表 0.5～1.3 米，方向 150°。由于地貌变化及施工取土，墓葬封土不明。M14 为前后室券顶砖室墓，由墓坑、墓道、砖室等部分组成，全长 14.2 米（图四）。

墓坑平面呈"凸"字形，前室墓坑长 2.9、宽 4.2 米，后室墓坑长 5.3、宽 3.2 米。

墓道平面呈长方形，残长 6、上口宽 1.1～1.35、深 0.4～2.6 米。前部为斜坡状，其下为 6 级台阶。在距封门墙 0.12、距墓道底部 0.4 米的填土中发现平放的石墓志一合。墓志前方有砖墙一道，两排横砖错缝平砌 5 组，宽 1.3、厚 0.34、高 0.36 米。排水沟砌于墓道下中部偏左，近封门墙处折转紧贴前室门洞左侧墙体，过封门墙即止，发掘长度 1.6 米。排水沟砌法为底部一层青砖纵向平铺一层，其上侧立砌砖 2 排，中间形成排水孔，顶部横向平砌封盖。排水孔宽 10、高 6 厘米。墓室内排水系统系沿墓室左壁留有的浅沟槽，一直通向后室。

砖室由前室、过道及后室组成。

前室为长方形横券结构，内长 1.8、宽 3.1、高 2.65 米（图五）。前部有拱门，门洞长 0.52、宽 1.36、高 1.68 米。自 1 米处起券，拱券部分砌法为一券一伏，共 3 组。封门墙砌于拱门内，系用条砖封堵，纵向平砌。封门墙上部因晚期扰动而遭破坏，残高 1.4、厚 0.52 米（图六）。前室墓壁用并排三砖错缝平砌。多重券顶，拱券部分高 1.08、厚 0.4 米，砌法为最里一层以扇形砖纵

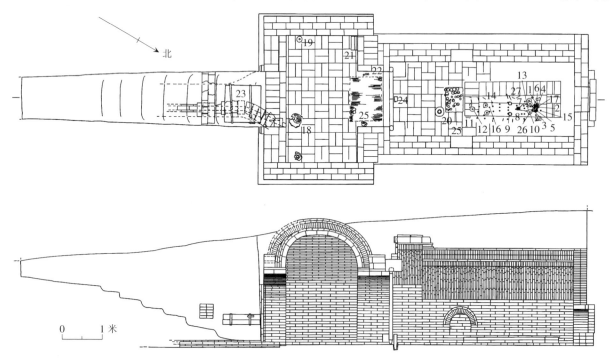

图四　M14 平、剖面图

1. 金顶簪　2. 银耳挖簪　3. 金分心　4. 金挑心　5、6. 金掩鬓　7. 金莲花簪　8. 金带链香盒　9. 金镯　10. 金大冥币　11. 银锭
12. 银大冥币　13. 金耳坠　14. 金小冥币　15. 金扣　16. 银小冥币　17. 银簪　18. 陶缸　19. 陶灯芯　20. 陶罐　21. 砖地券
22. 铁门钹　23. 石墓志　24. 挡门石　25. 锡器　26. 银器　27. 铁棺钉

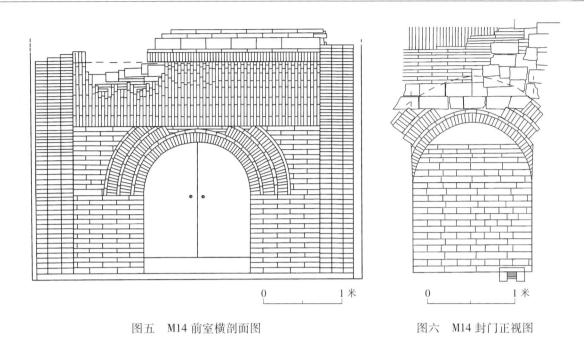

图五　M14 前室横剖面图　　　　　　　图六　M14 封门正视图

向错缝侧立砌，其上为一层砖横向错缝平砌，近封门顶部改为 3 层，再上一层为横向错缝侧立砌，最外两层为横向错缝平砌。铺地砖砌法为两横两纵平铺，呈席纹状。前室发现有陶缸、陶灯芯及砖地券。

前后室之间留有短过道，内长 0.8、宽 1.34、高 1.64 米。两侧墓壁为并排三砖错缝平砌。券顶，拱券部分高 0.66 米，砌法为一券一伏，共 3 组。拱券部分不完整，上部被前室横券结构阻断。过道后设一道双扇向内对开石门，门扇高 1.65、宽 0.78 米，厚 9.5 厘米。门扇中上部有门环插孔，门环及铁门钹均已锈蚀脱落。石门前有石门槛，门槛嵌入两侧墓壁，长 1.65、高 0.19、厚 0.16 米。石门上部有石门楣，下部有石门窝。石门楣露于券顶之外，长 2.4、宽 0.4、高 0.28 米，与后室券顶的空隙用砖平砌封堵。石门窝为方形，边长 0.36 米，中心有浅窝。石门后设有挡门石，呈楔形条状，插于门后地面上的插孔内，插孔为长方形，长 10、宽 8、距门槛 12 厘米。另在石门前的过道内发现木质朽痕，呈长方形，长 1.2、宽 0.8 米。在朽痕左右两端发现锡器残件，推测其应为木质供桌。

后室为长方形纵券结构，内长 4.6、宽 1.8、高 1.9 米（图七）。石门后部券顶部分高出主体墓室券顶 0.4 米，自 1.42 米处起券，拱券部分高 0.86、长 0.7 ~ 0.9 米，共 4 层，砌法为扇形砖横向侧立起券一层，其上纵向平砌一层，再上纵向侧立砌一层，最外一层为纵向平砌。主体券顶部分自 1.06 米处起券，共 5 层，厚 0.45 米，砌法为扇形砖横向侧立砌 3 层，间以砖横向平砌 2 层。后室的左、右及后壁各有一个壁龛，形制相同，均为拱形，一券一伏结构，龛距地面 0.25 米。左右壁

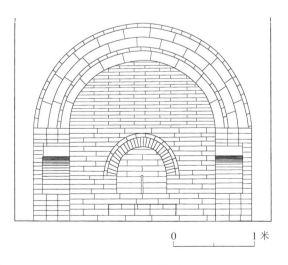

图七　M14 后室横剖面图

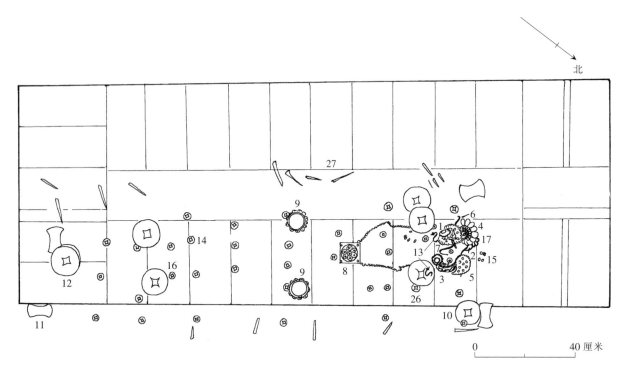

图八　M14 棺床器物分布图

1. 金顶簪　2. 银耳挖簪　3. 金分心　4. 金挑心　5、6. 金掩鬓　7. 金莲花簪　8. 金带链香盒　9. 金镯　10. 金大冥币　11. 银锭　12. 银大冥币　13. 金耳坠　14. 金小冥币　15. 金扣　16. 银小冥币　17. 银簪　26. 银器　27. 铁棺钉

龛大小相同，宽 0.54、高 0.47、进深 0.3 米；后壁壁龛宽 0.62、高 0.58、进深 0.37 米，龛内壁下部中间设有一壶门状竖长条形龛，宽 2.5、高 22、进深 17 厘米，用途不详。后室铺地砖砌法和规格与前室相同。

　　棺床位于后室正中偏后，平面略呈梯形，前窄后宽，长 2.33、宽 0.85~0.91、高 0.14 米。棺床用砖围砌成框形，中间部分填土，内长 1.66、宽 0.16~0.22。棺床前发现有长方形木质朽痕，长 0.6、宽 0.45 米，朽痕上散落大量锡器残件，推测棺床前当放置有木质供桌。后室由于未遭盗扰，保存较好，只是由于地下水的缘故，棺木浮起漂移。从朽痕来看，棺木整体左移，部分棺内器物落在棺床外的地面上。淤土中有大量红色漆皮，部分漆皮上有描金线条，说明当时棺木应髹红漆并有描金图案。从清理情况看，墓主为仰身直肢葬，头西脚东，头戴头面，耳戴金耳坠，双手戴金手镯，胸挂金香盒，头部及脚部两侧各放银锭 1 件，胸部放置金大冥币 4 枚，腿部放置银大冥币 4 枚，另于棺内置金、银小冥币共 36 枚，排列有序（图八）。

三　出土器物

　　M14 出土器物有金、银、陶、铁、锡器等，主要放置于棺床上及其附近，锡器则集中放置于过道和棺床前的木质供桌朽痕附近。

　　1. 金器

　　顶簪　1 件（M14:1）。簪头整体呈桃形火焰状，分 3 层，每层向上逐渐缩小。中、下层由火焰纹组成，边缘焊接爪托，抱爪均为3根，其中下层爪托12个，呈椭圆形或不规则形，存嵌蓝宝石6颗、红宝石6颗；中层爪托11个，呈圆形，宝石均不存。上层作椭圆形双层菊瓣纹花蕊状，中心焊接爪托，爪托较大，近椭圆形，抱爪3根，内嵌红宝石1颗。簪头每层之间以套管相连，发掘时管内存有木屑，推测原有小短棒连接套管。簪脚呈圆锥状，顶端弯成90°，并作扁平状插入簪头底板上焊接的扁平套管内，延伸至簪头宽端扣在边沿。簪头径11.2、簪脚长12.3厘米，重115.4克（图九：3；彩版三四：1、2）。

挑心　1件（M14：4）。簪头呈椭圆形菊花状，分4层，每层逐渐缩小，均为金片捶揲而成，边缘饰刻划纹。底板背面中心饰网格纹，内有戳印纹饰，其外作椭圆形双层菊瓣纹，内斜外正，菊瓣上饰密集刻划纹。簪头每个菊瓣上均焊接有爪托。底层爪托14个，呈椭圆形，四周以金丝编

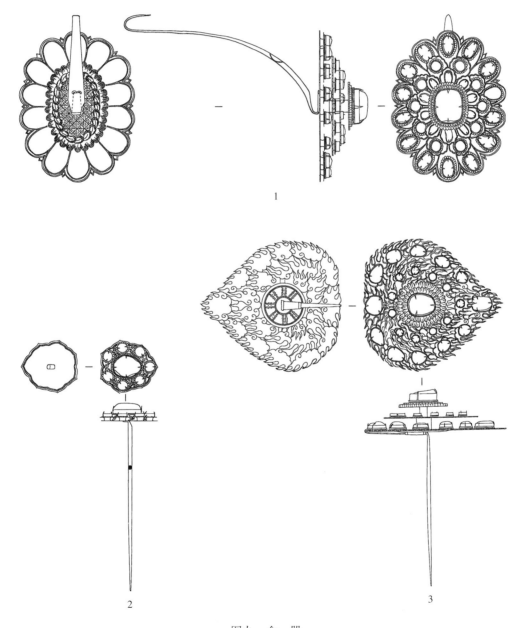

图九　金　器

1. 挑心（M14：4）　2. 莲花簪（M14：7）　3. 顶簪（M14：1）　（均为1/3）

成花瓣形，抱爪4根，存嵌蓝宝石6颗、红宝石4颗；其上一层爪托10个，呈圆形，四周亦以金丝编成花瓣形，无抱爪，宝石不存；再上一层爪托10个，呈椭圆形，抱爪2根，存嵌蓝宝石5颗、红宝石5颗；顶层作椭圆形双层菊瓣纹花蕊状，中心焊接爪托，呈椭圆形，抱爪4根，内嵌红宝石1颗。簪头每层之间以套管相连。簪脚呈宽扁平状，整体略弧，末端尖细，弯曲成U形，另一端插入焊接于底板的套管内，伸出部分分成两脚固定在套管沿上。簪头长径11.7、短径9、簪脚长16.5厘米，重218.2克（图九：1；彩版三四：3、4）。

分心　1件（M14:3）。簪头分3层。底板为弯弧状金片，两端尖，中间宽，表面光滑。金片上下缘为双层波浪状，中间呈尖拱凸起，边缘饰连珠纹。分心正面以折枝花卉纹为地纹，中间有两首尾相接的凤纹。地纹上焊接爪托。中间一排爪托7个，正中者最大，两边依次略小，近椭圆形，四周捶揲出花瓣，并以金丝编成花蕊状，其内相间嵌以蓝宝石4颗、红宝石3颗。中间一排爪托周围对称焊接小爪托16个，存嵌蓝宝石4颗、红宝石11颗。爪托均无抱爪，宝石放好后，将托壁略向内挤压即可抓住宝石。簪脚垂直焊接于底板上，呈扁平状，末端尖细。簪头宽14.2、高4.8、簪脚长10厘米，重148.7克（图一〇；彩版三五：1、2）。

掩鬓　1对。云头形，爪托均匀分布于簪头，正中者较大，四周环绕者较小，呈椭圆形或不规则形，内嵌宝石。簪头径8～8.5厘米，总重44.2克。M14:5，簪头累丝制作成枝蔓状底板，边缘饰2周刻划纹。正面以金丝编成卷草纹为地纹，其上焊接爪托9个。爪托四周以金丝编成花瓣形，抱爪3或4根，存嵌蓝宝石3颗、红宝石3颗、水晶1颗、绿松石1颗。簪脚作扁平状，平焊于底板上，长14厘米（图一一：1；彩版三五：3左）。M14:6，底板以金片制成，表面光滑。上层为枝蔓纹，与底板通过三角钉扣合在一起，其上焊接爪托8个。爪托四周捶揲出花瓣，正中者抱爪4根，其余抱爪皆为2根，存嵌蓝宝石2颗、红宝石4颗、猫睛石1颗。底板上焊接有近梯形扁

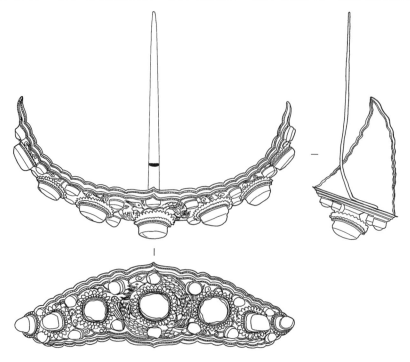

图一〇　金分心（M14:3）（1/2）

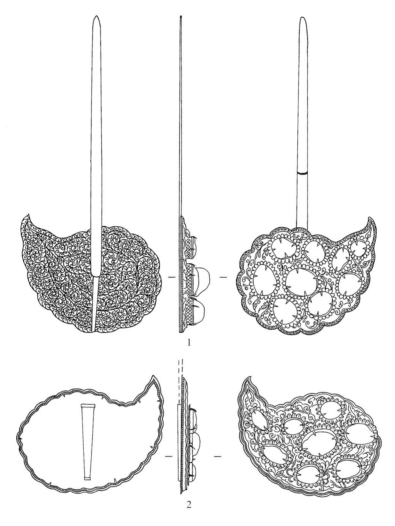

图一一　金掩鬓
1. M14:5　2. M14:6　（均为1/2）

状套管，缺失的簪脚应直接插于套管中（图一一：2；彩版三五：3右）。

莲花簪　1件（M14:7）。簪头底板以金片制成七瓣莲花状，边饰连珠纹，背面光滑。正面焊接爪托8个。爪托四周以金丝编成花瓣形，居中者较大，近椭圆形，抱爪4根，内嵌红宝石1颗；其余较小，呈圆形，抱爪均为2根，宝石不存。爪托之间饰卷草纹。簪脚呈圆锥状，垂直焊接于簪头底板上。簪头径4.6、簪脚长13厘米，重40.2克（图九：2；彩版三五：4）。

耳坠　1对（M14:13）。环钩呈S形，耳坠部分比环钩部分细，相接部分以金丝盘绕成环，其下串有一颗绿松石，再下间隔两圈金珠环，至耳坠首端金丝盘绕成螺旋状。高3.7~4厘米，总重15.8克（彩版三七：1）。

镯　1对（M14:9）。形制相同。圆形，由两个半圆形金片扣合而成，其中一端作活页式连接，另一端用一根插销连接。活页销及插销销头均做成花瓣形。镯内壁光洁，外壁上下饰连珠纹，中间以折枝花卉纹为地纹，其上等距焊接爪托10个。爪托近椭圆形，四周捶揲出花瓣，抱爪4根，内嵌宝石。直径7厘米，总重267克（彩版三六：1）。M14:9-1，存嵌宝石9颗，其中蓝宝石4颗、红宝石4颗、绿松石1颗（图一二）。M14:9-2，存嵌宝石9颗，其中蓝宝石4颗、红宝

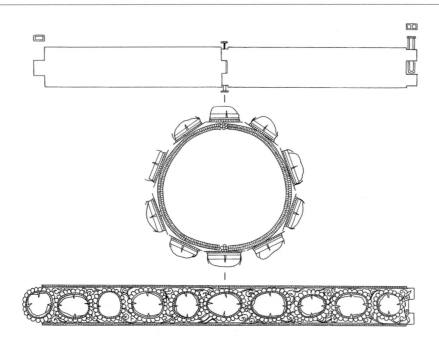

图一二　金镯（M14：9－1）（1/2）

石3颗、绿松石2颗。

带链香盒　1件（M14：8）。盒体呈正方形，口沿三边做成插槽，盒盖从另一边插进闭合。盒盖一侧边缘向上卷沿，表面捶揲出花纹，四角各有一云纹，中间一圆圈内錾刻一朵六瓣莲花，中有花心。莲瓣、花心及云纹中各焊接有爪托，花心爪托抱爪4根，余皆为3根，存嵌蓝宝石4颗、红宝石5颗、绿松石1颗。盒体侧面以连珠纹为框，其内捶揲有莲花纹。外底纹样与盒盖相同，唯莲瓣、花心部分为梵文，计有7字。链体部分为U形环相扣而成，各以两个S形钩连接方盒左右两侧的挂环。边长8.5、厚1.8厘米，重216克（图一三；彩版三六：2～4）。

扣　1对（M14：15）。套结式子母扣，母扣套环为圆形，子扣为扁平圆形。母扣和子扣的柄部均做成金锭状。素面。长2.3、宽1.2厘米，重4.78克（彩版三七：4）。

大冥币　4枚（M14：10）。形制相同。圆形，中为四决穿，边郭及穿缘阴刻弦线。钱径11厘米，重160.7～169.9克（彩版三七：2）。

小冥币　22枚（M14：14）。形制相同，均为金片压制而成。圆形，中为四决穿，边郭及穿缘阴刻弦线，边缘线上有四穿孔。钱径3.2～3.4厘米，重1.9～2.36克（彩版三七：3）。

2. 银器

耳挖簪　1件（M14：2）。簪体呈圆柱形，末端尖细。簪头为耳挖形。表面鎏金，大多脱落。素面。长12.6厘米，重5.68克（彩版三七：5）。

簪　1件（M14：17）。残甚。簪头呈蘑菇头状，重4克。

大冥币　4枚（M14：12）。形制相同。圆形，中为四决穿，边郭及穿缘阴刻弦线。钱径11厘米，重159～166.6克（彩版三七：6）。

小冥币　14枚（M14：16）。形制相同。圆形，中为四决穿，边郭及穿缘阴刻弦线，边缘线上有四穿孔。钱径3.2～3.5厘米，重1.07～2.34克（彩版三七：7）。

银锭　4件（M14：11）。亚腰形，制作粗糙，表面满布气孔。长10.3～10.7、宽7.5、厚1.3～1.5厘米，重0.7～0.725千克（彩版三七：8）。

银器　1件（M14：26）。锈蚀严重，仅余部分。器呈片状，厚约0.1厘米，重26.7克。出土时位于头部，推测为鬏髻。

3. 陶器

缸　1件（M14：18）。敛口，圆唇，弧腹，平底内凹。制作粗糙，器物已变形。口径46.4、底径22.4、高32.4～34.6厘米（图一四：1）。

罐　1件（M14：20）。敞口，卷沿，圆唇，短颈，弧腹，平底内凹。灰白胎，施酱黄釉，釉不均匀且不及底，釉面有冰裂纹。制作粗糙，器物已变形。口径10.8、底径11.6、高21.2～22.9厘米（图一四：3）。

灯芯　1件（M14：19）。圆柱体，截面呈梯形，中间有上下贯通的圆孔。根据以往发掘可知，此物应是放在陶缸内。上直径14.4、下直径15.4、高7.5、孔径1.4厘米（图一四：2）。

4. 其他

铁门钹　1件（M14：22）。四瓣荷花形，中部隆起如球形，中间有孔，上有穿销。直径15.9、高2.8厘米（图一四：5）。

铁棺钉　若干（M14：27）。锈蚀严重。残长11～13.6、钉帽径2厘米。

图一三　金带链香盒（M14：8）（1/2）

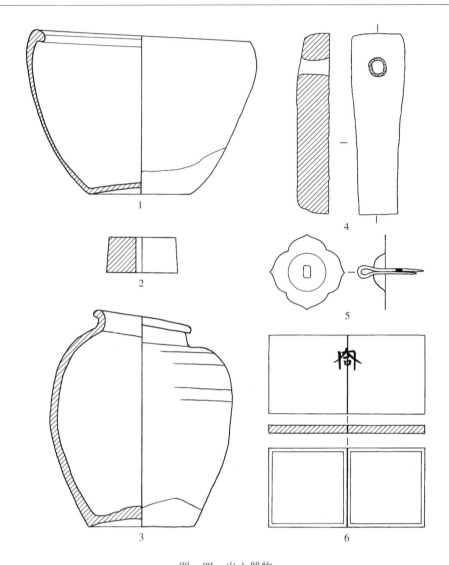

图一四　出土器物

1. 陶缸（M14：18）　2. 陶灯芯（M14：19）　3. 陶罐（M14：20）　4. 挡门石（M14：24）　5. 铁门钹
（M14：22）　6. 砖地券（M14：21）　（3 为 1/4，余为 1/8）

锡器　均朽烂不堪，略辨器形的有盘、盒、壶、盅、烛台等。

砖地券　1 合（M14：21）。出土时两方相合靠墙斜放。券上有朱书。从内容看，应该是左、右券拼合为一体整券。右券自左至右书券文："右券付」制封太夫人梅氏收执」永远为照用者。"在此券面的左侧中间有半个合体字，从字迹分析应是"合同"二字的合写。左券字迹漫漶不清。长 34、厚 1.6 厘米（图一四：6）。

挡门石　1 件（M14：24）。楔形条状，上宽下窄，截面近长方形。上部有穿孔，推测为下葬关门时放挡门石系绳所用。长 38.2、宽 8.4～11.2、厚 7.2、孔径 4 厘米（图一四：4）。

石墓志　一合（M14：23）。石质。束以铁箍两道，并以铁楔塞紧。均为方形，边长 92.3、厚11 厘米。志盖四周刻有云纹，其内阴刻篆书"制封黔国」太夫人梅」氏墓志铭"3 行 12 字（图一五）。志文四周刻有双弦纹，其内阴刻楷书，37 行，满行 38 字（图一六）。录文如下：

制封黔国太夫人梅氏墓志铭」赐进士及第正议大夫资治尹南京礼部侍郎前翰林学士侍」文

华殿讲读直东阁兼修国史钱唐倪谦撰文」奉」敕南京守备掌中军都督府事总兵官成国公凤阳朱仪书丹」钦差驸马都尉维扬赵辉篆盖」成化十年甲午秋八月七日，黔国太夫人梅氏以疾卒于滇南。明年，枢还南京，启黔国荣康公」之窆，合葬于观音山祖茔。其子嗣国公、镇守云南总兵官沐公琮寓书于余，求铭文以葬。按状：」太夫人讳妙灯，梅其姓也，世为凤阳之定远人。高祖成，当元季世乱，遇」太祖高皇帝龙兴临濠，乃聚众协谋率先归附，从隶麾下，勇敢有谋，战无不克，屡建奇勋，受赏赉升」百户至千户；曾祖荣嗣职，缘事谪戍云南金齿，寻复其职，卒于官；祖盛嗣，改调广南卫中所，卒；」考昇嗣，恪守家范，勤修职业，有能名。妣蔡氏，本所百氏春之女，生女二，长即夫人也。夫人自幼」端淑，遵姆教，精女红，年及笄归黔国荣康公。公总戎南滇，绥镇獠夷，远近帖服，夫人赞助之力」为多。岁庚午，今嗣公生。甫十月而荣康公以疾薨。时夫人年方二十有一，蓬首垢面，称未亡人，」以抚育嗣公。性严厉，治家谨肃，内政截然齐一，人无间言。比嗣公成童，朝夕督使向学，勉之以」忠孝，教之以公勤。嗣公能服从其训，志虑过人。成化改元，嗣公袭爵，朝觐」京师。夫人与俱跋涉万里，不惮艰辛。丁亥秋，嗣公奉」命继镇于滇，夫人复从南还。舟车往返，若安处于家，不知有道路之远者。保护左右，有嗣公之能」孝也。戊子，」朝廷推恩，赐以」诰命，封为太夫人。」天语褒嘉，光荣至矣。每嗣公晓起，视事罢，退拜夫人于堂上。夫人必举先公忠」君恤民之道、抚夷靖远之略以为嗣公，告曰：汝以青年荷重爵，膺重寄，宜蹑汝先公之迹，上报」朝廷可也。故嗣公奉公惟谨，不敢有丝毫纵恣，夫人训诲之力也。夫人生于宣德庚戌闰十二月」十二日，享年四十有五。卒之日，滇之军民老稚伤悼如丧考妣。讣闻于」朝，遣官谕祭为营葬事。其生荣死哀，何以加诸。呜呼，古昔盛时，诸侯夫人大夫妻，化行于家，德修」于身，诗人从而咏美之，若二南所

图一五　墓志盖拓片（1/10）

图一六　墓志拓片（1/6）

歌，是已孔子取之，所以为天下后世之法焉。今夫人之淑德」懿行，视二南所歌为无愧，使不著于声诗以传，则后世曷由而知所法耶。是用为铭，以志于墓。」铭曰：」狞惟世臣、匹休于」国、卓生伟人、寔由母德、嗟嗟贤母、早丧所天、有子在哺、忍死保全、以爱以劳、」抚教兼备、材德有成、膺家」国奇、承家重爵、为」国总戎、南滇保障、系母之功、曰太夫人、」龙章褒赐、兹节纯全、伊谁能及、胡丰其德、乃啬其年、天意固远、千亿其传、」返葬故山、优承」恤典、生也宠荣、没也光显、幽堂合窆、无愧从夫、揭芳贞石、垂承闻模。

四　结　语

从出土墓志可知，墓主为明代沐英家族第二代黔国公沐斌夫人梅妙灯。梅氏生于宣德庚戌

（1430 年）闰十二月十二日，成化十年（1474 年）甲午秋八月七日卒于滇南，享年四十五岁。梅氏，祖籍凤阳定远，高祖随朱元璋征战天下，升千户。至其祖，改调广南卫中所，其父嗣职。梅氏"年及笄归黔国荣康公"。及笄，古时一般为十五岁，故此事当在 1444 年之后。黔国荣康公沐斌，字文辉，生于洪武丁丑（1397 年）五月初三日。正统四年（1439 年），沐晟卒，沐斌袭爵，"居京师侍从凡五年"[2]，沐昂代镇云南。正统十年（1445 年），沐昂卒，沐斌方挂征南将军印始镇云南，而此时沐斌夫人徐氏则"居京第以主宗祀"[3]。另外，在沐斌和徐氏墓志中均记载了沐琮，但没有提及沐琮生母梅氏。沐斌墓志载，沐斌"先娶张氏，太师英国公辅之女，继娶徐氏，蔡国公忠之女，俱封黔国公夫人。子男二，长曰玘，先卒。次曰琮"。所以梅氏可能是沐斌镇守云南后纳的侧室，以照料其起居。景泰元年（1450 年）十月初五日，沐斌卒，享年五十四岁。明年，"葬于应天府江宁县观音山祖茔之侧"。沐斌死时，沐琮甫十月，年尚幼，由其从兄沐璘代镇，璘死，璘弟瓒代镇。成化元年（1465 年），沐琮袭爵，丁亥（1467 年）秋，奉命还镇于滇，戊子（1468 年），梅氏被朝廷"推恩，赐以诰命，封为太夫人"，卒后，得以"启黔国荣康公之窆，合葬于观音山祖茔"。从发掘情况看，梅氏墓与沐斌墓为同坟异穴合葬，梅氏并没有合葬沐斌墓中。这虽然因为沐斌墓为后三室结构，葬入沐斌及其夫人张氏、徐氏，已无梅氏的地方，但另一方面也说明在沐斌死时，梅氏尚无名分、地位，只因母以子贵，沐琮袭爵镇守云南后，梅氏方被赐封诰命太夫人，得以"遣官谕祭为营葬事"，既已无法同墓，只能在紧挨沐斌墓旁另开墓穴，以另一种方式彰显名分、地位。

　　梅氏墓为前后室券顶砖室墓，前室前壁开设有门券，以砖封堵；后室有门券，设双开石门，并设有三拱形壁龛及砖砌长方框形棺床，棺床内填土。这种墓葬形制在南京地区发现较多，年代多属洪武、永乐年间，成化间亦有发现，多为皇族和公、侯级贵族所用[4]，而由出土的墓志可知，此类规格的墓葬均由工部负责营建。其中，长兴侯耿炳文夫人陈氏墓[5]与梅氏墓形制最为接近，唯梅氏墓前室高于后室，后室壁龛为拱形，而陈氏墓前后室相平，后室壁龛为火焰形。此类前后室砖室墓还见于靖海侯吴祯墓[6]、江阴侯吴良墓[7]、南安侯俞通源墓[8]、浙江都指挥佥事张云墓[9]等。

　　墓葬中出土了一套明代头面，包括金顶簪 1 件、金挑心 1 件、金分心 1 件、金掩鬓 1 对、金莲花簪 1 件、银耳挖簪 1 件和银簪 1 件。有学者认为，头面原指冠上的装饰，而明代的一副头面，是指插在䯼髻周围而装饰题材一致的各式簪钗，但不包括䯼髻本身[10]。发掘时，在墓主头部残留有银质的片状物包裹在头发上，推测即为䯼髻，但大部已朽烂，残存部分无法判断其大小、形状。此次出土的这套头面为复原明代头饰的组合关系以及研究明代贵妇的冠带舆服制度提供了重要资料。

领　队：祁海宁

发　掘：马　涛　周保华
　　　　薛春明　熊其亮

摄　影：周保华　黄秭人

绘　图：薛春明　董补顺
　　　　周保华

执　笔：周保华　祁海宁

注　释

［1］　南京市博物馆等《南京将军山明代沐斌夫妇合葬墓发掘简报》，《东南文化》2013 年第 2 期。

［2］　吴节《袭封黔国公谥荣康沐公斌神道碑》，《国朝献征录》卷五，《明代传记丛刊》，（台北）明文书局，1991 年。

［3］　同［1］。

［4］　贺云翱《江苏明代墓葬的发现及类型学分析》，《南方文物》2001 年第 2 期。

［5］　南京市博物馆《江苏南京市南郊两座大型明墓的清理》，《考古》1999 年第 10 期。

［6］　南京市博物馆《南京明代吴祯墓发掘简报》，《文物》1986 年第 9 期。

［7］　南京市文物管理委员会《南京太平门外岗子村明墓》，《考古》1983 年第 6 期。

［8］　南京市博物馆等《江苏南京市戚家山明墓发掘简报》，《考古》1999 年第 10 期。

［9］　南京市博物馆等《江苏南京市唐家凹明代张云墓》，《考古》1999 年第 10 期。

［10］　扬之水《奢华之色——宋元明金银器研究》卷二《明代金银首饰》，中华书局，2011 年；孙机《中国古舆服论丛》，文物出版社，2001 年。

本文原载《文物》2014 年第 5 期，本次略作修改。

南京江宁将军山明代靖江府右长史
周慎家族墓发掘简报

南 京 市 考 古 研 究 所
南 京 市 江 宁 区 博 物 馆

2012 年 9 月，南京市考古研究所对在南京市江宁区将军山东南麓山前缓坡处发现的三座墓葬（编号 2012NJJM31～2012NJJM33，以下简称 M31～M33）进行了抢救性发掘（图一）。这三座墓均为竖穴土坑墓，虽然出土器物较少且多残破，但根据 M31 出土的墓志可知，其墓主为明代靖江府右长史周慎，墓志内容对明代沐氏家族和将军山历史地理的研究颇有价值。现将本次发掘情况简报如下。

一 墓葬形制及出土器物

这三座墓自东向西依次错位排列，M31 偏北，M33 最偏南。墓葬均开口于表土层下，距地表 0.5 米。

图一 墓葬位置示意图

　　M31　开凿于一南朝墓（编号2012NJJM37）的填土内。平面呈长方形，口小底大，斜直壁，底部较平坦，开口南北长2.8、东西宽1.93米，底部南北长2.92、东西宽2.3米，深2.96米，方向165°。距墓口0.5米处紧贴南壁出土墓志一合。墓底有两棺，均已腐朽。根据棺痕判断，东棺长1.78、宽0.52~0.64、残高0.2米，棺板厚0.1米；西棺长1.74、宽0.56~0.62、残高0.15米，棺板厚0.06米。墓底北壁偏东立一长40、宽39厘米的青砖。棺内出土玉环、铜镜、铜带扣残件、铜钱、银耳勺、铁棺钉等器物（图二）。

　　玉环　2件（M31:4）。玉色微黄泛骨白。直径1.4厘米。

　　铜镜　1件（M31:2）。圆形，伏兽纽。纹饰分两圈。内圈环绕四兽，匍匐昂首，四兽间饰花

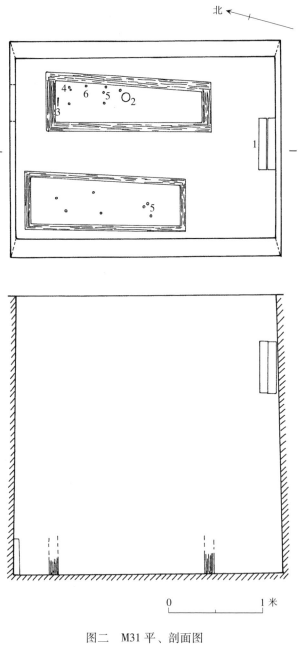

图二　M31平、剖面图
1. 墓志　2. 铜镜　3. 银耳勺　4. 玉环　5. 铜钱　6. 铜带扣

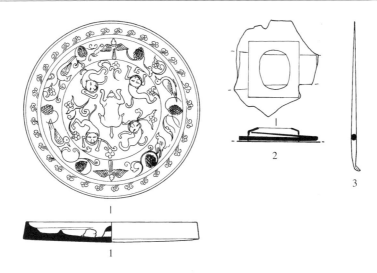

图三　M31 出土器物
1. 铜镜（M31：2）　2. 铜带扣（M31：6）　3. 银耳勺（M31：3）　（均为1/2）

图四　M31 出土铜钱拓片（原大）

草纹。外圈为六只瑞鸟，一只回首，两只振翅欲飞，三只站立，鸟首向前。瑞鸟间饰枝叶葡萄纹。外缘似饰有卷叶纹。直径9.4、厚0.9厘米（图三：1；彩版三八：1）。

铜带扣　1件（M31：6）。锈蚀严重。扣为按扣。残长5.1、宽4.5、厚0.7厘米（图三：2）。

铜钱　16枚（M31：5）。包括"开元通宝"、"洪武通宝"、"绍圣元宝"、"元丰通宝"（图四）。

银耳勺　1件（M31：3）。勺柄呈圆锥形，顶端尖细。长8厘米（图三：3）。

墓志　一合（M31：1）。青石质。方形，边长55、厚8.5厘米。志盖阴刻篆书"明故奉政大夫靖江府右长史周公之墓"4行16字（图五）。志文阴刻楷书，30行，满行29字，共647字（图六）。录文如下：

　　明故靖江府右长史周公墓志铭
　　赐进士中宪大夫广西桂林府知府前刑部郎中古渝罗珣撰文
　　敕进阶修职佐郎南京国子监助教前乡贡进士黄岩夏聪书丹
　　敕进阶将仕佐郎南京国子监学录前乡贡进士滇南李和篆盖
　　公讳慎，字敬之。姓周氏，其先湖广岳州之巴陵人。上世祖皆隐德弗耀。祖｜讳荣孙，｜国朝洪武初，以事坐累，谪戍云南，因家焉。公赋性纯笃，幼习举子业，兼精钟｜王书法。成化乙酉，以易经中云南乡试魁选，己丑会试中乙榜，授四川纳｜溪县儒学教谕。方三月，丁内艰，服阕，改梓潼县。几三载，丁外艰，服阕，改大｜足县。前后在任，谆谆以教诲为事，暑无少怠。以故二邑之士多所造就。丁｜未春，九载秩满。升南京国子监博士。阅三载，

图五　M31 出土墓志盖拓片（1/6）

以绩最」赐敕进阶修职佐郎，寻升」靖江王府右长史。既受」命，夙夜只慎思，尽辅导之职。居则讲说经史以开导」王心，动则引述古事之得失以申劝戒，」王甚重焉。弘治己未以疾恳辞而归。是年九月十五日，途次湖广长沙新康」口，卒于舟中，享年六十有一。配王氏，有贤行，事舅姑以孝，相夫子以顺。先」公四年卒于靖江之官舍。生男四，长鼎，娶廖氏，继娶王氏。次鼐、次嘉俱弱」冠卒。次鼏，幼卒。女三，长适江津县令徐崧。次及笄而卒。次字监生沐琚，沐」即黔国公之族弟也。孙男三，曰邦传，曰邦儒，曰邦杰。孙女一，早卒。公平生」以恬然自处，于人未尝有所竞，居太学时，尝于江宁之长太北乡置一庄，」有田数十亩，庄之左有山名箬帽，葱秀而佳。公筑室开池种花植卉于其」下，每公余常往游焉！及疾笃，命其子鼎曰：滇南道远，我不起，葬我于箬帽」山之阳，毋违也。鼎奉遗命，同庶母郑氏，扶公并王之柩以归。择于是年三」月初六日合葬。乃具述公之行实来请铭。予与公夙昔相好，义不可辞，乃」叙而铭之。铭曰：」雍容温粹，赋质纯也。春蚓秋蛇，书法精也。教育贤才，」师道尊也。辅导」亲王，劝戒勤也。帽山峩峩，永矣藏也。考行造文，」勒此碣也。金陵杨镛刻。

　　M32　底部开凿于岩石上，平面近长方形，方向 10°，四壁近直，南北长 2.16、东西宽 0.9～0.94 米，底部不平，呈南高北低状，高低落差 0.14 米，南部深 2.16、北部深 2.3 米。棺及人骨均无存，仅发现有铁棺钉，锈蚀严重。出土铜钱 2 枚，保存较差，钱文不辨。

　　M33　底部开凿于岩石上，平面近长方形，方向 8°，四壁近直，南北长 2.1、东西宽 1.5 米，底部较平，深 1.8 米。墓底并排排列两棺，均已腐朽。根据棺痕判断，东棺长 1.74、宽 0.45～0.52、残高 0.04 米，西棺长 1.78、宽 0.44～0.5、残高 0.02 米。墓内出土铜钱 5 枚，包括"开元通宝"、"乾元重宝"、"嘉靖通宝"。墓葬填土中出土5块青砖，长26、宽12、厚3.5厘米，砖面书朱砂字，其中一块砖字为"后玉堂"（彩版三八：2），余皆漫漶不清。

二　墓主及所出墓志考释

本次发掘的这三座墓相距较近，均为南北向，且没有打破关系，应为一处家族墓地。以残留棺痕判断，M31、M33内有两具棺木，M32内有一具棺木。根据M31出土墓志可知，M31是周慎及夫人王氏合葬墓，M33出土有"嘉靖通宝"铜钱，时代较M31要晚，疑为周慎之子周鼎夫妻合葬墓，两墓之间的M32或为周慎继室、周鼎庶母郑氏墓，但证据不足，暂存疑。

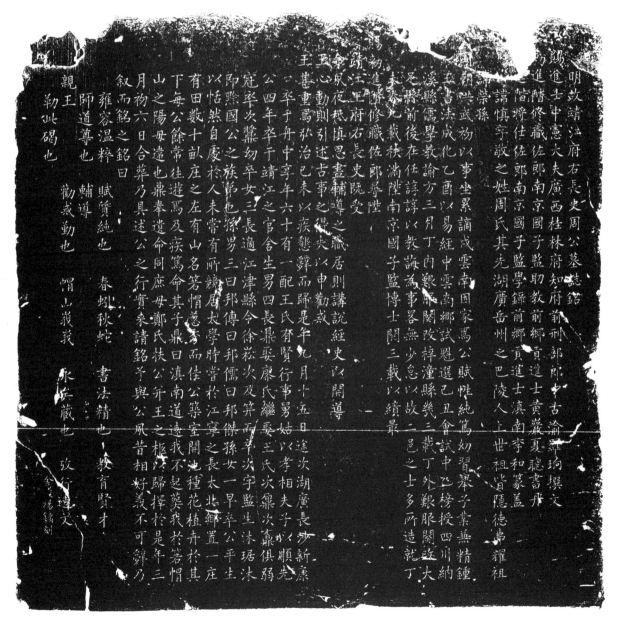

图六　M31出土墓志拓片（约1/3）

　　M31 出土的墓志较为详细地记载了墓主周慎的生平。其先原为湖广岳州之巴陵人，其祖周荣孙于洪武初年因事被谪守云南。周荣孙其人，文献无载，但洪武初年其所在的岳州巴陵应为陈友谅的势力范围，疑周荣孙当时或为陈友谅部下，兵败被收编，由此被派去谪守云南边疆，故而定居云南。志文载，周慎生于明正统四年（1439 年），自幼修习举业，精于书法。在成化元年（1465 年）举行的乡试中，周慎应考《易经》科，以云南第一的成绩中举。成化五年（1469 年）参加会试，中乙榜，授四川纳溪县儒学教谕，随后其在四川纳溪、梓潼、大足三县开始教学。其中因父母去世，两次去职回家服孝。成化二十三年（1487 年），周慎升任南京国子监博士。三年后，进阶为修职佐郎。不久因靖江王朱约麒袭封王位，又被升任为靖江府右长史。直至弘治十二年（1499 年），周慎因病告退返回南京，并病死途中，其子遵父遗嘱，将其归葬于南京江宁的长太北乡自家庄园一侧的箬帽山。周慎有四子三女。四子中，除长子周鼎外，其余均早夭。三女中，大女出嫁，二女早夭，三女待字闺中，并已许配给国子监学生沐琚。沐琚为沐英小儿子沐昕与长宁公主之孙，墓志称为黔国公之族弟。周慎卒于弘治十二年，墓志撰写也在当时或稍晚，当时的黔国公已是沐昆，为沐瓒之孙。而墓志所提黔国公应是已死于弘治九年（1496 年）的沐英次子沐晟之孙沐琮。琚与琮、瓒三字皆从"玉"旁，应为一辈。而瓒并未获封黔国公，只是在黔国公沐斌年幼时代镇云南。周慎来自云南，其与云南沐家的关系如何虽然无从知晓，但仔细阅读墓志发现，周慎在南京国子监任职的短短三年，就在南京买地置产，而庄园毗邻沐家茔域，且将小女儿许配给沐家子孙沐琚。后来去靖江府（治在今广西桂林）做官，但最终却归葬南京。这些均显示出周慎与沐家应有较为密切的交往或关系。

领　队：祁海宁

发　掘：王　宏　郭龙发
　　　　　王海平　王宇翔

摄　影：祝乃军

绘　图：董补顺　王宇翔

执　笔：王　宏

明宪宗孝贞皇后王氏家族墓的考古发现与
初步研究

南京市博物馆

　　1987 年 11 月至 1988 年 3 月，因南京市公交公司基建处修建第四停车场之需，南京市博物馆在施工地点——南京雨花台居民住宅小区南端、西邻邓府山的连绵岗阜上，相继发掘墓葬 34 座（图一），包括孙吴至南朝时期墓葬 20 座[1] 以及明宪宗孝贞皇后王氏家族墓、清初御史中丞佟国器之母陈氏墓[2]，除少数墓葬在施工中遭到破坏外，大多都得到了及时清理。其中，明宪宗孝贞皇后王氏家族墓的发掘简报尚未公布，今结合文献对这一考古发现及其所涉及的问题略作考察。

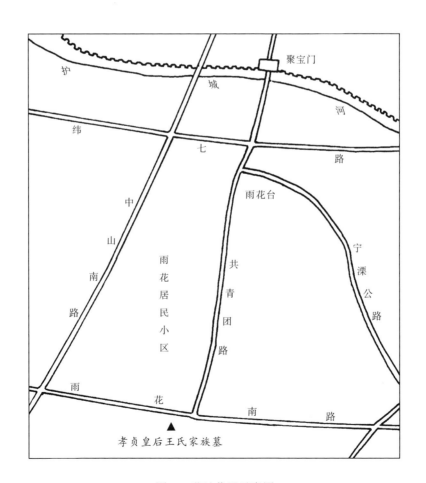

图一　墓地位置示意图

一　明宪宗孝贞皇后王氏家族祖茔遗存

考古发现的明宪宗孝贞皇后王氏家族祖茔遗存，位于南京市公交公司第四停车场施工现场最南端，包括地面建筑与墓葬两部分（图二）。

（一）地面建筑

地面建筑有享堂与神道石刻。享堂位于纬八路南端约 15 米，南距宪宗孝贞皇后王氏家族墓群仅约 10 米。平面呈长方形，面阔三间，其东部已毁损殆尽，经推算复原，可知其外长 19.7、外宽 7.35 米，南壁残高 1.25 米。南面正中辟有一门道，门道长 1.7、宽 2.6 米。门道地面采用长 76、宽 30、厚 9 厘米的青石板铺墁。建筑围墙以条石砌成，墙厚 0.35 米。建筑主体地面原有 8 个石础，现仅存 5 个，均为鼓镜式柱础，方形础座宽 0.55~0.6 米，凸起的圆形鼓镜部分直径 0.37~

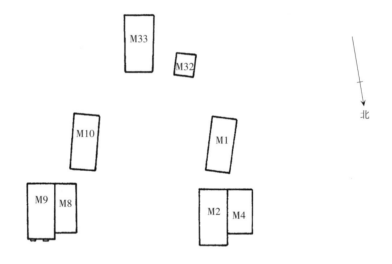

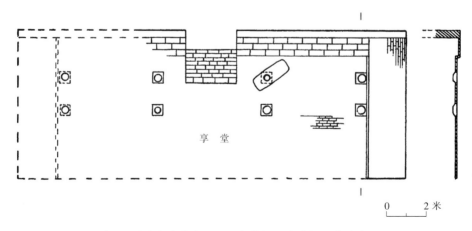

图二　明宪宗孝贞皇后王氏家族祖茔享堂与墓葬分布图

0.45米。沿建筑主体左、右两边砌有围廊或散水之类的附属建筑，宽1.95米，地面纵向侧立铺墁一层青砖，较建筑主体内的地面低0.12米。经清理，发现了大量砖、瓦、条石等建筑构件，其中包括脊兽等琉璃构件，属享堂建筑毁废的倒塌堆积。

在享堂东侧，原有神道石刻，具体种类与数量不详。考古发掘期间，据当地原住民回忆有石人、石羊、石马等，在民国时期即已倾倒，今仅存石马和龟趺神道碑各一。

龟趺神道碑高3.17米，连同龟趺在内通高4.05米，碑身宽0.96、厚0.26米。碑文已严重风化，漫漶剥落，依稀可辨"成化"纪年及墓主姓王、官中军都督府都督同知等内容。因施工需要，此碑已于1988年自纬八路路边南迁500米至南京市公交公司第四停车场内。

（二）墓葬

在明宪宗孝贞皇后王氏祖茔内共计发掘了8座墓葬，据发掘先后依次编号为M1（王铨妻李玉墓）、M2（王洪墓）、M4（王洪妻成氏墓）、M8（王锐墓）、M9（王锐妻杨氏墓）、M10（王钺墓）、M32、M33。墓葬形制可分为竖穴土坑浇浆墓与竖穴土坑墓两种。

1. 竖穴土坑浇浆墓

竖穴土坑浇浆墓又可分为两类，第一类为长方形竖穴土坑浇浆墓，整座墓葬由三合土浇浆与棺椁等木质葬具构成，而在具体做法上又略有区别。

其一是在开挖好的墓坑底部先浇筑一层0.1米或0.2米厚的三合土，然后放置棺椁等葬具，葬具与墓坑壁之间均浇筑三合土，葬具上方也浇筑三合土，包括M2（王洪墓）、M8（王锐墓）与M9（王锐妻杨氏墓）、M10（王钺墓）、M33。其中，M8与M9属夫妇同茔异穴葬，两墓方向均为10°，东西相邻。浇浆皆厚2.45米，营造方法也完全相同，均系在木质葬具以下的墓坑底部铺垫有0.2米厚的一层浇浆，葬具以上的浇浆层皆厚1.4米（图三）。M8浇浆长2.5、宽1米，葬具已朽；M9浇浆长2.84、宽1.4米，木椁长1.8、宽0.4~0.5、高0.78、厚0.06米，木棺长1.48、宽0.34~0.44、高约0.67、厚0.06厘米。

M33浇浆长2.81、宽1.62~1.75、厚1.6米，方向10°，木质葬具已朽，仅存残损的木板。在墓坑底部亦即木质葬具以下铺垫有0.1米厚的一层浇浆，木质葬具以上的浇浆层厚0.5米。在西侧浇浆壁近底有一方形孔洞，孔洞宽0.2、高0.35米，孔洞内存少量骨灰（图四）。

M10浇浆长2.8、宽1.4、厚1.96米，方向15°，木质葬具已朽，仅存残损的盖板及挡板。在墓坑底部亦即木质葬具以下铺垫有0.2米厚的一层浇浆，木质葬具以上的浇浆层厚0.84米。浇浆质地疏松，在西侧浇浆壁下部亦有一方形孔洞（图五）。

其二则是将棺椁等木质葬具直接放置在墓坑底部的生土面上，仅有M1（王铨妻李玉墓）一例。浇浆长2.7、宽1.2、厚1.35米，方向15°。其中，木质葬具上部的浇浆层尤为致密坚硬，两侧的浇浆则极其疏松。棺椁等葬具已朽，满积淤土，并可见挡板残迹。由残存遗痕判断，木质葬具长2.17、宽0.55、高0.66米（图六）。

第二类为正方形竖穴土坑浇浆骨灰葬墓，仅有M32一例，边长1.18、深1.05米，方向15°。在距浇浆顶部0.5、距浇浆底部0.2米处，掏出一直径0.25米的圆筒形空间，圆筒形空间的内壁较为光滑，髹红漆，内底盛有骨灰（图七）。

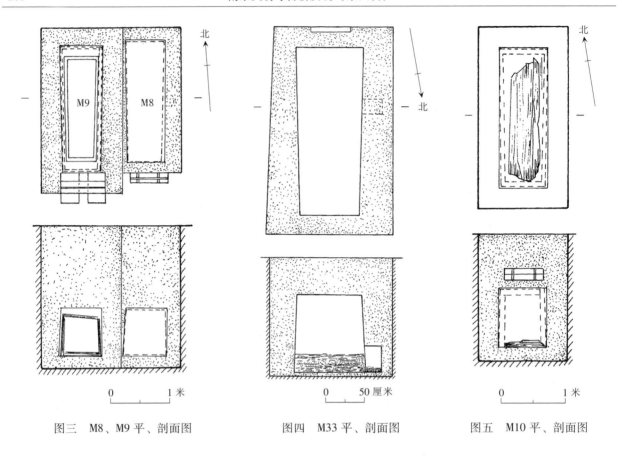

图三　M8、M9平、剖面图　　　　图四　M33平、剖面图　　　　图五　M10平、剖面图

2. 长方形竖穴土坑墓

长方形竖穴土坑墓仅有1座，即M4（王洪妻成氏墓）。墓坑长2.2、宽1.2、深2.5米，方向10°。木质葬具已朽，仅存厚0.05米的挡板若干和红漆皮，由残存遗痕判断，木棺长1.6、宽0.5、高0.5米（图八）。

（三）出土器物

出土器物包括金银珠饰、金银冥钱、丝绸衣被、砖地券和墓志等。

金耳勺　1件（M8:1）。完整。一端呈勺形，另一端尖细，无纹饰。长10.9厘米，重7.3克（图九:1）。

金扣饰　1件（M4:1）。近馒首形，中空，底部辟圆形孔窍，孔窍周围饰14连瓣纹。直径1.1厘米，重1克（图九:2）。

金耳环　1对（M9:1）。完整。挂钩形，无纹饰。长1.5厘米，重3.7克。

金冥钱　1枚（M4:3）。完整。中有近方形穿，方穿外有四内连弧纹。直径1.8厘米，重1.4克（图九:6）。

银耳勺　1件（M33:1）。略残。一端呈勺形，另一端尖细，无纹饰。长8.4厘米，重3克（图九:3）。

银簪　3件。簪首呈圆形，簪脚呈尖锥形。M10:1，完整。长12.2厘米，重13克（图九:7）。M9:2，完整。簪首鎏金。长10.5厘米，重6克（图九:5）。M4:2，簪脚残损，仅存鎏金簪首。

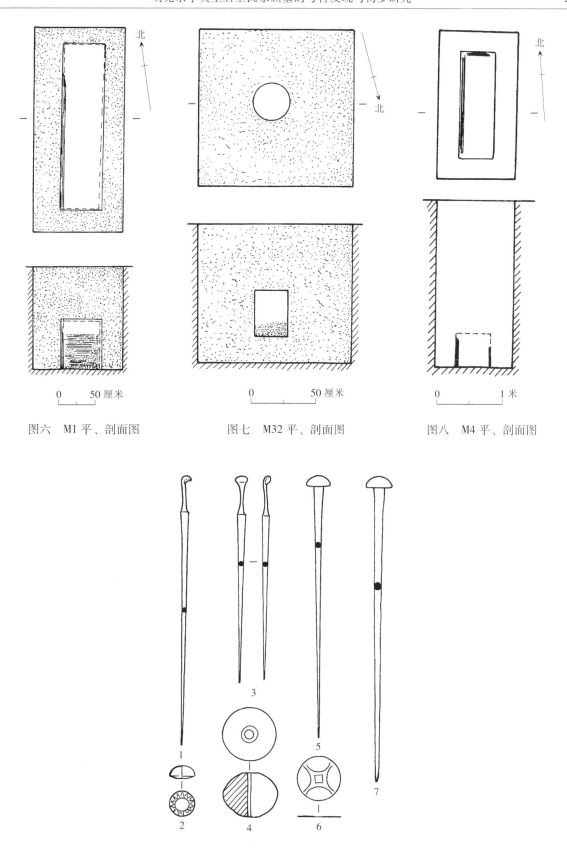

图六　M1 平、剖面图　　　图七　M32 平、剖面图　　　图八　M4 平、剖面图

图九　出土器物

1. 金耳勺（M8:1）　2. 金扣饰（M4:1）　3. 银耳勺（M33:1）　4. 琥珀珠（M33:2）　5、7. 银簪
（M9:2、M10:1）　6. 金冥钱（M4:3）　（均为2/3）

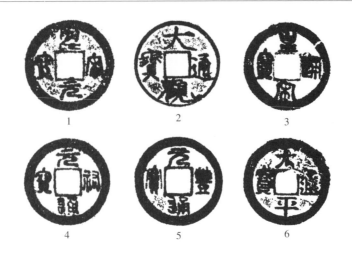

图一〇　铜钱拓片

1. 圣宋元宝　2. 大观通宝　3. 皇宋通宝　4. 元祐通宝　5. 元丰通宝　6. 太平通宝　（均为原大）

银冥钱　20 余枚，分别出土于 M4、M8、M9、M33 中。M9:3，中有方穿，面背皆光素无纹。直径 2.4 厘米。

琥珀珠　1 枚（M33:2）。完整。通体呈暗红色，形似算珠，中穿小孔。直径 2.2、高 1.8、孔径 0.23 厘米（图九:4）。

铜钱　7 枚，分别出土于 M33、M10 中，均为宋代小平钱。其中，M10 出土 6 枚，计有篆书"圣宋元宝"钱（图一〇:1）、瘦金书"大观通宝"钱（图一〇:2）、篆书"皇宋通宝"钱（图一〇:3）、篆书"元祐通宝"钱（图一〇:4）、楷书"熙宁元宝"钱、篆书"元丰通宝"钱（图一〇:5）。M33 仅出土楷书"太平通宝"钱 1 枚（图一〇:6）。

祥云纹缎曳　1 件（M2:1）。缎地。交领，右衽，宽袖，下摆宽大，腰部有多道折褶。表面织祥云纹。通长 140、通宽 244、袖宽 44.5、下摆宽 165 厘米（彩版三八:3）。

素缎棉曳　1 件（M2:2）。缎地，素绢衬里，内衬丝棉。交领，右衽，宽袖，下摆宽大，腰部有细裥。右腋下有扎带。通长 135、通宽 230、袖宽 43、下摆宽 155 厘米（彩版三八:4）。

砖地券　1 块（M33:3）。嵌于后浇浆壁外侧中间，其上有朱砂书写的文字，模糊不清，难以辨识。边长 25、厚 7 厘米。

石墓志　每一座墓原均随葬有一合墓志，但 M32 和 M33 随葬的墓志在施工过程中遭机械破坏严重，仅存残块，后皆散失。得以完整保存下来的共 6 合，介绍如下。

王钺墓志（M10:2），出土时平置于木质葬具以上的浇浆层中，志石边长 63、厚 7.5 厘米。志盖篆书"戚里王公克威墓志铭"3 行 9 字，志文共 28 行（图一一）。录文如下：

戚里王公克威墓志铭」嘉议大夫南京吏部左侍郎前翰林侍读学士国志总裁直」文华殿赐一品服东吴钱溥撰」赐进士嘉议大夫南京礼部侍郎前太常少卿翰林侍读」经筵讲官直东阁同修国史西蜀李本篆盖」赐进士进阶正奉大夫正治卿南京刑部左侍郎江浦张瑄书丹」克威王公讳钺，克威其字，顺天密云人也。高祖玉、曾祖福，世尚隐德。元季兵」兴，祖福率附我」高皇平定，以功授密云中卫百户。福生寿，袭升义勇后卫正千户，因家南京，寻调」归密云，

公之伯父也。父凤、母高，留居南京，生三子：长鉴，次镇，次即公也。镇为」今上皇后之
父，晋中军右都督，封其父、赠其祖、曾祖皆荣禄大夫、中军都督府都」督同知，姚皆赠夫
人。父既受封，年余八十，既贵且寿，安享尊荣，而公独侍其」左右，以孝敬闻。成化壬辰
哭其父，明年哭其伯兄，又明年哭其仲兄。父既没，」朝廷以椒房至戚，命官谕祭，命工部营
葬于都城南凤台门之西。公又出父所」遗赀以增益之，不自私焉。公体貌魁梧，美须髯，家
置园亭，垒石浚池，杂植花」卉，畜禽鱼，驯鹤鹿，以供观玩，以乐宴游，一切世事不屑焉。
凡桥圯而欲建，道」壅而欲除，井湮而欲浚，梵宇琳宫之欲饰，贫无资而欲赖之以举火，亲
欲婚」而不能成，死不能以葬者，有告于门，辄乐然响应而周济之，不少吝焉。享年」五十
有七，成化己亥八月二十四日无疾而卒。其天性和厚，早游江湖，以贸」迁为业。逮居戚畹，
谨礼法而无骄侈之态，保富贵而无危溢之虞，延誉远迩」而搢绅加重焉。配叶氏。子男四：

图一一　　王钺（克威）墓志（M10：2）拓片（1/4）

长淳，早卒；次溥、次涞。女三：一适兴武卫指挥」使脩纪；一适豹韬卫指挥同知金润；一适应袭羽林卫指挥使张昱。皆叶出」也。幼子淮，侧室孙出也。卒之日，五弟锐与其孤溥、伯兄之子洪，经纪其丧，且」以讣报仲兄之子、锦衣卫都指挥使源，以其年十月初八日葬焉。锐以其友」冬官郎中吴元玉所为状来请铭，余亦交于公者，尝记公先都督之坟矣，而」于铭墓也奚辞。铭曰：」处贵戚而不骄，守富盛而不溢。不溢不骄，诞归有极，以无忝于先德，后其有」征，在此铭石。

王铨妻李玉墓志（M1∶1），汉白玉质，志石边长67、厚10厘米。志盖篆书"大明戚畹王公克衡配李氏孺人墓志铭"4行16字，志文共29行（图一二）。录文如下：

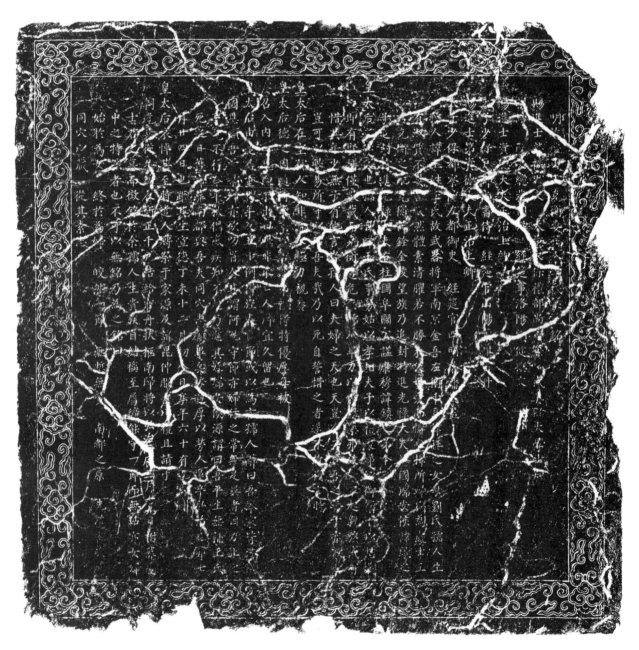

图一二　王铨妻李玉墓志（M1∶1）拓片（1/4）

明故处士王克衡孺人李氏墓志铭」赐进士荣禄大夫太子太保礼部尚书兼武英殿大学士知」制诰国史总裁同知经筵事洛阳刘健撰文」赐进士资德大夫正治上卿」太子少保户部尚书侍经筵官山阳叶淇书丹」赐进士第资德大夫正治上卿」太子少保都察院左都御史经筵官四明屠滽篆盖」孺人讳玉，姓李氏，故武略将军、南京金吾右卫千户讳旺之女，母刘氏。孺人生」有淑质，不妄言笑，然体素清臞，若不胜衣，父母爱而怜之，择所归以为处士王」君克衡之配。克衡讳铨，金陵望族，乃追封特进光禄大夫柱国瑞安侯讳凤之」子，追封特进光禄大夫右柱国阜国公谥康穆讳镇之弟，今」皇太后之生父也。孺人自归王氏，事舅姑以孝，相夫子以礼，处娣姒、御群□以恩义，」即有贤称。仅数载，而克衡遘危疾，孺人毕力以侍，汤药弗效，竟不起。亲族或有」惜其年少无子有他言者，孺人曰：“夫，妇之天也。天岂有二日，吾之无子亦数也，」岂可以此易所守，以□吾夫哉。”乃以死自誓，惜之者遂不敢复言。时」皇太后在室，孺人知非常人，极力视养，」皇太后德之，因随侍□□□□赐第，礼待特优厚。每被」召入内，一见即求出，曰：“此非未亡人所宜久留也。”」皇太后由是益重焉。年及五十，例得旌表贞节。或以为言，孺人辞曰：“吾举家皆沐」国恩，顾吾一孀妇亦欲叨冒，人其谓何？况守节亦妇行之常，无足异者。”因力止之，」事竟不行。今年秋，偶感疾，知不起，乃进其侄瑞安侯源，谓曰：“吾平生无补王氏，」死之日，获归葬南都，与吾夫同穴，志愿毕矣。毋过厚以劳人。”遂卒，弘治乙卯七」月廿四日也，距其生宣德丁未十二月初八日，享年六十有九。讣闻，」皇太后哀悼甚至，时遣人赙祭于家，源及诸昆仲服丧以礼，且请于」朝，遣其从兄锦衣卫正千户浩，给官舟扶柩南归，将以弘治丙辰三月十九日祔葬处士」君之墓，而微铭于余。孺人生贵族，自结褵至属纩，能守一节而无玷，亦女妇」中之特然者也，不可以无铭，乃为之铭曰：」始于为女，终于为妇，皎然一节，无惭无负。南都之原，先茔之次，」同穴以藏，从其素志。

王锐墓志（M8∶2），出土时竖立贴放于浇浆南壁外侧，志石边长68、厚12厘米。志盖篆书"大明故南京锦衣卫指挥使王君墓志铭"4行16字，志文共36行（图一三）。录文如下：

明故昭勇将军南京锦衣卫指挥使王君墓志铭」赐进士第资善大夫南京礼部尚书前奉」敕松潘等处提督军务兼理巡抚都察院右副都御史南京吏部右侍郎番阳童轩撰文」奉」敕协同守备兼管南京右军都督府事提督大小教场」神机新江口等营总兵官柱国武靖伯凤阳赵承庆篆盖」赐进士出身通议大夫南京刑部右侍郎前都察院右副都御史泰和萧祯书丹」君姓王，讳锐，字克英，其先本顺天之密云人，世以武功累官徙金陵正阳门东，家焉，今已数」叶矣。其光禄大夫、中军都督府右都督赠瑞安侯讳凤者，君之父也；前密云中卫正千户赠」光禄大夫、中军都督府右都督瑞安侯讳福者，君之大父也；隐居密云赠光禄大夫、中军都」督府右都督瑞安侯讳玉者，君之曾大父也；追封特进光禄大夫、右柱国、阜国公、谥康穆讳」镇者，君之兄也。王氏自曾大父以来，衷诚垒善，质行履方，非一世矣。至康穆乃大发其祥，笃」生」皇太后，上配」宪宗纯皇帝，正位中宫，母仪天下，光被九族，与国咸休。君生景泰辛未十月七日，鞠于嫡母高夫」人膝下。自少颖敏慧悟，殊异常儿。稍长操心虑事，既深且远，明达世故。诸昆相继即世，君独」守旧基寅奉先公园寝，岁时伏腊，必严祀事，未尝少怠。

图一三　王锐（克英）墓志（M8：2）拓片（1/4）

用是，」宪皇嘉之，乃于成化癸卯夏四月」钦授南京锦衣卫正千户之职。弘治庚戌秋七月，
今」上推亲亲之仁，进君本卫指挥佥事。君益广基业，经营恢拓，甲第如云，一时富贵之家
勘与为俪。」壬子，入」觐，赐赉优厚，复进昭勇将军、指挥使言。旋之日，交游宾从，珥貂
横玉者接武其门，舞袖歌钟，燕」集终日。古称陶猗之豪富，梓泽之繁华，殆莫能尚，诚可
谓荣盛矣。然君雅有知识，凡所臆度，」物无遁情，时与客商榷，事后可否成败，议论英发，
亹□□□，□□其言。每见时政之有缺失，」兵民之有利病，辄疏以」闻，亦颇见采纳。诸子
虽在幼稚，必延师家塾，令其诵习儒书，不使有膏纨之习，又若老于世故者。」无何，忽疽发
于首，群医环视，莫疗。疾革，犹处分后事，井井弗迷。以弘治乙卯十一月庚辰日」卒，得

年四十有五。配宜人杨氏，都阃得广之女，有贤行，先卒。继梅氏，亦克妇道。诸姬陈氏生」子汉；薛氏生子潮、滢；次润，黄氏出；次湧，陈氏出；次泷，张氏出也。俱幼，未室。卜以卒之明年丙」辰岁三月十九日祔葬凤台冈祖茔之次。先期，讣闻于朝，」钦赐□祭，孤子汉以致海州守事邓君新之所状行实，诣予丐铭，矧君素所厚外姻」钦差协同守备掌南京右军都督府事、武靖伯赵公数为之请，谊不可辞，铭曰：」于维王氏，累德世厚。」上帝监观，笃生」圣后。嗟嗟王君，寔承其祐。百福来同，曰贵曰富。于何履盈，竟啬其寿。年虽弗将，庆流未究。谢庭芝」兰，振振而茂。凤台先茔，讬体冈阜。既固且安，尚利其后。

王锐妻杨氏墓志（M9：5），出土时竖立置放于浇浆南壁外的一对石座上，志石边长 77.5、厚 12 厘米。志盖篆书"大明诰封王宜人杨氏之墓"4 行 11 字，志文共 30 行（图一四）。录文

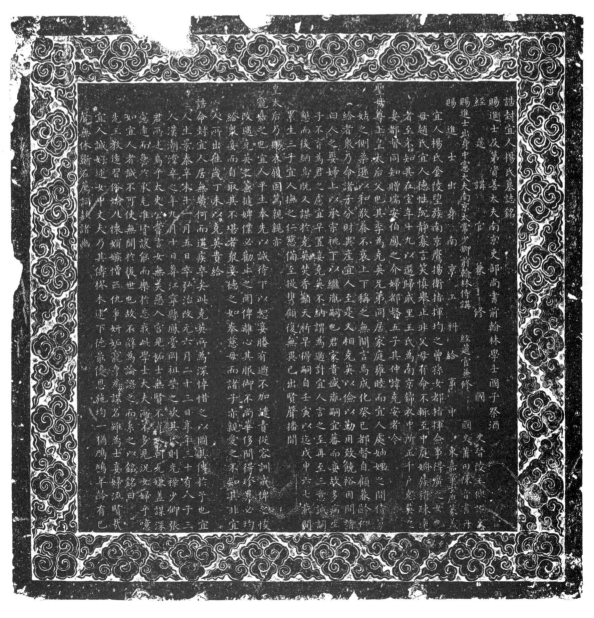

图一四　王锐妻杨氏墓志（M9：5）拓片（1/5）

如下[3]：

诰封宜人杨氏墓志铭」赐进士及第资善大夫南京吏部尚书前翰林学士国子祭酒」经筵讲官兼修国史晋陵王僙撰文」赐进士出身中宪大夫南京太常少卿前翰林侍讲经筵官兼修国史莆田陈音书丹」赐进士出身南京工科给事中东嘉章玄应篆盖」宜人杨氏，金陵望族，南京鹰扬卫指挥均之曾孙女，都指挥佥事得广之女也。」母赵氏。宜人德性沉静，寡言笑，慎举止，非父母有命，不辄至中庭，姻族稍疏远」者，至不知其在室。年十九以选归戚里王氏，为南京锦衣中所正千户克英之」妻，都督同知赠瑞安伯凤之介妇。都督五子，其仲讳克安者，今」圣母尊上皇太后父也，其季为克英。兄弟同居，家族雍睦，而宜人处姒娣之间，侍舅」姑之侧，柔逊以和，敬养不衰，上下称之，无间言焉。成化癸巳，都督自顾暮龄，仰」给者众，乃命诸子分财异产。宜人至是又相克英，以俭以勤，用致饶裕，因间请」曰："人之娶妇，上以承宗祧，下以继胤嗣也。君家贵盛，胤嗣宜藩，而妾故多病，生」子不育，为君之虑，宜早置妾。"克英不纳，谓为过计。宜人言之至再至三，意诚词」恳，而后纳焉。既又谋于克英，焚香吁天，祈早得嗣，自壬寅以迄戊申，六七载间，」累生三子。宜人抚之，仁慈备至，提携顾复，无异己出。贤声播闻，」皇太后乃赐衣履，固笃亲亲，亦」宠嘉之也。宜人平生，奉先以诚，待下以恕，妾媵有过，不加谴责，从容训戒，俾之悛」改。遇克英之箠挞婢仆，必劝止之，罔俾离心。其服御不尚华侈，间得珍异，必均」给众妾，而自取其不堪者，众妾德之，如奉慈母，而诸子亦亲爱之，不知其非宜」人所出。往岁丁未，以克英贵，给」诰命封宜人，居无几何而遘疾卒矣。此克英所为深悼惜之，以图其传于予也。宜」人生景泰辛未十一月五日，卒弘治改元六月二十三日，享年三十有八。子三」人：汉、潮、澄。卒之年九月十日，葬江宁县凤台冈祖茔之次。其状则光禄少卿张」君所述。乌乎！太史公尝言："女无美恶，入宫见妒；士无贤不肖，入朝见嫌。"盖谋深」虑远而急于承先，推贤让能而乐于忘我。此学士大夫所不多见，况女妇乎？噫！」如宜人者，诚不可使无闻于后世也，故不辞为论撰之，而系之以铭。铭曰：」先王教远习俗渝，人怀媚嫉憎匹仇。争妍妒宠身为谋，名虽为士妾妇流。贤哉」宜人诚好逑，女中丈夫乃其俦。樛木逮下德最优，恩施均一犹鸤鸠。年龄有巳」声无休，斫石荐词款诸幽。

王洪墓志（M2：3），志石边长 62 厘米。志盖篆书"皇明戚畹王志远之墓"3 行 9 字，志文共 31 行（图一五）。录文如下：

王志远墓志铭」赐进士出身中宪大夫南京都察院右佥都御史奉」敕提督操江括苍虞瑶撰文」赐进士出身奉议大夫南京吏部文选郎中东嘉杜整书丹」奉议大夫南京尚宝司卿吴郡李应祯篆盖」王志远，讳洪，金陵人也，其先家于顺天之密云。曾大父福，密云中卫百户，赠荣」禄大夫、中军都督府都督同知；妣刘氏，赠夫人。大父凤，封荣禄大夫、中军都督」府都督同知，赠柱国、瑞安伯；妣高氏，赠夫人。凤少倜傥不羁，南游齐鲁吴楚间，」爱金陵山川文物之盛，遂徙家于城东之正阳街。生六子：长曰鉴，」恩荣冠带，娶赵氏，是为志远之父母也。次曰镇，寔生」皇太后，以贞静柔慈、含弘光大之德，配我」宪宗纯皇帝，用是封荣禄

图一五　王洪（志远）墓志（M2∶3）拓片（1/4）

大夫、中军都督府都督同知，升右都督，卒谥康穆。后以子」源封爵，赠柱国、瑞安伯。志远之曾大父、大父暨其妣皆有封赠，实又推恩之所」及云。志远生七月而失母，且多疾，赖叔母李鞠养以长，既而又得继母徐□夜」教育，克底成立。性纯笃，寡言笑，涉猎书史而通其大义。弱冠丧父，敛葬视诸礼」无憾，而哀毁过之。岁时奉祀事，必诚必敬，语及父母不逮养辄涕泣俱下。感继」母及叔母鞠养教育之恩，孝情曲尽，侍奉诸父如其父，友爱群从如其同气。至」于处姻族、乡邻，皆有恩义。所与游者，多缙绅逢掖之士。尤善治家，食指虽繁，节」其劳逸，均其衣食，皆有矩矱，无敢有媮惰怨望者。虽居戚里，自奉俭素如寒士，」由是藉藉有贤名，南畿大夫、士咸器重之。」皇太后察其贤，且为王氏之元孙，尝命之入见，将荫以官。志远深以盈满为戒，语人」曰：“吾家素无勋伐，徒以」内戚之故，诸父及吾弟源等，仰蒙」恩赉，叨享爵位，已踰分矣，猥劣如洪，岂敢复有所觊觎哉。”欣然退处不敢当。」皇太后闻而益贤之，不强其所不欲，数」遣人慰劳而赉以内帑币帛，盖所以旌之也。以疾卒于弘治己酉三月十二日，」享年三十有九。娶成氏，子男一，曰□，在襁褓；女三，皆幼而未行。凡所以抚育其」遗孤，而综理其丧事，于从父锦衣卫正千户锐者，幸有赖焉。锐卜是年十一月」六日，举其枢附葬于凤台岗先茔之次。先期求南京光禄寺少卿张君贲状其」行实，而请铭于予。铭曰：」虽畀其贤，而夺其年。彼苍者天，胡为而然。

王洪妻成氏墓志（M4:4），志石边长55厘米。志盖篆书"明故戚畹王公子妻成氏之墓"4行12字，志文共30行（图一六）。录文如下：

戚畹故公子王志远妻成氏墓志铭」赐进士出身南京刑部山东司副郎萧山李性明撰」朝列大夫广东布政使司左参议檇李罗麟书」明威将军豹韬左卫指挥佥事江东金润篆」龙江卫侯成君复初，与余为文字交，盖有年矣。一日，持友人业廷芳所」著厥姊行述谒余乞铭，且曰："良姊不幸，蚤失所天，又不幸不为天所邮，」今死矣！遗孤甫十岁，固知所图，则图不朽者，固良之责。不然，殆与草木」而同腐矣，于良心焉忍耶？"余闻而哀之，遂不让而为之志。按

图一六　王洪妻成氏墓志（M4:4）拓片（1/4）

状，孺人讳」妙音，姓成氏，世为陕之同州人。父名昂，母王姓。孺人自幼有异质，言动」不凡，性聪敏，女红不待教而能。事父母极孝，厥姊暨弟尤为敬爱焉，盖」其天性然也。天顺初，姊妙观被选入」内庭，后随」崇府之国，极近幸，能以正匡佐，自」王妃以下咸敬惮之。孺人时尚幼，语父母曰："姊若是已，不为凡人妻妾矣，」吾岂为庸人妇耶？"居无何，」宪庙中宫族弟讳洪字志远者，有士风，闻其贤而聘之。年十八嫔于王，克执」妇道，事舅姑如事父母。姑甚严，孺人曲为奉侍，无怠心，亦无愠色。于凡」卑□遇之一以礼，用是内外无怨言。未几，夫寝疾，孺人躬事汤药，罔分」于□夜，虽劳疲不自知。疾且革，愿天祈以身代。踰一稔而夫亡矣，孺人」欲以死殉，既而曰："死固吾之正，奈宗祀无所承。姑已老，幼孤无恃，吾所」以不死者，为此故也。"既葬，以哀毁致疾，医疗百至，弗愈，竟以弘治丁巳」三月二日酉时卒，距生之年寔景泰辛未十二月初七日子时也，得年」四十有七。男二：长曰树，未聘；其次曰柱，高所出。女三：曰淑贤，适龙骧指」挥使刘昶；曰淑良，适兴宁伯仲孙□宥；曰淑安，尚在阁。卜以是年四月」十一日葬于凤台冈祖茔之次，与其夫合窆焉。呜呼！以妇人而知宗祀」之大计，隐忍而不死，君子以为犹死也，其视徒死而无益于死者大不」侔矣，不贤而能若是乎？法宜铭，铭曰：」□□□亡，妇为未亡。为宗祀计，义不可亡。既安于义，」恶用乎亡。终始一节，以底于亡。于千百世，」吁嗟乎，孺人其不亡。

二　几点认识

　　明朝自永乐后期迁都北京以迄明末的历朝皇后中，有多人皆占籍南京，唯王镇之女、明宪宗孝贞皇后王氏，以中宫拥立孝、武两朝，称皇太后、太皇太后垂五十五年之久，最尊且寿。然孝贞皇后王氏得以正位中宫，其实不过是成化初宫闱内部明争暗斗以致祸乱朝政的组成部分之一，无力掌控自身命运的孝贞皇后王氏，实质上只是一个任人摆布的傀儡。这一切的源头，还需追溯到正统十四年（1449 年）八月十五日发生的土木堡之变。

　　土木堡之变是明朝立国以来所遭遇的空前的军事溃败，不仅出征的数十万劲甲精骑全军覆灭，随行的御前重臣如张辅、邝埜等无一幸免，连御驾亲征的明英宗朱祁镇也蒙尘被俘，可谓明王朝盛极而衰的转折点。土木堡之变发生后，宣宗孙皇后为了确保皇室血脉的纯正，在立监国的明英宗之弟、郕王朱祁钰为皇帝之前十数日，便预先册立年仅三岁的英宗长子朱见深（时名朱见濬）为太子，并派自己的侍女万氏侍太子于青宫[4]。由于甫登基的景泰帝朱祁钰是太子的叔父，而叔父的亲生儿子朱见济却又年长于太子，这一切都使得朱见深被仓促册立的太子身份岌岌可危。景泰三年（1452 年）五月，在司礼监太监兴安、内阁学士陈循等人的策划之下，备遭冷落的朱见深的太子名位，终于被景泰帝之子朱见济取而代之。孰料新太子朱见济却在次年十一月病死，而景泰帝又无别子可立，因此多数朝臣都主张重立朱见深为太子，但景泰帝却一直犹疑未决，直至英宗复辟，始复立朱见深为太子。但被重立为太子的朱见深似乎也并未见宠于自己的生父，以至于英宗在病重其间，颇为谗言所惑，竟然征询李贤"然则必传位太子乎？"在得到肯定的答复后，这才召见朱见深并传位于他，是为明宪宗[5]。

可以说，终景泰、天顺二朝，朱见深都是在孤独、忧惧交织的惶恐不安中度过的，其内心的封锁幽闭以致造成性格上的扭曲是必然的。因此，朱见深对始终如亲人般照料他饮食起居的万氏的依恋程度，恐亦非常人所能想象。故朱见深即位后，年已三十五岁的万氏顺理成章地成为只有十八岁的年轻皇帝的妃子。至此，对于朱见深而言，万氏也就公然兼有了母亲与情人的双重角色。

由于出身低微以及年龄的悬殊，万氏终究不可能成为宪宗的皇后，并且英宗在驾崩前业已为宪宗选妃，并选中吴氏、王氏、柏氏三女留置宫中，唯以孙太后与英宗相继晏驾而未定名分。由于英宗遗诏明令宪宗需在百日后完婚，故宪宗甫登基，即选定吴氏为皇后。但被册立为皇后的吴氏，对万氏的擅宠极为不满，竟至加以杖责，这无疑深深触怒了与万氏情逾母子的宪宗，遂不惜一纸诏书将刚刚册立仅一个多月的皇后吴氏废处别馆，并声称废黜吴皇后不过是由于英宗在位时原本既已选定上元王镇的女儿王氏为皇后，而主事选妃的司礼监太监牛玉因收受了吴氏之父、都督同知吴俊的贿赂，将英宗本已选退的吴氏在太后面前"朦胧奏请"，遂使举动轻佻、礼度粗率的吴氏得以蒙混过关，复选为皇后[6]。

吴氏既废，为了自圆其说，则虚席以待的皇后之位固已非王氏莫属。于是再度经太后所准，王氏于天顺八年（1464 年）十月被册立为皇后，此即明宪宗孝贞王皇后。新皇后王氏迫于吴废后的前车之鉴，对于万氏的擅宠专横，唯有忍气吞声，"处之淡如"而已，虽"终其身不十幸，无所妒忌。尝视上疾勤，上曰：'皇后，吾慢女（汝）多矣。'"[7] 王皇后的恭顺和隐忍，最终为她的家族赢得了巨大利益，特别是在孝、武两朝，由于相继升格为皇太后、太皇太后，王皇后的家族也继之以戚畹的贵显身份跻列公侯，一时宠荣无比。

明宪宗孝贞皇后王氏家族墓地的考古发掘，尤其是出土的 6 合墓志，作为第一手史料，对于揭示孝贞王皇后的家族发展史与家族谱系、明代中叶与戚畹有关的典章制度乃至社会风尚的变迁、孝贞王皇后被征选入宫的背景及其南都祖茔失考墓的墓主推断等方面，均具有重要的研究价值。试作归纳如下。

（一）孝贞皇后王氏的家族谱系

明宪宗孝贞皇后王氏的家族成员，见诸《明史》的只有王氏上下共三辈，包括：孝贞王皇后的生父王镇与生母段氏、母弟王源及其子王桥、王清及其子王极、王濬及其子王桓[8]。而南京南郊孝贞皇后王氏家族墓地考古发现的 6 合墓志，其传主如王钺、王铨妻李氏、王锐及妻杨氏四人，分别是孝贞王皇后的叔父与叔母，亦即孝贞王皇后生父王镇的弟弟与弟妹；另有王洪及妻成氏二人则是孝贞王皇后的从兄、嫂，亦即孝贞王皇后生父王镇的内侄与侄媳。上述六位传主，除了王锐夫妇[9]，其余皆未见诸史载，不仅如此，上述墓志中所述及的王镇与王皇后父女的远祖先世、王镇的兄弟及其伦序、王镇子侄辈及其以下成员，都是对孝贞王皇后家族谱系的重要补充。

需要指出的是，由于出土墓志之间也还存在一定的抵牾之处，在使用时仍需作具体分析。如孝贞王皇后的叔父王钺、王锐两人的墓志均将其远祖追溯到一位名叫王玉的布衣，所不同的是，王锐墓志谓王玉为"曾大父"（曾祖）、王福为大父（祖父），而王锐兄王钺墓志则谓王玉为"高祖"，但继述其曾祖与祖父皆同名为王福，则不合情理，恐有笔误。另一方面，就孝贞王皇后正位中宫后、其父王镇以上三代例得封赏的通例而言，其家族世系似亦以上溯至其上三代亦即王镇兄弟的曾祖较为适宜[10]。因此，关于孝贞王皇后的远祖世系，当以王锐墓志之说为可信。

孝贞王皇后的祖父、亦即王镇兄弟的父亲王凤，史籍屡见载，并被誉为"尤宽大长者"，且以"好延士大夫，与南京吏部尚书魏骥交莫逆"著称[11]。今据诸志可补，王凤尝娶高氏为正室，此亦即王镇兄弟的嫡母。孝贞王皇后及其庞大家族的贵盛，追根溯源，仍需归结于王凤最初占籍上元，否则后来的一切也就无从谈起了。那么，王凤为何要选择在上元安家呢？据王钺墓志记载，乃是因王凤的兄长王寿由密云中卫百户袭升义勇后卫正千户，王凤追随其兄长"因家南京"，未几，王寿复又调归密云，而王凤夫妇则继续留居南京。

王凤卒年，王钺墓志载为成化壬辰，亦即成化八年（1472 年），然据王锐妻杨氏墓志"成化癸巳，都督自顾暮龄，仰给者众，乃命诸子分财异产。宜人至是又相克英"，是谓王凤于成化九年（1473 年）尚且以暮龄主持了这一封建大家庭的析爨，未知孰是。不过，据史载，王凤死后，王镇曾"以父殁往南京营葬"，由于这一营葬过程实际上还包括了其家族位于南都祖茔的规划与建造过程，理应颇费时日，以致王镇因而被停俸至成化九年四月，始得由其夫人段氏援例以请，始得以照旧支俸[12]。由此可证，王凤之死或在成化八年，至迟也不会晚于成化九年之初。

王镇诸兄弟，见诸史载者，唯有前述王锐夫妇。今据出土墓志，可知王镇兄弟六人，但在传世文献与出土墓志中可以检出的仅有五人，其长幼伦序当为王鉴、王镇、王钺、王铨、王锐，其中，王鉴、王镇、王钺三兄弟为嫡母高氏所出。据王㒜撰王锐妻杨氏墓志，可知王镇字克安、王锐字克英，今据出土诸志可补王钺字克威、王铨字克衡，王鉴的表字虽不可知，但应亦是以"克"为辈字。

王凤的子、孙两辈，见于史载的有王镇一脉所出之孝贞王皇后、王皇后母弟王源及其子王桥、王清及其子王极、王潘及其子王桓，非王镇一脉所出者，有王锐所出王汉、王潮、王滢三子。今据出土诸志，可知王鉴有子王洪，王洪复有王树、王柱二子及淑贤、淑良、淑安三女；王钺有王淳、王溥、王淶、王淮四子及三女；王锐在王汉、王潮、王滢三子之外，亦有王润、王涌、王泷三子。唯王铨以早亡而无息嗣。值得一提的是，王铨寡妻李玉弘治八年（1495 年）七月死后，其时业已继王凤、王镇之后升格为族长的瑞安侯王源，还曾遣其从兄锦衣卫正千户王浩乘官舟护柩南归。

（二）孝贞皇后王氏家族所受恩遇

史载，孝贞皇后王氏正位中宫后，其父王镇随即由金吾左卫指挥使升中军都督府都督同知，以至右都督，并率其子官于京师（北京）。弘治六年（1493 年）四月癸丑，已经去世的王镇被追赠为阜国公，王皇后之母、其时尚健在的段氏则被封为阜国夫人[13]。至于王皇后的三个弟弟王源、王清、王潘，亦纷纷得以加官晋爵。其中，王源于成化二十年（1484 年）十月二十日被封为瑞安伯，弘治五年（1492 年）七月十三日封瑞安侯[14]，同时追封其曾祖王福夫妇与祖父王凤夫妇俱为瑞安侯、侯夫人，其嫡长子、锦衣卫带俸指挥佥事王桥亦一度袭父爵。王源弟王清，于弘治十年（1497 年）七月封崇善伯。此前，王清每迁职辄以弟王潘代，至正德二年（1507 年）十月，王潘亦授封安仁伯，同年十一月病故后，其母阜国夫人段氏奏以王潘嫡长子王桓承袭父爵[15]。至于王皇后本人，在万贵妃与明宪宗相继辞世后，也终于被一再尊为皇太后、太皇太后，直至正德十三年（1518 年）二月以高寿崩，并合葬于宪宗茂陵，祔太庙，可谓善终[16]。

然据出土诸志可知，孝贞皇后王氏正位中宫所带给家族的优遇，远不止于此。如孝贞王皇后的祖父王凤于成化八年卒后，"朝廷以椒房至戚，命官谕祭，命工部营葬于都城南凤台门之西"，这实际上是动用朝廷的力量为戚畹王氏家族在南都划定墓域并修建包括神道石像生、享堂在内的祖茔，也是朝廷在京师西玉河乡之外为戚畹王氏修建的另一处家族墓地。

在王镇兄弟相继谢世后，庶出的王镇幼弟王锐也出为锦衣卫世袭正千户，继改注南京锦衣卫中所，其妻杨氏亦于孝宗登基之初（1487 年）诰封宜人。凡此种种，虽见诸史载[17]，然据墓志可补，王锐于弘治三年（1490 年）七月再升南京锦衣卫指挥佥事，五年诣阙入觐、赐赍优厚之余，复又进为昭勇将军、南京锦衣卫指挥使。

至于王鉴长子王洪，以王氏家族的元孙，亦曾得到朝廷的旌慰与赏赐。

（三）孝贞皇后王氏入宫的背景

明太祖朱元璋在立国之初，曾采取了与武勋功臣联姻的手段笼络人心。随着政权的逐渐稳固，为了维护"家天下"的统治，晚年的明太祖借"胡蓝党案"对开国功臣进行了残酷镇压。从明太祖朱元璋于洪武二十七年（1394 年）春正月丙寅与洪武二十八年（1395 年）八月辛巳两度以皇孙及诸王世子、郡王年渐长而未婚，敕礼部出河南、北平、山东、山西、陕西诸处官、民家甚至前朝故官家女选为妃的情形来看，皇室与武勋功臣的联姻在洪武后期已呈消歇之势[18]。孝贞皇后王氏的父亲王镇，最初只是一名普通武官，直至天顺八年以女儿王氏选配东宫始以戚畹恩授金吾左卫指挥使，而先于王氏被选中的吴废后的父亲吴俊，当亦是在吴废后入宫后晋升为羽林前卫指挥使的[19]。因此，王镇与吴俊的家族出身，大体符合洪武后期以来就已降格的后妃择选标准。

不过，攀龙附凤的巨大利益几乎注定了这一面向普通官民之家的选拔不可能在公平的框架内展开：一方面，权贵枢要为了维护自身利益，必然会以不同方式介入这一角逐；另一方面，急欲跻列戚畹的官民之家，也不可能不使尽浑身解数，利用错综复杂的社会关系来达到目的。如吴俊为了让自己的女儿被顺利选中，就曾向主持选求太子妃的司礼监太监牛玉行贿，及至吴氏被明宪宗废处别馆，则不仅收受吴俊父子贿赂的太监牛玉、吴熹二人被谪往南京孝陵种菜，连牛玉从子太常少卿牛纶、牛玉外甥吏部员外郎杨琼都被除名，甚至牛玉的姻家、怀宁侯孙镗也被勒令闲住，由此可见司礼监太监牛玉的这些亲族或多或少皆与此事有染[20]。揆以吴废后家族在选妃过程中的所作所为，当不难想见孝贞皇后王氏的在选，自亦有其相应的背景与渊源，对孝贞王皇后家族南都祖茔出土部分墓志的解读，有助于揭示出这些潜在的因素。

孝贞皇后王氏最初之所以膺选皇太子妃，或与王镇之父王凤一向喜好结交士大夫，尤其与南京吏部尚书魏骥之间的莫逆之交有一定的渊源[21]。魏骥历仕五朝，威望甚高。正统年间，大珰王振势焰熏天，凌虐公卿，唯独敬重魏骥。魏骥于景泰元年（1450 年）致仕归里，虽在林野，但倡理学，恤后进，有补治化，以至名动朝野，四方仰德，有如卿云[22]。以此而言，当太监夏时于天顺六年（1462 年）受命往南京等地选太子妃之际[23]，耳濡目染于魏骥的清誉与声望，不可能不受到魏骥在南都故旧的影响，这或许正是身为王凤孙女的孝贞皇后王氏为选妃太监夏时所中意的一个重要契机。

那么，仅仅以军户占籍上元的王凤，何以会攀附上魏骥这样的名臣并结为莫逆之交呢？从史籍记载来看，似乎仅仅因为王凤也是一位"宽大长者"的缘故。然据孝贞王皇后南都祖茔出土墓志，可以发现王凤嫡出的三个儿子中，除了次子王镇是隶籍南京卫所的官员，长子王鉴与第三子王钺都是赀财雄厚之辈。据王鉴长子王洪墓志所载，王鉴生前曾"恩荣冠带"。查诸史载，有明一朝的捐纳之例始于景泰元年，时英宗北狩，京师危急，户部议令军民输纳者给以冠带，官吏罪废者输草于边得复职。景泰二年（1451年），令民输纳者世袭武职。天顺八年，山东大饥，巡抚牟俸乞开纳粟之例，令胥吏得就选，富民授散官。成化以后，纳粟得官的范围更广，或为筹饷，或为救荒，或为营建，或为传奉，皆"率援往例行之"[24]。王鉴捐赀输纳所为何事不得而知，然可证其人当属具有相当实力的富户[25]。至于王钺，更是位"早游江湖，以贸迁为业"的富商，他不仅"家置园亭，垒石浚池，杂植花卉，畜禽鱼，驯鹤鹿，以供观玩，以乐宴游"，而且"凡桥圮而欲建，道壅而欲除，井湮而欲浚，梵宇琳宫之欲饰，贫无资而欲赖之以举火，亲欲婚而不能成，死不能以葬者，有告于门，辄乐然响应而周济之，不少吝焉"。所谓子承父业，以王鉴、王钺二人的丰裕而言，则王凤的殷实富足也就可想而知了。这或许便是王凤得以与魏骥这样的名公巨卿交际的重要前提。

（四）关于孝贞皇后王氏南都祖茔的失考墓与神道碑

中国古代的家族墓，其家族成员通常采取昭穆葬，以祖墓为尊位，在排葬次序上采取向尊位墓主脚部的两侧方向推进的形式，左手位为昭，右手位为穆，以左为尊。同辈之间往往平行排列，但也有受限于墓域范围与地形地貌而呈不规则排列的情形。至于夫妻之间，则多数采取同茔异穴的合葬方式，其中，男性墓主一般多位居靠近墓地中心的一侧。

孝贞王皇后家族在南都的祖茔，经考古发掘，共发现墓葬8座，但最终只有6座墓出土的墓志得以被保存下来，换言之，只有6座墓葬的墓主可以确定。因此，另两座墓（M33、M32）的墓主为何人，仍亟待解决，而围绕孝贞王皇后南都祖茔的一些历史遗留问题，也有望借助这次考古发掘工作与相关的讨论而得到进一步澄清。

1. 关于M33的墓主

从地形地貌上看，孝贞王皇后家族在南都的祖茔位于纬八路以南的岗峦丘陵之上，该片岗峦地带大体为南高北低，而M33正位于这片家族墓地的南面最高处且居于中心部位——M1与M10，M2、M4与M8、M9分列于M33左右两侧，并略呈扇形向北延伸。此外，在孝贞王皇后家族南都祖茔发掘的所有墓葬中，也仅在M33中出土了一块朱砂书写的砖买地券，而其他诸墓均未发现买地券。这在一定程度上也表明，M33的墓主即钦赐孝贞王皇后家族南都祖茔最早的入葬者，换言之，M33应为孝贞王皇后南都祖茔的祖墓。

由于王凤是王氏家族占籍应天府上元县的始祖，其祖、父王玉与王福皆当葬于原籍顺天府密云县，故M33的墓主应为王镇兄弟的父亲、孝贞王皇后的祖父王凤。至于M33西侧浇浆壁近底方形孔穴内所存骨灰，或为王凤正室夫人亦即王鉴、王镇、王钺三兄弟的生母高氏的遗殖。王凤以孝贞皇后王氏正位中宫而受封赠之际，已然"年余八十"，至成化八年谢世，已年届九十岁，可谓罕有的高寿了，其夫人高氏或先已亡故，至此"朝廷以椒房至戚，命官谕祭，命工部营葬于都城南凤台门之西"之际，高氏于例宜迁祔。由于葬制、葬俗上的特殊要求，将可能早已腐烂的高氏尸骸经火化后再合祔工部为王凤"量身定做"的浇浆墓，无疑是最便利的一种做法。

在孝贞王皇后家族南都祖茔发掘的诸墓中，与M33构造相似的还有M10，即王凤第三子王钺墓，其墓右侧浇浆壁下部亦见有一方形孔洞。对此，发掘者认为其应为盗洞，并推断此墓已遭盗扰[26]。但通常情形下，盗洞都呈不规则的形状，而且对于盗墓者而言，也没有比自上而下穿洞入室更为便捷的了。因此，这种在浇浆壁下部出现且较为规则的方形孔洞，只可能是墓葬构建之际所预留，至于其用途，应当也与迁葬的骨灰有关。由于墓葬的浇浆层原本就较为酥松，以至机械施工之际，浇浆壁面难免不遭到触碰或震动破坏，致使浇浆层内的这一方形孔穴内外贯通，遂被误认为是盗洞。王钺有妻室叶氏与侧室孙氏，但在王钺墓志中并未发现有此二人先行谢世的信息，倒是叶氏所出的长子王淳早卒，故王钺墓右侧浇浆壁下部的方形孔穴内，原本也可能封瘗了王淳的骨灰。

2. 关于 M32 的墓主

关于 M32 的墓主，发掘者根据出土残墓志的相关记载，推断为王凤次子、孝贞王皇后的生父王镇[27]。由于 M32 出土的残墓志今已佚失无存，这使得当年发掘者对此墓墓主的推断已无从验证，殊为可惜。不过，结合文献记载来看，M32 的墓主应非王镇，因孝贞皇后王氏征选入宫之初，王镇一门即官于京师[28]，而且王镇与其妻室、孝贞王皇后之母段氏死后，亦合葬于北京西玉河乡，即孝贞王皇后家族在北京的祖茔[29]。那么，M32 的墓主既然不是王镇，又为何人呢？

首先，从考古发现揭示出来的孝贞王皇后家族南都祖茔分布图来看，M32 几乎与 M33 平行而略低，其地位明显高于其他诸墓；其次，M32 是一座较为少见的浇浆骨灰葬墓，这表明，此墓墓主如果不是仓促间死于外地的话，则应经历过迁葬。以此两点来衡量，在孝贞王皇后家族中，王凤的侧室亦即王锐的生母、王凤长子王鉴、王凤庶出的第四子王铨三人，在理论上都有成为 M32 墓主的可能性，而以王铨的可能性最大，下分述之。

王镇兄弟中，王铨与王锐皆系王凤侧室所出，其中王铨早亡，王锐遂得以在"诸昆相继即世"后加官进禄，"益广基业，经营恢拓，甲第如云，一时富贵之家尠与为俪"。但王锐墓志始终未提及生母半句，而只是声称"鞠于嫡母高夫人膝下"，以此而言，自然也就无谓在骤贵之后图报亲恩了。

王鉴谢世之际，以乃父王凤墓为中心的孝贞王皇后家族南都祖茔业已建成，而王鉴的长子王洪其时也年届二十三岁，已然长大成人，故王鉴葬礼的筹办，理应较为从容、周到，当不至采用火化这一不寻常的葬俗。

将 M32 墓主推定为王铨，貌似无可能，这是由于王铨本是王凤庶出之子，且年纪尚轻即"遘危疾"殒命，以至身后乏嗣。但正是在此背景下，执意为王铨守寡的遗媪李玉，实则沦为王凤家族中保姆的角色，如王凤长孙王洪"生七月而失母，且多疾，赖叔母李（玉）鞠养以大"。而另一方面，李玉对于孝贞皇后王氏的鞠育，却获得了始料不及的巨大回报。据墓志称，孝贞皇后王氏在室之际，李玉已预知其不同寻常，因而极力视养，及至孝贞王皇后正位中宫后，对李玉鞠育之恩念念不忘，在将父母、兄弟一门迎至京师为官安家之际，李玉竟亦得以随侍而来，并时时被王皇后召入宫廷叙旧，礼待优厚。李玉辞世后，时已升格为皇太后的王氏不仅哀悼甚至，遣人赗祭于家，甚至李玉在京的族侄亦即皇太后诸弟瑞安侯王源及王清、王濬等亦皆服丧以礼，且朝请给官舟扶柩以归南都祖茔。此外，孝贞王皇后姐弟对于李玉墓志的设置十分讲究。首先，就材质来看，李玉墓志为汉白玉质，这在孝贞王皇后南都祖茔出土诸志中是仅有的；再者，也是最重要的一点，以墓志作者的背景而言，如前揭王凤子孙辈的墓志多出自南都官员的手笔，这其中虽不乏名家巨手，但考量其政治上的身价，就都不能与李玉墓志的作者刘健相提并论了。刘健贵为礼部尚书、武英殿大学士，堪称弘治朝最负盛名的阁臣，并曾于孝宗驾崩之际受命托孤，辅佐武宗，可谓位极人望。刘健之所以为李玉墓志撰文，实出于皇太后长弟瑞安侯王源的敦请，李玉与皇太后姐弟的亲密关系，由此可见一斑，而其人在王凤家族中非同一般的地位，也就不难想见了。关于这一方面，在孝贞王皇后南都凤台岗祖茔的分布排列上表现得尤为突出——李玉为王凤庶出子的遗孀，其墓却位处 M32 之下，但仍居于 M33 的昭位，而其亡夫王铨的嫡兄王铖墓则居于与之平行的穆位，这种尊卑不明、长幼无序的做法虽不符合封建宗法观念，但其中显然有来自皇太后姐弟的影响。

李玉弥留之际，曾向其侄瑞安侯王源请求，希望死后归葬南都祖茔与先夫王铨合祔。然而考古发掘表明，李玉墓为一座单人葬墓，在毗邻李玉墓的左右两侧均未发现有葬人的痕迹，那么，该如何理解李玉墓志所谓棺柩南归后"将以弘治丙辰三月十九日祔葬处士君（王铨）之墓"呢？如果将 M32 视为王铨墓，那么一切就都可以得到合理的解释了。李玉生于宣德二年（1427 年）十二月初八日，以常理揣度，则王铨遭危疾不起当在正统、景泰之际，其时孝贞皇后王氏犹在童稚之年，王氏家族在南都凤台岗的祖茔远未规划，加之自身也无子嗣可依凭，故王铨丧葬的草率行事是可以想象得出的，李玉既要与亡夫合祔，就必然要将亡夫的骸骨迁葬凤台岗祖茔，而这恰恰也是与 M32 的浇浆骨灰葬式相符合的。而李玉墓与 M32 表现出的位置虽尊崇但却不见任何随葬品这一具有共性的现象，应是李玉夫妇身后乏嗣的必然结果。

3. 关于神道碑与瑞安侯王源墓

在孝贞王皇后家族南都祖茔享堂东侧，原来还分布有神道石刻群，惜其组合与数量俱已不详，据当地原住民回忆大致有石人、石羊、石马等，早在民国时期即已倾倒，今所存者，仅有石马和龟趺神道碑各一。

关于此龟趺神道碑，有文物工作者认为系 1982 年南京市第一次文物普查时所发现[30]。但实际上，连同此碑在内的孝贞王皇后祖茔神道石刻，至迟在 20 世纪 30 年代就已得到文史学者、中央大学经济系教授朱偰先生的关注，在其所著《金陵古迹图考》一书中，朱偰先生经实地考察，留下了如下一段记录："在邓愈墓东里许，石兽翁仲，皆已倾倒，系王某墓，官至都督府都督同知，子鉴及镜早亡；其他碑文漫漶难读。"[31]而朱偰先生另一著作《金陵古迹名胜影集》所录该神道碑图版说明文字为"明瑞安侯王源墓：墓在聚宝门（今中华门）外雨花台西南，去邓愈墓约一里，有碑一，文字漫漶难读，翁仲石兽，皆倾卧地上"，则已经将此神道碑断为明瑞安侯王源所有[32]。值得一提的是，明清时期南京的地方志中也颇不乏"瑞安侯王源墓在聚宝门外凤台街"的记载[33]，其所述地点无疑即是考古发现的孝贞王皇后家族南都祖茔所在的凤台岗，但上述地方志中的相关记载也还存在一些明显的疏误，如《万历江宁县志·冢墓》所谓"瑞安侯王源墓，在聚宝门外凤台街。公乃孝慈仁寿太皇太后父也，成化间卒，赐葬于此，弘治中赠瑞安侯"[34]就完全将孝贞皇后王氏的父亲王镇与王氏的长弟王源的关系混淆了，而且王镇成化十年（1474 年）死后葬于北京西玉河乡，兹谓"赐葬于此"云云，也真不知从何说起了。

王镇夫妇死后既葬于北京西玉河乡，揆以大家族聚族而葬之习尚，则王镇诸子王源、王清、王潸等，死后于例皆当随葬于其父母墓侧，也就是说，王源死后亦应随父葬于北京西玉河乡，而不是南都凤台岗祖茔。而据费宏所撰王源墓志，王源以嘉靖三年（1524 年）五月二十六日卒于京师之试第[35]，确是于同年八月二十八日卜葬于"都城西玉河乡"[36]。由此可见，诸多明清南京地方志关于"瑞安侯王源墓在聚宝门外凤台街"的记载皆不可信，至于朱偰先生在所著《金陵古迹名胜影集》中将孝贞王皇后家族南都凤台岗祖茔的这一龟趺神道碑断为瑞安侯王源墓遗物，亦属误会。那么，这一神道碑究竟为王凤家族中的何人所有呢？惜碑文风化漫漶，已无法通读，仅略可见传主尝授官中军都督府都督同知等内容，结合考古发现以及朱偰先生在《金陵古迹图考》所录残存碑文如"系王某墓……官至都督府都督同知……子鉴及镜早亡"云云，则可做出大致判断。史载，孝贞王皇后的父亲王镇成化初以戚畹恩授金吾左卫指挥使，寻以后将正位中宫，而拜中军都督同知，并于成化四年（1468 年）进右都督[37]。而据王钺墓志所述，值王镇晋升中军右都督前后，其父王凤、祖父王福、曾祖王玉皆赠荣禄大夫、中军都督府都督同知。至于王镇长子王源也曾于成化十八年（1482 年）升中军都督府都督同知[38]。前曾述及，由于王凤是王氏家族占籍应天府上元县的始祖，故其祖、父王玉与王福皆当葬于原籍顺天府密云县，至于王镇及其诸子又都葬于北京西玉河乡，且王凤子孙再无其他人任中军都督府都督同知这一职事，故孝贞王皇后家族南都凤台岗祖茔的神道碑，只可能是为成化四年后获赠中军都督府都督同知的王凤所立，而参以出土墓志可知，神道碑碑文所述"子鉴及镜早亡"中的"子鉴"，即是王凤长子王鉴，至于碑文所述另一早亡之子王镜，或即王凤五子王鉴、王镇、王钺、王铨、王锐之外的第六子[39]，但也不排除因碑文漫漶难辨，以至朱偰先生将王凤早亡的庶子、李玉先夫王铨之"铨"误释为"镜"的可能。

据王凤第三子王钺墓志所述，王凤卒于成化八年，而其长子王鉴卒于成化九年，史载孝贞王皇后的生父王镇即卒于成化十年六月，揆以王凤神道碑碑文中"子鉴及镜早亡"而王镇的死却并未见诸王凤神道碑碑文，则可推知王凤神道碑当立于成化九年至成化十年六月之间。值得一提的是，王钺墓志的撰造者钱溥在王钺墓志文末称："（王）锐以其友、冬官郎中吴元玉所为状来请铭，余亦交于公者，尝记公先都督之坟矣，而于铭墓也奚辞。"据此可证，王凤神道碑文亦为钱溥所撰。

钱溥，字原溥，号九峰，松江华亭人。少时即有文誉，正统四年（1439 年）进士，御试《蔷薇露诗》，大见称于朝。尝于内书堂教授小内侍书，授翰林检讨。天顺元年（1457 年）升侍读学士，赐二品服，充东宫讲读官；六年（1462 年）使安南，赐一品服；八年（1464 年）坐交通东宫典玺局郎王纶事，谪广东顺德县。成化年间累迁至南京吏部尚书。弘治元年（1488 年）五月卒，享年八十一岁。钱溥以"文誉藉甚，四方以得其文与字者为荣，一时碑版照四裔，可谓盛矣"[40]，但其平生却因借内书堂授书之机公然结交宦官而饱受诟病。钱溥晚年官南都，留下了大量的碑志文字，但今所见多为墓志，植立于地面的碑版实物则极其罕见，位于南京南郊凤台岗的王凤神道碑可能是迄今所见的唯一一例，可惜碑文已漫漶不清，幸赖王钺墓志始得以揭示之。

执　笔：邵　磊　骆　鹏

注　释

［1］　南京市博物馆《一九八七年至一九八八年南京邓府山六朝墓群清理简报》，《东南文化》1992 年第 2 期。

［2］　南京市博物馆等《江苏南京市邓府山明佟卜年妻陈氏墓》，《考古》1999 年第 10 期。

[3] 王锐妻杨氏墓志为明代王偊所撰，存录于其所著《思轩集》卷二一，题为《宜人杨氏墓志铭》，《续修四库全书》第1329册，第646页，上海古籍出版社，1995年。今以杨氏墓志原石（下简称《石本》）与《思轩集》卷二一存录杨氏墓志志文（下简称《集本》）校核，识其异同不少。如：《石本》首题，《集本》失"诰封"二字；《石本》正文第1行，《集本》失"金陵望族"四字；《石本》正文第2行"母赵氏"，《集本》作"母某氏"；《石本》正文第4行"都督同知赠瑞安伯凤"，《集本》作"都督同知赠瑞安伯某"；《石本》正文第5行，《集本》失起首"圣母尊上"四字；《石本》正文第7行"分财异产"，《集本》作"分财异居"；正文第13～16行"宜人平生，奉先以诚，待下以恕，妾媵有过，不加谴责，从容训戒，俾之悛改。遇克英之棰挞婢仆，必劝止之，罔俾离心。其服御不尚华侈，间得珍异，必均给众妾，而自取其不堪者，众妾德之，如奉慈母，而诸子亦亲爱之，不知其非宜人所出"等大段文字内容，《集本》俱无；《石本》正文第17、18行"此克英所为深悼惜之，以图其传于予也。宜人生景泰辛未十一月五日，卒弘治改元六月二十三日"，《集本》仅作"弘治改元六月廿三日"；《石本》正文第19～22行"其状则光禄少卿张君所述。乌乎！太史公尝言：'女无美恶，入宫见妒；士无贤不肖，入朝见嫌。'盖谋深虑远而急于承先，推贤让能而乐于忘我。此学士大夫所不多见，况女妇乎？噫！如宜人者，诚不可使无闻于后世也。故不辞为论撰之"，《集本》仅作"其状则光禄少卿张君贲所述。予按之为之论撰"。上述异同，除了墓主家族成员的名讳、姓氏于例在《集本》中多以"某"替代外，余多为镌志纳圹之际添补，内容无非主家谀赞之辞。

[4] （明）沈德符撰、谢兴尧整理《万历野获编·补遗》卷一《宫闱·万妃晚幸》，第804页，中华书局，1959年。

[5] 《明史》卷一七六《李贤传》，第4676页，中华书局，1974年。以下所引《明史》皆据此版本。

[6] 《明宪宗实录》卷八载，天顺八年八月"癸卯，废皇后吴氏居于别馆。初，上在东宫，英宗为择配，榜谕中外，分命中官往采得十二人皆至，英宗亲选王氏、吴氏、柏氏三人留于宫……而立吴氏，王氏、柏氏皆入副宫。俄有旨：牛玉坏朝廷大婚，下都察院狱，并吴熹鞠之。玉、熹皆太监也。玉辞连后父都督同知俊，逮俊及其子雄下狱，狱词谓将立后时，玉以王氏非其所选，说太后欲易之，而俊、雄以玉尝选吴氏，因熹赂玉，故卒立后……后立未踰月而废，当时传言或谓后宫先有擅宠者，被后杖责故及。然宫禁事秘莫得而详"，第188、189页，（台北）"中央研究院"历史语言研究所校勘本，1962年。以下所引《明实录》皆据此版本。

[7] 《明史》卷一一三《后妃一·孝贞王皇后传》，第3521页。

[8] 文献所及的明宪宗孝贞皇后王氏的家族成员，集中见载于《明史》卷一〇八《外戚恩泽侯表》（第3284页）和卷一八八《外戚·王镇传（子源等附）》（第7673、7674页）。

[9] 王锐及妻杨氏的行实，见载于《明宪宗实录》卷二三九，成化十九年（1483年）夏四月癸亥"太监怀恩传奉圣旨，升皇亲故右都督王镇弟锐为锦衣卫世袭正千户。既而锐乞改注南京锦衣卫，许之"，第4051页；（明）王偊《思轩集》卷二一《宜人杨氏墓志铭》，《续修四库全书》第1329册，第646页，上海古籍出版社，1995年。

[10] 另据明人杨廷和为王镇第三子王濬所撰墓志云："公之先，南京上元县人，高祖讳玉，赠都督同知；曾祖讳福，祖讳凤，俱赠瑞安侯；父讳镇，追封国公……"其所述孝贞王皇后的家族世系，亦与王锐墓志相合。（明）焦竑编《献征录》卷三《戚畹·安仁伯王公墓志铭》，第114页，上海书店，1987年。

[11] 《明宪宗实录》卷一二九载，成化十年（1474年）六月戊寅"中军右都督王镇卒。镇字克安，顺天府密云县人，皇太后之父也……镇世以德善相承，其父尤宽大长者，好延士大夫，与南京吏部尚书魏骥交莫逆。镇承家教，为人重厚清谨，虽居宠荣，不改其旧，盖笃行君子也"，第2455页。

[12] 《明宪宗实录》卷一一五，成化九年夏四月丁丑，第2230页。

[13] 据《明孝宗实录》卷七四载，弘治六年四月癸丑"追封皇亲瑞安侯王源故父王镇为阜国（公），谥康穆，

王源之母段氏进封阜国夫人"，第 1396 页。

[14]　《明史》王镇本传与《外戚恩泽侯表》谓王源封瑞安侯为弘治六年，皆误。其中，王镇本传校勘记据《明孝宗实录》卷七〇识出王源在弘治五年十二月己亥已为瑞安侯，然据《明功臣袭封底簿》，可确知王源封瑞安侯当系于弘治五年七月十三日。详见（明）吏部清吏司编《明功臣袭封底簿》第一卷，第 80 页，（台北）学生书局，1970 年。

[15]　（明）吏部清吏司编《明功臣袭封底簿》第二卷，第 215 页，（台北）学生书局，1970 年。按，王桓袭替安仁伯的时间，《明史·外戚恩泽侯表》误为正德三年（1508 年），第 3284 页。

[16]　据《明史》，孝贞皇后王氏在弘治年间被尊为皇太后，武宗即位后为太皇太后，并上尊号曰"慈圣康寿"。正德十三年二月崩，上尊谥曰"孝贞庄懿恭靖仁慈钦天辅圣纯皇后"，合葬茂陵，祔太庙。

[17]　《明宪宗实录》卷二三九载，成化十九年四月癸亥"太监怀恩传奉圣旨，升皇亲故右都督王镇弟锐为锦衣卫世袭正千户。既而锐乞改注南京锦衣卫，许之"，第 4051 页。

[18]　详见《明太祖实录》卷二三一，第 3376、3377 页；《明太祖实录》卷二四〇，第 3494、3495 页。

[19]　《明宪宗实录》卷五载，天顺八年五月辛巳"升羽林前卫指挥使吴俊为中军都督府都督同知，以将册立中宫也"，第 150 页。

[20]　《明宪宗实录》卷八载，天顺八年八月"甲辰，罢三千营总兵官怀远侯孙镗，闲住。除太常寺少卿兼侍读牛纶、吏部员外郎杨琮名。镗，牛玉姻家；纶，玉之侄；琮，其甥。以科道官劾玉并及之也……乙巳，命神机营总兵官、抚宁伯朱永兼领三千营总兵，代孙镗也"，第 189 页。

[21]　《明宪宗实录》卷一二九载，成化十年六月戊寅"中军右都督王镇卒。镇，字克安，顺天府密云县人，皇太后之父也……镇世以德善相承，其父，尤宽大长者，好延士大夫，与南京吏部尚书魏骥交莫逆"，第 2455 页。

[22]　《明史》卷一五八《魏骥传》，第 4318 ~ 4320 页。

[23]　《明英宗实录》卷三四〇载，天顺六年五月庚子"命太监裴当、牛玉于京城，颜义于直隶并山东，夏时等于南京并河南，选求良家女子堪为皇太子妃者。各降敕谕之"，第 6908 页。

[24]　《明史》卷六九《选举志》，第 1683 页。

[25]　成化后期以迄弘治间，补官之滥，不分良贱，皂隶、奴仆、乞丐、无赖之徒，凡纳银四十两，即得冠带，且任差遣，因缘为奸利。参见（明）王锜撰、张德信点校《寓圃杂记》卷五《义官之滥》，第 40 页，中华书局，1984 年。王凤长子王鉴的"恩荣冠带"，至迟当在成化初或此前，固不属此列。

[26]　据南京市博物馆藏明孝贞王皇后家族南都祖茔 M10 发掘记录引。

[27]　华国荣《明宪宗孝贞皇后家族墓在南京邓府山发掘》，《南京史志》1989 年第 4 期。

[28]　据明人李东阳《文后稿》卷三〇《封阜国太夫人王（源）母段氏合葬墓志铭》谓，孝贞皇后王氏正位中宫后，其父王镇即"官于京师"。（明）李东阳撰、周寅宾点校《李东阳集》第三卷，第 433 页，岳麓书社，1985 年。

[29]　孝贞皇后王氏之父王镇卒于成化十年六月，讣闻，明宪宗辍朝一日，赐祭葬如例。至弘治六年四月，已谢世多年的王镇被追封为阜国公。而据明人李东阳撰《封阜国太夫人王（源）母段氏合葬墓志铭》所载，王镇妻室段氏卒于正德五年（1510 年）十一月十二日，其诸子遂卜以次年二月二十一日开启位于北京西玉河乡的阜国公圹，将其与王镇合葬。

[30]　杨新华等主编《南京市雨花台区文物志》，第 301 页，南京大学出版社，1996 年。

[31]　朱偰《金陵古迹图考》第十章《明代之遗迹》，第 187 页，中华书局，2006 年。

[32]　朱偰《金陵古迹名胜影集》，第 81 页，中华书局，2006 年。

[33] （清）于成龙纂修《康熙江宁府志》卷二五《陵墓》载，"瑞安侯墓在聚宝门外风台街。侯姓王名源"，国家图书馆藏清康熙二十二年（1683 年）精抄本。

[34] （明）李登、（明）周诗纂修《万历江宁县志》卷四《祠宇志·冢墓》，江苏广陵古籍刻印社，1987 年。

[35] 据《明世宗实录》卷四一载，嘉靖三年七月丁卯"太傅瑞安侯王源卒。上为之辍朝一日，赐斋粮麻布，赠太师，谥'荣靖'，赐祭葬如例。源，孝贞太皇太后之弟也"，第 1035、1036 页。

[36] （明）费宏撰，吴长庚、费正忠点校《费宏集》卷一七《明故太傅瑞安侯赠太师谥荣靖王公（源）墓志铭》，第 609、610 页，上海古籍出版社，2007 年。

[37] 《明宪宗实录》卷一二九，成化十年六月戊寅，第 2455 页。

[38] 同［36］。

[39] 明孝贞王皇后家族南都祖茔出土王洪墓志正文第 4 行谓王凤"生六子"。

[40] （明）何良俊撰《四友斋丛说》卷一六《史十二》，第 137 页，中华书局，1959 年。

本文原载《东南文化》2013 年第 6 期，本次略作修改。

南京白下瑞金路小学工地明代白虎桥基址发掘简报

南京市考古研究所

南京市秦淮区文化局

南京市秦淮区瑞金路小学位于南京市瑞金路 38 号，御道街西侧、解放路东侧、瑞金路南侧（图一）。此区域不仅紧靠明代皇城和御道，而且区域内还有明代最高军事机构[1]。因此，此区域被列为南京市地下文物重点保护区。

2012 年 8 月，为配合基本建设，南京市考古研究所（原南京市博物馆考古部）组成考古队在瑞金路小学工地施工区域中部布了一条长 50、宽 4 米的探沟（编号 2012NQRTG1，以下简称 TG1）进行考古发掘，因在探沟南侧发现有条石，遂进行了扩方，发现了白虎桥基址（图二），至 2012 年 11 月发掘工作全部结束。现将本次发掘情况简报如下。

一　地层堆积

TG1 所在位置原为学校教学楼，地表以下 1.8 米皆为建筑砖瓦及混凝土块，故用挖掘机将此层挖去，考古发掘的地层共分为 3 层（图三）。

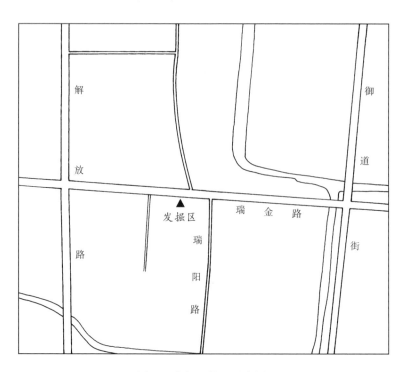

图一　发掘区位置示意图

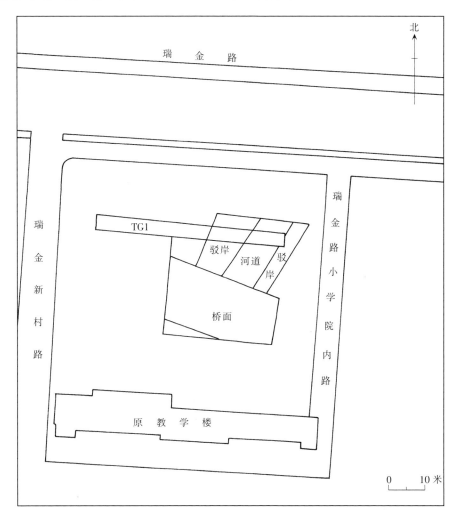

图二 探沟（TG1）位置图

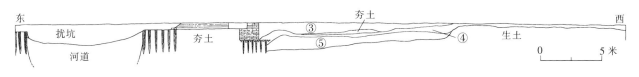

图三 TG1 南壁剖面图

第③层：明代层。灰褐色杂土，土质松软，厚 0 ~ 1.4 米，包含砖块和瓦残片等。此层内出土青瓷片、青花瓷片，可辨器形有碗、盘、罐等。

第④层：宋代层。灰色土，土质疏松，厚 0.3 ~ 0.6 米，包含砖块及少量瓦残片等。此层内出土青白瓷片、黑瓷片，可辨器形有碗、盘等。

第⑤层：五代层。灰色土，土质疏松，含沙较多，厚 0 ~ 1 米，包含砖块及少量瓦残片等。此层内出土酱黄釉瓷片、青瓷片，可辨器形有碗、钵等。

二 桥梁形制与结构

本次发掘发现的遗迹主要为一座高等级桥梁建筑基址，其分为桥体、河道及两侧驳岸三部分

（图四；彩版三九：1）。

（一）桥体

此座桥梁建筑基址为砖石结构的单孔券拱桥，东南至西北走向，方向115°，南北宽15.9、东西发掘长27米。由桥面、桥拱和桥基三部分组成。

桥面　民国时期被毁。在拱桥北侧河道内发现有桥面上的石质建筑构件，如石护栏等（彩版三九：2～4）。

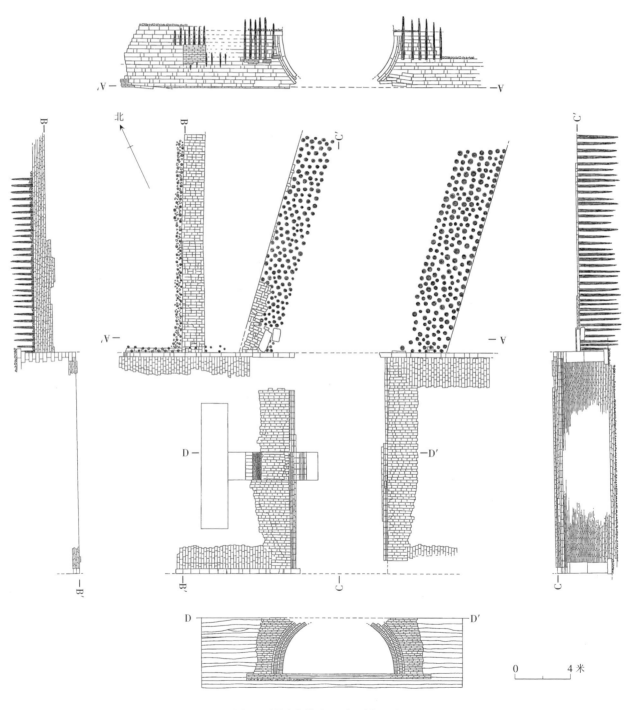

图四　桥梁建筑基址平、剖面图

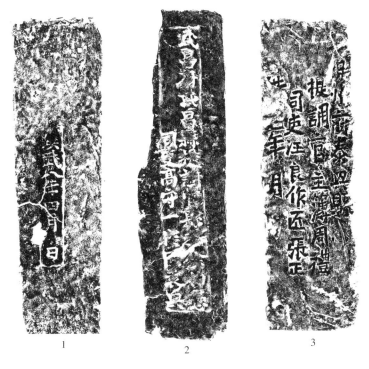

图五 模印文字砖拓片（1/5）

桥拱 由券拱和护砖墙组成。券拱为砖石结构，团弧形，顶部已坍塌，最大跨径8.2、现存高3.8米。券拱北端（由于客观原因，券拱南端未清理）用三层微弧的长石条镶边，其中上层和中层条石较薄且短，长76、宽50、厚15厘米，下层条石较宽厚且长，长150、宽80、厚25厘米。券拱中部以长方形青砖砌成，砌法为"一券一伏"，共2组，砖缝之间用白灰浆填实，砖长41.5～42、宽21.5～22、厚11.5～12厘米。护砖墙位于券拱的东侧和西侧，与南北两侧桥基包砖墙相连，平面呈南北向长方形。通过解剖探沟，发现该墙均用长方形青砖横向错缝平砌而成，外侧大部分用残砖平砌而成，砖缝之间用细泥填实并且叠压在券拱砖上。护砖墙现存南北长12.8、顶宽2.75、底宽1.8、现存高4.1米，剖面呈梯形。护砖墙是在砖铺平台面上向内收0.45米后再向上砌筑。砖铺平台自下至上横向错缝平铺三层砖，较平整，南北发掘长4、东西宽2.2、高0.3米。砖铺平台下为青灰色夯土层，较硬，夯面平坦，厚0.5、夯层厚0.2～0.3米。夯土内夹杂少量宋元及六朝时期的青瓷残片、残砖块和碎瓦砾片。砖铺平台与夯土之间平铺有一层厚0.1米的碎石渣。在解剖券拱西侧护砖墙时，发现有部分模印文字砖，其中一块砖的一侧模印有"洪武八年四月□日"（图五:1），另一侧模印有"武昌府武昌县提调官县簿□□司吏高守一□□□"等字（图五:2），还在另一块砖的一侧发现有"提调官主薄周礼司吏汪良作匠张正洪武七年□月"等字（图五:3）。

桥基 南北两侧最外部以条石横向垒砌，缝隙严密并以白灰浆填实，条石长130、宽30、厚25厘米。条石内侧为包砖墙，均用明代大砖自下至上错缝顺砌，南侧包砖墙宽1.3、北侧包砖墙宽1.2米。包砖墙内部为夯土，南北宽12.8、现厚4.8米。夯土上部均为黄褐色，土质较硬，夯面略呈东高西低状，表面铺垫一层厚0.01～0.03米的碎石渣，夯层厚0.25～0.5米。夯土近底部为青灰色，土质较硬，夯面略呈东高西低缓坡状，表面铺垫一层厚0.01～0.03米的碎石渣，夯层厚 0.2～0.45 米。夯土内夹杂少量明代及宋元、六朝时期的青瓷残片、碎砖块和瓦砾片等。

（二）河道及驳岸

河道　西南至东北向，方向 25°，贯穿桥南北。桥拱及其南部河道未清理，仅发掘桥拱以北河道，长 16.5、宽 8.2 米（即东、西两驳岸之间的距离）。

驳岸　即桥梁北侧驳岸，分为西驳岸和东驳岸。驳岸结构为外侧包砌砖墙、内部夯土，包砖墙下有木桩支撑。西驳岸现发掘总长 15.6、南端宽 6.7、北端宽 11.1、高 1.4、距桥面 1.5 米。西驳岸西侧包砖墙保存相对完好，宽 1.5～1.65 米；东侧包砖墙几乎无存，仅剩木桩，残长 16.5、宽 2.5 米，木桩保存较好，分布无规律，长 2.9～3.8、直径 0.15～0.35 米。东驳岸只清理出西侧一半，仅剩木桩，现发掘总长 15、宽 3.4 米，木桩保存较好，长 2.9～3.8、直径 0.1～0.38 米。

三　出土器物

出土器物主要为建筑构件和陶瓷器残片等，瓷器残片大多无法复原。现将较完整或经修复较完整的器物分述如下。

（一）建筑构件

1. 琉璃龙纹瓦当

TG1③：1，残存三分之二。圆形，浅宽边轮较规整，当背由上而下渐薄。当心雕刻一凸起的腾龙，龙身盘曲，龙首居于当面中心，首平视，头上有角，颚下有髯，颈后戟毛飘起，五爪张开呈半圆形，遍身龙鳞。黄胎，胎质较细，火候较高。当面、当背未施釉。直径 16.8、厚 1.6～3.8 厘米，边轮宽 1～1.2、高 0.4 厘米（图六：1、七：1；彩版四〇：1）。

Q1：3，残存三分之二。圆形，浅宽边轮较规整，当背较平，后接筒瓦，连接处用泥条加固，并有手摸痕。当心雕刻一凸起的腾龙，龙身盘曲，龙首居于当面中心，首平视，头上有角，颚下有髯，颈后戟毛飘起，五爪张开呈半圆形，遍身龙鳞。黄胎，胎质较粗，火候较高。当面、当背施黄釉，筒瓦外侧及内侧局部施黄釉。直径 14.5、厚 1.6 厘米，边轮宽 1.8、高 0.3 厘米，筒瓦残长 13、厚 1.6 厘米（图六：2、七：2；彩版四〇：2）。

Q1：4，残存小半。圆形，浅宽边轮较规整，当背较平，后接筒瓦，连接处用泥条加固，并有手摸痕。当心雕刻一凸起的腾龙，龙身盘曲，龙首残，五爪张开呈半圆形，遍身龙鳞，龙尾居于上部左侧。黄胎，胎质较粗，火候较高。当面、当背施黄釉，筒瓦外侧及内侧局部施黄釉。直径 16、厚 2 厘米，边轮宽 1.6、高 0.4 厘米，筒瓦残长 9、厚 1.8 厘米（图六：3）。

Q1：5，当面边轮残。圆形，浅宽边轮较规整，当背由上而下渐薄。当心雕刻一凸起的腾龙，龙身盘曲，龙首居于当面中心，首平视，头上有角，颚下有髯，颈后戟毛飘起，五爪张开呈半圆形，遍身龙鳞，龙尾居于上部左侧。黄胎，胎质较粗，火候较高。当面及当背局部施绿釉。直径 18.5、厚 1.8～3.6 厘米，边轮宽 1.6、高 0.4 厘米（图六：4、七：4；彩版四〇：3）。

Q1：6，残存小半。圆形，浅宽边轮较规整，当背较平，外缘有手抹痕。当心雕刻一凸起的腾龙，龙身盘曲，龙首居于当面中心，首平视，五爪张开呈半圆形，遍身龙鳞，龙尾居于上部左侧。黄胎，胎质较粗，火候较高。当面、当背施黄釉。直径 16.2、厚 2.1 厘米，边轮宽 2.5、高 0.2 厘

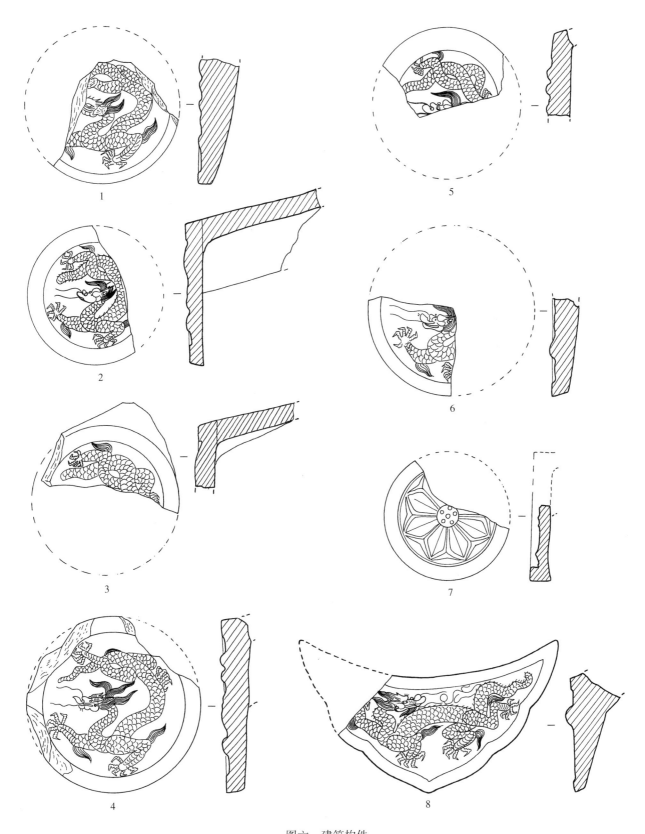

图六　建筑构件

1～6. 琉璃龙纹瓦当（TG1③：1、Q1：3～Q1：7）　7. 陶莲纹瓦当（TG1⑥：1）　8. 琉璃龙纹滴水（Q1：1）　（均为1/4）

米（图六：5）。

Q1：7，残存三分之一。圆形，浅宽边轮较规整，当背由上而下渐薄。当心雕刻一凸起的腾龙，龙首居于当面中心，首平视，头上有角，颚下有髯，颈后戟毛飞起，五爪张开呈半圆形，遍身龙鳞。黄胎，胎质较粗，火候较高。当面及当背局部施黄釉。直径18.2、厚1.8~2.6厘米，边轮宽1.3、高0.3厘米（图六：6）。

Q1：9，残存小半。当面圆形，浅宽边轮较规整，当背较平。当心雕刻一凸起的腾龙，龙身盘曲，龙首残，五爪张开呈半圆形，遍身龙鳞，龙尾居于上部左侧。白胎，胎质较细，火候较高。当面施黄釉，当背未施釉。直径18、厚2厘米，边轮宽2、高0.4厘米。

2. 琉璃龙纹滴水

Q1：1，残存五分之四。近三角形，上部内弧，边缘凸起，当背由上而下渐薄。表面雕刻凸起的腾龙戏珠纹，龙首居于左侧上部，回顾一圆珠，头上有角，颚下有髯，颈后戟毛飘起，五爪张开呈半圆形，遍身龙鳞，龙尾居于右侧上部。泥质黄胎，胎质较粗，火候较高。正、背面施黄釉。残长25.5、宽12、厚1.2~4.2厘米（图六：8、七：5；彩版四〇：4）。

Q1：2，残存五分之三。近三角形，上部内弧，边缘凸起，当背由上而下渐薄。表面雕刻凸起的腾龙戏珠纹，龙首居于左侧上部，回顾一圆珠，头上有角，颚下有髯，颈后戟毛飘起，五爪张开呈半圆形，遍身龙鳞，龙尾居于右侧。泥质黄胎，胎质较粗，火候较高。正、背面施黄釉。残长18.5、残宽11、厚1.2~3.6厘米（彩版四〇：5）。

3. 陶莲纹瓦当

TG1⑥：1，残存一半。泥质灰陶。圆形，高边轮较规整，当背较平，一侧有指按痕，后接筒瓦，连接处用泥条加固。边轮内有一周凸弦纹，其内模印一凸起的莲花，现存五莲瓣。莲瓣扁平瘦长，中间起筋，各瓣之间有分隔线，分隔线顶端饰 V 形莲蓬。当心较平，内饰六颗莲子。直径13.5、厚1.2厘米，边轮宽1.5、高0.8厘米（图六：7）。

TG1⑤：1，泥质灰陶。圆形，高边轮较规整，当背较平，中部有一指按凹痕，后接筒瓦，连接处用泥条加固。边轮内有一周凸弦纹，其内模印一凸起的九瓣莲花。莲瓣肥润，中间起筋，各瓣之间有分隔线，分隔线顶端饰菱角形莲蓬。当心微凸，内饰七颗莲子。直径14.2厘米，边轮宽1.5、高0.8厘米（图七：3；彩版四〇：6）。

此外，基址内还出土部分石质桥栏杆构件，但其原所在位置已无法确定。

（二）其他

青瓷碗　TG1⑤：2，近直口，圆唇，弧腹下收，假圈足。内底有三个支烧痕，外底有轮制线切痕。灰白胎。内外施青灰色釉，釉面有开片，外部施釉不及底。口径9.6、足径4.4、高4.3厘米。

酱釉钵　TG1⑤：3，直口，圆唇，折腹，平底内凹。内、外底均有六个支烧痕。灰胎。内外施褐色釉，外部施釉至上腹部，内部近口沿处施釉。口径15、底径7.3、高4.8厘米。

铁权　Q1：8，通体锈蚀。扁平束腰形，上部有一穿孔。残高10、宽7、厚3~4.5厘米。

骨簪　TG1③：2，整体呈扁平矛形，簪脚尖，中部宽且扁平，簪身呈圆柱形，顶端作钉帽状。长11.8、宽1.4、厚0.3厘米。

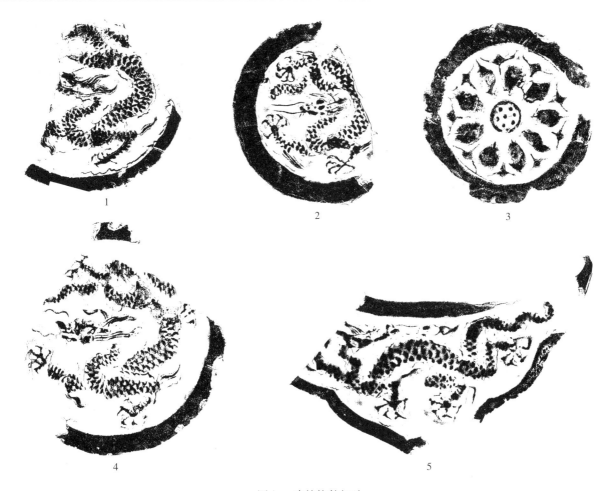

图七　建筑构件拓片
1、2、4. 琉璃龙纹瓦当（TG1③:1、Q1:3、Q1:5）　3. 陶莲纹瓦当（TG1⑤:1）　5. 琉璃龙纹滴水（Q1:1）　（均为1/3）

四　结　语

本次发现的明代桥梁建筑基址等级较高，桥体外侧均用条石砌筑，内有包砖墙，桥体内部为夯土，因其所用砖均为明代大城砖，且部分为"洪武七年"（1374年）和"洪武八年"（1375年）的纪年砖，因此这座桥梁基址的时代应为明代。明故宫的建设基本分为三个阶段：第一阶段为至正二十六年（1366年）至吴元年（1367年），解决了选址问题并奠定了明代宫殿的基本模式，形成了三朝二宫制度；第二阶段为洪武八年至洪武十年（1377年），太祖朱元璋改作大内宫殿，首先加强了门的建设——午门翼以两观，形成阙门，中三门东西为左右掖门，奉天门左右建东西角门，奉天殿左右建门，左曰中左，右曰中右，奉天门外两庑之间有左、右顺门，左顺门之外为东华门，右顺门之外为西华门，同时在东华门内建文华殿，为东宫视事之所，西华门内建武英殿，为斋戒时居住之地；第三阶段为洪武二十五年（1392年），再次扩建大内，增加宫前建筑，改建金水桥，又建端门、承天门、长安东西二门，南直抵洪武六年（1373年）建成的洪武门，遂成完整的明南京宫殿布局[2]。据出土的洪武八年铭文城砖，这座桥的始建年代当不早于洪武八年，故可能为第三阶段扩建大内时所建。此桥一直沿用至民国时期，1947 年 6 月，南京国民政府对明故宫机场进行第三次扩建时将其废弃，河道被填塞，并在御道街之西重开河道，以贯通水系。

这座桥的桥面宽近 16 米，如此体量的桥梁建筑基址在新中国成立以来的考古发掘中较为罕见。《金陵古今图考》中《境内诸水图考》[3] 和《明代南京宫城皇城复原图》所揭示的明代白虎桥位置[4]，与此次发现的桥梁所处位置相吻合，而 1928 年共和书局出版一张带比例尺的民国老地图上标注的白虎桥与外五龙桥及御街的距离和我们实测的此桥与外五龙桥及御街的距离基本相同[5]。因此，此桥应是明代皇城外御河上的白虎桥。

白虎桥位于西长安门外，与东长安门外的青龙桥对应而设，以应风水之要。它是御河上的一座重要桥梁，其紧邻明代皇城，位于五军都督府西侧，连接宫城与皇城水系，对于研究明代皇城的总体格局、水系安排具有重要的学术价值。

领　　队：龚巨平

发　　掘：龚巨平　贾维勇

　　　　　祝乃军　刘云仓

摄　　影：祝乃军

绘　　图：董补顺　祝乃军

拓　　片：雷　雨

执　　笔：贾维勇

注　释

[1]　（明）礼部纂修《洪武京城图志》载，中军都督府在承天门外御街西，左军都督府在中军都督府南，右军都督府在左军都督府南，前军都督府在右军都督府南，后军都督府在前军都督府南，第 33 页，南京出版社，2006 年。

[2]　（明）李东阳等纂《大明会典》卷一八一，第 1731～1734 页，广陵书社，2007 年。

[3]　（明）陈沂撰《金陵古今图考》之《境内诸水图考》，第 96 页，南京出版社，2006 年。

[4]　潘谷西主编《中国古代建筑史》第四卷《元明建筑》，第 102 页，中国建筑工业出版社，2001 年。

[5]　《最新首都城市全图》，南京共和书局，1928 年。

南京牛首山古代遗存考古调查报告

南京市考古研究所
南京市江宁区博物馆

一 牛首山简介及考古调查缘起

牛首山，又名天阙山，位于江苏省南京市江宁区东善乡西北，属于宁镇丘陵西段南支，低山丘陵地形，主峰高242.9米，面积约5平方公里，因山顶南北双峰似牛角而得名。以牛首山为主体，北连翠屏、南接祖堂，周围有感应泉、虎跑泉、白龟池、兜率岩、文殊洞、辟支洞、含虚阁、地涌泉、饮马池，以及弘觉寺、弘觉寺塔、郑和墓和抗金故垒等人文景观。

1937年南京沦陷后，侵华日军将全山砍伐一空，历代建筑付之一炬。1957、1971年因开采铁矿又削平了西峰并形成大坑，文物古迹所剩无几，直至1986年进行风景区规划后，牛首山加强了保护和管理，修复了宏觉寺塔。

为配合"佛顶宫"项目和牛首山大遗址公园的建设，受南京市文物局委托，南京市博物馆和江宁区博物馆于2012年9～10月对"佛顶宫"项目一期所涉范围进行了考古调查工作。调查面积以牛首山东峰为中心方圆约20万平方米。

二 考古调查方法

考古调查以牛首山现存的地形、地貌为依据，利用文献资料、检索方志，并走访知情人，对调查区域全部进行实地踏勘。发现遗迹或遗物后，比照文献资料进行确认，按照田野考古调查规范，进行测量、绘图，并用文字和图片记录。

由于山上树木众多、枝繁叶茂，实地调查时树木遮蔽视线无法观察到新修的宏觉寺塔，故不能以其作为参照点，只能按照由山顶至山脚、先西后东再南的调查路线顺序记录。

三 考古调查收获

本次考古调查新发现文物点32处（图一），包括建筑遗迹、石垒墙、道路、泉、水池、佛龛、山洞等，以下详细介绍。

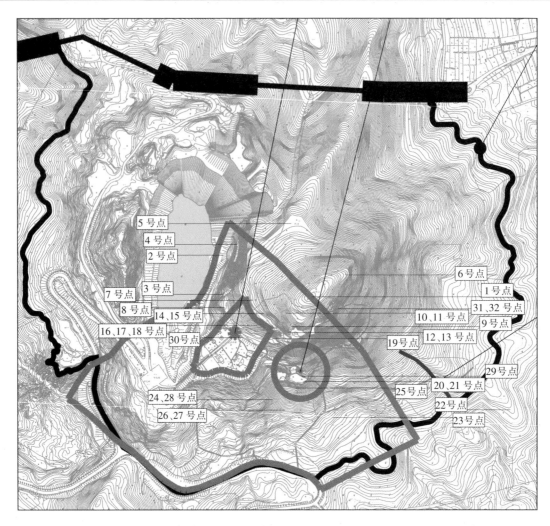

图一　牛首山新发现文物点分布示意图

（一）建筑遗迹

15 处。

1 号点　位于牛首山东峰顶部，地理坐标为北纬 31°54.886′，东经 118°44.349′，高度 13 米。遗迹平面呈方形，边长约 40 米，面积约 1600 平方米。地表发现有被凿的石块、瓦当、建筑构件和大量青灰色碎砖。砖块残长 10~17、宽 12~13、厚 3~7 厘米，部分砖块中部带 V 形浅槽，槽口宽 2.2、深 1.2 厘米。据《金陵梵刹志》卷三三所载《牛首山宏觉寺图》推测，此处可能是弥勒殿旧址（图二）。

3 号点　位于牛首山东峰西侧，地理坐标为北纬 31°54.888′，东经 118°44.268′，高度 7.5 米。遗迹平面呈椭圆形，约东西长 20、南北长 20 米，面积约 400 平方米。地表发现建筑构件、石凿莲花座 4 块和大量青灰色碎砖，莲花座残长 40、高 25、残厚 31 厘米，砖块残长 10~18、宽 13~16.5、厚 2.5~8 厘米。据《金陵梵刹志》卷三三所载《牛首山宏觉寺图》推测，此处可能是地藏殿旧址。

7 号点　位于牛首山东峰西南侧，属于平台地，地理坐标为北纬 31°54.86′，东经 118°44.296′，高度 11 米。遗迹平面呈长方形，东西长 40、南北宽 20 米，面积 800 平方米。地表发现青灰色筒瓦和板瓦等建筑构件、石凿莲花座、石柱础 4 个及大量青灰色长方形碎砖和楔形砖。平台地北部山体被凿成直壁，西北角山体凿成直角拐弯状。北部山体石壁下有一山洞，宽 0.9、高 0.7、深 0.7 米。平台南部、东部边缘为石块垒砌。长方形砖残长 31、宽 26、厚 6 厘米，楔形砖长 29.5、宽 13.5、厚 1.5 ~ 3 厘米，筒瓦瓦头长 4、直径 16.5、厚 2.5、残长 15 厘米，石凿莲花座残长 74、残高 25.5、厚 18 厘米，石构件残长 58、残宽 47、厚 13.5 厘米，石柱础上圆下方，直径 47 ~ 48、底座长 62 ~ 71、底座宽 60 ~ 76、厚 24 ~ 36 厘米。据《金陵梵刹志》卷三三所载《牛首山宏觉寺图》推测，此处可能是文殊祠（或观音阁）旧址，山洞可能是观音洞旧址。

9 号点　位于牛首山东峰西南，属于平台地，地理坐标为北纬 31°54.845′，东经 118°44.324′，高度 10.5 米。遗迹平面呈长方形，东西长 15、南北宽 4 米，面积 60 平方米。地表发现青灰色砖质建筑构件和瓦头。

16 号点　位于牛首山东峰西南侧、15 号点以南，属于平台地，地理坐标为北纬 31°54.844′，东经 118°44.295′，高度 7 米。遗迹平面呈长方形，东西长 50、南北宽 10 米。地表散落大量青灰色碎砖。平台南侧、东侧边缘为石块垒砌，平台前部为悬崖。

17 号点　位于牛首山东峰西南侧、16 号点以南，属于平台地，地理坐标为北纬 31°54.840′，东经 118°44.295′，高度 5 米。遗迹平面呈不规则形。东西长 7、南北宽 5 米。平台南部边缘、东部边缘为石块垒砌，平台北侧紧贴崖壁有一段西高东低的石砌道路，长 6、宽约 0.5 米。

18 号点　位于牛首山东峰西南侧、16 号点以南约 7 米，属于平台地，地理坐标为北纬 31°54.838′，东经 118°44.256′，高度 5.5 米。遗迹平面呈不规则形，东西长 5、南北长 5 米。地表散落大量石块、青灰色碎砖。

19 号点　位于牛首山东峰西南侧，属于平台地，地理坐标为北纬 31°54.83′，东经 118°44.311′，高度 5 米。遗迹平面呈⌐形，依断崖环绕，东西长 45、南北宽约 5 米。地表散落石块、瓦片及大量碎砖。平台南侧边缘为石块垒砌。

20 号点　位于牛首山东峰南侧、19 号点东南，属于平台地，地理坐标为北纬 31°54.822′，东

图二　《金陵梵刹志》所载《牛首山宏觉寺图》

经118°44.338′，高度4.5米。遗迹平面呈长方形，东西长15、南北宽5米。地表散落石块、釉陶片、瓦片及大量青灰色碎砖，并发现刻有"山界"的长方形石条1块，长44、宽18.5、厚12厘米。平台南侧、东侧边缘为石块垒砌。

21号点　位于牛首山东峰南侧、20号点之下约2米，属于平台地，地理坐标为北纬31°54.821′，东经118°44.339′，高度4米。遗迹平面呈⌐形，东西长8、南北宽2米。平台南侧边缘为石块垒砌。

22号点　位于牛首山东峰东南侧，山下抗金故垒以西约50米，属于平台地，地理坐标为北纬31°54.777′，东经118°44.474′，高度1米。遗迹平面呈不规则形，东西长30、南北宽8米。地表发现有数块青灰色碎砖。

24号点　位于牛首山东峰南侧，属于平台地，地理坐标为北纬31°54.785′，东经118°44.314′，高度2米。东西长50、南北宽8米。地表散落大型石质建筑构件。

28号点　位于牛首山东峰南侧、摩崖石刻以西约10米，属于平台地，地理坐标为北纬31°54.793′，东经118°44.314′，高度5米。东西长18、南北宽7米。平台南侧边缘为石块垒砌。

29号点　位于牛首山东峰南侧、摩崖石刻前，属于平台地，地理坐标为北纬31°54.819′，东经118°44.330′，高度4米。遗迹平面呈不规则形，南北长30、东西宽20米。平台南侧、东侧边缘为石块垒砌。

30号点　位于牛首山东峰西南侧、摩崖石刻以西、宏觉寺东北门下约5米，属于平台地，地理坐标为北纬31°54.818′，东经118°44.281′，高度6米。遗迹平面呈长方形，东西长30、南北宽8米。平台南侧边缘为石块垒筑。

（二）石垒墙

3处。推测其与牛首山东部山脚下的岳飞抗金故垒本为一体，时代和性质也相同。

2号点　起于牛首山东峰东侧断崖，经东峰顶沿山坡向西达现代矿坑口东，矿坑打破石垒墙。地理坐标选择三处进行测量，峰顶最高处为北纬31°54.910′，东经118°44.269′，高度13米；西侧山坡中部为北纬31°54.895′，东经118°44.287′，高度10米；矿坑东最低处为北纬31°54.903′，东经118°44.276′，高度7米。石垒墙平面呈东西向直线状，方向85°，长约220、宽0.7~1.2、高0.4~0.7米，面积264平方米。

25号点　位于牛首山东峰南侧、摩崖石刻下，地理坐标为北纬31°54.812′，东经118°44.328′，高度3米。石垒墙沿山坡呈南北走向，方向180°，长50、宽1.2、高0.3米。

27号点　位于牛首山东峰南侧、26号点北侧。地理坐标为北纬31°54.765′，东经118°44.307′，高度3米。石垒墙呈南北向，沿山而下，方向200°，长25、宽2、高0.4米。墙东侧地表散落大量石块。

（三）道路

2处。

8号点　位于牛首山东峰西侧、7号点西北，属于山下通往7号点平台地的山路，地理坐标为北纬31°54.873′，东经118°44.279′，高度10米。道路宽0.7~1米，分为三段由西南向东北攀升。第一段，起于山腰，东南至西北向，长20米；第二段，东北至西南向，长50米；第三段，西至东向直达 7 号点平台地，长 10 米。路面散铺带凿痕的石块和青灰色立砖，砖长 18.5、厚 11 厘米。

23 号点　位于牛首山东峰南侧，地理坐标为北纬 31°54.751′，东经 118°44.348′，高度 1 米。道路沿山脚由东向西延伸，方向 110°，长 55、宽 1.3 米。地表立铺青灰色砖，砖长 13、厚 3 厘米。据《金陵梵刹志》卷三三所载《牛首山宏觉寺图》推测，此处可能为大官路。

（四）泉

2 处。

6 号点　位于牛首山东峰东侧、1 号点以东，地理坐标为北纬 31°54.903′，东经 118°44.385′，高度 12 米。地表发现一处平面呈圆形的坑，直径 6、深 1.7 米，面积约 28 平方米。坑东、北壁残留水泥，西、南壁为石块垒砌。据《金陵梵刹志》卷三三所载《牛首山宏觉寺图》推测，此处可能是鸽丈泉或锡杖泉旧址，后被破坏。

31 号点　位于牛首山东峰南侧、32 号点之下约 2 米，属于水坑，地理坐标为北纬 31°54.857′，东经 118°44.366′，高度 10.5 米。由东向南再西沿山体走势分布，依次为水坑 1，平面呈条状，南北长 0.7、东西宽 0.3、深 0.49 米；水坑 2，平面呈三角形，南北长 0.4、东西宽 0.26、深 0.9 米；水坑 3，平面呈椭圆形，南北长 0.42、东西宽 0.16、深 0.2 米。水坑 1 与水坑 2 相距 2.3、水坑 2 与水坑 3 相距 2 米。据《金陵梵刹志》卷三三所载《牛首山宏觉寺图》推测，水坑 2 可能是地涌泉。

（五）水池

1 处。

4 号点　位于牛首山东峰西北侧，属于坑，地理坐标为北纬 31°54.922′，东经 118°44.286′，高度 7 米。池平面呈椭圆形，南岸砌有水泥台阶，长 10、宽 5 米，面积 15 平方米。池外西北 5 米处有一平整台地，约东西长 15、南北宽 10 米，面积 150 平方米。据《金陵梵刹志》卷三三所载《牛首山宏觉寺图》推测，此处可能是传说中太子饮马池旧址。

（六）佛龛

2 处。

12 号点　位于牛首山东峰南侧一处断崖下，属于平台地，地理坐标为北纬 31°54.835′，东经 118°44.329′，高度 7 米。遗迹平面呈不规则形，南北长 30、东西宽 20 米。地表散落少量石块、石柱础、青灰色碎瓦片和大量青灰色碎砖。平台地南侧边缘为石块垒砌，平台地后部为内凹的山体岩壁，岩壁正中分布有 2 处佛龛、8 处长方形壁龛。左上角佛龛宽 0.53、高 0.47、深 0~0.2 米，右上角佛龛宽 0.9、高 0.77、深 0~0.3 米，龛内均无佛像。壁龛由左向右依次记录，1 号龛宽 0.6、高 0.34、深 0.11 米，2 号龛宽 0.38、高 0.32、深 0.06 米，3 号龛宽 0.37、高 0.3、深 0.09 米，4 号龛宽 0.39、高 0.32、深 0.06 米，5 号龛宽 0.87、高 0.38、深 0.04 米，6 号龛宽 1.2、高 0.45、深 0.21 米，7 号龛宽 0.73、高 0.32、深 0.06 米，8 号龛打破 7 号龛，宽 0.12、高 0.36、深 0.04 米。其中，5~7 号壁龛内局部残留一层厚约 2.5 厘米的石灰层抹痕。石柱础分为两种，上圆下方者，直径 30、底座边长 52、底座边宽 45、厚 30 厘米；上下圆柱形者，直径 34、底座直径 45、厚 12 厘米。北侧岩壁凿痕整齐规则，上部有 6 个雕琢规整的方孔，呈√状排列，孔宽 10~14、高

10 ~ 12、深 13 厘米，推测为开凿石窟时搭建脚手架的遗迹。

13 号点　位于牛首山东峰南侧一处断崖下、紧靠 12 号点东北，地势比 12 号点高 3 米，属于平台地，地理坐标为北纬 31°54.837′，东经 118°44.331′，高度 10 米。遗迹平面呈不规则形，东西长 12、南北宽 5 米。地表散落大量青灰色碎砖。平台边缘为石块垒砌，前部为悬崖，后部崖壁有一佛龛，宽 1.6 ~ 1.9、高 1.3、深 0.9 米。佛龛顶部有 4 个长方形孔洞两两相通，孔长 6、宽 4、深 13 厘米。

（七）山洞

3 处。

10 号点　位于牛首山东峰西南角、7 号点东南山体之下约 6 米，因树木浓密，GPS 无法接收到信号，故地理坐标无法测量。洞口向南，宽 5、高 1.9、深 2.6 米。洞前有一平台，约东西长 6.7、南北宽 3.2 米。洞内残留青灰色碎瓦片。台地前为悬崖。

11 号点　位于牛首山东峰西南角、9 号点东北约 5 米、7 号点东山体之下约 4 米，地势高出 9 号点 2 米，因树木浓密，GPS 无法接收到信号，故地理坐标无法测量。洞口向东，洞宽 3.7、高 2.5、深 4.2 米，洞内残留青灰色碎砖瓦。洞前为悬崖，仅有窄道连接 9 号点山洞。

15 号点　位于牛首山东峰西南侧、14 号点之下约 1 米，地理坐标为北纬 31°54.845′，东经 118°44.299′，高度 7 米。洞口向南，宽 2.7、高 1.3、深 3.5 米。洞内西侧顶部有长 40、宽 24 厘米的凿痕。洞口发现 1 块六朝时期的碎砖。

（八）其他遗迹

4 处。

5 号点　位于牛首山东峰北侧，属于人工开辟的平台，地理坐标为北纬 31°54.957′，东经 118°44.327′，高度 10 米。遗迹平面呈长方形，东西长 80、南北宽 40 米，面积 3200 平方米。地表满是杂树。

14 号点　位于牛首山东峰西南侧，属于人工开辟的平台，地理坐标为北纬 31°54.850′，东经 118°44.304′，高度 8 米。遗迹平面呈长方形，东西长 20、南北宽 5 米。平台北侧开凿石壁长 5、高 0.8 米，东侧开凿石壁长 2.3、高 0.7 米，两侧石壁凿痕清晰呈直角连在一起。

26 号点　位于牛首山东峰南侧、27 号点之下约 3 米，地理坐标为北纬 31°54.759′，东经 118°44.307′，高度 3 米。遗迹呈台阶状，分为 4 级，疑似梯田，性质不明，东西长 18、南北宽 15 米。

32 号点　位于牛首山东峰东南侧、水坑 2 之上约 2 米，属于断崖，地理坐标为北纬 31°54.862′，东经 118°44.367′，高度 11.5 米。地表岩石裸露，仅能驻足，石前为百尺悬崖。据《金陵梵刹志》卷三三所载《牛首山宏觉寺图》推测，此处可能为舍身崖（亦称兜率岩）。

四　结　语

首先，此次考古调查范围包括了牛首山主体的东、南、西三面，山北侧因属雨花台区范围被铁丝网分隔而无法进入。所有调查发现仅是地表遗迹，地下遗迹受条件所限，目前无法进行勘探。

由于山间林木繁盛、地势复杂以及古代遗存分布的不可预知性和复杂性，除本次考古调查发现的32处遗迹外，牛首山主体及周边可能还存在其他古代遗存。

其次，本次考古调查发现的遗迹，很多属于明代宏觉寺的重要建筑遗存，应引起牛首山大遗址公园建设的重视。因此，建议下一步应对本次考古调查发现的遗迹进行科学的清理和发掘，以便进一步探明其时代与性质，为大遗址公园的建设提供准确依据；同时，这些遗迹也应被纳入大遗址公园的整体保护规划，合理开发利用。

附记：本次考古调查工作得到了南京市江宁区文化广电局、江宁区博物馆、江宁区郑和墓园文物保护管理所等的大力支持，在此致谢。

调　查：王志高　祁海宁　王光明
　　　　王宇翔　许长生　王志华

摄　影：王光明　王志华

执　笔：王光明　许长生　刘文庆
　　　　李小静

附表   **牛首山考古调查发现的古代遗存一览表**

编号	性质	位置	遗迹现存面积（平方米）	备注
1	建筑遗迹	东峰顶部	1600	推测为弥勒殿
3		东峰西侧	400	推测为地藏殿
7		东峰西南侧	800	推测为文殊祠和观音洞
9		东峰西南	60	
16		东峰西南侧	500	
17		东峰西南侧	35	
18		东峰西南侧	25	
19		东峰西南侧	225	
20		东峰南侧	75	
21		东峰南侧	16	
22		东峰东南侧	240	
24		东峰南侧	400	
28		东峰南侧	126	
29		东峰南侧	600	
30		东峰西南侧	240	
小计		5342 平方米		
2	石垒墙	沿东峰东侧经峰顶至东峰西侧	264	
25		东峰南侧	60	
27		东峰南侧	50	
8	道路	东峰西侧	272	
23		东峰南侧	71.5	推测为大官路

编号	性质	位置	遗迹现存面积（平方米）	备注
6	泉	东峰东侧	28	推测为鸽丈泉
31		东峰南侧	0.1	推测为地涌泉
4	水池	东峰西北侧	165	推测为太子饮马池
12	佛龛	东峰南侧	600	有佛龛
13		东峰南侧	60	有佛龛
10	山洞	东峰西南角	31	
11		东峰西南角	10	
15		东峰西南侧	6	洞顶有凿痕
26	梯田	东峰南侧	270	
5	其余	东峰北侧	3200	地势较平、地表无散落砖瓦片
14		东峰西南侧	100	东、北侧岩石有凿痕
32		东峰东南侧	1	一块岩石
小计		5188.6 平方米		
总计		10530.6 平方米		

南京溧水胭脂河考古调查报告

南京市考古研究所
南京市溧水区博物馆

一 前 言

胭脂河位于南京市溧水县城西约4公里处，是明初开凿的一条沟通秦淮河与石臼湖的人工运河。它南起洪蓝埠，北至秦淮河，全长约7.5公里（图一）。胭脂河的开凿源于明王朝对于两浙地区的粮食和赋税的需求，此事《明史》记载颇为简略，而《明太祖实录》卷二二九"洪武二十六年八月丙戌"条有详细叙录。朱元璋认为，"两浙赋税，漕运京师，岁实繁浩。一自浙河至丹阳，舍舟登陆，转输甚劳；一自大江溯流而上，风涛之险，覆溺者多"，故于洪武二十六年（1393年）委派崇山侯李新到溧水"督视有司开凿胭脂河"。从石臼湖的洪蓝埠到秦淮河的沙河口，中间必须经过长4公里、高25～30米的胭脂岗，工程浩大。此事耗费了约两年时间，役使周围三省六郡

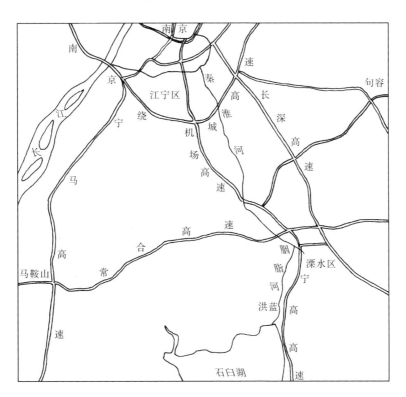

图一 胭脂河位置示意图

的民工达数十万名，而根据溧水地方志的记载，李新使用了"焚石凿河"的开挖方案。

　　胭脂河自溧水县沙河口，向南穿过秦淮河与石臼湖流域的分水岭至洪蓝埠，由毛家河经仓口入石臼湖，再经胥溪运河进入太湖，实现了整个苏南水系的畅通。胭脂河的开通，可谓北连秦淮河，南接太湖，大大缩短了江浙至南京的水运路程，避开了远溯长江的风波之险，促进了江南地区的商品交流。此外，胭脂河开凿时，工匠们在山岗上向下开凿二三十米，形成两崖壁立、险峻如天堑的奇观；同时，巧妙地"在河上以巨石面留为桥，中凿石孔十余丈，以通舟楫，桥因势而成"，此即为著名的天生桥，为国内所仅见。天生桥是溧水境内的一大奇景，也是金陵新四十八景之一。因其重要的历史文化价值，1995 年 4 月，"胭脂河·天生桥"被公布为第四批省级文物保护单位。目前天生桥周围已建成南京天生桥风景名胜区，是南京近郊的一处旅游胜地。

　　2012 年，南京市委、市政府决定依托胭脂河与天生桥这两项历史文化资源，建设胭脂河遗址公园。为配合这一项目的开展，2012 年 5～7 月，南京市考古研究所联合溧水区博物馆，以胭脂河和天生桥为重点，对此地区的历史文化遗存进行了一次较为全面的考古调查。调查范围以胭脂河和天生桥文物保护红线范围、建设控制地带为中心向周边辐射 100 米，南至洪蓝埠洪蓝木桥旧址，北至沙河口，全程约 8 公里。调查对象除河道本身外，还包括两岸可能存在的其他与运河相关的遗迹、遗物，如当时民工的生活场所、工具制造场所、仓储地点及墓葬区等。

二　历代对胭脂河的使用和维护

　　运河作为一种特殊的文化遗产，其作为文物载体的本身存在着一定的特殊性。首先，胭脂河的开凿时间和使用时间较短。崇山侯李新于洪武二十六年督开胭脂河，事成之后，于洪武二十八年（1395 年）获罪伏诛，可见胭脂河的开凿十分迅速，仅两年左右就开凿成功。其使用时间也相对较短——永乐北迁之后，胭脂河"漕运京师"的价值已不在，河道迅速废弃，特别是入清之后，几乎没有对河道进行过疏浚，胭脂河由此淤塞了 300 余年。

　　再者，胭脂河由于河道较窄，两岸岩石滑坡极易造成淤塞，历史上曾多次疏浚。综合《明史》、明万历《溧水县志》、清康熙《高淳县志》、民国《重修高淳县志》等文献资料，有确切记载的疏浚工作有：明正统五年（1440 年）由于沙石壅塞，明政府对胭脂河进行了疏浚；明嘉靖七年（1528 年）天生南桥崩落河中，可能对运河局部进行了疏浚；明万历年间，胭脂岗山体崩落数百尺，将河道完全堵塞，地方政府组织了疏通；入清以后，胭脂河完全废弃，直至 1966 年镇江地区根据灌溉、航运、泄洪等需要，动员江宁、句容、溧水三县民工，历时四年，开挖土石方 80 余万方，对胭脂河进行了一次彻底疏浚。疏浚工程虽然使运河重新投入使用，但往往会对运河本身及其两岸可能存在的与运河相关的遗迹、遗物造成巨大破坏。特别是 1966～1971 年的疏浚工程，几乎对胭脂河全程进行了河道拓宽、河底加深，给胭脂河周围的古代文化遗存造成了毁灭性的破坏。

　　综上所述，历代对胭脂河的使用和维护造成了与运河相关的文化遗存的匮乏，并直接影响到对此次考古调查所发现遗迹现象的性质和时代的判定。故此次考古调查仍存在一定的局限性。

三 胭脂河现状

胭脂河作为一条古运河，跨越的范围较大，目前仍担负着运输、灌溉、旅游等重要功能，是集文化与自然景观为一体的大型古代文化遗存。以运河中段高耸的胭脂岗为界，可把胭脂河大致分为三段，现分述如下。

第一段 由洪蓝埠向北到胡村东新大桥处，总长约 2000、河面宽 45~60、护坡坡面宽约 30、河堤宽约 60 米。此河段系开挖于土中，河道直且河面宽阔。河道东岸的河堤和护坡大部分已被破坏；西岸的河堤和护坡保存尚好，其上种植有大量农作物。河堤和护坡规整，均由泥土堆成。河堤地表覆盖一层深红色或浅红色的耕土层，包含较多小石块；耕土层下为浅黄色土层，夹杂黑褐色铁锈斑，土质黏且细，几乎不见包含物。

第二段 由胡村东新大桥向北到下思桥以南约 550 米处，总长约 3900、河面宽 12~30、护坡坡面宽 30~60、河堤宽 50~110 米。天生桥景区即在此段内。此河段开凿于岩石之中，穿过亭山南麓的胭脂岗，开凿难度较大，河面逐渐变窄，最窄处仅十余米，河道随山势蜿蜒前行。河岸均为岩石，且向北两岸逐渐升高，至天生桥处为最高，高 30 余米，此后又缓慢降低。此段护坡和河堤在新天生桥附近最为宽阔，护坡和河堤宽度超过 160 米，上有大量碎石，并可见螺蛳壳等，这与在山岗上开凿土石方量巨大及疏浚运河后倾倒淤塞物不无关系。天生桥景区附近河段地势较高，护坡有些地方为裸露的岩石，系人工修整而成。而河堤则不明显，但开凿出的大石块随处可见，甚至在离河道 250 米处仍有发现，推测为防止堤岸滑坡，更多的石块已掩埋在河道两岸。此外，调查发现，胭脂河流经区域的岩石由砂岩、砾岩和部分页岩组成。这些岩石硬度不高，裸露之后在各种自然力和人类活动的共同作用下会很快开裂、松动、风化，故此段河岸极易发生地质灾害，如岩石坍塌、山体滑坡等，造成河道的损坏与淤塞。与此同时，天生桥景区的开发建设，对周围的原始地貌也造成了极大的破坏。

第三段 由下思桥以南约 550 米向北到沙河口，总长约 2200、河面宽 32~70、护坡坡面宽 12~20、河堤宽 60~70 米。此河段系开挖于土中，河道较直，河面逐渐变宽，至沙河口为最宽。此河段区域内人口稠密，受人类活动的影响，护坡损坏严重。河堤由颜色深浅不一的黄土堆成，每层黄土厚约 0.2 米，土质细腻、纯净，几乎不见包含物。

四 调查收获

本次调查发现各类古文化遗存共 10 处，包括古民居、墓葬、寺庙遗址及桥梁等（图二）。现由南向北介绍如下。

（一）洪蓝埠民居

分布于洪蓝镇洪蓝桥以南的胭脂河两岸，为晚清至民国时期的民居。洪蓝埠南原为溧水的重要水码头，胭脂河开通以后，洪蓝埠南通蓝溪河，北接胭脂河，成为京都漕运的重要通道及皖南宣、郎、广等地茶叶、竹木的集散地，就此繁盛起来。古洪蓝埠为"工"字形架构，分为河东、

图二 调查发现的胭脂河文化遗存位置示意图

河西，并以洪蓝木桥为中轴线，分为上街头和下街头，均沿河筑房。

目前保存下来的民居已不多，而且由于长期无人居住，年久失修，保存状况不佳，部分已倒塌。保存较好的如河东上街 34 号、56 号、62 号、73 号等。洪蓝埠民居具有典型的徽派建筑特点，多为砖木结构，以木构架为主，墙体使用青砖砌至马头墙，并广泛使用砖、木、石雕作为装饰。以河东上街 34 号为例，该住宅坐西朝东，占地面积约 300 平方米，为二进式，中间有天井，左右有厢房，二进堂屋有砖雕门楼，上雕各种吉祥图案和"耕读人家"四字吉语。

（二）洪蓝土地庙

位于洪蓝桥西端南侧。洪蓝埠古名为"蓝溪里"，当地传说洪蓝埠得名于北宋时一位叫洪蓝的木材商人，人们为纪念他特建造土地庙，并将洪蓝的尸体埋葬在土地庙之后。此墓葬在新中国成立初期洪蓝河造防洪墙时被毁，六间房屋则被大队部做办公室和轧米加工厂使用。

20 世纪 80 年代，溧水县文化干部调查时发现洪蓝土地庙为两进两厢，内有一残破的万历十三年（1585 年）石香炉，庙门口的西山墙外立有康熙十五年（1676 年）谢文运撰写的《溧水洪蓝埠龙泉庵长明灯碑》，指明龙泉庵前供关帝，后祀土地神。由此可知，龙泉庵即为洪蓝土地庙。又光绪《溧水县志》记载："龙潜庵，在洪蓝埠。"此"龙潜庵"实为龙泉庵之误。此庙在 1988 年因水利工程被毁，碑则移至无想寺，目前文字漫漶，能认出的字已不多。

现今的洪蓝土地庙修于 21 世纪初，位于旧址之上，坐北朝南，分为前后二殿，内供城隍爷和洪蓝土地神。庙门口立有重刻的《溧水洪蓝埠龙泉庵长明灯碑》，庙内悬挂民国十八年（1929 年）的牌匾一块，内容为《洪蓝埠都土地神降乩自撰传》，指出最早的洪蓝土地庙建于宋仁宗四十三年（宋嘉祐四年，1059 年）。

（三）土墩墓

位于洪蓝镇上头刘村北约 150 米，距胭脂河西岸约 150 米。土墩墓平面近圆形，直径约 15 米，高出周围地面 4 ~ 5 米，上部较平，植被茂盛。地层堆积为黄褐色土，夹杂大量浅灰色土块及颗粒，土质较硬，包含大量植物根系和少量红陶片。

（四）石块堆积地

位于新天生桥附近的胭脂河两岸，初步估算总面积约 7 万平方米，其中桥南分布长度约 400 米，桥北分布长度约 50 米。此石块堆积地主要分布在运河两岸的河堤上，由于历史上曾多次对胭脂河进行疏浚，故此处除了堆积有明初开凿出的石块，还可能有历次疏通河道清理出的石块。

石块堆积地地表可见大量片状石块，为灰色砂岩，直径多小于 10 厘米。这种岩石质地酥软，在裸露的情况下极易风化，不少石块直径在 5 厘米以下，呈砂粒状。此区域亦可见少量大块岩石，边长超过 50 厘米，有的表面可见清晰的凿痕。根据现场调查情况，运河东岸堆积以碎石块为主，部分区域碎石层的厚度超过 1 米。运河西岸的堆积除去表土层则可分为碎石块层和红土层，碎石块层厚度超过 1 米，为大量片状碎石，中间夹杂少量大石块；红土层厚约 0.8 米，土色略紫，土质松软易板结，包含物除碎石块，还有大量边长超过 50 厘米的巨石，部分巨石表面可见一连串的凿痕。此种堆积情况应该是为了减少土石运输量、加固河堤、防止巨石滑坡而有意为之，即把运河开凿出来的石块就地堆积在两岸，大石在下而碎石在上，层层加固，起到预防泥石流堵塞河道的作用。

（五）南天生桥

位于天生桥套闸处。据明万历《溧水县志》记载，天生桥"旧有南北二桥"，"嘉靖戊子春，天生南桥忽崩摧，盖岁受风雨剥蚀，抑轮蹄蹂躏之久且众也"。此处即为南天生桥旧址。1971 年对胭脂河进行疏浚之后在这里建成套闸 1 座。该套闸目前仍在使用中，设有闸门 2 座，其中南闸门上面可供通行。由于建设套闸的过程中对河道两岸的岩石进行了清理，并铺设混凝土，故南天生桥旧址的确切位置已不可寻。

（六）天生桥

位于天生桥风景名胜区内，为省级文物保护单位"胭脂河·天生桥"的主体。天生桥是在胭脂河的开凿过程中在河上留下巨石为桥、下凿石孔以通河水而形成的一道石梁。天生桥长 34、宽 8 ~ 9、桥面高程 35、河底高程 3.5、桥顶厚 8.9 米。1971 年，溧水县公路管理站在天生桥上铺设了水泥路面，修建了水泥栏杆，现在仍然可见。天生桥风景名胜区建设时又在其上铺设了一座木桥，以保护天生桥主体不受游人破坏。

明万历《溧水县志》记载，嘉靖年间天生南桥崩塌以后，溧水山阳乡义民武潘、武潜怕北桥复罹南桥之患，"仍伐石甃砌，护以栏楯，开岗路二百余步，深八尺，广三丈许，叠石障两岸以防崩塞，桥之西构观音堂三楹以栖道流，东构亭三楹以息行旅，给渴浆焉"。故在天生桥西有观音庵遗址，天生桥东有茶亭遗址。综合清顺治《溧水县志》、光绪《溧水县志》，观音庵和茶亭在清初尚存，光绪时就已废弃，但其基础应有所保留。1995 年，溧水县政府在天生桥东建一亭子时，发现了一处明代亭址，平面呈长方形，为两间，长 5、宽 3 米，由条石、青砖和两个石柱础构成，还有砖构台阶。由此可见，天生桥东茶亭遗址的形制与文献记载略有不同。

据当地民众介绍，旧时天生桥附近有所谓的"神仙洞"、"扛腰石"等景点。"神仙洞"是天生桥旁悬崖上的一处洞穴，面积约数平方米，内有石桌、棋盘，四周设石凳，目前已无法进入，故其时代性质已不能判定。

（七）万人坑遗址

溧水历代县志均记载由于胭脂河的开凿难度较大，当时"役而死者万人"，以至于天生桥附近"人文寥落，户口食贫"。故当地民众口耳相传桥东高岗之下有乱葬或丛葬的万人坑遗址，墓主即为胭脂河开凿过程中死去的劳工。现今万人坑遗址已被建设为天生桥风景名胜区内的凤凰井景区，地表已不见任何墓葬遗迹。

（八）憩庵遗址

位于缸窑坝村东北约 200 米处，东距胭脂河西岸约 70 米。此遗址位于一处较为平坦的台地上，地表散落有少量碎砖瓦片和青花瓷片等，分布面积约 1500 平方米。当地民众称此处原为一小型寺庙，具体情况不明。查诸文献，清光绪《溧水县志》卷二〇称，天生桥处有一憩庵，"僧照慧重修，咸丰间毁"。其情况基本与调查所发现的小型寺庙遗址相吻合，故推测此处即为憩庵遗址。

（九）昭仪将军墓

清顺治《溧水县志》卷五记载，天生桥附近有汉代昭仪将军墓，距县城十里，至于昭仪将军是谁则已不可考。由于年代久远，此墓的具体位置已无迹可寻。又，天生桥在县城西十一里，大致可判定昭仪将军墓在胭脂河东面或东南面一里处。

（十）下思桥墓葬区

位于下思桥周围，距河道 50～200 米不等。此处原为丘陵地带，地势较好，故河堤为通过修整小丘陵而成。此段河道的河堤上可见少量砖块、瓦片、瓷片等，还有大量现代墓葬分布，极有可能是一片长期使用的墓葬区。

五　结　语

运河作为一种特殊的文化遗产，保存完好的较少，对其文化内涵的认识不足。胭脂河遗址考古调查工作的开展，为南京地区人工运河的研究提供了重要资料，同时对于进一步认识明初南京的建置也具有重要意义。

（一）关于胭脂河遗址公园的建设

本次考古调查，在胭脂河及其周边区域共发现各个时期的古文化遗存 10 处。这些遗存的存在，有力地证实了"胭脂河·天生桥"作为文物保护单位其历史遗存的丰富性，为考古遗址公园的建设提供了可靠的资源保证。同时，本次调查发现了一些胭脂河遗址目前面临的问题，如泥沙堵塞、垃圾倾倒、河堤占用、毁旧建新、地质灾害频发等现象。这需要我们进一步加强文物保护的宣传工作，提高河道周围居民的文物保护意识，加大文物保护工作的力度。

胭脂河和天生桥作为省级文物保护单位，其保护范围为胭脂河外延 15 米，天生桥处东至山岗东坡底，西至两小山山顶，南至水闸外延 100 米，北至缸窑坝一线。其建设控制地带为胭脂河两岸各外延 50 米，天生桥处东至五七农场东侧小山坡底一线，西至两小山西坡底一线（图三）。根据实地调查的结果，胭脂河作为一条人工运河所涉及的范围远不止于此，部分区域护坡与河堤的宽度超过 150 米。故建议调整胭脂河的保护范围和建设控制地带，以便于进行更好的保护和开发。

本次考古调查，对于运河本身的一些文化遗存如修建民工的生活场所、工具制造场所、仓储地点、码头等遗存并未有发现，这可能与历史上胭脂河的使用时间较短有关。同时，部分文化遗存如万人坑遗址、昭仪将军墓等已被人为破坏或失考，只能通过梳理文献发现，而另外一些文化遗存则与运河周围的人类活动密切相关，如寺庙遗址等，这实际上为进一步发掘胭脂河文化底蕴指出了方向。

此外，一些有关洪蓝埠的历史文化遗存，表面上与胭脂河关联不大，但洪蓝埠作为一个历史悠久的古镇，其兴衰与胭脂河密切相关。洪蓝埠有其独特的历史文化底蕴，胭脂河遗址公园的建设

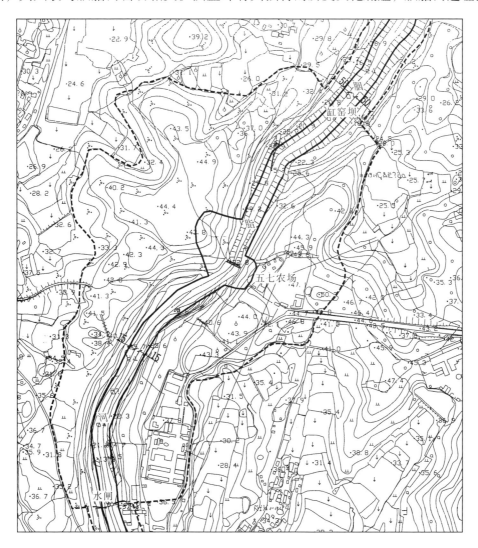

图三　现今胭脂河保护范围和建设控制地带平面图

应考虑二者的结合，以丰富胭脂河流域的历史文化资源，甚至可以着眼于胥河、东坝、固城湖、石臼湖、洪蓝埠和胭脂河等整体文化资源的整合，进一步充实未来考古遗址公园的内涵。

（二）关于胭脂河的开凿方法

有关胭脂河名字的由来，溧水地方文献及当地传说均认为是由于李新开凿运河时"焚山凿石，石皆赤，故名"。此种说法最早见于明万历《溧水县志》，后来县志则大多沿用。显然，这种说法并不科学。《明太祖实录》明确指出，李新到溧水"督视有司开凿胭脂河"，即胭脂河的名称在运河开凿之前或竣工时就已存在。又，陶宗仪《南村诗集》卷一收录《过胭脂河》一首："胭脂山头平劈破，一道长溪此中过。"此诗应是陶宗仪于洪武二十九年（1396年）率诸生前往南京礼部试读大诰路过胭脂河时所作，时胭脂河才开凿成功。诗中提到了胭脂河的开凿地点——胭脂山，这一地名的存在应是早于胭脂河的。所以，胭脂河名字的来源是因地而名，即因在胭脂山开凿而得名胭脂河。

对于胭脂河的开凿方法，现在通行的说法是在岩石上用铁钎凿缝，用麻嵌在缝中，浇以桐油，点火焚烧，待岩石烧红以后泼上冷水，利用热胀冷缩的原理使岩石开裂，即明晚期学者姚希孟于《石梁吟·引》中提到的"烧苟炼石，破块成河"。这种说法主要见于溧水当地的文献中，最早出现于明万历年间，时距胭脂河的开凿已近200年。

在调查过程中，我们发现大量石头表面仍然可见铁钎的凿痕，而且凿痕颇为密集，而所谓"火烧"的痕迹则没有发现。胭脂河流经区域的岩石以砂岩和砾岩为主，硬度不大，即便在自然条件下也很容易风化开裂，倘若人工开凿的话难度并不大，是否需要用利用热胀冷缩的方法值得推敲。从目前的考古调查发现来看，没有直接证据能证明开凿运河的过程中大规模使用了"焚山凿石"的手段。因此，"烧苟炼石，破块成河"的开凿方法，其可信度有待进一步考证。

（三）关于崇山侯李新

李新，安徽凤阳人，明初以军功起家，后因主持各种工程而受重用，《明史》有传。洪武十五年（1382年）因营建孝陵有功，李新被封为崇山侯。此后李新还主持了历代帝王庙的改建和胭脂河的开凿，在工程营造方面颇有建树。胭脂河工程无疑是获得巨大成功的，《明太祖实录》称，"暨河成，人皆便之"。然而，李新却在运河开通之后"有罪伏诛"，至于何罪，正史中并无明说，故李新之死颇为蹊跷。

溧水地方志认为李新死于胭脂河的开凿，一是于开凿过程中役民甚暴，民工死伤无数；一是接受了富户的贿赂，更改了胭脂河的走向。这种说法最早见于明成化年间溧水知县王弼的《过天生桥》，诗中隐晦地认为李新因天生桥而成"奸臣"，时距胭脂河开凿成功已80余年。卒于万历年间的王樵在《方麓集》卷一〇《王氏家传》中则直称："河道直富民室，当徙。崇山侯受富民钱，故迁其道，事发伏诛。"查继佐《罪惟录》卷八中也称李新"受民赂，请更诏凿山，兵怨，伏法"。此说法并无可靠证据，而多附会胭脂河两岸之红，如民工之血染红岩石，或李新伏诛血溅天生桥云云，多是当地民众口耳相传的谣言而已。而以如今考古调查的结果看，李新所选择的胭脂河路线是十分合理的，不存在所谓的故意迂回。

李新位列侯爵，多次主持重大工程，可谓劳苦功高，其死因却不见于文献记载，其中或有隐情。目前只能根据史料大致推测李新有可能连坐于"蓝玉案"，或者其向朱元璋建言"公、侯家人及仪从户各有常数，余者宜归有司"，从而得罪了其他权贵，招致身死。

　　附记：参加本次考古调查的有南京市考古研究所骆鹏、杨三军以及溧水区博物馆陈念、陈红月，在调查过程中得到了吴大林先生的亲自指导。本次考古调查工作得到溧水区文化局的积极配合和大力帮助，特此感谢。

执　笔：骆　鹏　陈　念

明代南京外郭城遗址考古调查报告

南京市考古研究所

一 考古调查工作缘起

南京外郭城，又称外城、外罗城、土城、郭城等，俗称"土城头"，为明代南京四重城垣由里向外的第四道城垣，约始建于洪武初年，建成于洪武二十三年（1390 年）四月，实际长度超过 60 公里。南京外郭城充分利用沿线丘陵岗阜建造而成，墙体以土墙为主，城门附近及一些重要地段使用城砖包砌，共有城门（关）18 座，分别为石城关、江东门、驯象门、小安德门、大安德门、凤台门、双桥门、夹岗（冈）门、上坊（方）门、高桥门、沧波门、麒麟门、仙鹤门、姚坊（方）门、观音门、佛宁门、上元门、外金川门。清代以后，因疏于修葺，外郭城逐渐荒芜。民国十六年（1927 年），国民政府定都南京后，以外郭城墙体为基础造环城公路，城门先后拆毁。今外郭城城门虽均无存，但作为地名大多保留，且自双龙街路口至观音门一段外郭遗址仍为郊区公路路基，地面尚有遗存。

2010 年初，南京市政府将明代南京外郭城遗址列入"土城头秦淮新河百里风光带建设"规划。为配合这一规划项目的实施，在南京市文物局安排下，2010 年 5 ~ 7 月，南京市考古研究所对明代南京外郭城遗址进行了全面的考古调查工作。

二 考古调查工作方法

本次对明代南京外郭城遗址的考古调查勘探工作采用了全面搜集文献资料、地面徒步勘察、调查走访及考古勘探等技术手段和方法，主要包括以下工作内容。

第一，调查地面尚有遗存的各段外郭城垣的保存现状、长度，沿线地质、地貌，城垣底宽、顶宽、现存高度，外侧城壕情况，两侧道路、穿城道路、穿城水系现状及历史，城门及附属建筑位置和规模，等等；对沿线各城门、水关、水洞位置进行初步推定；采集登记与外郭城垣有关的砖瓦、石刻等遗物。

第二，根据文献记载的线索，对地面已无遗存的外郭城垣的大致走向、城门位置、破坏历史及原因等进行调查、了解。

第三，对现存各段外郭城垣的夯土构筑情况、调查发现的部分重要城门及其附属建筑的位置和范围及城壕宽度、地面已无遗存的部分外郭城垣的走向等进行勘探确认。

三 考古调查主要收获

根据考古调查初查结果、文献记载和以往考古发掘资料可知，今明代南京外郭城遗址保存情况十分复杂，既有地面遗存，同时还有大量地下遗存。本次考古调查的重点是明代南京外郭城遗址外金川门至夹岗门（含丁字墙）一段，其总长约 39.4 公里（图一）。我们通过查阅文献[1]、实地勘察走访，对明代南京外郭城遗址的保存状况、城垣走势等有了较为详细的了解，并对大多城门所在位置进行了初步推定，取得了较大收获。现按照顺时针方向由外金川门开始，将本次考古调查的主要收获简要介绍如下。

（一）外金川门至上元门段

1. 城墙概况

外金川门至上元门段城墙遗址今地面已无遗存。根据文献记载，该段城墙外金川门东侧为土城，西侧为水城，有木栅栏二十九丈在内城城壕之中。城墙将象山、老虎山等山体包括在城内。

2. 外金川门门址推定

外金川门，或称"金川门"，俗称"栅栏门"，位于今城河路与晓街交汇处卢龙山庄小区内。北为晓街、郑和北路，西为城河南路、护城河及内城城墙。该地原有地名"栅栏门"，后因拆迁，栅栏门地名已不存，但仍保留栅栏门铁路埂之地名。据卢龙山庄小区内当地保安介绍，原外金川门（栅栏门）门址大约位于现卢龙山庄 6 栋至 2 栋之间，推测门址地理坐标为北纬 32°05.874′，东经 118°44.843′，海拔 4 米。

3. 穿城水系

据文献记载，靖安河水之一支自平桥下东南流经外金川门，历通江、临江、小复成桥，又流经内金川门之西，入内城。今幕府西路西侧有一水流从路基（推测即外郭城基础）下穿过，上有桥梁称"水关桥"。据实地调查，该处共有包括铁路桥在内的四座桥梁，现水关桥居北，铁路桥居南，自北向南的第三座桥梁所处位置水面最窄，河道宽约 18.3 米，桥宽约 35 米。对该段河岸土层进行局部解剖发现，此桥梁下河岸堆土非常坚硬，为三合土（黄土、石灰、糯米汁）。因此，该桥所处应为古桥位置。该桥所在地点推测即为明代南京外郭城外金川门东侧穿城水洞，其地理坐标为北纬 32°05.999′，东经 118°45.133′，海拔 15 米。

（二）上元门至佛宁门段

1. 城墙概况

据文献记载，上元门至佛宁门段城墙依山而建，位于幕府山沿江一侧的山岭上，沿线有水洞一座，山岭西北约 200 米处即为长江。新中国成立后，因开山凿石，幕府山西北麓地貌发生巨大变化，山岭缓坡已不存，现多为陡崖。本次调查未能在山岭之上发现明显的城墙夯土痕迹，依据幕府山山势，可知此段城墙的大致走向，原城墙全长约 3500 米。

2. 上元门门址推定

上元门门址应位于今中央北路与老虎山交汇处。经实地调查，中央北路与老虎山交汇处现地名为"上元里"，门址所处位置在上元里 83 号附近。今门址东西两侧为民居，再向东西延伸为山

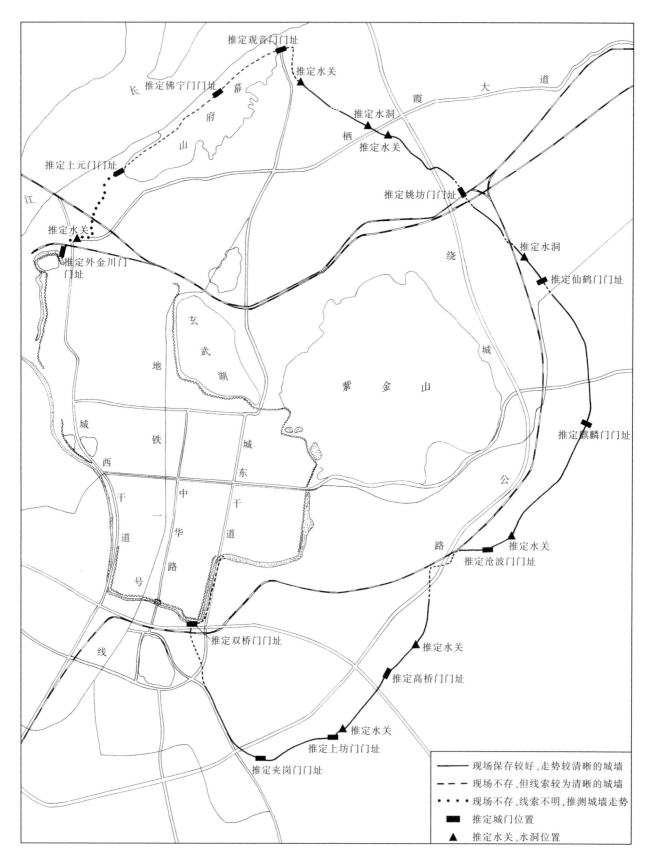

推定观音门门址

推定水关

推定佛宁门门址

长

幕

府

山

大　　　　　道

霞

栖

推定水洞

推定水关

推定上元门门址

江

推定姚坊门门址

绕

推定水洞

推定水关

推定仙鹤门门址

推定外金川门
门址

玄

武

湖

城

紫　　金　　山

地

城

铁

城

西

东

干

干

道

道

推定麒麟门门址

中

华

路

公

路

一

号

线

推定沧波门门址

推定水关

推定双桥门门址

推定水关

推定高桥门门址

推定水关

推定上坊门门址

推定夹岗门门址

现场保存较好、走势较清晰的城墙

现场不存、但线索较为清晰的城墙

现场不存、线索不明，推测城墙走势

推定城门位置

推定水关、水洞位置

图一　明代南京外郭城遗址分布示意图

岭，此处为中央北路穿过山岭处，两山岭之间距离约 70 米。在门址东北侧、南京工业技术学校附近的上元里民居中发现有城砖。据此推测，上元门门址地理坐标为北纬 32°07.057′，东经 118°45.884′，海拔 6 米。

（三）佛宁门至观音门段

1. 城墙概况

据文献记载，佛宁门至观音门段城墙倚山为城，外郭城墙筑于幕府山沿江一侧山岭之上。这段山岭上依次分布有头台洞、三台洞、观音阁等古迹。本次调查在幕府山山岭上未发现夯土痕迹，而在幕府山北麓一山坳（原中石油油库所在位置）东西两侧山岭上发现有夯土痕迹。由此推测，自上元门至观音门，外郭城或以山为墙，利用幕府山—长江天险，以卫京师，仅在部分明显山坳处修建夯土城墙或城门，以巩天险。依据山势，该段城墙走势基本清晰，长约 2100 米。

2. 佛宁门门址推定

根据现场走访，并结合文献记载，推测佛宁门门址位于永济大道东渡石狮村二队（原为燕子矶公社采石场，现为幕燕风景区拆迁办公地点）。该地为幕府山北麓一处山坳，两侧山岭间距约 90 米，中间有小路通到幕府山南麓。据当地居民介绍，该地于 20 世纪 60 年代建采石场（燕子矶公社采石场），70 年代建煤矿，门址东南侧山岭为煤炭山。1983 年文物普查时，此处还发现有门址基石及明代城墙砖散落四周。今小路东侧民居厕所墙上仍有少量城砖[2]。因此推测，佛宁门门址地理坐标为北纬 32°08.141′，东经 118°47.679′，海拔 10 米。

（四）观音门至姚坊门段

1. 城墙概况

该段城墙南至姚坊门，北接观音门，全长约 6950 米。自金浦集团钟山化工厂至观音门处，已不见明显城墙痕迹。据当地居民介绍，该段原为山岭，新中国成立后多次取土，山岭已不存，城墙亦遭到严重破坏，难见踪影。自金浦集团钟山化工厂至姚坊门段，城墙保存较好，与两侧地面有明显落差。城墙顶宽 6～10、底宽 15～20、顶部与两侧地面落差 2～5 米。

2. 观音门门址推定

观音门在民国年间尚存，1949 年后因燕子矶道路改造，观音门被拆除。推测观音门门址位于今和燕路北端燕子矶中学与燕子矶公园之间的两山山坳处，现该段地名仍为"门坡"。该处西侧为幕府山余脉山岭，有观音阁等景点，东侧为燕子矶。山岭东侧山脚下，有西十里长沟依山势流过。观音门门址地理坐标应为北纬 32°08.695′，东经 118°48.826′，海拔 17 米。

3. 各段城墙保存情况

（1）观音门门址至金浦集团钟山化工厂段

该段今被现代道路、房屋所覆盖，难觅城墙痕迹。根据《金陵古迹图考》中关于外郭城走向的描述，城墙在该段的走向与今西十里长沟的流向十分相似，推测西十里长沟在金浦集团钟山化工厂附近穿过城墙后，作为外郭城护城河的一段，紧挨城墙向北流入长江。因此可将今西十里长沟的流向作为判断该段城墙走向的依据，该段城墙长约 1270 米。金浦集团钟山化工厂大门附近城墙坐标为北纬 32°08.272′，东经 118°49.176′，海拔 28 米。城墙自该点向南至经五路二期施工点，连续无断缺。

（2）金浦集团钟山化工厂至经五路二期路段

该段城墙北接金浦集团钟山化工厂，南至经五路二期路段，连续无断缺。城墙依次经过金浦集团钟山化工厂、西十里长沟、燕子矶敬老院，至经五路二期路段，两侧为民居、工厂、施工工地等，长约1250米。城墙顶宽6～8、底宽15～20、顶部与两侧地面落差3～5米。城墙顶部现作为燕尧路路基使用，路基两侧植树木。

该段城墙自金浦集团钟山化工厂至燕子矶敬老院段，地势不断攀升，燕子矶敬老院段较金浦集团化工厂段地面高出3～4米。此外，该段城墙近金浦集团钟山化工厂处有西十里长沟从城墙下穿过。

（3）经五路二期路段至金陵石油化工公司设备研究院

经五路二期路段，因道路施工，城墙缺失约80米，继而向南延伸至金陵石油化工公司设备研究院，无断缺。依次经过上坊庄、迈化路、柳塘工业园、东十里长沟支流、小岗下村、栖霞大道、南京佳宁沥青储运有限公司、东十里长沟、柳塘社区委员会、柳塘创业园、诚实村，至金陵石油化工公司设备研究院附近被长江二桥高速公路及其引路所隔断，总长约3020米。城墙两侧为民居、工厂，城墙顶宽6～10、底宽15～20、顶部与两侧地面落差3～5米。城墙顶部现作为燕尧路使用，路基两侧植树木。

该段城墙有两条水系自底部穿过，分别为东十里长沟支流及东十里长沟，推测水系穿越城墙处分别为明代外郭城的水洞和水关。

（4）金陵石油化工公司设备研究院至新吉华酒店

该段城墙北接金陵石油化工公司设备研究院，依次经过金尧山庄、银贡山庄，至燕尧路南路口新吉华酒店附近止，两侧为民居、洼地、工厂、在建工地等。该段城墙保存较好，长约920、顶宽6～8、底宽15～20、顶部与两侧地面落差3～4米，其顶部现作为燕尧路路基使用，路基两侧植树木。为配合工程建设，2010年4～6月，南京市考古研究所对金尧山庄西侧城墙遗址进行过考古发掘。发掘情况表明，该段墙体为夯筑而成，城墙开口距地表0.4、现存最高处约4.15米。墙体夯土共19层，夯层分明，每层厚0.1～0.25米，土质较致密，应为平底夯具夯筑而成[3]。

（5）新吉华酒店至尧化门

该段城墙西北至新吉华酒店，东南至尧新大道与尧化门老街交汇处附近，地面被现代房屋及道路所覆盖，城墙在此断裂，但据中间地形依稀可辨城墙走势。

4. 穿城水系和城壕情况

现场调查表明，自观音门至姚坊门段，先后有三条水系穿过城墙，分别为西十里长沟、东十里长沟支流和东十里长沟。

（1）西十里长沟

西十里长沟于金浦集团钟山化工厂门口穿过城墙，该水沟现作为污水沟使用，现宽约14米。该水系源于幕府山西南麓，呈西南至东北走向，穿过晓庄学院、明代外郭城墙，在金浦集团钟山化工厂门口转折向北，再穿过太新路，沿燕子矶山岭东侧山脚，穿新燕街，向北入江。据《金陵古迹图考》所附《金陵附郭古迹路线图》及燕子矶附近居民介绍，西十里长沟在穿过城墙后，沿城墙东侧向北汇入长江，其流向与城墙走向基本一致，可作为城墙走势的判断依据。水流穿过城墙处俗称"大水关"、"涵洞"，推测即为外郭城大水关。

西十里长沟穿过城墙处地理坐标为北纬32°08.015′，东经118°49.190′，海拔30米。

（2）东十里长沟支流

东十里长沟支流于小岗下村42号附近穿过城墙，穿城位置南距栖霞大道约150米，北距柳塘工业园约200米。该水沟现为污水沟，宽约10米，呈西南至东北走向，在穿过栖霞大道、万寿村、寅春路、燕尧路（土城头）后在柳塘工业园内汇入东十里长沟。

东十里长沟支流穿越城墙处推测为明代外郭城水洞之一，其地理坐标为北纬32°07.591′，东经118°50.543′。

（3）东十里长沟

东十里长沟起源于聚宝山北麓三元祠附近，向北穿过迈皋桥工业园、燕尧路、柳塘工业园、金陵石化公司、太新路，沿南燕路东侧过沿江公路，于二桥附近入江。东十里长沟现为污水沟，穿城处宽约18米，穿城位置北邻南京佳宁沥青储运有限公司，南邻柳塘社区委员会，推测穿城处为明代外郭城水关之一，地理坐标为北纬32°07.499′，东经118°50.829′，海拔16米。

（4）城壕

西十里长沟在金浦集团钟山化工厂门口附近穿过城墙后，沿城墙东侧（外侧）向北注入长江，推测该水系自金浦集团钟山化工厂至燕子矶段作为外郭城外的护城壕使用。

（五）姚坊门至仙鹤门段

1. 城墙概况

该段城墙北至姚坊门，南至仙鹤门，全长约3533米，城墙顶宽8～10、顶部与两侧地面落差1～6米。该段城墙除部分被道路、施工隔断或房屋覆盖外，其余部分多作为道路路基使用，墙体特征非常明显，整体走势亦比较清晰，保存较好。

2. 姚坊门门址推定

姚坊门，或称"姚方门"，今称"尧化门"，位于外郭城垣东北端，东南接仙鹤门，西北接观音门，因位于姚坊山故名。推测门址位于尧化门街西南段附近，京沪铁路西北侧。考古调查时，尧化门街两侧正进行拆迁，在拆迁的老街西北侧房基中发现大量明代城砖，部分城砖上有铭文。姚坊门门址地理坐标应为北纬32°06.740′，东经118°52.226′，海拔32米[4]。

3. 各段城墙保存情况

（1）姚坊门址至门里村段

该段城墙被铁路隔断，铁路西南为大片房屋覆盖，现场难以看到城墙痕迹。然结合文献记载及城墙走势判断，该段城墙的走向仍较清楚。据当地居民介绍，原门里村位于土城头路西南，推测其得名与外郭城的走向有关，城内（即姚坊门内）为门里村。后门里村范围扩大，将外郭城城墙外侧一部分并到其中。门里村城墙恢复点地理坐标为北纬32°06.609′，东经118°52.291′，海拔39米。

（2）门里村至路桥总公司段

该段城墙长约1633米，依次经过小庙村、仙尧路、博得高尔夫俱乐部、南京市路桥工程总公司至312国道，基本保存完好。现城墙作为尧马路路基使用，城墙顶部明显高于两侧地面，城墙两侧有民居及大片洼地。城墙顶宽 7～10、底宽 15～20、顶部与两侧地面落差 1～5 米。该段城墙过南京公路管理处后，尧马路向东地势渐低，而现路桥总公司所处位置明显高于尧马路路面，推测城墙至该点后其走向偏移尧马路，而转于现路桥总公司建筑基址下。

（3）路桥总公司至东仙渔庄段

该段城墙原长约 150 米，位于 312 国道东南侧，西北至 312 国道，南至东仙渔庄大门附近，因筑路取土，被 312 国道及铁路施工破坏，城墙痕迹不存。在铁路施工取土处的取土断面上，可见夯土痕迹。通过城墙走势及该处夯土分布点，可对城墙在该断缺处的走向进行初步推定。

路桥总公司南侧（城墙被 312 国道及铁路施工隔断点）地理坐标为北纬 32°06.106′，东经 118°53.026′，海拔 34 米。东仙渔庄北门西侧城墙重新连接点地理坐标为北纬 32°06.022′，东经 118°53.198′，海拔 32 米。

（4）东仙渔庄至仙鹤门段

该段城墙长约 1500 米，依次经过东仙渔庄、金陵家天下小区、紫东实验学校、仙居雅苑小区、仙鹤名苑小区。现作为环城公路路基使用，保存较好，城墙走势清晰，城墙顶部与两侧地面之间的落差非常明显。城墙顶宽 7～11、底宽 15～20、顶部与两侧地面落差 2～6 米。

4. 穿城水系及城壕情况

该段城墙有穿城水系一条，水沟名称不详。水沟穿城位置位于金陵家天下小区南部、仙居雅苑小区北部。水沟现宽约 3 米，穿过城墙处宽约 5 米。水沟两侧由石块砌成，据当地居民介绍，水沟两侧的石块为近年所砌，但水沟早已有之，具体年代不详。推测水流穿过城墙处为明代外郭城水洞之一。水流穿城墙处地理坐标为北纬 32°05.801′，东经 118°53.518′，海拔 29 米。

此外，小庙村 18 号仓库东侧（即城墙外侧）地势较低，为大片洼地，推测洼地的形成，一方面与取土筑城有关，另一方面可能是该洼地早年作为当时城墙外侧的城壕。

东仙渔庄与仙居雅苑小区之间城墙西侧（内侧）亦有大片空旷洼地，低于城墙顶部 2～3 米，推测该片洼地的形成与筑城取土有关。另在紫东实验学校与仙鹤门施工处之间的城墙两侧有大片洼地及水塘，与城墙落差 3～5 米，该片洼地的形成也应同筑城取土有关。

（六）仙鹤门至麒麟门段

1. 城墙概况

该段城墙长约 4644 米，依次经过仙鹤名苑小区、仙龙湾在建项目工地、南京农业科学研究所、上庄、西林村、白龙山华侨永久公墓、沪宁高速、南京交通技师学院、麒麟铺社区居民委员会、南京工程高等职业学校，至麒西路与麒东路交汇处（麒麟门门址）。现作为环城公路燕西线路基使用，两侧有民居、工厂、公司、田地鱼塘、洼地、在建工地等，城墙顶宽 6～10、底宽 15～20、顶部与两侧地面落差 1～4 米。

据现场调查，麒麟铺村 18 号附近（初宁陵雄性石刻旁）民居发现大量城砖，部分城砖有铭文，但因墙体上粉刷黄色油漆，字体已较难辨认。该处地理坐标为北纬 32°03.844′，东经 118°55.319′，海拔 26 米。

2. 仙鹤门门址推定

仙鹤门位于外郭城城垣东北端，东南接麒麟门，西北至姚坊门，得名于门址附近仙鹤山上汉代建造的仙鹤观。推测门址位于仙鹤名苑小区东南侧，文枢西路与土城头路交汇处附近，地理坐标为北纬32°05.538′，东经118°53.913′，海拔37米，此处较周边城墙略高。

3. 各段城墙保存情况

（1）仙鹤门门址至仙林大道门洞段

该段城墙向南延伸约160米后，因仙鹤门3号路施工从墙体穿过，墙体被掘毁约100米。该段城墙虽已不存，但走势仍较清晰。2009年11~12月，为配合道路施工建设，我所曾在被隔断处对明代外郭城墙遗址做过考古发掘。发掘情况表明，该段墙体呈南北走向，依高岗而建，高出外侧地面5~8米。墙体上部残宽6.8、底部残宽9.8米，为一次性分层夯筑而成，墙基未挖基槽，夯层分明，土质较致密。在城墙外侧（东侧）约28米处勘探发现城壕遗迹，宽11~13、深0.3~1.3米，其中填土为黑灰色淤泥[5]。

（2）仙林大道门洞至南京工程高等职业学校段

该段城墙长约3754米，现作为环城公路路基使用，城墙保存较好，连续未有隔断。仙林大道至上庄段，城墙呈西北至东南向，过上庄后，城墙方向略有偏移，基本呈南北向。

（3）南京工程高等职业学校至麒麟门段

该段城墙长约340米。调查发现，南京工程高等职业学校内地势明显高于现环城公路（宣义路）路面，结合《金陵古迹图考》所附明外郭城线路图及民国时期其他地图，推测外郭城城墙在该段转入南京工程高等职业学校内，向南至麒东路与麒西路交汇处（麒麟门门址）。南京工程高等职业学校教学楼高地地理坐标为北纬32°03.673′，东经118°55.077′，海拔44米。

4. 城壕

该段城墙两侧多为低洼地，推测一方面与筑城取土有关，另一方面这些低洼地早年可能作为城外的壕沟使用。

（七）麒麟门至沧波门段

1. 城墙概况

该段城墙顶部现作为文荟路路基使用，两侧为民居、村落、田地水塘、施工区等，道路两侧植树木，沿途经过麒麟中学、东蛇盘村、中蛇盘村、西蛇盘村、花岗村、向南村、玄武区看守所、沧波门桥，延伸至三百户村，总长约5109米。城墙顶宽5~8、底宽15~20、顶部与两侧地面落差2~5米。

2. 麒麟门门址推定

据《金陵古迹图考》所附明外郭城线路图及其他民国时期地图所示，麒麟门位于道路与城墙交汇处。该民国时期道路经中山门、孝陵卫、马群，至麒麟门，其走向与现今中山门大街至麒西路一线相符，故推定麒麟门门址位于麒西路与城墙交汇处，即麒西路与文荟路交叉口附近。原门址位于现道路路基下，门址四周为现代房屋建筑，其地理坐标为北纬32°03.421′，东经118°55.100′，海拔17米。

3. 穿城水系及城壕情况

（1）白水河

白水河在沧波村附近穿过城墙，河道宽约30米，河道上方为现代桥梁——沧波门桥，原水流穿城处宽度已不详。白水河基本呈南北走向，在沧波门桥西分支，一支穿过城墙向东南入运粮河，另一支转向西南，在三百户村附近折而向西。沧波门桥地理坐标为北纬32°01.774′，东经118°53.194′，海拔9米。

（2）运粮河

运粮河经蛇盘村东、花岗村、向南村，穿过宝塔路后与白水河相接。运粮河北段位于外郭城外500~800米处，与城墙走向基本平行，过白水河后，河面变宽，与城墙紧挨，推测用于外郭城墙的护城河。

（3）城壕

蛇盘村段城墙东侧（外侧）有大片低洼地带，其形成可能与外侧城壕或筑城取土有关。

（八）沧波门至高桥门段

1. 城墙概况

该段城墙长约5090米，依次经过大门西、小门西、小石山、大石山、郑家营、小水关，至高桥门，除小石山、大石山段被京沪高铁施工隔断外，其余地段基本连续，整体保存较好，两侧分布有民居、田地、洼地、在建工地等。城墙现作为双麒路路基使用，城墙顶宽6~10、底宽15~25米，顶部与两侧地面落差1~5米。

2. 沧波门门址推定

据当地小庄村陈姓老人回忆，抗战时期，沧波门门洞仍存，门洞规模与中山门类似；解放战争期间，被村民建筑取砖，渐次拆毁。门洞内原有道路通过，门内侧有城隍庙[6]。现道路、城隍庙均已不存。推测沧波门门址位于双拜岗路与城墙交汇处西南侧，大约在今五百户村五队1号、2号民居位置。据现场调查，沧波门门址附近民居内散落大量城砖，部分城砖有铭文。现沧波门前街被误传为"沧波门"，其中段101号街面上有圆形石墩五个，纵向排列，与街道方向一致。这五个石墩排列紧密，总长仅有约三步长，俗称"三步五墩"。门址旁有地名"三百户"、"五百户"，可能与明代沧波门千户所的设置有关。推测门址地理坐标为北纬32°00.271′，东经118°51.394′，海拔9米。

3. 各段城墙保存情况

（1）沧波门至小石山段

该段城墙基本呈东西走向，长约1000米，沿途经过五百户村，至小石山被京沪高铁连接线隔断。城墙顶宽6~10、底宽15~20、顶部与两侧地面落差1~3米。

（2）小石山至郑家营段

该段城墙因京沪高铁连接线铁路施工，遭破坏约100米，地面遗迹已不存。不过据早期地图及外郭城和今道路走向，该段城墙走势基本清晰。2009年8~9月，为配合京沪高速铁路南京段施工建设，我所对郑家营段明代南京外郭城墙遗址进行了考古发掘。发掘情况表明，该段城墙呈南北走向，方向5°。墙体无基槽，依高坡而建，地势内高外低，夯筑而成，顶残宽2.1~2.4、底残宽26.5~26.7、残高0.85~4.2米[7]。

（3）郑家营至高桥门段

该段城墙长约2650米，顶部现作为双麒路路基使用，两侧为村庄、民居、低洼田地。城墙顶宽 8～10、底宽 15～25、顶部与两侧地面落差 1～5 米。因双麒路改建拓宽工程，其中郑家营至石羊路段外郭城城墙主体仍在，西侧因平整路面取土而被局部破坏。在城东污水处理厂附近城墙东侧民居中发现较多城砖，部分城砖有铭文，铭文清晰可辨。

4. 穿城水系及城壕情况

（1）运粮河

运粮河于小水关处穿过城墙，河上有桥，桥名不详，桥下河道宽约 40 米。该河与城墙交汇处地名为"小水关"，可证是明代外郭城水关之一。小水关附近民居中发现不少明代城砖，上有铭文。小水关桥地理坐标为北纬 32°00.271′，东经 118°51.394′，海拔 9 米。

（2）城壕

沧波门至小水关段：该段运粮河位于城墙外侧约 700 米处，水流呈东北至西南走向，至小水关与东西向运粮河汇合，其方向与城墙的走向基本一致，且位于城墙外侧，推测作为该段城墙外侧的城壕。

小水关至高桥门段：运粮河在该段呈东北至西南走向，沿城墙外侧经高桥门，在上坊桥处与秦淮河汇合。该段运粮河位于城墙东侧（外侧）约 40 米处，流向与城墙走向一致，推测作为该段外郭城外侧的城壕。

（九）高桥门至上坊门段

1. 城墙概况

该段城墙长约 2084 米，依次经过高桥村、宁杭高速高架桥、南圩村、上坊桥，至上坊门。城墙保存较好，走势清晰，基本无断缺，现作为双麒路路基使用。城墙顶宽 8～10、底宽 15～25、顶部与两侧地面落差 1～3 米。

城墙沿线三处散落有明代城砖：其一为位于高桥门与宁杭高速高架桥之间道路旁的民居，部分砖面上有铭文；其二位于双麒路高桥村南圩 170 号对面民居所砌墙体上，此处铭文砖较多；其三位于上坊门门址附近，发现数块残断的城砖，其上未发现铭文。

2. 高桥门门址推定

现高桥门城门已不存，推测门址位于高桥村中和桥路与双麒路交汇处，周边为道路及民居。门址附近民居上发现不少城砖，其上多有铭文。门址东侧有河流，河流上桥梁名为"高桥"。推测门址地理坐标为北纬 31°59.877′，东经 118°50.845′，海拔 15 米。

3. 穿城水系及城壕情况

秦淮河在今上坊桥（明代称"分水桥"）处穿过城墙，河面宽约 120 米，推测该地点为明代外郭城水关之一。上坊桥地理坐标为北纬 31°59.088′，东经 118°49.952′，海拔 14 米。

高桥门至上坊桥段城墙外侧约 30 米处有水沟紧贴城墙，水沟宽约 35 米，与城墙走势一致，至上坊桥处汇入秦淮河。推测该段水沟为外郭城城壕。

（十）上坊门至夹岗门段

1. 城墙概况

该段城墙长约 2408 米，依次经过上坊门村、邵盛村，转入双龙街，至夹岗门，城墙顶部现作为双麒路、双龙街路基使用，两侧有水塘、高铁、民居等。除上坊门西侧因京沪高铁施工城墙被隔断外，其余地段城墙保存较好，走势清晰。城墙顶宽 8 ~ 12、底宽 20 ~ 30、顶部与两侧地面落差 2 ~ 4 米。

2. 上坊门门址推定

上坊门又称"上方门"。上坊门今已不存，上坊桥南侧有地名为上坊门村，另紧贴河流西岸有条南北向小路，推测该小路与双麒路交汇处为原上坊门门址所在。门址东紧邻秦淮河及上坊桥，南为水塘及住宅小区，西为京沪高铁施工区域，地理坐标为北纬 31°59.088′，东经 118°49.952′，海拔 14 米，门址周边区域今通称为"上坊门"。

3. 城壕

上坊门东侧（外侧）城墙与住宅小区之间有大片低洼地及水塘，推测该低洼区域为城墙外侧城壕。

（十一）夹岗门至凤台门段

1. 城墙概况

该段城墙沿线地貌已发生巨大变化，已难觅地面城墙痕迹，不过根据现今地貌及民国年间地图，并走访当地老人，可知该段城墙夹岗门至卡子门段城墙走势仍较清晰，而卡子门至凤台门段城墙则难觅其踪。

（1）夹岗门至卡子门段

该段城墙过夹岗门向西北沿双龙街、卡子门大街至卡子门，现作为卡子门大街道路路基使用，城墙痕迹已不存。据当地老人回忆，原卡子门大街所处地段地势较高，与两侧地面有明显落差，后逐渐降低，与周边地势相平。

（2）卡子门至凤台门段

该段城墙走势不明，亦无明显线索可寻。

2. 夹岗门门址推定

夹岗门或称"夹冈门"，今已不存，根据民国年间地图并结合现今地貌，推测门址位于今空军气象学院北门对面约 21 米京沪高铁路基下，其北侧有夹岗门村，地理坐标为北纬 31°58.680′，东经 18°48.507′，海拔 18 米。据当地老人回忆，夹岗门为砖砌，仅有一个门洞，门洞北侧有城隍庙。

（十二）丁字墙段

1. 城墙概况

丁字墙为明代南京外郭城连接内城东南之间的一段城墙，因形状似"丁"字，故名。丁字墙为明代南京外郭城的组成部分之一，全长约 3990 米。根据文献记载及现场调查，丁字墙自卡子门沿土城头路、晨光路至双桥门门址（养虎巷与晨光路交汇处），后向东折向双桥门（现地名），向北沿龙蟠南路、龙蟠中路至内城通济门。原土城头路、晨光路地势较高，后不断降低，与两侧地面渐平。但双桥门至通济门段城墙因地貌变化较大，城墙走势不甚明了。

又，卡子门附近原有丁墙村，位于今郁金香路和紫荆花路之间，西邻玉兰路，东至卡子门大街。推测该地名由来与明代外郭城丁字墙有关。

2. 双桥门门址推定

双桥门在丁字墙北端，城门今已不存，推测门址位于晨光路与养虎巷交汇处，北邻雨苍桥，地理坐标为北纬 32°00.517′，东经 118°47.213′，海拔 9 米。

（十三）凤台门—大安德门—小安德门—驯象门—江东门—石城关

自凤台门经大小安德门、驯象门、江东门、石城关，直至外金川门，该段城墙地面均无遗迹可寻，城墙走势及城门（关）位置难以推定，有待于今后考古勘探、发掘工作确认。

四　结　语

明代南京外郭城遗址是明代南京城墙的重要组成部分，是南京现存最重要的大型线形文化遗产之一，它和南京明故宫宫城、皇城遗址及京师城墙（内城）共同构成明代南京城的主要空间格局，南京也由此成为明代三都（中都、南京、北京）中迄今仍保留四重城圈遗迹的唯一明代都城。由于一些历史原因，明代南京外郭城遗址的保护长期未得到应有的重视，除近年我所配合道路建设对金尧山庄、郑家营、仙鹤门等段城垣进行过局部考古发掘外[8]，其他考古工作几乎为空白，故相对于明代南京都城（内城）城墙和明故宫遗址来说，对外郭城的研究工作一直十分薄弱。本次考古调查是迄今为止首次对明代南京外郭城遗址开展的全面考古工作，因而具有重要的学术价值。

从目前明代南京外郭城遗址的初查结果来看，至少有二分之一的外郭城垣地面仍有遗迹可寻，有近四分之三的外郭城垣的走向比较清晰、明确，仅有不到四分之一的外郭城垣的地面走向不很清晰。可以说，明代南京外郭城遗址是南京地区迄今所知规模最大的与南京古都历史密切相关的大型古代都城遗址，虽然许多地段已遭受不同程度的破坏，但整体格局基本清晰、完整。

今后明代南京外郭城遗址的保护和展示工作的重点，一方面仍然是从观音门到夹岗门这一段地面尚存遗迹的城垣，此段除保护城垣主体外，还应保护相关门址、水关、水洞及其附属建筑遗址，以及城壕和城垣两侧的穿城水系和古道；另一方面，对于地面已无遗迹或遗迹不连续的部分外郭城垣和门址，在得到考古勘探发掘确认后，也应立碑标示或采取其他保护措施。

附记：本次明代南京外郭城遗址考古调查工作由原南京市博物馆考古部王志高统筹负责，现场调查人员包括许志强、王光明、孙林如、于为磊等。本文成于 2010 年 7 月，此次略有改动。2014 年 6 月，外郭城遗址被公布为南京市不可移动文物，标志着对其的保护工作进入了一个新阶段。

执　笔：许志强　王志高

注　释

[1]　有关明代南京外郭城的文献种类较多，然多数仅为简略涉及。唯《南京都察院志》的相关记载在迄今所见明代南京郭城资料中最为详备、可靠。参见王志高《〈南京都察院志〉之明代南京城墙资料汇注》，原连载于《南京史志》2010～2012 年，后收入南京市博物馆《南京文物考古新发现》（第三辑），文物出版社，2014 年。此外，另有部分关于南京地区的古地图、图录及近现代地图，对外郭城城墙的分布、走势多有描绘，不一一列举。

[2] 2010 年 8 月至 2011 年 1 月，我所在该区域进行了考古发掘，发现了保存较好的夯土城墙，总体呈东西向，方向约 100°，城墙外侧局部包砌规整的条石。

[3] 南京市考古研究所发掘资料。

[4] 该区域为现用道路，难以进行大面积发掘。2011 年 5 ~ 9 月，我所在尧化门老街南侧狭长地带进行了考古发掘，发现南北走向的夯土城墙及疑似瓮城南墙遗迹，为门址的推定提供了重要线索。

[5] 南京市考古研究所发掘资料。

[6] 以上描述根据陈姓老人回忆情况整理而成。

[7] 南京市考古研究所发掘资料。

[8] 此次考古调查至今，我所陆续在佛宁门、姚坊门、燕子矶东侧等地对明代南京外郭城进行了考古发掘，发现了夯土城墙及城墙附属建筑等相关遗迹。

下编 学术研究

薛城遗址陶鼎足成型工艺浅析

葛鹏云　　张杏丽　　王光明

　　陶器制作工艺的研究方法主要有科技分析法、民族学调查法、模拟实验法和考古学痕迹观察法。本文主要采用传统的考古学痕迹观察法，即肉眼观察、放大镜观察和手感知相结合的方法，对陶片表面、内里和断面的痕迹及颜色进行详细的观察和记录。陶器从打算制作到被发掘出土，经历了打算、构思、选料、和泥、制坯、修整、装饰、晾晒、烧成、使用（破碎或再次利用）、废弃（掩埋）、被发现等一系列过程，而对于这一系列动态的过程，我们只能通过对被发现的静态遗物和痕迹的观察分析来最大限度地解读和复原。

　　本文以薛城遗址 2010 年发掘出土的部分陶鼎足为研究对象，解读薛城遗址此类器物成型工艺的演变，尝试以不同的研究方法和视角来揭示该遗址的文化内涵。

　　薛城遗址陶鼎足的成型工艺大致可分为早、中、晚三个时期，而每个时期又呈现出不同的特点。

　　（一）早期

　　早期陶鼎足的成型工艺有三种。

　　第一种最常见的是由两块三角形泥片纵向贴合而成，为使贴合更加紧密，往往大量使用戳窝纹。10GXT3G⑤:715，侧装式扁足，稍有变形。表面基本平整，下残，上连部分器底。由①、②两个泥片贴合而成，泥片侧面饰戳窝纹，戳窝纹底部留有制作工具的纹理痕迹。根据戳窝纹下浅上深为一次成型，可以判断用力方向为由下至上。根据相连两个戳窝纹挤出的泥痕成一体，可以判断戳窝使用工具头部为两分叉形（图一:1、二）。

　　第二种由三部分纵向贴合而成。10GXT3F⑤:1552，泥条①、②纵向侧接，③贴在①、②形成的凹面上，足成型后加贴在器底④上。向内分别挤压①②、③②、③①用以增加贴合紧密度，因而形成内侧和外侧各两道宽槽。为进一步加强贴合紧密度，在内侧、外侧分别用手指大力度按窝，按窝使力方向如箭头所示。足、底接合处残留部分器底，由脱落面可以清楚地看出足与器身的接合面较平整光滑（这是导致足与器底分离的主要原因）。此种足基本是先由一根泥片或两根泥条构成足身主体，然后从两边对接或从一边围接其他两部分，捏合痕迹清晰可见，由于制作工艺的不成熟，三泥条结合部中间留有孔隙（图一:2、四、五）。

　　第三种由两根泥条上下对接而成。10GXT3F⑤:1417，柱足残件，由①、②两部分贴合而成，贴合较松散，现存断裂线即是上下两部分泥料的贴合线。两部分泥料贴合不坚固，中间或用泥浆黏合（图一:4）。

　　值得注意的是，10GXT3F⑤:722，足身主体由①、②两块泥片对贴而成，泥料顶端不贴合，即足根部位两泥片分别粘接在器底③上，用泥料④进行左右两侧面包裹加固，外侧根部按一指窝纹（用力方向如图箭头所示），用于增加贴合紧密度。此类足与器底的接合面剖面为弧形，增大了两者的接合面积，也增大了接合紧密度（图一：3、三）。

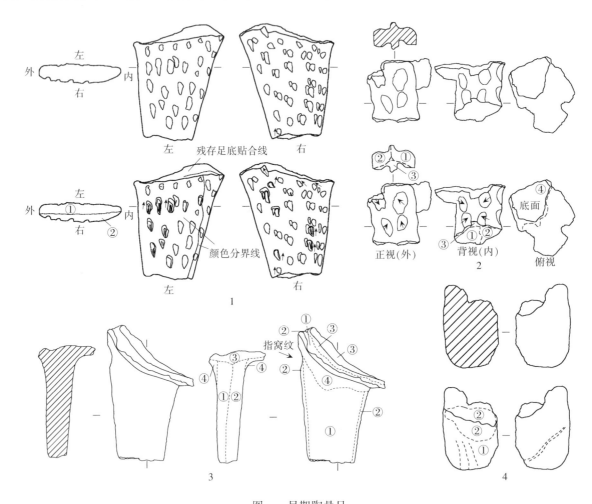

图一　早期陶鼎足
1. 10GXT3G⑤:715　　2. 10GXT3F⑤:1552　　3. 10GXT3F⑤:722　　4. 10GXT3F⑤:1417　　（4 为 1/2，余为 1/3）

图二　陶鼎足（10GXT3G⑤:715）外侧

图三　陶鼎足（10GXT3F⑤:722）加装修整痕迹和纹饰

图四　陶鼎足（10GXT3F⑤：1552）背面　　　　图五　陶鼎足（10GXT3F⑤：1552）底面泥条结合部孔隙

早期陶鼎足采用两块或两块以上的泥料，还无法解决泥片之间紧密贴合的问题，造成了足的开裂成为较普遍的现象，故而在加强泥片贴合紧密度上进行了后期的制作工艺补充。本期采用左右、上下泥料的制作方法，其中上下贴合（10GXT3F⑤：1417）的足较少，而左右贴合（10GXT3G⑤：715、10GXT3F⑤：1552、10GXT3F⑤：722）的足较多。足与器底接合处留有向上（向器底）或斜向上的指窝纹，反映出的制作工艺为器身倒扣后再装足，即器身与足分别制作最后组装。在足与器底接合紧密度上，较多采用足底平整光滑（10GXT3F⑤：1552）、较少采用泥片分别粘接（10GXT3F⑤：722）的制作方法，虽然从足根处向上（向器底）按捏接合处，但足仍容易由接合处脱落，反映出人们在足制作工艺方面的不成熟及不断舍弃和探索。当然，在对器物进行工艺补充时，也开始融入了纹饰美感。

（二）中期

中期陶鼎足的成型工艺有六种。

第一种由一个泥片从一侧折卷揉成圆柱状。10GXT3F④：33，足身为近圆柱体，上连器底，下残。足身由一个泥片折卷揉成，中部留有空腔。足外侧由下至上按压指窝纹。此类足在此遗址中不多见（图六：1、七）。

第二种由三个泥片或泥条纵向贴合成器足主体，粘接时修整成弧状，之后在贴合处外加贴薄泥片加固成型。10GXT3④：1029，足身由①、②、③三块泥料纵向贴合构成足身主体，再于外侧包裹泥料④和⑤修整成型。泥料④、⑤贴合时用手指按捏，内外留有4列每列2个完整指窝和2个不完整指窝。其中外侧所留指窝为食指和中指反复按压而成，左侧一列是右手指所留，右侧一列是左手指所留；内侧所留指窝均为拇指按压所形成，左侧一列是左手拇指所留，右侧一列是右手拇指所留（图六：4、八）。

第三种中心为一根泥条，构成器足主体，然后从两侧分别包接一根泥条，一侧边缘捏修成尖状，另一侧捏修成弧状。足成型后，侧装于器底，为了使其牢固地与器底贴合，从器底内壁向下按压成条状凹窝。此类足均上连器底，从器内壁可见向外按压的凹窝。10GXT3G④：139，侧装式足，由三部分组成，其中①是主体，然后从右边包接②、从左边包接③，最后将其安装在器底④上。器底外面有细密的抹平痕迹，足与器底接合面增加细绳纹，器底内部与足接合处有横向下压的凹面。凹面1和凹面2合成一组凹面，凹面2打破并叠压凹面1，因此应是先按压凹面1后按

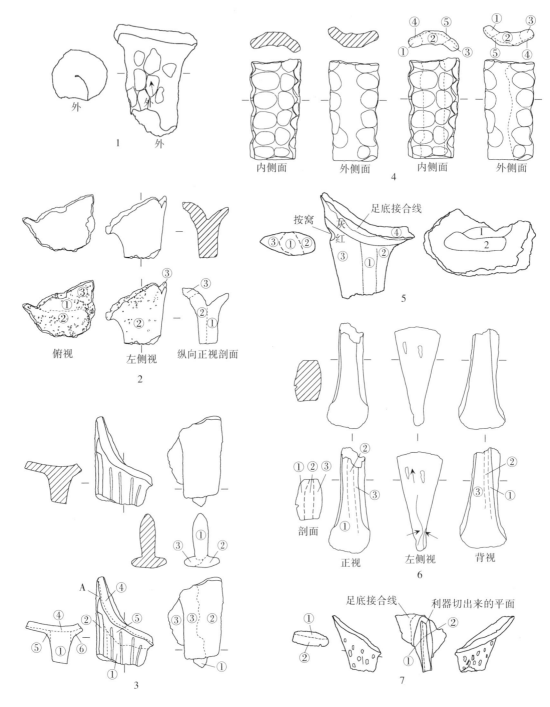

图六　中期陶鼎足

1. 10GXT3F④：33　2. 10GXT3G④：140　3. 10GXT3E④：1026　4. 10GXT3④：1029　5. 10GXT3G④：139
6. 10GXT3F④：1　7. 10GXT3E④：15　（1 为 1/2，7 为 1/5，余为 1/3）

压凹面2，此为加固器底与足接合紧密度而形成。足外侧根部有一按窝（图六：5、九）。

　　第四种由两个泥片纵向对贴成足身，足根不修平，而是使两个泥片呈分叉状分别粘接在器底上，交汇处形成空腔。10GXT3G④：140，足残件与器身接合部位，足身由①、②两片泥料相对贴而成，至足根部两泥料不贴合，分别与器腹壁③相粘接，在①、②、③交汇处形成空腔，②与器底接合处直接断裂（图六：2、一〇）。

第五种先由一根泥片构成器足主体，后再从泥片的一侧加贴两根泥条构成器足的外侧宽棱。10GXT3E④：1026，足主体①的一侧棱纵向对接②和③构成足的全部。加装足时用⑤和⑥将足粘接于器底④外表面。足根外侧 A 部分加长。足加装好后，在足身两侧面上各施纵向刻划纹饰四条（图六：3、一一、一二）。

第六种由两块或三块泥片纵向贴合成足的主体。此种工艺的主要部分是相同的，但根据其具体修整技法，又可细分为切割修整型和按压修整型。

切割修整型，是把两块或三块泥片贴合好后斜向切割出整齐的断面，其中足尖的切割面相对按压成扁片状。10GXT3F④：1，侧装式足，足主体由①、②、③三层泥片贴合而成，再切割成整齐的正背面，最后把足尖内外侧的下端压扁，于是整个面呈上窄下宽状，增加了装饰性，由于内外两侧受挤压而导致侧面被挤压出凸起的脊线（见左侧视图）。左右两个侧面分别饰戳印纹，戳印纹上深下浅（图六：6、一三）。

按压修整型，压扁后侧棱断面呈上窄下宽的凿形，增大了与地面的接触面积，增强了稳定性。10GXT3E④：15，由①、②两个泥片贴合而成，然后从一外侧棱切割出一个平整的断面。切割面一

图七　陶鼎足（10GXT3F④：33）外侧

图八　陶鼎足（10GXT3④：1029）内侧

图九　陶鼎足（10GXT3G④：139）俯视

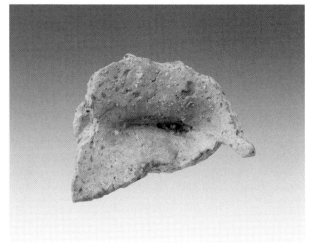

图一〇　陶鼎足（10GXT3G④：140）加装贴合线

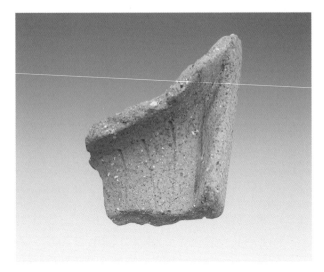

图一一　陶鼎足（10GXT3E④：1026）外侧和贴合线

图一二　陶鼎足（10GXT3E④：1026）底面和贴合线

图一三　陶鼎足（10GXT3F④：1）泥片贴合线

图一四　陶鼎足（10GXT3E④：15）侧棱底面

次成型，推测切割工具较锋利。两个侧面饰戳窝纹，戳窝纹上深下浅。戳窝纹底部有少量工具留下的纹理痕迹，推测工具可能为竹木器（图六：7、一四）。

中期的陶鼎足在考虑贴合紧密度的同时，已出现了完全用于装饰的纹饰和增加承重力的制作工艺（10GXT3E④：1026），且泥片贴合紧密度的问题已被解决。陶器的制作工艺在延续已有方法的基础上有所进步和创新。

（三）晚期

晚期陶鼎足的成型方法有五种。

第一种由两个或三个泥片纵向对贴而成，此种较普遍。10GXT3②：1257，由①、②两个泥片纵向分层贴合而成，内、外侧面都有指窝纹。指窝凌乱，内侧面的指窝无明显规律，深浅不一，故两侧棱面和两侧面的指窝主要用于增加贴合紧密度，次为装饰美化功能（图一五：1）。

第二种为一根泥条或泥片手修成型。10GXT2D②：3478，足身主体①由一根泥片完成。足根泥片分叉与器底外表相对接构成，泥片向两侧张开以增大加装的接触面积。器底③外侧先贴合舌状泥片②，②表面涂泥浆，依照①分叉位置套装入②并连接③，加装好后接合部位再加泥浆抹平。足与 0.8 厘米厚的腹壁相比显得较厚重，所以足根部在脱落时连带器腹壁也破损下来。足身两侧面饰戳刺纹，左侧面有 19 个完整的纹饰单位，右侧面有 24 个完整的纹饰单位，戳刺方向由足尖向足根方向，即由下向上（图一五：2、一六）。

第三种由一根主体泥条再加贴两根泥条组成。10GXT2②：3497，足身由①与②纵向贴合后用③从一侧包裹成型。足身成型后加装于器底④上，后用泥料⑤和⑥从接合部位包裹加固。足根与器身接合处附近有一个指窝，直径约 1.3 厘米，可能是加装器足时所留，也可能是加装好后所饰指窝纹（图一五：3、一七）。

第四种，足主体的一侧加贴泥条，构成凸脊。10GXT2A②：3501，由①、②两部分组成，①是

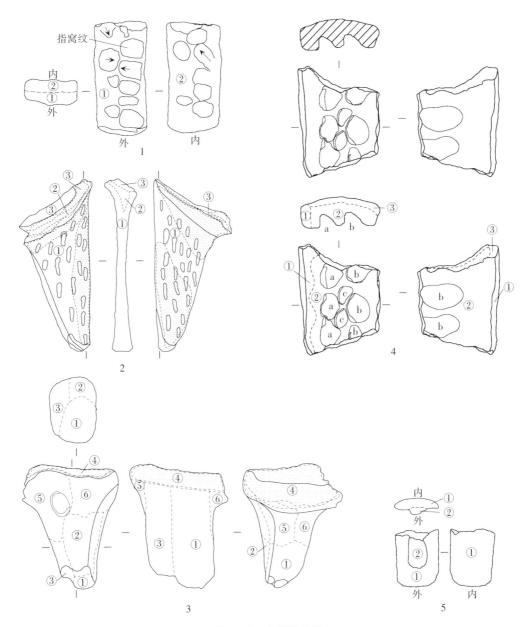

图一五　晚期陶鼎足

1. 10GXT3②：1257　2. 10GXT2D②：3478　3. 10GXT2②：3497　4. 10GXT3②：1263　5. 10GXT2A②：3501　　（1、2 为 1/3，余为 1/2）

图一六　陶鼎足（10GXT2D②：3478）贴合线

图一七　陶鼎足（10GXT2②：3497）断面贴合线

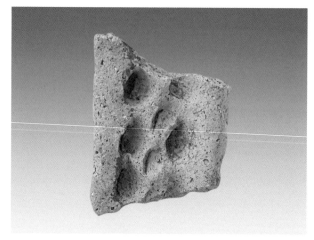

图一八　陶鼎足（10GXT3②：1263）外侧

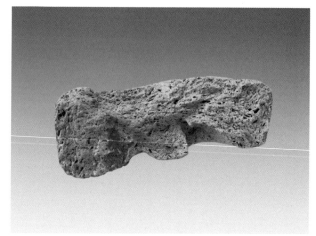

图一九　陶鼎足（10GXT3②：1263）顶面

足的主体，泥条②贴在①上构成中间凸起（图一五：5）。

第五种，泥片粘接成扁状弧形器足主体，其后在泥片接合处加贴薄泥片用以加固。10GXT3②：1263，②和③相贴合后从侧面纵向粘接①形成足身，捏合泥料时在足表面留下较深的指窝。其中a是捏合①、②、③时所留，b是捏合②、③时所留，足外侧面有8个指窝，并留有指甲痕迹。左侧棱可观察到2处指腹留下的浅窝。内侧面有2处指腹留下的浅窝。泥料捏合好后再稍加修整，将a、b之间凸起部分按压平整留下按窝c。足身表面较光滑，可判断为通体手修（图一五：4、一八、一九）。

晚期的陶鼎足已经可以使用一块整泥片制作（10GXT2D②：3478、10GXT2A②：3501），制作技术有了较大进步，纹饰的装饰超过中期。

由此可见，薛城遗址陶鼎足最大的特点是纵向把泥片贴合出一定的形状，有三角形、长方形、圆柱形、圆锥形，其中以三角形为主。三角形足的一个边长都用来接合器腹底部，而一个角用于接触地面。单根泥条组成一足的情况少见。早期由于制作工艺处在开始和探索阶段，所有的修整方法均为使泥片之间紧密贴合，装饰作用较少；中期经过前期的实践，制作工艺开始成熟并积累了工艺经验，装饰的作用开始突显；晚期成功的制作技术已得到运用，陶片的贴合紧密度已不是问题，人们对鼎足有了更多美的要求，装饰与修整已逐渐分离。

薛城遗址早期制陶工艺已经有了一定水平，基本成型、修整技法以及装饰技法等在早期陶器中均已形成。到了中期，制陶工艺有了明显的提高。此时，鼎足大量出现，鼎足的工艺进步明显，其精美度也大大提高并超过早期与晚期，代表了薛城遗址的繁盛时期。晚期，薛城遗址的制陶工艺水平似略有下降，对陶器精美度的追求低于中期。

薛城遗址鼎足虽然有其独特的特点，但并不能说明是独立萌芽发展而来的，其制陶工艺应是传承于某个更早的考古学类型或被更晚的考古学类型所继承，即牵涉薛城遗址的源头追溯和去向跟踪。这有待于今后更多的考古发掘和考古研究，而制陶工艺或许是其中的一个切入点。

附记：论文撰写过程中得到了高淳区文化广电局、高淳区文物保管所的大力支持，并得到了南京大学黄建秋教授及其团队、南京师范大学王志高先生的帮助和支持，在此致谢。

南京地区莲花纹砖文化因素初探

——兼论韩国武宁王陵莲花纹砖渊源

马　涛

　　1971 年 6 月，韩国忠清南道公州郡发现的百济武宁王与王妃的合葬墓（学术界称"武宁王陵"），是百济文化研究中具有里程碑意义的事件，是韩国中世纪社会考古学的重大发现。武宁王陵的墓葬形制保存完好，未经盗扰，墓内随葬器物种类丰富，计有青瓷器、木器、金银器、玻璃器、青铜器、玉石器及铁质五铢钱和志石等 2600 余件。武宁王陵的发现为海东地区，特别是为百济地区的物质文化研究，提供了重要的实物资料。学者在对武宁王陵墓葬形制结构的研究中发现，此墓无论是墓室结构、墓内设施、随葬器物，还是墓砖的砖纹，都与中国六朝时期以建康地区为代表的东晋、南朝墓葬有着惊人的相似性[1]。其中，砌筑墓室所用墓砖上的模印纹饰较为精美，有莲花纹、钱纹和几何纹等，尤以莲花纹数量多、类型多、模印方位多，主要有在长方形砖和刀形砖的侧面模印双四出六瓣莲花与斜网格组合纹、在长方形砖的端面模印忍冬与八瓣莲花组合纹、在两块相拼的楔形砖端面模印四出八瓣莲花纹。这些莲花纹砖的画面内容均可在建康地区南朝墓葬的墓砖中找到摹本。学界通常认为南朝墓葬墓砖上模印的莲花纹是佛教影响下的产物，但考古资料表明，早在孙吴时期的墓砖上就发现有莲花纹的身影，至两晋时期仍有零星发现，而这些六朝墓葬中发现的莲花纹墓砖是否具有同源传承性，抑或分属各流，是一个值得深究的问题。本文以南京地区六朝墓葬中所出土的莲花纹墓砖为考察对象，对莲花纹墓砖产生和发展的深层文化因素略作分析。不妥之处，敬希指正。

一

　　中国墓葬中的砖刻艺术最早可起自战国时代，据砖刻内容的不同，主要分为文字砖、花纹砖和画像砖三大类。纵观已发表的六朝墓葬资料，南京地区出土的六朝墓葬中的文字砖可分为纪年砖、记事砖和其他类型砖[2]，花纹砖有几何纹砖和植物纹砖两种，画像砖有人物纹砖和动物纹砖两类。六朝墓葬中所用墓砖在装饰手法上，早期均以简单的几何纹、动物纹、植物纹、人物纹和刻划文字为主，处处体现质朴、简约之风，这一时期大约在孙吴至刘宋时期；晚期出现了以莲花纹占主导装饰整个墓室的局面，特别是以"竹林七贤与荣启期图"、"羽人戏龙图"、"羽人戏虎图"、"车马出行图"等为代表的砖拼壁画使得墓内十分富丽堂皇，这一时期大约在南朝齐、梁、陈三朝。墓砖在制作手法上均以刻划、打印和模印为主，装饰方法有单块、两块或多块拼凑等，砖面内容题材广泛，是研究当时绘画艺术不可缺少的第一手资料。

　　通过对南京地区目前所发掘的六朝墓葬进行排比、分析可以得出，墓葬所用墓砖以莲花作为主装饰并流行使用的时代主要为南朝中晚期[3]。而莲花纹墓砖在孙吴至两晋墓葬中发现极少，见诸报道的只有孙吴时期2座、东晋时期6座，分别为江宁上坊棱角山天册元年（275年）孙吴墓2座[4]、南京大学北园东晋墓[5]、富贵山2号东晋墓[6]、苜蓿园太元九年（384年）2号东晋墓[7]、象山太元十七年（392年）夏金虎东晋墓[8]、铁心桥王家山东晋晚期墓[9]、栖霞甘家巷义熙十一年（415年）东晋墓[10]。现将以上材料简述如下。

　　（1）1979年在江宁区上坊棱角山发掘的天册元年孙吴墓，是见诸发表的材料中最早使用莲花纹墓砖的一座六朝墓葬。此墓由甬道、前室、过道、后室和耳室等部分组成，全长9.5米。墓砖纹饰主要有文字和花纹两种，文字砖文字有"天册元年七月十八日奥侯师李椎作壁"、"天册元年七月"、"奥侯"等，花纹砖纹饰有平行线条纹、莲花铜钱三角线条纹、莲花三角线条纹、莲花棱形纹、莲花旋涡三角线条纹、三角线条纹和钱心棱形三角线条纹，其中花纹砖装饰中的莲花题材占大半以上（图一∶1）。从发表的拓片资料上看，莲花主要为四出八瓣形，莲瓣细长呈"米"字形直线状，分有莲心和无莲心两种，莲花外圈有一周弦纹。这种莲花纹多与钱纹、旋涡纹、几何纹组合，未能单独构图形成独立的画面，且线条极为简单，不能与南朝时期流行的莲花砖同日而语。

　　（2）2008年，在距1979年发掘的天册元年孙吴墓约百米处的南京东宁建材厂内又发现一座天册元年纪年墓。墓葬为双"凸"字形的前后室砖筑结构，内长8.35米。墓砖的类型、种类与1979年发掘的天册元年墓相同，而莲花纹组合仅两类——莲花钱纹三角纹组合、莲花三角纹组合（图一∶2）。

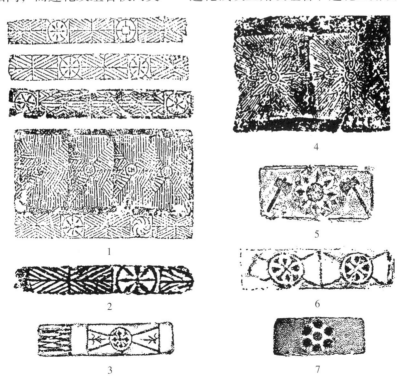

图一　莲花纹砖拓片

1. 上坊棱角山天册元年墓出土（1979年发掘）　2. 上坊棱角山天册元年墓出土（2008年发掘）　3. 铁心桥王家山东晋晚期墓出土
4. 富贵山2号东晋墓出土　5. 苜蓿园太元九年2号东晋墓出土　6. 象山太元十七年夏金虎东晋墓出土　7. 栖霞甘家巷义熙十一年东晋墓出土

（3）1972 年发掘的南京大学北园东晋墓，全长 8.04 米，由于位于鸡笼山东晋帝陵区内，墓葬甬道处发现有两道代表身份的木门设施[11]，故一般认为此墓是东晋元、明、成、哀四帝陵之一[12]。此墓极少数墓砖"打印着三组以八瓣花纹为中心的图案，四角各有一个五铢钱纹，而在花瓣纹和五铢钱之间，则填以密集的直线纹和斜线纹"。简报未附有拓片、线图等图像资料，发掘者认为这种是"晚出类似莲瓣纹的装饰"。

（4）1997 年在太平门外的富贵山西南麓清理发掘了一座编号为 M2 的带甬道的单室砖室墓。此墓时代为东晋早期，墓葬全长 4.81 米，墓内发现有安装木门的门槽设施。此墓花纹砖占少数，均模印在砖的两面，为双重莲花纹（图一：4）。砖面以放射纹作底纹，中心为八瓣莲花，有莲心，未见莲子。这种莲花放射状的花纹砖，与同时代流行的钱纹放射状花纹砖形制一致，仅是把纹饰的主纹从钱纹换成莲花纹而已。

（5）1956 年发掘的苜蓿园 2 号东晋墓为带甬道的单室券顶墓，全长 7.5 米，甬道内发现门槽设施。所用莲花纹墓砖画面的内容为双斧中夹一朵八瓣莲花，莲心中还有莲子（图一：5）。同时，此墓所用墓砖上还有菱形纹、弧线纹、三角纹和四出钱纹组合，且发现了一批"泰元九年三月任兴"、"太元九年三月六日任兴作"的纪年砖。

（6）1966 年 2 月在中央门外象山发掘的东晋夏金虎墓为带甬道的单室券顶墓，全长 5.18 米。墓砖均有模印纹饰，以几何形图案居多，少量砖的侧面有四出莲花纹（图一：6）。此墓出土一方墓志尤为重要，据志文可知墓主为东晋卫将军、左仆射、肃侯王彬继室夫人夏金虎，其卒于东晋孝武帝司马曜太元十七年。

（7）2000 年 7 月发掘的铁心桥王家山东晋晚期单室券顶砖筑墓，全长 8.18 米，由封门墙、甬道和墓室等部分组成。墓内有木门、壁龛、假窗、砖砌棺床和祭台等设施。墓砖有花纹砖和画像砖两类，都模印在楔形砖的侧面窄端面上。花纹砖极少，为莲花、方胜与网纹组合纹饰（图一：3）。莲花为四瓣作"十"字形，莲瓣间填有顶部三出尖样式的花卉。画像砖仅见一块，为似胡人的侧面人像，人像刻画简单。

（8）2009 年在栖霞区甘家巷杨家边村发掘的东晋义熙十一年纪年墓为带甬道的"凸"字形单室墓，甬道长 1.4 米，墓室内长 4.4 米。墓室设砖砌棺床、祭台和壁龛等设施。莲花纹墓砖主要发现在墓顶所用的楔形砖的小头上（图一：7），多为模印。据墓内纪年文字砖判断，墓葬年代为东晋晚期安帝司马德宗在位时期。

这些使用模印莲花纹砖的墓葬，在南京地区六朝墓葬形制的分型中均属大中型墓葬。1979 年发掘的上坊棱角山孙吴墓墓长达 9.5 米，超过孙吴时期的左大司马、右军师、当阳侯朱然墓[13]，亦超过湖北鄂州发现的墓主推定是孙吴宗室的孙将军墓[14]。墓内发现的天册元年纪年，说明此墓年代属于孙吴晚期，而与其相距不远的范围内又陆续发现了几座孙吴晚期的大型墓葬[15]，说明此墓的埋葬区应是孙吴晚期宗室、贵族墓葬集中分布的重要葬区。南京大学北园东晋墓设有两道木门，出土龙虎帷帐座、玻璃杯、水晶、玛瑙等高规格器物，一般认为是文献所记载鸡笼山之阳的四陵之一。富贵山 2 号东晋墓、苜蓿园 2 号东晋墓和铁心桥王家山东晋墓，墓内都有代表身份等级的一道木门设施。总之，以上五座墓葬的墓主身份当属帝王、宗室王侯、勋臣贵族等高等级阶层。

上述几座墓葬中，墓葬时间跨度从孙吴晚期至东晋晚期，而莲花纹图案也不径相同。上坊棱角山孙吴墓、南京大学北园东晋墓和富贵山 2 号东晋墓的莲花纹造型基本一致，为八瓣莲花，呈"米"字形分布，内有圆蕊，外有修长的花瓣，莲花线条较简单，造型生硬，与南朝时期的莲花造型无法比拟。苜蓿园 2 号东晋墓、象山夏金虎东晋墓、王家山东晋墓、甘家巷义熙十一年墓等，时代已至东晋晚期，这些墓葬所见的莲花砖图案与早期迥异。其中，苜蓿园 2 号东晋墓的莲花为八瓣，瓣片中央有箭头形的叶茎；夏金虎东晋墓与铁心桥王家山东晋墓的莲花纹相似，而铁心桥王家山东晋墓相辅有花卉纹。这些莲花的花瓣开始较前者圆润肥大，且莲瓣间有分割线，开始向南朝莲花纹砖的莲花图案过渡。最为重要的是，甘家巷义熙十一年东晋墓所见的莲花写实意境更强。

二

目前，学术界普遍认为莲花是佛教的象征。那么，莲花纹砖的产生是否也与佛教影响有关，又抑或有其他原因呢？要想辨清这个问题，首先必须对佛教在南京地区的传播过程及上层阶级的宗教信仰进行必要的背景陈述，而后才能更清晰地认识到莲花纹砖的产生及发展的深层内涵。

据《高僧传·支谦传》记载，汉献帝末年，"时孙权已制江左，而佛教未行"[16]。其后在支谦、康僧会等域外高僧的努力下，佛教文化得以在江左地区普及并迅速流传起来。但是，佛教在孙吴时期的推行，不是依靠自身的教义被孙氏集团接受的，而是作为以神仙巫术为内容的思想被信奉的。据《高僧传·康僧会传》记载，赤乌十年（247 年），康僧会为推行佛教，历经曲折为孙权求得"五色光炎"的神异舍利，后因以"舍利威神"的种种事例，最终说服了孙权为之建寺造塔[17]、社像行道，"由是江左大法遂行"。自司马睿建立东晋王朝后，佛教较孙吴时期有了长足的进步。据唐代沙门法琳撰《辩证论》中记载：元帝造瓦官、龙宫二寺，度丹阳、建业千僧；明帝造皇兴、道场二寺；成帝造中兴、鹿野二寺，"集翻经义学千僧"。至东晋中后期，佛教加强了中国本土化进程，融入了儒、道的思想内容，形成独立的基本教义。自进入南朝后，佛教有了质的发展。帝王的佞佛、皇族的尚佛、士族的信佛，使得佛教迅速发展到社会各个阶层，盛极一时，尤以齐、梁为盛。

需要指明的是，六朝时期社会占主导地位的统治思想经历着玄学向佛学的发展。孙吴至两晋时期主要以玄学为主，特别是东晋时期，建康地区成为玄学活动的中心，社会各阶层往往"唯玄是务"[18]。玄学的推崇使得风水堪舆、丹药服食、神水符箓等一系列神仙巫术崇拜成为时尚。这些在南京地区的东晋墓中都可以找到缩影，如墓葬葬地的选择、象山王丹虎墓中发现的丹丸[19]、仙鹤观 6 号墓出土的云母碎片[20] 等。南朝时期，因玄学的消极颓废等内容多不被出身寒族的统治者所奉行，而这时具有精神麻痹作用的佛教被推崇，使得佛教在一段时间内被抬到国教的地位。这点可以南京地区南朝墓葬中出土的大量与佛教有关的遗物为证[21]，而莲花纹砖的大量使用无疑是佛教盛行影响下的产物。

三

中国三国至西晋时期（3 ~ 4 世纪初际）的莲花纹墓砖发现不多，而出土器物上却发现有佛教意义的装饰图案。据目前已发表的资料可知，这些莲花、佛像、莲座等装饰图案，见于南方长江流域的墓葬内。以云南、四川地区为代表的长江上游的墓葬中，它们主要出现在墓室内雕刻的图像及墓内随葬器物的装饰上，特别是出现了以青铜摇钱树为主的一类具有区域性特色的器物；长江中游地区的湖南、湖北地区，则主要出现在以青铜镜和陶瓷器为主的出土器物的装饰上；长江下游地区的江苏、浙江，则普遍发现在堆塑罐和日常实用器上。以佛教莲花、佛像为载体而装饰的这些器物，按其实际功能分为明器和实用器两类。而作为孙吴京畿所在地的建业，莲花纹多用在一些实用器上，主要见于碗、盏、洗、盆、盘口壶等青瓷器的纹饰条带上，但使用较少，较多的则是用以佛像为代表的图案作为装饰，主要贴塑于盘口壶、洗和盆上。仅见于长江下游地区的堆塑罐，也普遍可以见到佛像的贴塑身影，但多与熊、马、羊、蛇等共存一器。发现这些装饰有佛像的器物时，往往还同时发现有东王公、西王母、四神、四灵、瑞兽异鸟、神仙羽人等纹饰。这种佛教图案与中国本土"仙道"世界观的纹饰相处一物，并非真正意义上的宗教礼拜像，而是作为一种域外造型的新装饰[22]，尚未脱离"中国本土的神仙思想和早期道教的附庸状态"[23]。

因此，上坊棱角山两座天册元年墓中所用的莲花纹砖，与佛教礼拜的关系不大。这种造型极其简单的莲花，究竟起何作用值得我们探讨。因该时期建业地区吴至西晋墓葬中仅此两例，且国内该时期墓葬所出土莲花纹砖均较少，我们不得不把视角转到同时期窑制技术影响的陶瓦遗物。莲花纹瓦当最早可追溯到陕西眉县所出土的一枚秦代瓦当，而自两汉至两晋时期莲花纹瓦当的实物并不多见，仅在四川乐山麻浩崖墓的墓室中发现两种刻有莲花纹瓦当的画像。该画面中的瓦当当面为四瓣莲花，有莲心，瓣间有分隔线，一件为"十"字形，另一件在"十"字形分隔线端头饰卷云纹（图二）[24]。有学者指出莲花纹是受云纹瓦当影响演变而来的，云纹图案"象征流动着的水"，而对中国以木构件为主的建筑危害最大的便是火灾，云纹瓦当在此背景下孕育而生，起到镇火怯灾的作用[25]。关于莲花纹瓦当的文化内涵，有学者已指出莲花纹是中国本土宗教的美术图案，莲花是水物，可作为辟邪防灾的咒术使用[26]。所以说，莲花纹"一方面可能是装饰的要求，另一方面也许与中国古代莲花可厌（胜）火的观念有关"[27]。

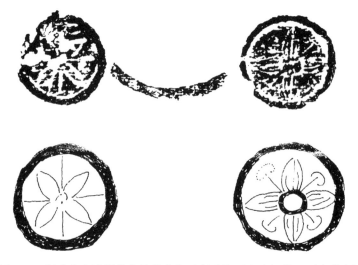

图二　四川乐山麻浩崖墓中的莲花纹瓦当画像（上为拓片，下为摹本）

那么这几座墓作为装饰构图的莲花，是否与厌火怯灾有关？笔者认为不然。

首先，除甘家巷义熙十一年墓外，其余墓葬所出莲花纹砖均不像莲花纹瓦当那样以单独图案进行构图，而均和几何纹、钱纹、双斧纹、旋涡纹等以组合形式出现于砖面上，莲花纹砖在同墓葬的花纹砖中所占比例较小，莲花纹砖的砌筑位置也无一定规律可循。

其次，六朝时期瓦当纹饰经历着云纹—人面—兽面—莲花的发展序列，对应的相对时代为孙吴早期—孙吴中晚期—东晋—南朝。而身处同时代窑业技术影响的砖、瓦产品，匠作者们在特定政治背景、文化思想和审美情趣的影响下，其砖、瓦的装饰风格也应属同流。

再次，因受社会动荡、战争不断、经济滞后等因素影响，上层统治者严禁厚葬，六朝墓葬较两汉厚葬之风，其在墓葬形制、规模及出土器物上均相形见绌。在古人"视死如生"的丧葬观念影响下，六朝墓葬中均发现有大批仿生前生活的庖厨、家禽、家畜等模型明器，而却未发现以壁画、斗拱等为代表的仿墓主生前居住的殿宇形象的墓室结构。那么，莲花纹砖充当早期压火怯灾功用的莲花纹瓦当也就无从谈起了。

值得注意的是，除富贵山 2 号东晋墓、象山夏金虎墓、铁心桥王家山东晋墓和甘家巷义熙十一年墓外，其他四座墓葬的墓砖上都发现有钱纹图案。这些钱纹大多与几何纹或莲花纹组合出现，钱纹类型主要有四出钱纹、四出放射状钱纹、放射状钱纹、莲花钱纹网格纹、钱纹网格纹等，主要流行于南京地区的孙吴至东晋时期墓葬，至南朝后很少使用而基本被莲花纹所代替。南朝所见的莲花纹在形制上基本与钱纹相似，仅是把钱纹的方孔改成莲瓣纹而已。这种莲花纹与钱纹组合自孙吴晚期开始出现，一直使用并沿袭到南朝晚期。从考古资料来看，钱纹作为墓砖的装饰图案明显早于莲花纹，卒于赤乌十二年（249 年）的孙吴左大司马、右军师朱然的墓室内就发现有大量使用钱纹砖的现象。该墓所用的花纹砖均为钱纹图案，此外还发现有文字砖，砖上模印有"富贵万世"、"富且贵"、"富且贵，至万世"的篆书吉语。这种钱纹的使用是中国金钱本位观念的体现，结合墓内发现的篆书吉语文字，不难发现，这是人们对金钱崇拜的结果，表达了墓主进入冥界后仍然希望拥有万世富贵的美好祈求。而具有佛教内涵的装饰与钱纹组合出现的同时期器物，在四川忠县涂井蜀汉 5 号墓葬中出土的一件铜质摇钱树上可管窥[28]。该器物出土于崖室墓内，树干残存 6 节，每节长 18 厘米，每节树干的中央有一跏趺坐佛，顶部有高肉髻，施无畏印，佛像两侧从枝干两边向外伸出方孔圆钱，钱外有羽毛状飞翅，钱与钱之间用云气和叶脉纹相连（图三）。可见，早期以佛像、莲花和莲座为代表的佛教象征图案与中国本土"仙道"观念为代表的图案结合于器身之上，充分说明了当时民众对神灵的敬畏和尊崇，也从侧面说明了佛教早期在中国传播的方式。

通过上述讨论不难发现，南京地区的莲花纹砖是在佛教传入后开始出现的一种新艺术造型的装饰图案。它起于孙吴时期，发展于东晋时期，盛于南朝时期。南京地区孙吴时期的莲花纹砖虽是佛教影响下发展起来的产物，但主要取材于中国传统的具有辟邪思想的莲花造型，是佛教早期

图三　四川忠县涂井蜀汉 5 号墓出土铜摇钱树

还主要以依附于神仙道术的形式得以传播的结果。到了东晋后，这些莲花纹图案随着佛教的发展而逐步变化，莲花由早期以直线状的"十"字形或"米"字形的简单而呆板的抽象造型，逐渐向莲瓣圆润宽肥的写实莲花造型过渡，至南朝后最终过渡到真正具有佛教因素的莲花纹。而这种变化也说明了外来佛教美术和中国本土美术相结合的进程。

四

武宁王陵墓中有三类纪年材料，时代基本都处于南朝萧梁时期。其中，最早的纪年是封门墙上发现的"士壬辰年制"的铭刻，即梁天监十一年（512年），其应与做砖时代相当；最晚的纪年是王妃志石上的"己酉年"，即梁大通三年（529年），但根据武宁王出土墓志的志文可知，武宁王安厝墓葬的时间为乙巳年，即梁普通六年（525年），而这个纪年应是武宁王陵墓砌筑的年代下限。由于武宁王陵的墓葬形制与中国南方"建康模式"的六朝墓葬具有同源性，下文将对武宁王陵建造之前的南朝刘宋至萧梁早期墓葬所用墓砖作简单概述。

南京地区南朝刘宋时期的墓葬中[29]，如铁心桥司家山永初二年（421年）海宁太守谢珫墓[30]、太平门外元徽二年（474年）武原县令明昙憘墓[31]、铁心桥司家山1号墓[32]、隐龙山1～3号墓[33]等，均未发现莲花纹墓砖，也鲜见花纹砖，但部分墓中开始出现模印有莲瓣纹的器物。

至齐后，南京地区目前未发现有确切纪年材料的齐代墓葬[34]，但以丹阳胡桥仙塘湾齐景帝修安陵[35]、胡桥吴家村齐和帝恭安陵、建山金家村齐废帝东昏侯萧宝卷墓或齐明帝兴安陵[36]为代表的3座齐代大型墓葬中，发现有仅见于南京南朝中晚期墓葬中的火焰形灯龛，而火焰形灯龛实际上是极具南京地方特色的南朝墓葬设施[37]。在丹阳所发现的这些齐代陵墓中，墓内有用大量莲花纹砖砌筑的现象[38]。而以梁桂阳王萧融夫妇合葬墓[39]为代表的一批位于尧化门、甘家巷一带的梁代同姓宗室王侯墓葬，以及以燕子矶梁普通二年（521年）辅国将军墓[40]为代表的异姓贵族墓葬中都发现有多样化的莲花纹砖。这些墓葬基本用花纹砖砌筑，莲花纹作为主纹饰被大量使用，且模制位置多样化，有砖正面、窄端面、长侧面等，且莲花开始有五瓣、六瓣、八瓣、十瓣等不同类型，还出现了忍冬、卷草等与莲花组合的新样式，莲花纹由单个模印转向两个或多个拼砌的技法。总之，这一时期的莲花纹砖完全是佛教盛行下的产物，起自齐代后迅速流行，直至南朝晚期。

比较而言，武宁王陵所用的莲花纹砖在画面构图、匠作技法等方面均与南朝中晚期墓葬所用墓砖如出一辙，如不考虑地域上的差异，完全就是建康地区的南朝墓葬。在武宁王陵旁不远的宋山里六号坟出土的莲花纹砖侧有"梁官瓦为师矣"的砖铭，充分说明了南朝与百济密切的物质文化交往。而武宁王陵所用的莲花纹砖在风格上又与南朝齐、梁时期墓葬中所用的莲花纹砖略有不同，如武宁王陵所用莲花纹砖的莲瓣叶宽腴肥大，瓣尖也不似南京地区齐、梁墓砖上的莲尖那么尖锐，而砖面四角各有一草叶纹亦不多见于南朝齐、梁墓葬的莲花纹砖面上。这些细微的差异可能与各区域内的审美情趣或佛教传入途径多样化等原因有关。

总之，武宁王陵在莲花纹砖上的装饰风格，是中国南朝齐、梁时期大中型墓葬对其影响的结果，而发现的局部细微差异，将是今后值得深入研究的一个学术问题。

注　释

[1]　参见王志高《百济武宁王陵形制结构的考察》，《东亚考古论坛》（创刊号），2005 年。

[2]　华国荣《六朝墓文字砖的归类分析》，《南方文物》1997 年第 4 期。

[3]　罗宗真、王志高《六朝文物》，第 227 页，南京出版社，2004 年。

[4]　南京市博物馆《南京郊县四座吴墓发掘简报》，《文物资料丛刊》（第 8 辑），文物出版社，1983 年；南京市江宁区博物馆《南京江宁孙吴"天册元年"墓发掘简报》，《东南文化》2009 年第 3 期。

[5]　南京大学历史系考古组《南京大学北园东晋墓》，《文物》1973 年第 4 期。

[6]　南京市博物馆等《江苏南京市富贵山六朝墓地发掘简报》，《考古》1998 年第 8 期。

[7]　南京博物院《南京中山门外甘薯园东晋墓清理简报》，《考古》1958 年第 4 期。

[8]　南京市博物馆《南京象山 5 号、6 号、7 号墓清理简报》，《文物》1972 年第 11 期。

[9]　贺云翱、邵磊《南京市铁心桥王家山东晋晚期墓的发掘》，《考古》2005 年第 11 期。

[10]　南京市博物馆等《南京栖霞甘家巷东晋纪年墓》，《南京文物考古新发现》（第三辑），文物出版社，2014 年

[11]　一般将东晋墓葬中设有木（石）门单或重道作为判定墓主是帝陵王寝或宗室王侯的标志之一。参见蒋赞初《南京东晋帝陵考》，《东南文化》1992 年第 3、4 期合刊。

[12]　关于此墓墓主身份的问题还颇有争议。参见王志高《南京大学北园东晋大墓的时代及墓主身份的讨论——兼论东晋时期的合葬墓》，《东南文化》2003 年第 9 期；吴桂兵《南京大学北园东晋大墓的形制、墓主及其他——两晋偏室墓研究之一》，《东南文化》2003 年第 9 期。

[13]　安徽省文物考古研究所等《安徽马鞍山东吴朱然墓发掘简报》，《文物》1986 年第 3 期。

[14]　鄂城县博物馆《鄂城东吴孙将军墓》，《考古》1978 年第 3 期。

[15]　1993 年，在上坊陈家山发现了一座孙吴砖室墓，墓虽已彻底被毁，但却征集到了从墓中出土的多件精美瓷器。其中一件青瓷堆塑罐刻有"凤凰元年"（272 年）的纪年文字；2005 年，在上坊中下村发掘的一座孙吴晚期墓葬，规模巨大、结构复杂，长 20.16 米，墓内有巨型覆顶石、前后室四隅嵌有兽首形石灯台、后室有六组虎形石棺座。

[16]　（梁）释慧皎撰、汤用彤校注《高僧传》，第 15 页，中华书局，1992 年。

[17]　这是建业地区文献记载最早建有佛寺的记录，寺名曰"建初寺"，又名曰"大市寺"。在诸后众多的南京方志中多沿用此说。

[18]　（南朝梁）刘勰《文心雕龙·论说》，中华书局，2014 年。

[19]　南京市文物保管委员会《南京象山东晋王丹虎墓和二、四号墓发掘简报》，《文物》1965 年第 10 期。据（晋）葛洪《抱朴子内篇·仙药》载，"仙药之上者丹砂，次则黄金、次则白银、次则诸芝、次则五玉、次则云母"（中华书局，2011 年），在葛洪的服食仙药求得长身不老的神仙道术中，以丹砂为最高等级，而王丹虎为东晋一流大族琅琊王氏都亭侯王彬的长女，可见神仙方术思想的影响已经深入到一流贵族中。

[20]　南京市博物馆《江苏南京仙鹤观东晋墓》，《文物》2001 年第 3 期。

[21]　大量著作探讨了南朝佛教的发展及影响，本文不作赘述。

[22]　本文所说的仅是该时期大部分器物上所反映出的一种文化主流现象，而那些佛造像及具有佛教因素的遗物应具体对待。

[23]　杨泓《跋鄂州孙吴墓出土陶佛像》，《考古》1996 年第 11 期。

[24]　图片引自贺云翱《六朝瓦当与六朝都城》，文物出版社，2005 年。

［25］ 钱国祥《汉魏洛阳城出土瓦当的分期与研究》，《考古》1996 年第 10 期。

［26］ 卢丁《莲花纹瓦当考》，《四川大学考古专业创建三十五周年纪念文集》，四川大学出版社，1998 年。

［27］ 贺云翱《六朝瓦当与六朝都城》，第 51 页，文物出版社，2005 年。

［28］ 四川省文物管理委员会《四川忠县涂井蜀汉崖墓》，《文物》1985 年第 7 期；赵殿增、袁曙光《四川忠县三国铜佛像及研究》，《东南文化》1991 年第 5 期。

［29］ 1960 年在南京市西善桥宫山发掘的一座大型南朝墓，墓内出土了精美的"竹林七贤和荣启期"砖拼壁画，简报认为此墓时代为东晋晚期至刘宋时期。南京博物院《南京西善桥南朝墓及其砖刻壁画》，《文物》1960 年第 8、9 合刊。王志高先生在对墓葬的形制特点和出土器物时代风格进行梳理后，考订墓葬时代为南朝中晚期。笔者同意后者观点，故该墓葬排除在外。

［30］ 南京市博物馆等《南京六朝谢琉墓》，《文物》1998 年第 5 期。

［31］ 南京市文物管理委员会《南京太平门外刘宋明昙憘墓》，《考古》1976 年第 1 期。

［32］ 南京市博物馆等《南京司家山东晋、南朝谢氏家族墓》，《文物》2000 年第 7 期。简报撰写者把 M1 定为南朝初期，但据王志高先生考订，此墓是南朝墓制形成的一个重要墓例，故此采用。

［33］ 南京市博物馆等《南京隐龙山南朝墓》，《文物》2002 年第 7 期。

［34］ 齐代纪年墓材料相当少，建康地区附近主要发现有齐代墓志数方，如永明六年（488 年）甘家巷出土的王氏墓志、建武四年（497 年）萧融墓志、永明五年（487 年）刘岱墓志等。2013 年，考古人员在发掘一座南齐墓时发现墓葬所用墓砖有少量莲花纹图案，此图案与南京萧梁墓葬所用的莲花网格纹相同，墓主推测为南齐长水校尉王珪之。据墓内出土的墓志，可知墓主卒于齐永明五年，下葬年代为齐永明六年。

［35］ 南京博物院《江苏丹阳胡桥南朝大墓及砖刻壁画》，《文物》1974 年第 2 期。

［36］ 南京博物院《江苏丹阳县胡桥、建山两座南朝墓葬》，《文物》1980 年第 2 期。

［37］ 同［1］。

［38］ 齐代墓葬发现用莲花纹砖砌筑的材料，仅能根据这些可推定墓主身份的齐代帝王陵墓或同姓王侯墓葬进行判断。因齐代纪年墓发现很少又未见诸报道，而以那些较前者略小的大中型墓葬和中型墓葬为代表的勋官贵族墓葬使用花纹砖的情况就不得而知。但《南齐书·本纪三·武帝》记载，永明七年（489 年），齐武帝禁"涂金镂石以穷茔域之丽"，可见齐代厚葬之风较刘宋炽盛。目前地面遗留下来的石刻，齐代明显多于刘宋。这种"镂石"恐怕就是砌筑墓室的花纹砖和画像砖，这点从丹阳发现的大型"竹林七贤与荣启期"砖拼壁画可证。故齐代大型墓葬所用的莲花纹砖，也应普遍使用在大中型和中型墓葬中。

［39］ 南京市博物馆《南京梁桂阳王萧融夫妇合葬墓》，《文物》1981 年第 12 期。

［40］ 南京市文物保管委员会《南京郊区两座南朝墓清理简报》，《文物》1980 年第 2 期。

南京地区发现的南朝佛寺遗迹、遗物

岳　涌

两汉时期，佛教作为一种新的宗教形式开始传入中国，至六朝时期在南方获得了迅速发展。佛教在南朝中晚期的墓葬及器物上留下了深深的印记，常见的是墓砖侧面或青瓷器上的各类莲花纹图案。同时，佛教亦成为中国与朝鲜半岛文化交流的重要载体，不仅在文献中有大量记载，出土器物也反映出两地频繁的文化交流。

近年，考古人员在南京地区的遗址发掘过程中不断发现与南朝时期佛教寺庙有关的遗迹或遗物，这些考古工作主要有南京市文物研究所发掘的栖霞山窟前建筑遗址、钟山二号寺遗址，南京市博物馆发掘的定山寺遗址、长干寺遗址，以及红土桥出土的泥塑像、德基广场发现的鎏金铜佛像等，为研究南朝时期佛教在建康地区的传播与发展、南朝与百济两地的文化交流等提供了有利条件。下面主要对近年南京红土桥灰坑内出土的南朝泥塑像、德基广场水井内发现的南朝纪年鎏金铜佛像进行介绍，以求教于学界同仁。

一　南京红土桥出土南朝泥塑像

2002年3月，南京市博物馆考古部在清理建邺区红土桥附近的国税大厦工地的古代遗迹时，发现了一处南朝时期灰坑，灰坑中出土了一批罕见的泥塑像。这些塑像虽残损严重，却是在建康地区首次发现此类遗物。灰坑位于工地建筑基坑的南壁下中部，平面形状近椭圆形，东西长约2.1、南北宽约1.5米，坑底东深西浅，残深0.5~1.5米。坑内埋填较多的残碎泥塑像及少量的烧土块、碎砖瓦、瓷器残片等。泥塑像残件大小不一，有80余块，其中可辨形制者有30余块，大体分头像及身体残像两类，均泥制，通体烧结呈砖红色。

头像残件2件，一件为残头像，另一件仅存发髻。H1∶1，残头像。面相丰满，五官端正，大圆眼，高鼻，微笑。前额饰连弧形短发，残存左耳，大耳下垂。外耳廓局部尚存红色彩绘痕迹，内耳廓局部施一层较薄的黄釉。头顶前部有一横扁长条形插孔，原来可能戴冠。头像中空，颈底有一近方形孔，似以方形木杆为骨连接头部与躯体部分。耳部系单独捏塑后粘接于头侧，粘接痕迹明显。宽13.6、高15.8厘米（图一）。H1∶9，发髻残件。发辫规矩整齐，高低错落，转角生硬分明。外表有红色彩绘痕迹。两侧及中央顶部有插饰物的小孔，髻底还有一个"凸"字形插孔，用于连接头部。宽8.8、高8.6厘米（图二）。

其余为躯体残块或衣纹残块，总体特点主要有躯体内腔可见芦苇状芯骨、外表局部保存有红色或白色彩绘痕迹、少数残块表面尚存施黄釉或绿釉的痕迹。除塑像残件外，灰坑内还出土了少

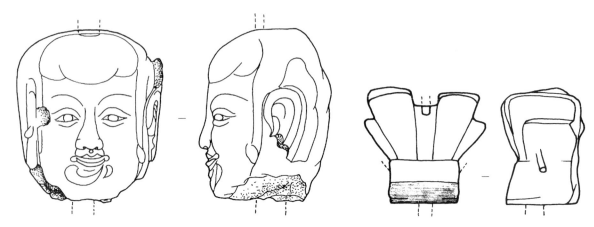

图一　红土桥出土泥塑头像残件（H1:1）　　　　图二　红土桥出土泥塑发髻残件（H1:9）

量瓷器残片，器形有罐、钵、盏等，以青灰釉为主，有少量青黄釉，部分釉层剥落。另出土少量残砖，以红色居多，砖厚 11 厘米和 5.5 厘米；亦见一些筒瓦、板瓦残片，瓦片多呈青灰色，有瓦片互相烧结粘连者，有过烧变形者，有与土块烧结粘连者；还有一些大小不等的烧结的红褐色土块，土块胎质极粗疏轻盈。

泥塑像所在的灰坑层位清晰、坑内遗物种类丰富，提供了判断灰坑及泥塑像相对年代的可靠依据。从灰坑的地层关系及伴出的青瓷器等分析，其相对年代为南朝中晚期。从地理位置来看，红土桥位于南京的西南隅，与六朝时期的运渎有密切关系，结合文献考证，泥塑像的出土地点与南朝时期的延兴寺有关[1]。

二　南京德基广场出土南朝纪年鎏金铜佛像

德基广场位于南京市中心地带，北邻长江路、西邻中山路。2008 年 3 月，南京市博物馆在该工地进行考古发掘时，于工地西南部清理出一口南朝时期的水井，井内积满青灰色淤泥。井内上部出土了部分南朝鎏金铜佛像及其残片，较为完整的有鎏金铜佛像 3 件、背光残件 1 件及飞天饰件 1 件。水井为圆形竖穴式，坑壁规整，以长方形青砖侧立错砌井圈，直径 1.2、内径 0.7、残深 9.6 米。

J1:1，一观音二胁侍立像，高 11.6 厘米。主尊为观音像，面椭圆，身着双领下垂式袈裟，下摆略外张，立于圆形覆莲座上，身后有圆形头光及椭圆形身光。主尊两侧各立一体量较小的胁侍像。三像身后铸莲瓣形大背光，外饰左右对称的火焰纹（图三）。

J1:2，一佛二菩萨立像，高 11.2 厘米。主尊为佛立像，高肉髻，面方圆，外穿袈裟，下摆外张，双手施无畏与愿印，双足立于圆形覆莲座上，身后有圆形头光。主尊两侧各立一体量较小的胁侍像。三像身后铸莲瓣形大背光，其上部呈"品"字形排列三尊化佛，外饰左右对称的火焰纹。背光后刻"大通元年八月廿三日造……供养"（图四、五）。

J1:3，单身佛立像。高肉髻，面椭圆，外穿双领下垂式袈裟，下摆外张，双手施无畏与愿印，赤足立于圆形覆莲座上（图六）。

J1:4，背光残件。上部残缺，中部饰圆形头光，主尊两侧饰身光，背光外缘各饰一尊化佛，

图三　德基广场出土一观音二胁侍立像（J1：1）

图四　德基广场出土一佛二菩萨立像（J1：2）

图五　德基广场出土一佛二菩萨立像（J1：2）背面题记

图六　德基广场出土单身佛立像（J1：3）

图七　德基广场出土背光残件（J1：4）

图八　德基广场出土飞天饰件（J1：5）

其上残存部分火焰纹，头光与身光外饰忍冬纹。背光内有六个榫孔，两个居中，位置较高，其他四个分为两组位于两侧。边缘两侧残存三个长方形榫扣。从榫孔来看，应是三尊像，其背光边缘应附有飞天（图七）。

J1：5，飞天饰件。束发双髻，有镂孔，衣带飞扬呈曲线状上扬（图八）。

与这五件伴出的器物主要有青瓷碗，余为青瓷残片等。从遗迹的地层关系、伴出的青瓷器及鎏金铜佛像铭文分析，水井的使用年代应为南朝晚期。

三　其他遗址内发现的南朝遗迹、遗物

除红土桥南朝泥塑像、德基广场南朝鎏金铜佛像外，栖霞寺千佛崖窟前建筑遗址、钟山二号寺遗址、定山寺遗址及长干寺遗址也发现了部分南朝时期与佛教或佛寺有关的遗迹、遗物。下面根据已公布的资料对这四处遗址发现的遗迹、遗物进行简要介绍。

1. 栖霞寺千佛崖窟前建筑遗址

栖霞寺位于南京市北郊的栖霞山，其建寺与石窟开凿始于南朝齐代，寺内千佛崖现存南朝造像数百尊。千佛崖第一窟供奉西方三圣，往东有四龛相列，西边有二十余窟，其余皆散列于山岩上及岩北侧。龛内布局，或一佛二菩萨，或一佛二弟子，窟门两侧有天王力士像，佛座下常蹲踞双狮。

建筑遗址位于栖霞寺千佛崖石窟前。2002～2003 年，南京市文物研究所对千佛崖第 13、14 窟前进行了考古发掘，清理出南朝至明清不同时期的寺庙建筑堆积，并在南朝时期的地层中发现了大小不一的残缺佛像，其艺术风格与现存石窟中的佛像一致[2]，同时出土了众多的莲花纹瓦当。

此次考古发掘还清理出一件南朝残碑，此碑全称《摄山栖霞寺碑铭并序》，由南朝陈江总撰文，故世称"江总碑"。此碑立于陈祯明二年（588 年），额雕双螭，中间有圆形穿孔，断裂处上下断面各有两个榫孔。碑阳文字为"摄山栖霞寺碑铭并序"，碑阴记有千佛崖修造佛龛及佛像的基本情况及唐代修补重立的情况说明，碑文由韦需书丹。唐武宗会昌年间灭佛，江总碑被毁。宋康定元年（1040 年），僧契先依拓本重立于栖霞寺，至明中晚期宋碑复毁。清光绪十七年（1891 年），江宁陈氏于千佛崖获之，刻题记于石，行书引唐韦应物诗句"若到栖霞寺，先看江总碑"。新发现的江总碑为唐代修补重立的南朝残碑，具有重要的历史价值。

2. 钟山二号寺遗址

遗址位于南京钟山南麓。2001～2002 年，南京市文物研究所先后四次对寺址进行了考古发掘。发掘情况表明，二号寺遗址第一期的时代为南朝时期，清理出多处石构挡土墙、房址、排水沟、水井、水塘、围墙、台阶，并出土瓦当、板瓦、筒瓦、砖、残瓷器、钱币、残佛像等。南朝文化堆积分两层，上层是寺庙废弃后留下的堆积物层，出土如莲花纹瓦当、青瓷片、砖、板瓦、筒瓦等遗物；下层是寺庙建筑遗迹，有墙体、铺地砖、排水沟等遗迹。

整个遗址的挡土墙旁均砌有水沟，分明暗沟，暗沟上面用石板封盖，底部用石头铺筑。沟内出土大量六朝、五代时期的碗、钵、罐等残片和筒瓦、板瓦、脊兽等建筑构件。发掘者根据寺庙遗址的位置、出土瓦当及其他遗物的时代，推断钟山二号寺遗址为南朝上定林寺寺址[3]。

图九　定山寺遗址出土南朝兽面纹瓦当

图一〇　定山寺遗址出土南朝莲花纹瓦当

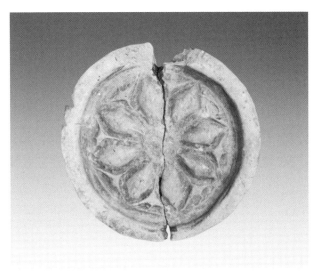

图一一　定山寺遗址出土南朝莲花纹瓦当

图一二　红土桥出土泥塑残像内芯骨

3. 定山寺遗址

遗址位于长江北岸，行政隶属于南京市浦口区顶山镇。2007～2009 年，南京市博物馆先后两次对寺址进行了考古发掘。据遗址内清理的建筑基址、地宫遗迹及出土的墨书"定"字款器物和"定山寺"铭文砖等，确定遗址所在区域为宋代定山寺所在地。考古人员在清理宋代房址基础时，触及更早的文化堆积，发现了多处砌筑精良、保存较好的早期砖构建筑遗存。由于宋代建筑遗迹需进行就地保护，其下的早期地层未作进一步清理。发掘者根据在遗址北部采集到的典型的南朝时期兽面纹、莲花纹瓦当（图九～一一），推测在宋代定山寺遗迹下可能还有更早的南朝时期寺庙遗迹。

4. 长干寺遗址南朝建筑遗迹

遗迹位于南京中华门外晨光机械厂内。2007 年，南京市博物馆对遗址南部进行考古发掘时，发现了多处南朝时期的建筑遗迹[4]，规模大、砌筑精良，房屋内外出土了水缸、砚等器物。从公布的考古资料来看[5]，遗迹残存部分的砖砌结构为一处大型建筑基址及其附属建筑。主体建筑残存一层长方形青灰色砖，呈折角状，两道砖砌墙基并行排列；附属建筑体量较小，亦呈折角状，墙体外侧有包砖结构，并有砖砌排水设施。根据地层关系、各时期遗迹的叠压打破关系及建筑遗迹内清理出的器物来看，可以确认此遗迹为一处南朝时期建筑基址。出土的墨书"天禧"款瓷碗和地宫碑记明确了此遗址为北宋天禧寺所在地。据文献记载，宋天禧寺是在梁代长干寺旧址基础上建设的。此次在天禧寺周围清理出的南朝建筑遗迹，可能与南朝时期的长干寺有着密切联系。

四　红土桥及德基广场发现的南朝佛教遗物的性质及其与百济佛教文化的关联性

以上介绍的是南京近年来经考古发掘的与南朝时期佛教相关的遗迹、遗物。这些考古发现初步揭示了建康地区南朝佛教的文化面貌及佛教造像的制作工艺传统。

红土桥泥塑佛教造像从釉层、颜色来看，应是在泥像干燥后入窑烧成的。泥塑像残件外表可见施黄釉、褐釉、绿釉的痕迹，釉层虽薄，但很均匀，应是泥塑像入窑烧固前所施加的一道工序。但胎、釉结合不甚牢固，釉层有大半脱落。此外，大多泥塑像外表都或多或少地残留有彩绘痕迹，色彩有红、白、黑等，大部分彩绘和釉层下还加施一层陶衣，而施釉处则不再加施彩绘。其题材以残头像（H1：1）、残发髻（H1：9）为代表的可能主要属于供养人，而较大塑像（H1：7、8 等）亦可能为佛像或菩萨像残件。由于出土地点与南朝延兴寺有关，故这批泥塑像应是寺内供奉礼拜之物。

德基广场鎏金铜佛像除少数体量较大外，余者高度均为 10～15 厘米，从 J1：1～3 来看，造像的题材主要为一尊二辅形象。体量较大的鎏金铜佛像可能与佛寺内的供奉有关，而体量较小的佛像则有可能为居家礼佛所用。J1：2 背光后刻有"大通元年"（527 年），其年代与红土桥泥塑像相近，均为南朝晚期，损毁原因可能与下文所析的红土桥泥塑像相同。

红土桥、德基广场南朝佛教造像的发现显然与南朝佛教极度兴盛有关。众所周知，南朝齐、梁时期举国溺信佛陀，而梁武帝三次舍身同泰寺，把佛教的传布推向了顶峰。当时都城建康及其周围梵刹林立，全盛时达七百余所，仅郭内大寺即达三百余所[6]。这些佛寺遭毁灭性破坏主要有两次。一次为梁末侯景之乱。《法苑珠林》卷一〇〇引《舆地图》云："梁武都下旧有七百余寺，属侯景作乱，焚烧荡尽。有陈既统国及下人，备皆修葺，表塔相望，星罗扬葉，经像之富，不可弹言。"[7]《佛祖统纪》卷三七亦云："金陵七百寺值侯景焚荡几尽，自（陈武）帝登极悉令修复。"[8]另一次为隋灭陈后，建康遗民为寇，乱平之后，寺宇荡尽。《国清百录》卷二载隋晋王杨广答智顗蒋州事书云："弟子总持和南，爰逮高旨，腾蒋州僧所及。窃以僧居望刹，食惟分卫；所立精舍，本依聚落。近年奉诏专征，吊民伐罪，江东混一，海内又宁。塔安其堵，市不易业，斯亦智者备所明见。而亡殷顽民，不惭怀土；有苗恃险，敢恣螳螂。横使寺塔焚烧，如比屋流散；钟梵辍响，鸡犬不闻。废寺同于火宅，持钵略成空返。僧众无依，实可伤叹！彼地福尽，方成丘墟。"[9]前次毁寺因有陈武帝修复，时间短暂。后次则为彻底夷平，再无兴复。故《南朝佛寺志》卷上"延兴寺"条即认为该寺"隋时废"。

红土桥出土的南朝泥塑像焚毁痕迹明显，同时伴出的遗物中火烧变形的泥块、瓦片比比皆是，都是曾经遭受火灾破坏的明证。这场大火很可能就发生在隋初。德基广场的鎏金铜佛像大都残碎，而又被填埋于井内，与这两次毁寺活动也不无关系。

这两批南朝遗物尽管残损严重，但局部的制作特征为对比建康地区与百济的佛教文化交流提供了线索。红土桥泥塑像与百济的定林寺泥塑佛教造像，在制作工艺方面具有共同特征，像内以植物杆茎结扎成束作为芯骨（图一二），像表面施釉并施以彩绘，入窑烧造，且烧成温度较高，二者应属于同一制作工艺技术传统[10]。建康是东晋与南朝的政治、文化中心，南亚与东南亚诸国的使者在其间频繁来往，其所带来的佛教因素与南朝艺术风格相结合，使南朝佛教造像表现出与北朝不同的特征。特别是公元453年前后，在统治者的大力提倡下，北朝佛教面貌发生了大的变化。南朝与北朝之间不仅谈玄论义异趣，而且尊奉之形象亦多分歧。德基广场此次发现的鎏金铜佛像，整体风格与成都万佛寺遗址出土的南朝单体佛造像、百济发现的郑智远铭等单体鎏金铜佛像较为接近，而与东魏、北齐差异较为明显。

百济时期的佛教造像，表现出与建康地区相近的艺术风格和一致的制作工艺技术传统，显然是百济佛教文化深受南朝文化影响的结果。据《三国史记》卷二四《百济本纪第二》记载，百济枕流王即位当年（东晋孝武帝太元九年，384年）"秋七月，遣使入晋朝贡。九月，胡僧摩罗难陁自晋至。王迎之，致宫中礼敬焉。佛法始于此。二年春二月，创佛寺于汉山，度僧十人"。从文中"同年七月遣使入晋，九月胡僧由晋至国"的情况看，似乎胡僧是随百济国使入国，那么摩罗难陁就有可能是受东晋政府的派遣。此为百济佛法之始。此后，佛教在百济上好下化，渐次昌隆。至梁代，随着两国政治、外交关系的日益密切，百济从佛教已高度发展的梁代学习借鉴佛法尤勤。《三国史记》卷二六《百济本纪第四》云，百济圣王十九年（梁大同七年，541年）"王遣使入梁朝贡，兼表请《毛诗》博士、《涅槃》等经义，并工匠、画师等。从之"[11]。此外，亦有百济僧人入梁问道求法。《法华经传记》卷六载："百济沙门释发正，梁天监中，负笈西渡，寻师问道，颇解义趣，亦修精进，在梁三十余年，不能顿忘桑梓。归本土，发正自道闻他说。"[12]乃至大通元年，百济圣王在国都熊川（即熊津，今公州）为梁武帝创寺，名大通寺[13]。然当此之时，百济却长期未与北魏建立外交关系，百济盖卤王十八年（北魏延兴二年、刘宋泰豫元年，472年）首次遣使北魏乞师讨伐高句丽遭拒后，由是"王怨之，遂绝朝贡"[14]，此后开始执行完全一面倒的外交国策，在东城王、武宁王、圣王三王时代（479～554年），彻底断绝与北朝诸政权的外交来往，而仅向南朝建康的齐、梁政权朝贡。直到此后圣王之子威德王执政期间（554～598年），才逐渐建立起与北齐、北周和隋诸北朝政权的朝贡外交关系[15]。

在这种时代背景下，以定林寺为代表的百济佛教造像之艺术风格、制作工艺技术传统深受南朝文化影响，与北朝寺院遗址、遗物的风格迥然有别，其所接受的佛教文化源头应是直接来自南朝的建康地区。红土桥南朝泥塑像、德基广场南朝鎏金铜佛像及南京地区近年来所发现的四处与南朝寺庙遗址有关的遗迹及其出土遗物，揭示了百济与建康地区佛教文化之间的深厚渊源。两个地区在公元6世纪前后以佛教为载体的频繁交往，使得南朝文化逐渐被吸收到百济的文化中。栖霞寺千佛崖窟前建筑遗址、钟山二号寺遗址、定山寺遗址及长干寺遗址内发现的南朝遗迹、遗物，虽然目前已公布的资料甚是简单，但也给中外学者研究南朝佛教文化提供了线索，资料的进一步公布将有助于了解建康地区与百济两地的文化交流。

　　附记：本文主要参考了南京师范大学王志高教授的《南京红土桥出土的南朝泥塑像及相关问题研讨》一文，并承王志高先生指导，谨此致谢。

注　释

［1］　参见王志高《南京红土桥出土的南朝泥塑像及相关问题研讨》，《东南文化》2010 年第 3 期。

［2］　罗宗真、王志高《六朝文物》，第 48 页，南京出版社，2004 年。

［3］　贺云翱《南京钟山二号寺遗址出土瓦当初探》，《东亚考古论坛》（创刊号），2005 年。

［4］　祁海宁等《南京大报恩寺遗址暨北宋长干寺真身塔地宫考古发掘收获重大》，《中国文物报》2008 年 12 月 31 日。

［5］　祁海宁、龚巨平《南京大报恩寺史话》，第 11 页，南京出版社，2008 年。

［6］　（唐）释道世撰，周叔迦、苏晋仁校注《法苑珠林校注》卷一〇〇，第 2891 页，中华书局，2003 年。

［7］　同［6］。

［8］　（宋）释志磐撰《佛祖统纪》卷三七，《大正藏》第 49 册。

［9］　（隋）释灌顶撰《国清百录》卷二，《大正藏》第 46 册。"总持"为晋王杨广从智颛受菩萨戒后所名法号。

［10］　同［1］。

［11］　《梁书》卷五四《诸夷传·百济》亦载："中大通六年（534 年）、大同七年（541 年），（百济）累遣使献方物。并请《涅盘》等经义、《毛诗》博士，并工匠、画师等，敕并给之。"中华书局，1973 年。

［12］　（唐）僧祥《法华经传记》卷六，《大正藏》第 51 册。

［13］　一然《三国遗事》卷三载："又于大通元年丁未为梁帝创寺于熊川州，名大通寺。"注云："熊川即公州也"。

［14］　《三国史记》卷二五《百济本纪第三》。

［15］　参见王志高《韩国公州宋山里 6 号坟几个问题的探讨》，《东南文化》2008 年第 4 期。

南京出土南齐王珪之墓志考释

骆　鹏

2013 年 4 月，南京市考古研究所在南京市栖霞区燕子矶新城上坊庄清理出一座南齐墓葬。墓葬为土坑竖穴砖墓，单室券顶，平面呈长方形。砖室内长 4.1、内宽 1.12、高 1.5 米，由封门墙、甬道、墓室等部分构成。墓室券顶大部分保存尚好，仅封门与甬道处遭到盗扰。该墓结构简单，出土器物仅有砖墓志、青瓷盘口壶、青瓷盏等数件，但墓志所载内容颇为重要。据墓志可知，墓主为南齐长水校尉王珪之，下葬年代为南朝齐永明六年（488 年）。

墓志为青砖质，呈长方形，长 45、宽 22.5、厚 5.5 厘米，尺寸远大于砌墓所用青砖，应是专门烧制。墓志单面阴刻，三面刻有边框，行间以阴刻竖线相隔。竖行 5 行，满行 26～27 字，共计 92 字（图一）。志文字体隶书而带有楷意，文字大小参差，字体构架随意，笔画粗细不一，或是刻工草率而为。录文如下：

> 齐故长水校尉南徐州琅耶郡临沂县都乡南仁里王珪之字仲璋｜晋故东阳太守临之孙宋故娄令瑾之第二子永明六年七月五日薨｜其年十一月三日葬琅耶郡临沂县堕塸山简公隧外｜长子颢次子颐｜王珪之埏前外一丈刻石为志

南齐国祚短暂，帝王更换频繁，南京地区目前发现的年代可确定为南齐的墓葬极少，而王珪之本人又属六朝著名的琅琊王氏家族王彬房支，故该墓志的发现，对于研究南朝墓葬的断代分期、六朝士族家族墓地的分布、琅琊王氏家族在南朝的活动等都具有较为重要的学术价值。今不揣浅陋，结合文献，就王珪之墓志内容略作考释，供相关研究者参考。

一　关于王珪之

据墓志，王珪之字仲璋，文献并无记载，墓志弥补了这一空白。王珪之为南徐州琅琊郡临沂县都乡南仁里人，官至长水校尉，卒于南齐永明六年，其年十一月葬于琅琊郡临沂县堕塸山。王珪之事迹，主要见于《南齐书·王逡之传》[1]、《南齐书·礼志下》[2]、《隋书·经籍志二》[3]等。综合以上文献可知，王珪之"藉素为基，依儒习性"，于刘宋元徽二年（474 年）被敕纂集古设官历代分职一书。王珪之对此书非常尽心，"凡在坟策，必尽详究"，然而书成之后已是南齐，故谓之《齐职仪》，共五十卷。此书尚未校正刊印，王珪之已死于私门凶祸。其子王颢则于永明九年（491 年）将此书献给齐武帝萧赜，并叙述了该书的编撰过程。王颢希望此书能"永升天阁，长铭秘府"，齐武帝遂下诏将其交付秘阁保存。

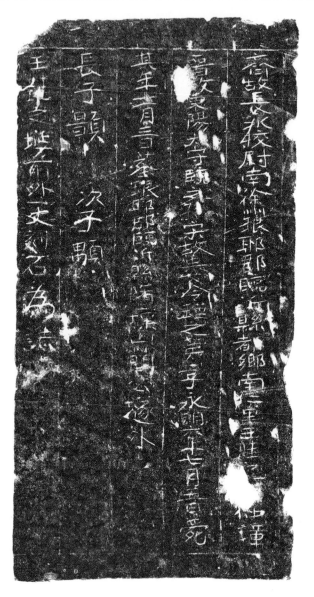

图一　王珪之墓志拓片（1/3）

《齐职仪》一书是对历代官制的整理，"等级掌司，咸加编录；黜陟迁补，悉该研记；述章服之差，兼冠佩之饰"。《南齐书·百官志》中称："诸台府郎令史职吏以下，具见长水校尉王珪之《职仪》。"[4] 可见王珪之非常熟悉历代官制，在书中的考订十分详细。事实上，《齐职仪》初衷是记录刘宋的官制，但未编成就发生了宋齐嬗代，王珪之只得改定内容记录南齐官制。而《南齐书·百官志》记事极为简略，或与《齐职仪》考订过于完备有关，即二者在内容上是互补的。《齐职仪》对后世职官制度的研究影响深远，唐宋时期的大型会典、类书，诸如《唐六典》、《艺文类聚》、《太平御览》等均大量引用了《齐职仪》的研究成果，这足以证明王珪之在历代职官制度考证上取得的巨大成就。除此之外，王珪之还长于礼学，曾于南齐建元年间（479～482 年）任祠部郎中一职，并著有《齐仪》四十九卷，另有《丧遇闰议》一文传世。

王珪之居长水校尉一职。长水校尉为八校尉之一，西汉始置，掌长水、宣曲胡骑，秩比二千石。东汉时改八校为五校，魏、晋及南朝均沿用此建制。刘宋以领军将军统领内军，"自游击至五校，魏、晋逮于江左，初犹领营兵，并置司马、功曹、主簿，后省。二中郎将本不领营也。五营校尉，秩二千石"[5]，南齐则基本继承了刘宋的建制。由于不领营兵，南朝时期的五校尉已经丧失其重要地位及禁卫职能，并逐渐与新的领军制度相融合，成为领军将军的下级单位[6]。从这个意义上说，长水校尉仅是散员禁卫武官，并无实权。故王珪之虽有较高的学术造诣，但在政治上并未有较大的作为。

二　关于王珪之家族成员

据墓志，王珪之为东阳太守王临之之孙，王瑾之之子，属琅琊王氏王彬一支。根据现有的考古发掘材料，王彬一支均葬于南京北郊象山王氏家族墓地，业已发掘的墓葬共有11座，除2号墓为南朝墓葬外，其余10座均为东晋王氏家族成员墓葬[7]。

王彬字世儒，八王之乱后与其兄王廙南渡，因参与讨伐江州刺史华轶获功，封都亭侯，司马睿称帝后迁任侍中，又任光禄勋、度支尚书；苏峻之乱后因改筑新宫赐爵关内侯，迁尚书左仆射[8]，卒于官，谥号肃[9]。王彬子王彪之字叔虎，系王珪之曾祖，初任著作郎、东海王文学，累迁尚书左丞、司徒左长史、侍中、廷尉等职，官至尚书令，与谢安等人共同对抗桓温[10]。

王珪之祖父王临之，系王彪之第二子，仕至东阳太守[11]。王临之有四子，见于文献的有王纳之、王环之[12]，另有一子王绩之过继给弟王康之[13]，唯独不知王珪之父亲姓名，这可能与王珪之父亲政治地位不高有关。今据墓志可知，王珪之父亲为王瑾之，为刘宋之娄令。王瑾之至少育有二子，第二子即王珪之。王珪之有二子，长子中军参军王颙[14]，次子则是墓志所记载的王颢。

王珪之墓志的发现，弥补了文献记载中对王临之这一支系的疏漏，现结合文献资料[15]、考古材料，排列王彪之一支世系于后（图二）。

墓志称王珪之墓位于琅琊郡临沂县堕堁山"简公隧外"，"隧"即墓道，故王珪之墓位于简公墓道附近。根据六朝家族聚族而葬的规律，"简公"应是指王珪之的曾祖王彪之（305～377年），是王彬一支中最杰出的人才，其死后追赠光禄大夫，谥号简。王彪之博闻多识，练悉朝仪，深谙江左旧事，是"王氏青箱学"的开创人[16]。此为王彪之一支的家学传统，凭借于此，王彪之一支在整个南朝始终保持了极高的政治、社会地位。如王珪之的从兄王准之、王逡之均精通经学，尤其擅长礼学——王准之"兼明《礼》、《传》，赡于文辞"；王逡之的礼学造诣甚至不下于时为"儒宗"的王俭，并著有多本礼学著作[17]。而王珪之在礼学上有较高的成就，与这种家学渊源不无关系。

然目前考古发现的东晋王彬一族家族成员均葬于南京北郊象山，距王珪之墓有数里之遥。由此可见王彪之死后并未归葬象山家族墓地，而是另择葬地，其后代的墓葬也依附其周围，这可能与王彪之身居尚书令、能左右朝政有关。桓温死后，王

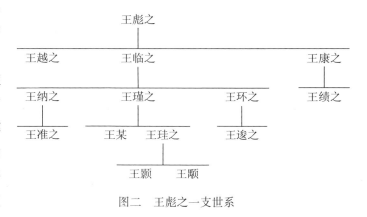

图二　王彪之一支世系

彪之与谢安共执朝政，参与各种重大问题的决策，甚至包括废帝、立嗣等，是东晋晚期最具权势的王氏家族成员。王彪之死前，"帝遣黄门侍郎问所苦，赐钱三十万以营医药"[18]，可见其政治地位已大大超过其父王彬，凭借其尊贵地位及财力另择葬地也是在情理当中的。这种由于身份尊贵而另开族墓地的现象无疑为六朝家族墓葬的研究提供了新材料，具有重要意义。

值得注意的是，王彪之之子王康之与其妻何法登仍葬象山[19]，这大概与王康之早卒有关[20]。根据王康之墓志，王康之死于晋穆帝永和十二年（356 年），年仅二十二岁，此时王彪之尚未达到权力顶峰；何法登下葬年份虽在王彪之死后，但根据当时的葬俗仍"附葬处士君（王康之）墓于白石"。

三　关于王珪之墓志体例

目前南京及其周边地区发现的南朝早期墓志较少，主要有刘宋永初二年（421 年）谢珫墓志[21]、元嘉二年（425 年）宋乞墓志[22]、元嘉十一年（434 年）钟济之墓志[23]、元徽二年明昙憘墓志[24]以及南齐永明五年（487 年）刘岱墓志[25]、永明六年王宝玉墓志[26]等。对以上墓志的体例稍加考察，不难发现刘宋到南齐之间，正是墓志体例由多变逐渐走向定型成熟的一段时间。其变化主要体现在三个方面：第一，墓志的载体由大小不一的砖质演变成近方形的石质；第二，墓志内容由简单记载墓主官职、生卒年和家族世系发展为墓主生平事迹的翔实传记，如刘岱墓志；第三，墓志布局愈发规整，题额、铭辞、撰造者题名逐步出现，如王宝玉墓志。

王珪之墓志寥寥数十字，仅记有墓主官职、籍里、姓名、世系、卒葬年月、墓地等情况，与上述墓志对比，可知其格式略同于刘宋初的宋乞墓志和钟济之墓志，而行文上则更简。严格来说，王珪之墓志的体例更像东晋时期的墓志。

南京北郊象山王氏家族墓地已发掘的 11 座墓葬大部分都出土了墓志，以特制的长方形砖志为最多，包括王康之墓志、王闽之墓志、王丹虎墓志、王仙之墓志、何法登墓志、夏金虎墓志等。这些砖的长度在 42.3 ~ 51 厘米之间，宽度在 19.8 ~ 25 厘米之间，厚度在 5.8 ~ 7 厘米之间，而王珪之墓志长 45、宽 22.5、厚 5.5 厘米，与其先辈的墓志尺寸基本相同。若从墓志的边框、字数、内容、行文格式等方面考虑，王珪之墓志与这些墓志更是如出一辙，无明显的区别。考古材料表明，六朝同一家族墓葬群内的墓葬在规模、形制、随葬品等方面具有一定的相似性，世家大族更是如此，这或许与各个家族的门风和传统有关。王珪之墓志体例大概就是琅琊王氏家族王彬房支家族传统的延续。

另，自刘宋以来碑禁松弛，统治者都在提倡墓志纪德，即所谓的"素族无碑策，故以纪德。自尔以来，王公以下，咸共遵用"[27]。大概是素族的兴起，希望通过墓志来颂功铭德，墓志的体例迅速完备。王珪之深谙礼学，曾任祠部郎中，主管祠祀享祭，不可能不知道这些"旧事"。王珪之出身于门第显赫的琅琊王氏，或许对寒族通过墓志来自抬身价的做法并不认同，但在整个门阀士族政治地位日渐衰微的大背景下又感到无可奈何，只得以保持东晋初年以来"南渡北人"墓志体例的做法来显示其区别于素族和"晚渡北人"的高贵身份。

注　释

［1］　《南齐书》卷五二《王逡之附从弟珪之传》，中华书局，1972 年。

［2］　《南齐书》卷一〇《礼志下》，中华书局，1972 年。

［3］　《隋书》卷三三《经籍志二》，中华书局，1973 年。

［4］　《南齐书》卷一六《百官志》，第 311 页，中华书局，1972 年。

［5］　《宋书》卷四〇《百官志下》，第 1248 ～ 1249 页，中华书局，1974 年。

［6］　张金龙《魏晋南北朝禁卫武官制度研究》，第 986 页，中年书局，2004 年。

［7］　南京市文物保管委员会《南京人台山东晋兴之夫妇墓发掘报告》，《文物》1965 年第 6 期；南京市文物保管委员会《南京象山东晋王丹虎墓和二、四号墓发掘简报》，《文物》1965 年第 10 期；南京市博物馆《南京象山 5 号、6 号、7 号墓清理简报》，《文物》1972 年第 11 期；南京市博物馆《南京象山 8 号、9 号、10 号墓发掘简报》，《文物》2000 年第 7 期；南京市博物馆《南京象山 11 号墓清理简报》，《文物》2002 年第 7 期。

［8］　《晋书》作右仆射，据王兴之夫妇墓志改；南京市文物保管委员会《南京人台山东晋兴之夫妇墓发掘报告》，《文物》1965 年第 6 期。

［9］　《晋书》卷七六《王彬传》，中华书局，1974 年。

［10］　《晋书》卷七六《王廙传附王彪之传》，中华书局，1974 年。

［11］　（南朝）刘义庆《世说新语》附宋汪藻《琅邪临沂王氏谱》，上海古籍出版社，1982 年。

［12］　《南史》卷二四《王准之传》，中华书局，1975 年。

［13］　罗新、叶炜《新出魏晋南北朝墓志疏证》，第 13、14 页，中华书局，2005 年。

［14］　同［1］。

［15］　杨勇《世说新语校笺》第四册《琅邪临沂王氏谱校笺·第一》，第 13 ～ 20 页，中华书局，2006 年。另，王伊同《五朝门第》称，纳之为环之父、逡之祖父，有误，见王伊同《五朝门第》附《高门权门世系婚姻表》，中华书局，2006 年。《南史》卷二四《王准之传》载，"王准之……祖临之，父纳之……纳之弟环之字道茂……环之子逡之"，故纳之、环之为兄弟关系，中华书局，1975 年。

［16］　《宋书》卷六〇《王准之传》，中华书局，1974 年。

［17］　同［12］。

［18］　同［10］。

［19］　南京市博物馆《南京象山 11 号墓清理简报》，《文物》2002 年第 7 期。

［20］　张学锋先生认为王康之因疫病而死于非命，故其墓志不书父祖妻子兄弟的官爵名讳。参见张学锋《南京象山东晋王氏家族墓志研究》，《社会与国家关系视野下的汉唐历史变迁》，华东师范大学出版社，2006 年。

［21］　南京市博物馆等《南京南郊六朝谢珫墓》，《文物》1998 年第 5 期。

［22］　南京市博物馆《江苏南京市中华门外铁心桥出土南朝刘宋墓志》，《考古》1998 年第 8 期。

［23］　南京市博物馆等《南京市雨花台区西善桥南朝刘宋墓》，《考古》2013 年第 4 期。

［24］　南京市文物管理委员会《南京太平门外刘宋明昙憘墓》，《考古》1976 年第 1 期。

［25］　镇江市博物馆《刘岱墓志简述》，《文物》1977 年第 6 期。

［26］　邵磊《南齐王宝玉墓志考释——兼论南朝墓志的体例》，《文献》2003 年第 4 期。

［27］　同［2］。

本文原载《东南文化》2015 年第 3 期，本次略作修改。

《太平寰宇记》吴县定山献疑

王　宏

定山，《太平寰宇记》中有两处记载，其一见于卷九一《江南东道三·苏州·吴县》条下[1]：

> 定山，在县西二十里。有定山突出浙江中，高二百二十丈，波涛所冲，行旅为阻。谢灵运诗云："朝发渔浦南，暮宿富春郭。定山杳云雾，赤亭无淹泊。"即此也。

其二见于卷九三《江南东道五·杭州·钱塘县》条下[2]：

> 定山，在县西四十七里，突出浙江数百丈。又按《郡国志》云："涛至此辄抑声，过此便雷吼霆怒。上有可避涛处，行者赖之，云是海神妇家。"

两处关于定山地理描述均作"突出浙江"，应为一山，然所属县不一，其中之一可能有误，以下试析之。

《太平寰宇记》吴县定山条下所引的谢灵运诗《富春渚》，被南朝梁萧统编入《文选》。唐代李善注《文选》时，据《吴郡缘海四县记》对此诗所涉地名进行解释："钱塘西南五十里有定山，去富春又七十里，横出江中，涛迅迈以避山难，辰发钱塘，巳达富春。赤亭，定山东十余里。"[3] 可知诗中定山在钱塘县。

《文选》中另收有梁代沈约诗《早发定山》一首，李注在诗名后也大致交代了定山的地理位置，"梁书曰：约为东阳太守。然定山，东阳道之所经也"[4]。

文献记载，南朝宋时在钱塘附近的定山还曾发生过战事："（宋明帝泰始二年二月）其月九日，喜等至钱唐，钱唐令顾昱及……农夫等攻破之，乘风举帆，直趣定山，破其大帅孙会之，于阵斩首。自定山进向渔浦，戍主孔叡率千余人据垒拒战……思仁纵兵攻之，斩其军主孔奴，于是败散。"[5] 这些文献资料可证定山在钱塘境内。《太平寰宇记》对钱塘县定山的记载应无误，而对吴县定山的记载，虽条下所引诗有误，但我们也无法因此确认吴县就没有定山。南宋王象之在《舆地纪胜》定山条中引《晏公类要》的说法，"在吴县西二十里。谢灵运诗——杳云雾者是也"[6]。《晏公类要》乃北宋晏殊（991～1055 年）所著，成书晚于《太平寰宇记》[7]。其说与《太平寰宇记》类似，皆错以谢灵运《富春渚》为释。而晏氏之误，不能排除源自《太平寰宇记》的可能。

《太平寰宇记》的初刻本极少，流传不广，到明代宋版已无踪迹。直至清末光绪六年（1880年），地理学家杨守敬在日本发现《太平寰宇记》宋刻残本，并将其中国内无存的五卷半重刊于《古逸丛书》中，中华书局于2001 年据覆摄胶卷完整影印了日藏宋刻残本《太平寰宇记》，专家比较后一致认为，此宋刻残本应是南宋刻本。2007 年校点《太平寰宇记》时也用宋刻残本和底本进行对照补校，发现宋刻残本中卷九一完整无缺，苏州吴县下有定山，宋人在刻写《太平寰宇记》时已经存在了，不应为后来传抄之误。由于《太平寰宇记》成书于北宋太宗时期，而现存其最早刻本是南宋刻本，其间相距 100 余年，这个错误是作者乐史本人之误还是刻印成书前的传抄之误，无法判断，但或许可以推断产生这个错误的原因。

通过上述文献，可以确定在南朝以前，定山之名已经存在，位置也很明确，在浙江中，钱塘、富春均在其附近。《水经注》中也有类似记载。

钱塘"县有武林山，武林水所出也。阚骃云：山出钱水，东入海。《吴地记》言，县惟浙江，今无此水，县东有定、包诸山皆西临浙江"[8]。

这里《水经注》引用了《吴地记》，说明定山是在吴地，钱塘属于"吴"这个行政区划。前文李善注《文选》引用了《吴郡临海四县记》来说明钱塘定山的位置，说明钱塘属于吴郡。"吴郡，东汉顺帝分会稽置"[9]，"会稽郡，秦置，本治吴，立郡吴，乃移山阴"[10]。至于两郡的分界，《水经注》上也有较明确的记载："永建中，阳羡周嘉上书，以县远，赴会至难，求得分置，遂以浙江西为吴，以东为会稽。"[11]由此可知，在东汉永建年间之前，会稽郡的治所在吴，后移至山阴。而吴郡是分会稽郡而置，和会稽郡以浙江为界。定山在钱塘县东，西临浙江。钱塘在浙江西，应该属于吴郡，而会稽郡原来的治所又在吴，这些政区的分置和郡治治所的变更，使得处于两郡交界处定山的归属问题变得混乱，乐史在编撰《太平寰宇记》时对吴县、吴郡的地理沿革未加深究，这或许就是出现这种错误的原因。毕竟吴县既不临海，与浙江也相去甚远，也不可能有"突出浙江"中的定山。

注　释

[1]　（宋）乐史撰、王文楚等点校《太平寰宇记》卷九一《江南东道三·苏州·吴县》，第 1826 页，中华书局，2007 年。

[2]　（宋）乐史撰、王文楚等点校《太平寰宇记》卷九三《江南东道五·杭州·钱塘县》，第 1864 页，中华书局，2007 年。

[3]　（梁）萧统编、（唐）李善注《文选》卷二六《诗丁·行旅上》，第 1240 页，上海古籍出版社，1986 年。

[4]　（梁）萧统编、（唐）李善注《文选》卷二七《诗戊·行旅下》，第 1267 页，上海古籍出版社，1986 年。

[5]　《宋书》卷八四《孔觊传》，第 2161 页，中华书局，1974 年。

[6]　（宋）王象之《舆地纪胜》卷五《平江府》，中华书局，1992 年。

[7]　《太平寰宇记》撰成于宋太宗雍熙（984～987 年）末至端拱（988～989 年）初之间。

[8]　（北魏）郦道元著、陈桥驿校证《水经注校证》卷四〇《浙江水》，第 939 页，中华书局，2007 年。

[9]　《后汉书·郡国四》，第 3489 页，中华书局，1965 年。

[10]　同 [9]，第 3488 页。

[11]　同 [8]，第 944 页。

唐宋时期罂瓶考

苏　舒

　　"罂"的名称来源于古文献及考古出土器物上的铭文，这类器物主要流行于唐宋时期，分布在浙江地区。目前看来，罂瓶主要指两类器物：一是以刻自铭的5件唐宋时期的出土物为标准器；二是指一些博物馆陈列出来的或是在图录中被命名为"罂"的器物，和自铭类罂瓶在器形上多有相近之处。

　　目前，由于罂瓶出土量较少，学术界对这类器物鲜有关注，仅有学者在部分研究中涉及此类器物，但均无单独论述。如王佐才等在《试述绍兴出土的越窑"谷仓罐"》中考证了越窑谷仓罐的时代、产地等问题，并提到"唐代出现的罂就是粮罂瓶，它可能是西晋时期青瓷谷仓罐的替代物"[1]；陈清在《浅析魂瓶与古代灵魂敬畏》中定义魂瓶时，认为它是"我国古代农耕民族所特有的为亡魂准备食物而设的陶瓷随葬明器，用以表达对灵魂的敬畏和对生者平安的愿望"，并将粮罂瓶也定义为魂瓶的一种[2]。汪冲云等在《鸡首尾柄·仿生象形——陶瓷鸡头壶赏析》中认为"鸡头壶始见于晋，延续至唐代初期。又称鸡首壶、天鸡壶。晋时称'罂'"，将晋时的鸡首壶称为"罂"[3]。涂师平在《从祭祀文化到吉祥文化的演变——越窑提梁人物鸡首壶鉴赏》中将鸡首壶称为"罂"[4]。孙秀莲在《浅谈鸡首壶的演变与越窑鸡首壶》中根据南京东晋墓中出土的一件青瓷鸡头壶，将晋时的鸡首壶称作"罂"，即小口大腹的酒器[5]。此外，浙江金华市文物管理委员会曾发现唐代蟠龙罂窑址孟宅窑，其器类品种有大小蟠龙罂[6]，但不见详细的发掘简报。

　　本文从自铭器入手，结合文献记载及以上研究成果，探讨罂瓶的器形来源、用途功能及"罂"的定名等问题。

一　考古发现及其特征

　　目前考古发现带"罂"自铭的器物仅5件，以下首先介绍这五件器物的概况，并以这些自铭器为标准器，与文博单位所藏具有代表性的10件标本相结合，进而考察"罂"的基本特征。

　　（一）自铭"罂"器

　　1. 南京东晋鸡首壶

　　1976年南京伏家桥墓出土，南京市博物馆藏。器形残缺不全，底刻"罂主姓黄名齐（？）之"7字。底径13.8、残高19.5厘米（图一、二）[7]。

　　2. 德清窑唐黑瓷粮罂（808年）

　　德清县秋山乡新农村寺后自然村出土，德清县博物馆藏。侈口，圆唇，束颈，鼓腹，平底。

图一 南京东晋鸡首壶

图二 南京东晋鸡首壶铭文拓片

图三 德清窑唐黑瓷粮罂

图四 德清窑唐黑瓷粮罂铭文拓片

下腹部阴刻"元和三年十月十四日润州勾容县甘唐乡延德里赵金妻任氏粮罂"5 行 27 字。口径 14.6、底径 12.7、高 34.7 厘米（图三、四）[8]。

3. 嵊州唐青瓷四系蟠龙罂（819 年）

嵊州市出土，浙江省博物馆藏。口作喇叭状，束颈，圆鼓腹，下腹渐收，平底微内凹。颈部堆塑一条蟠龙，颈腹相接处等距置四竖系，腹部一侧刻两直行铭文"元和拾肆年四月一日造此罂价值一千文"共 17 字。口径 21.3、底径 11、高 38 厘米（图五）[9]。

4. 余姚唐青瓷罂（850 年）

浙江省文物管理委员会在上林湖地区调查所得。口作喇叭状，颈内收，鼓腹，平底。颈肩部置两竖系。器壁刻有"维唐故大中四年岁次庚午八月丙午朔，胡珍妻朱氏四娘于此租地，自立墓在此，以恐于后代无志，故记此罂"8 行 43 字。腹径 18、高 30 厘米（图六、七）[10]。

图五　嵊州唐青瓷四系蟠龙罂　　　　　　　　　图六　余姚唐青瓷罂

图七　余姚唐青瓷罂铭文拓片

5. 绍兴北宋青瓷粮罂瓶（998 年）

绍兴县文物管理委员会收集，绍兴博物馆藏。盘口，长直颈，圆肩，矮圈足。口沿下至上腹粘接四鋬。腹部刻有"上虞窑匠人项霸造粮罂瓶一个献上新化亡灵王七郎咸平元年七月廿日记"4 行 31 字。口径 11.5、足径 9、高 26 厘米（图八、九）。此器物带有制造者姓名、用途、纪年等，并第一次明确记载"上虞窑"称谓[11]。

（二）非自铭"罂"器

1. 嵊州唐越窑青瓷蟠龙罂（834 年）

嵊州市甘霖镇蛟镇茶场唐墓出土，嵊州市文物管理委员会藏。盘口，喇叭形颈，鼓腹下收，平底。颈部堆塑三爪龙一条，颈腹相接处等距置四竖系，腹壁直刻"大和八年八月"6 字。口径 22.8、底径 10.6、高 39.2 厘米（图一〇）[12]。

2. 上虞唐越窑青瓷蟠龙罂（879 年）

上虞市丰惠镇庙后山唐乾符六年（879 年）砖室墓出土，上虞市文物管理所藏。盘口，喇叭形颈，鼓腹下收，平底。颈肩部置四个对称的双条形竖系，环绕颈部贴附一立体蟠龙，龙首上昂，张牙咧嘴，头上长四角，四足三爪，龙身戳印鳞片，龙尾卷曲贴于器身颈部。口径 20.7、高 41 厘米（图一一）[13]。

3. 余姚唐越窑青瓷食瓶（900 年）

余姚市上林湖窑址出土，余姚市文物保护管理所藏。大盘口，喇叭形长颈，圆腹，腹径略小于口，玉璧底微内凹。颈肩部置双股泥条竖系，肩腹阴刻"食瓶一口光化三年十月十一日造"2 行 14 字。口径 20.5、底径 10.1、高 39.4 厘米（图一二）[14]。

4. 临安唐越窑青瓷褐彩云纹盖罂（901 年）

临安市锦城街道西墅村天复元年（901 年）水邱氏墓出土，临安市文物馆藏。盘口，长颈，圆肩，鼓腹，圈足外撇。肩部阴刻弦纹三周，从颈至圈足绘单勾或双勾云纹七层七组。口径 19.8、足径 16、高 66.5 厘米（图一三）[15]。

5. 慈溪唐龙纹罂

慈溪市博物馆藏。盘口，喇叭形颈，溜肩，平底。颈肩部置两个对称的双股泥条竖系，颈腹部阴刻蟠龙纹。口径 20.5、底径 20.5、高 36.3 厘米（图一四）[16]。

6. 临安五代越窑青瓷褐彩云纹罂

临安市板桥乡如龙村五代吴随□墓出土，浙江省博物馆藏。盘口，圆唇，喇叭形粗颈，球形腹，矮圈足。颈与肩接连处置两个对称的阔边复式系，器身上下绘褐彩如意云纹，肩上绘有覆莲纹。口径 22.5、足径 14.2、高 50.5 厘米（图一五）[17]。

图八　绍兴北宋青瓷粮罂瓶　　　图九　绍兴北宋青瓷粮罂瓶铭文　　　图一〇　嵊州唐越窑青瓷蟠龙罂

7. 杭州五代青瓷浮雕蟠龙罍（942 年）

杭州市玉皇山后晋天福七年（942 年）钱元瓘墓出土，浙江省博物馆藏。直口，圆肩，圈足外撇。肩部置对称的双股竖系，器身浮雕双龙戏珠，龙作伸爪腾跃状，身旁饰云气纹。口径 10.6、足径 14.2、高 30 厘米（图一六）[18]。根据简报[19]，此器物可能缺失了上部，在附近的另一座钱氏家族成员墓中出土了一件残高 22 厘米的盘口圆筒形颈，颈部也附有四系并饰刻划云纹，推测为罍瓶的颈部（图一七）。

8. 东阳五代青瓷多角罍

东阳市博物馆藏。直口，短颈，溜肩，器身呈三级葫芦状，平底。器身每级均匀分布四只向下低垂的角形装饰。口径 8.1、底径 10、高 21.4 厘米（图一八）[20]。

图一一　上虞唐越窑青瓷蟠龙罍

图一二　余姚唐越窑青瓷食瓶

图一三　临安唐越窑青瓷褐彩云纹盖罍

图一四　慈溪唐龙纹罍

图一五　临安五代越窑青瓷褐彩云纹罍

图一六　杭州五代青瓷浮雕蟠龙罍

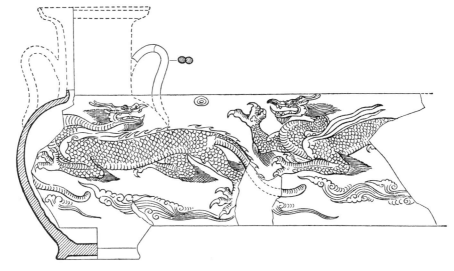

图一七 杭州五代青瓷浮雕蟠龙罂复原图

图一八 东阳五代青瓷多角罂　　　图一九 东阳五代青瓷多角罂　　　图二〇 北宋青瓷莲瓣纹粮罂

9. 东阳五代青瓷多角罂

东阳市博物馆藏。直口，圆唇，器身呈三级葫芦状，逐层变粗，后斜收及底，平底内凹。器身每级均匀分布四只向下低垂的角形装饰。口径8.8、底径9.6、高29.6厘米（图一九）[21]。

10. 北宋青瓷莲瓣纹粮罂

上海博物馆藏。由器盖和器身两部分组成。器盖边沿卷曲呈荷叶形，盖面饰莲瓣纹。器身浅盘口，束颈，折肩，圆曲腹，矮圈足。颈肩处置四个对称的双股泥条竖系，肩部饰云气纹，下腹部饰莲瓣纹。口径9.75、底径9.75、高24.6厘米（图二〇）[22]。

以上为目前被称为"罂"的器物，其基本特征有三点：第一，从东晋到北宋时期均有发现，其中东晋1件、唐代8件、五代4件、宋代2件，而带自铭的仅有5件；第二，主要发现于南方江浙地区，且大部分出自墓葬，但考古资料较少发表，其余或为调查所得或为博物馆藏品；第三，器物造型以大盘口、长颈、圆球腹为主，常见器形为四系盘口长颈壶（罐）。

二　结合文献中所载的"罂"

（一）形制

《汉书》卷三四《韩信传》颜注"罂缶，谓瓶之大腹小口者"[23]，即小口、腹部大的瓶称之为"罂"。对应实物，前述 5 件自铭为"罂"的器物，其形制正好与文献记载相对应。说明这种和西晋盘口壶器形相近的盘口壶或瓶，应称为"罂"。

前述 15 件器物中，除了非自铭"罂"中的第 7～9 件外，其余的罂瓶形制均相似，多盘口，喇叭形颈，有的在颈部有装饰或置系，圆鼓腹，腹部下逐渐斜收，与西晋时期的盘口壶器形较为相似（图二一）[24]。

随着时代的变迁，罂瓶的器形稍有变化。从唐代早中期到晚期，罂瓶的盘口由小于腹径变为大于腹径、颈部增高、腹部变矮。然而到了五代直至宋代，这种器形变化逐渐模糊，就目前发现的五代、北宋罂瓶来看，其盘口又呈现出小于腹径、颈部变矮的特征，与唐中期的罂瓶更加相似。

第 7 件器物的器形明显不同于其他罂瓶，无颈，与一般的罐较接近，应称之为"罐"更合适。至于有学者在汇编不同图录时，均将其称为"罂"，其原因不得而知。第 8、9 件器物的器形与后来湖南地区宋墓中常见的多角罐（图二二）相近[25]，其形制与罂瓶相差甚远。

前文已经提到，口小、腹大的瓶称为"罂"，而 5 件自铭为"罂"的器物形制正好与文献记载相合，并与西晋盘口壶相近，故其器形应来源于盘口壶。后来的鸡首壶也是在盘口壶的基础上发展起来的。因此，根据目前已经发现的这些自铭为"罂"的器物来看，现在所普遍认知的那些与"罂"器形相近的盘口壶和鸡首壶，或许可称为"罂"。因此在"罂"的定名问题上，还需要更多的实物和文献资料加以佐证。

（二）用途

从文献来看，自春秋战国起，已有不少文献开始记载"罂"这类器物。以下列举文献的年代上限为三国，下限至宋代。

图二一　西晋青瓷盘口壶　　　　图二二　湖南宋墓出土多角罐

《三国志》卷五一《吴书六》载："顷连雨水浊，兵饮之多腹痛，令促具罂缶数百口澄水。"[26]表明"罂"是作为盛水器。

《汉书》卷七六载，"椎破卢罂，斧斩其门关而去"（师古曰：卢所以居罂，罂所以盛酒也）[27]。《千金翼方》卷一六载各种药材"……上一十味切，以瓷罂中清酒四斗渍之，密泥封勿泄"[28]。此两处记载"罂"是作为盛酒器。

《齐民要术》卷三载："收弊絮及布帛，至后矢……曝干置罂中密封，至冬可养马……"[29]此处记载"罂"是作为一种储物器。

《南史》卷四四《齐武帝诸子》载："晋安王子懋字云昌，武帝第七子也。诸子中最为清恬……年七岁时，母阮淑媛尝病危笃，请僧行道。有献莲华供佛者，众僧以铜罂盛水渍其茎，欲华不萎……七日斋毕，华更鲜红，视罂中稍有根须，当世称其孝感。"[30]这段提到的"罂"是作为插莲所用，这一点扬之水先生在其研究中也曾提出过[31]。

《隋书》卷八二《南蛮传》载："……积薪焚之。收其余骨，王则内金罂中，沉之于海；有官者以铜罂，沉之于海口；庶人以瓦，送之于江。"[32]这段提到的"罂"的功能相当于葬具纳骨器，将尸骨置于其内再将罂投入大海或江河。

《事物纪原》卷九《粮罂》载："今丧家棺敛，柩中必置粮罂者。王肃丧服要记曰：昔鲁哀公祖载其父，孔子问宁设五谷囊者，公曰：'否也。五谷囊者起自伯夷、叔齐不食周粟而饿死，恐其魂之饥也，故设五谷囊。吾父食味含哺而死，何用此为？'"[33]这段说明自商代后，在棺柩中置放粮罂，其起到谷仓罐的作用。

由以上文献可知，罂瓶的使用范围包括日常生活中的盛水、盛酒、储物以及丧葬中放置尸骨等。

再结合实物出土情况来看，目前所见资料中，仅有临安唐水邱氏墓、临安板桥五代吴随□墓、五代钱元瓘墓发表有简报。唐水邱氏墓发掘报告较详细地报道了随葬器物的出土位置，青瓷盖罂和褐彩青瓷香炉一起摆放在后室前端正中位置，这两件器物均十分精美，其用途可能带有礼器性质。五代吴随□墓简报中仅载"随葬品皆置于后室之耳室、壶门和壁龛内"，未详细介绍各随葬品摆放位置，就瓷器而言，伴出还有其他越窑瓷器，均为生活用瓷（碗、盒、钵、罐等），故"罂"也应为生活用瓷，由于供吴越国统治阶层所用，故制作精美。唐钱元瓘墓中出土的这件器物形制不详，是否缺失了上颈部还难以判断，因此不予讨论。

其余罂瓶的出土情况均不见发掘资料，无法从出土情况判断其功用。

就目前已发现的5件自铭"罂"而言，有两件刻有"粮罂"字样，其功能应当和谷仓罐类似，作为储藏粮食的明器；有一件刻有"……胡珍妻朱氏四娘于此租地，自立墓在此，以恐于后代无志，故记此罂"，这件罂的功能可能相当于墓志罐；其余两件用途不详。

由于自铭器物过少，据已有材料仅可知"罂"有粮食明器和墓志罐两种用途，但从文献来看，其功能用途还包括盛水、盛酒等。此外，结合目前所见罂瓶的尺寸大小来看，大部分器物高度在40厘米左右，也有高于60厘米者，将其用途等同于明器似乎不妥。

三 结 语

综上所述，"罂"是唐宋时期主要流行在浙江一带的器物，其形制和盘口壶十分相似，古人对于罂的用途没有特别规定，称其为"罂"，仅为习惯用语，并无明器等特殊含义。它的使用范围包括日常生活中的盛水、盛酒、储物以及丧葬中放置尸骨等；其使用阶层广泛，下至平民百姓（如出土的无装饰素面罂），上至贵族阶层（吴越国统治阶层水邱氏墓、吴随□墓）。由于缺乏详细的出土资料，对于罂的用途判断缺乏足够的材料加以佐证，今后应重视这方面材料的搜集和整理。至于其定名，基于自铭类器物上的名称"罂"，笔者认为目前发现的很多盘口壶也可以称为"罂"。

附记：本文在写作过程中得到高美京女士的悉心指导，特此致谢。

注 释

[1]　王佐才、董忠耿《试述绍兴出土的越窑"谷仓罐"》，《江西文物》1991 年第 4 期。

[2]　陈清《浅析魂瓶与古代灵魂敬畏》，第 3 页，中央民族大学硕士学位论文，2011 年。

[3]　汪冲云、张吟玲《鸡首尾柄·仿生象形——陶瓷鸡头壶赏析》，《陶瓷研究》2009 年第 2 期。

[4]　涂师平《从祭祀文化到吉祥文化的演变——越窑提梁人物鸡首壶鉴赏》，《宁波通讯》2009 年第 11 期。

[5]　孙秀莲《浅谈鸡首壶的演变与越窑鸡首壶》，《辽海文物学刊》1997 年第 1 期。

[6]　金华市文物管理委员会《金华市孟宅村唐代蟠龙罂窑址》，《中国考古学年鉴 1985》，文物出版社，1985 年。

[7]　南京市博物馆《六朝风采》，第 64 页，文物出版社，2004 年。

[8]　章海初《浙江德清发现唐代黑釉粮罂》，《文物》1989 年第 2 期；浙江省博物馆《浙江纪年瓷》，图版 162，文物出版社，2000 年。

[9]　浙江省博物馆《浙江纪年瓷》，图版 163，文物出版社，2000 年。

[10]　金祖明《浙江余姚青瓷窑址调查报告》，《考古学报》1959 年第 3 期。

[11]　沈作霖《介绍一件宋咸平元年粮罂瓶》，《浙江省文物考古所学刊》，文物出版社，1981 年。

[12]　同［9］，图版 164。

[13]　同［9］，图版 169。

[14]　同［9］，图版 171。

[15]　明堂山考古队《临安县唐水邱氏墓发掘报告》，《浙江省文物考古所学刊》，文物出版社，1981 年；朱晓东《物华天宝：吴越国出土文物精粹》，第 22 页，文物出版社，2010 年。

[16]　徐定宝《越窑青瓷文化史》，第 146 页，人民出版社，2001 年。

[17]　浙江省文物管理委员会《浙江临安板桥的五代墓》，《文物》1975 年第 8 期；朱晓东《物华天宝：吴越国出土文物精粹》，第 23 页，文物出版社，2010 年。

[18]　朱晓东《物华天宝：吴越国出土文物精粹》，第 24 页，文物出版社，2010 年。

[19]　浙江省文物管理委员会《杭州、临安五代墓中出土的天文图和秘色瓷》，《考古》1975 年第 3 期。

[20]　方竟成《婺州窑精粹》，第 74 页，文物出版社，2011 年。

[21]　同［20］，第 76 页。

［22］　同［16］，第 162 页。

［23］　《汉书》卷三四《韩信传》，第 1867 页，中华书局，1962 年。

［24］　同［9］，图版 26。

［25］　周世荣《略谈长沙的五代两宋墓》，《文物》1960 年第 3 期。

［26］　《三国志》卷五一《宗室传》，第 1205 页，中华书局，1959 年。

［27］　《汉书》卷七六《赵尹韩张两王传》，第 3204 页，中华书局，1962 年。

［28］　（唐）孙思邈《千金翼方》卷一六《中风上》，第 181 页，人民卫生出版社，1955 年。

［29］　（北朝）贾思勰《齐民要术》卷三《杂说第三十》，第 43 页，商务印书馆，1937 年。

［30］　《南史》卷四四《齐武帝诸子》，第 1110 页，中华书局，1975 年。

［31］　扬之水《宋代花瓶》，《终朝采蓝：古名物寻微》，生活·读书·新知三联书店，2008 年。

［32］　《隋书》卷八二《南蛮传》，第 1832 页，中华书局，1973 年。

［33］　（宋）高承撰、（明）李果订《事物纪原》卷九《农业陶渔部·粮罂》，第 478 页，中华书局，1989 年。

宋杜镐妻南平郡君钟氏墓志考释及相关问题

邵　磊

　　1957 年 2 月，南京市博物馆在南京中华门外 1 公里、原南京砖瓦厂东南的丁甲山北麓发掘了一座宋代墓葬[1]。此墓为竖穴土坑墓，长 2.64、宽 1.01、深 1.07 米，方向 356°。墓坑上部用由 5 块组成的长 3.2、宽 1.6、厚 0.12 米的石板横向封顶。揭去封顶的石板后即可见木棺，木棺已经朽烂，沿木棺内壁放置有已凝结成块的石灰包。墓中随葬器物较少，包括口沿上盖有半截砖的高 41 ~ 42 厘米的橄榄形硬陶韩瓶 3 件及通体饰缠枝卷草纹的高 39 厘米的影青瓷梅瓶 1 件，分别放置在墓坑四角，其中影青瓷梅瓶位于靠近墓主头部的墓坑东南角。棺内仅随葬有委角近方形铜镜 1 件，镜背光素无纹，边长 14 厘米，放置于墓主右侧身位。石墓志立于靠近墓主足部的墓坑西壁与木棺之间，志石长 67、宽 58、厚 11 厘米，镌刻志文的一面朝向木棺，志文凡 33 行，满行 32 字（图一）。录文如下：

　　　　故龙图阁学士礼部侍郎杜公夫人□□」

　　　　□江宁通判亳州□兼管内劝农事吕溱撰」

　　　　景祐五年冬十月戊子，太子中舍植与弟枢奉」祖母夫人之丧，窆于江宁县之安德乡。又以」夫人之美德懿范有足以激于人者，识于垄中，斯亦贤孙笃亲之心、贤者不朽之事欤」夫人姓钟氏，其先家颍川。唐之季，天下纷扰，抚剑顾眄而称侯王者以数十。」夫人之王父传，保江西民无他寇，朝廷知之，就畀江西，节封南平王，故」夫人遂为郡人焉。列考讳蕳，仕南唐为秘书监。」夫人端而惠，柔而淑，自龆年至成人，无一语出于外。岁二十，执挚于杜氏。」先龙图方从宦南唐，属李氏举而西，家国颠踬，相从于矛戟险阻中，而妇道益明。」先龙图归朝用，遂经擢上第，以该极自业，□显辙，陟内阁，出入金华，顾问」上前，为儒林龟策。」夫人谭诵坟史，详闲诗礼，洁荐祀，礼宾客，为闺门表的。杜氏在」朝久，族益大，中外姻党日蕃炽，」夫人亲疏抚视，一一有意，上下肃睦无间言，盖内助于夫，外和于族，无一阙于身者。」天圣五年春正月五日，感疾终于兖州莱芜监之官舍，春秋七十有五。」夫人累封本郡君。二男：长曰渥，大理寺丞；次曰津，莱芜监判官。二女：长适尚书外郎」乐黄庭，次适工部侍郎致仕朱巽。孙六人：曰植，太子中舍、知杭州粮料院；曰杞，殿中」丞、知横州；曰枢，太子中舍、知江宁府粮料院；曰彬，大理寺丞、监福州税；曰椿，陵州司」理参军；曰松，泉州德化县尉。」夫人性慈厚，贵清净，每晨起瞻□□礼四十九数，诵《金刚》、《度人》经各十五过，凡五十」年，虽大寒暑、庆吊日，率如是。每平居燕坐，子孙列侍，必诲以善道，至于成学，故二子」仕□曰清白士，二女适外称为贤妇，诸孙用能勤绍□业，声闻于公卿间，」夫人之训岂有穷哉。固将为」本朝故事，发图史光景，与鲁恭姜、汉大家较

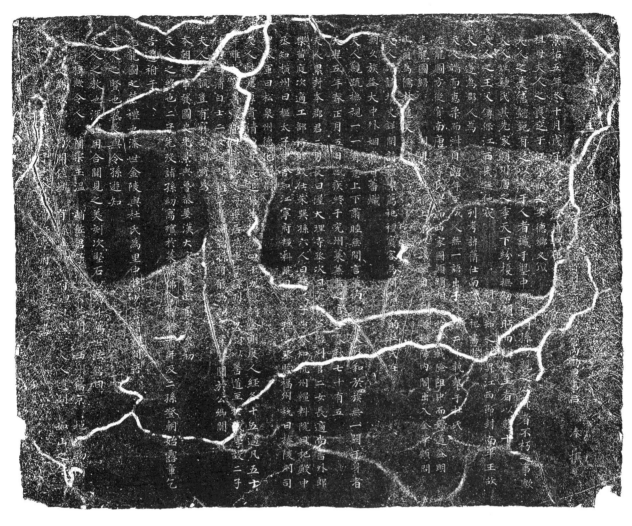

图一　钟氏墓志拓片（1/4）

德于前载矣。初,」夫人之终也,二子先殁,诸孙幼,寓殡于莱芜佛舍者余十年。既二孙登朝,始露章乞」告迁祔于」先龙图之茔,礼也。泰世金陵,与杜氏为里中旧。少历诸亲间语,」夫人之贤也熟;长与令孙游知,」夫人之教也深。谨用合闻见之美,刻次坚石,以为千万世法。铭曰:」猗欤令人,兰柔玉温,辅佐君子,遂大其门。西州旧京,地灵物清,」□为故乡,乃开佳城。有孙其贤,有碑且坚,夫人遗问,如山之年。」太子中舍□当江宁府粮料院枢书

据志文可知,墓主钟氏,系由南唐入宋、以博通经史饮誉一时的名臣杜镐的妻室,不仅如此,墓主钟氏与五代十国时期一度割据江西的乱世枭雄、被唐僖宗封为南平郡王的钟传也有血缘关系。关于此墓的清理概况,虽然考古工作者曾以简报的形式刊于《考古》1963 年第 6 期,但简报中存录的钟氏墓志全文,错讹甚多,今撷之如下:志文第 6 行谓唐末“天下纷扰”,简报误“纷”为“分”;志文第 7 行嘉许钟传在乱世报境安民“朝廷知之”,简报误“廷”为“庭”;志文第 9 行谓墓主钟氏恪守妇道,出嫁前“无一语出于外”,简报“外”字未释出而以“□”代;志文第 11、12 行谓杜镐自南唐归顺北宋后得到重用,有“遂经擢上第,以该极自业,□显辙,陟内阁,出入金华,顾问上前”云云,简报“遂”字未释出而以“□”代,“辙”亦做了错误的隶定;志文第

13 行谓墓主钟氏嫁入杜门后知书通礼"为闺门表的"，简报"表的"二字未释出，皆以"□"代；志文第 17 行记墓主钟氏长子杜渥官"大理寺丞"，简报误"丞"为"承"；志文第 17 行又有"次曰津，莱芜监判官"云云，是谓墓主次子杜津的名讳与官职，简报"津"字未释出而以"□"代；志文第 20 行记墓主幼孙"曰松，泉州德化县尉"；考古简报误"曰"为"日"；志文第 22 行谓墓主钟氏每晨起即诵佛经"虽大寒暑、庆吊日，率如是"，简报"日"字未释出而以"□"代；志文第 22 行谓墓主"每平居燕坐，子孙列侍，必诲以善道"，简报误"平居"为"年居"；志文第 27、28 行记钟氏诸孙欲将墓主"迁祔于先龙图之茔"，简报误"祔"为"衬"、误"茔"为"莹"；志文第 32 行首字不清，当付之阙如，简报误释为"他"。

另一方面，简报对于此钟氏墓志的认识也仅限于根据墓志得出这座墓是唐南平郡王钟传之女、宋龙图阁学士礼部侍郎杜镐之妻的坟墓，判断出了墓主身份和丧葬年代，不仅远未触及墓志所蕴含的重要史料价值，而且存在明显的误会。为了充分揭示这一考古发现的重要价值，今结合传世史料，围绕志文所述及的与墓主钟氏有密切关系的钟传、钟蒨与杜镐等人的行实略作辨析。

一　钟传、钟蒨父子关系的确认及钟氏的家学家风

钟传其人，生年不详，据《新唐书》、《新五代史》本传[2]，知为江西高安人，以负贩为业，后为州小校。唐末，黄巢农民起义军攻掠江淮，所在盗起，往往据州县自立。钟传乃鸠夷獠，依山为壁，自称高安镇抚使，时王仙芝起义军之柳彦璋部略抚州（临川），为钟传逐去，诏拜抚州刺史。唐中和二年（882 年），钟传又逐江西观察使高茂卿，遂有洪州（南昌），唐以洪州为镇南军，唐僖宗遂拜钟传为镇南军节度使、检校太保、中书令，爵颍川郡王，继徙南平郡王。天祐三年（906 年）四月，钟传卒，属下立其子钟匡时为留后，时钟传养子江州（九江）刺史钟延规忿不得立，遣使降淮南镇（杨吴）。五月，淮南节度使杨渥遣兵取江西，至九月，拔洪州（南昌），虏钟匡时而归。至此，杨渥自兼镇南军节度使，兼有江西之地。

钟传夙以勇毅闻于乡里，尝酒醉射猎，与猛虎相搏，僵持不下，及与路人合力斫杀猛虎，始得脱身。钟传贵显后，对于年轻时的莽撞后悔不已，遂告诫诸子"士处世贵智谋，勿效吾暴虎也"[3]，并图绘自己与猛虎搏斗的情状，以告诫子孙唯崇文是务。是故钟传虽出身商贩，且振起于军阵，但主政时却尤为好学重士。五代十国的乱世之秋，以天下大荒，道殣相望，各州县例不乡贡，唯"江西钟传令公……而乃孜孜以荐贤为急务。虽州里白丁，片文只字求贡于有司者，莫不尽礼接之。至于考试之辰，设会供帐，甲于治平。行乡饮之礼，常率宾佐临视，拳拳然有喜色"。不仅如此，钟传还不遗余力地奖励人才，以至其时各地"举子有以公卿关节，不远千里而求首荐者，岁常不下数辈"[4]。留意《唐才子传》不难发现，晚唐诗人出自江西或来往于江西者颇多，这显然是与钟传割据江西之际奉行的求贤若渴、礼贤下士乃至保境安民的方略分不开的，钟传在江西所营造出来的文化氛围，也使得五代十国时期的江西一度成为文人骚客的乐土，不仅带动了当地经济文化的发展，也为宋代以降江西人才的全面崛起创造了条件。

关于墓主钟氏与钟传之间的关系，前引由李蔚然先生执笔的发掘简报认为："根据墓志，知道这座墓是唐南平郡王钟传之女……的坟墓"，是谓墓主钟氏为钟传之女，则完全是误会。且不论墓

志原本即已将钟氏的家族辈分清楚列出，仅就志文所述钟氏卒于天圣五年（1027 年）时年七十五、进而推知其人约生于后周广顺二年（952 年）这一点而言，也不应认为她会是天祐三年即已辞世的钟传之女。复据墓志所云，"夫人姓钟氏，其先家颍川。唐之季，天下纷扰，抚剑顾昐而称侯王者以数十。夫人之王父传，保江西民无他寇，朝廷知之，就畀江西，节封南平王，故夫人遂为郡人焉。列考讳蒨，仕南唐为秘书监"，是谓钟氏固为钟传孙女，其父实即"仕南唐为秘书监"的钟蒨，而南唐恰有一位名叫钟蒨的朝臣，史载其人字德林，随兄（钟）怀建家豫章，起藩府从事，累等台郎，迁集贤殿学士。保大九年（951 年），为东都少尹。交泰时，齐王景达都督抚州，朝廷慎选僚佐，除抚州观察判官、检校、屯田郎中。李后主在位时，官勤政殿学士。宋师入金陵，钟蒨朝服坐于家，举族尽忠死节[5]。而结合文献记载可推知，在宋师入金陵之际殉难的钟蒨，应即一度割据江西的南平郡王钟传之子[6]。至于墓主、钟蒨之女钟氏，早在开宝五年（972 年）之际或稍早即已出阁适杜镐，则钟氏或为金陵之役中阖门死难的钟蒨一家的幸存者。钟蒨属辞敦行，与徐铉、徐锴兄弟等游，为世所艳称，尤工诗，有《得新鸿别诸同志》："随阳来万里，点点度遥空。影落长江水，声悲半夜风。残秋辞绝漠，无定似惊蓬。我有离群恨，飘飘类此鸿。"[7]另有《赋山别诸知己》诗："暮景江亭上，云山日望多。只愁辞辇毂，长恨隔嵯峨。有意图功业，无心忆薜萝。亲朋将远别，且共醉笙歌。"[8]皆为与徐铉、徐锴兄弟等的奉和之作。值得一提的是，钟传之子，史载仅及兄弟阋墙的钟匡时与钟延规（一名钟匡范，又名钟二十，或以钟传第二十子而得名[9]）二人，今由钟氏墓志所述的家族谱系再加引申，可证钟传尚有钟怀建与钟蒨二子，当可补益史载。钟蒨才高德称，绰有时誉，但钟氏墓志中对其人的着墨却简省之至，与常理不合，究其原委，恐与钟蒨宁死不向宋国臣服的态度有关。由于错综复杂的政治背景与时代环境，五代十国的史料，其阙遗未备，所在多有，但具体到如钟传与钟蒨这样声名赫奕的人物之间的父子血缘关系，居然也几乎被割裂斩断，不免让人感到惊诧，此亦可见钟氏墓志的可贵了。

通常，封建社会女性墓志的内容，在必不可少的家族成员与生卒年岁的介绍之外，便不外乎妇德昭彰之类大段虚泛乏味的文字了。而这样的文字，同样充斥于钟氏墓志中，如"夫人端而惠，柔而淑，自龆年至成人，无一语出于外。岁二十，执挚于杜氏……洁荐祀，礼宾客，为闺门表的。杜氏在朝久，族益大，中外姻党日蕃炽，夫人亲疏抚视，一一有意，上下肃睦无间言，盖内助于夫，外和于族，无一阙于身者……每平居燕坐，子孙列侍，必诲以善道，至于成学。故二子仕□曰清白士，二女适外称为贤妇，诸孙用能勤绍□业，声闻于公卿间，夫人之训岂有穷哉。固将为本朝故事，发图史光景，与鲁恭姜、汉大家较德于前载矣"。但另一方面，志文中也有"夫人谭诵坟史，详闲诗礼"这样与"女子无才便是德"的传统观念相悖的赞颂之辞，揭示出钟氏淹通诗书、博学多才，与普通家庭妇女卓然不同的一面，这显然与钟氏祖、父辈所积淀下来的崇文向学的家学家风有非常密切的关系。

二　杜镐的家世与交往

钟氏之夫杜镐，字文周，自幼博览好学，举明经，解褐集贤校理，入直澄心堂，及宋灭南唐后举家迁往汴梁。此即钟氏墓志所谓"先龙图方从宦南唐，属李氏举而西，家国颠颓，相从于矛载险阻中"云云。杜镐入宋之初，授千乘县主簿，以博贯经史，进对称旨，敷奏详悉，尤为宋太宗所器重，顾遇甚厚，此亦即钟氏墓志所谓："先龙图归朝用，遂经擢上第，以该极自业，□显辙，陟内阁，出入金华，顾问上前，为儒林龟策。"景德四年（1007 年），拜右谏议大夫、龙图阁直学士，赐袭衣、金带，一时儒者皆以为荣。大中祥符三年（1010 年），迁工部侍郎，太宗为之赐宴秘阁，并作诗以赐，进秩礼部侍郎。六年（1013 年）冬卒，时年七十六岁[10]。

　　杜镐的妻室，史籍无载，今据墓志可知，杜镐有妻室钟氏。钟氏的身世，备见前引志文，兹不赘。杜镐卒于大中祥符六年冬，时年七十六岁，而以志文所述"（钟氏）岁二十执挚于杜氏"及其"天圣五年春正月五日感疾终……春秋七十有五"推算，杜镐娶钟氏过门之际已届三十五岁，则钟氏或并非杜镐原配。但从志文中对于钟氏种种"美德懿范"不吝言辞的夸饰，特别是受命撰文者"与杜氏为里中旧。少历诸亲间语，夫人之贤也熟；长与令孙游知，夫人之教也深"的表白，当可想见杜镐的孙辈多嗣出钟氏，而志文所谓"杜氏在朝久，族益大，中外姻党日蕃炽，夫人亲疏抚视，一一有意，上下肃睦无间言，盖内助于夫，外和于族，无一阙于身者"则尤突显出钟氏平日在处理家族内部事务方面所起的主导作用。由此可见，杜镐纵使另有原配夫人，亦必早亡或无出，几乎置于被忽略的地位，无从与钟氏相提并论。

　　从志文所述钟氏卒于"兖州莱芜监之官舍"这一点推知，在杜镐谢世后，钟氏曾一度为次子"莱芜监判官"杜津所奉养，但杜津最终仍然先母而亡，以致钟氏死后久丧不葬竟达十年有余。那么，钟氏在杜镐死后为何不就近依养于官大理寺丞的长子杜渥，却要远赴兖州投奔次子呢？窃以为，可能其时杜渥亦已谢世[11]，致使钟氏晚年遂有此兖州之行。

　　杜镐的子孙，史载仅及官大理寺丞的长子杜渥及次子莱芜监判官杜津[12]，孙辈则有杜镐死后即被荫官的杜植、杜杞、杜枢三人[13]，而钟氏墓志对上述诸人特别是杜镐孙辈的行实皆有所补益。如史载杜植始以祖荫补官，累任监司、驾部员外郎，终少府监，而据钟氏墓志可知，杜植曾为太子中舍，知杭州粮料院；杜杞始以荫补将作监主簿，知建阳县，累官环庆路经略安抚使，知庆州，而据钟氏墓志可知，杜杞曾官殿中丞；杜枢始以荫补官为比部员外郎，以得罪权幸而绌监衡州税，据钟氏墓志可知，杜枢曾为太子中舍，知江宁府粮料院，钟氏墓志志文即杜枢书丹。除了杜植、杜杞、杜枢三人之外，据钟氏墓志可知，杜镐孙辈尚有三人，即官大理寺丞、监福州税的杜彬，陵州司理参军杜椿，泉州德化县尉杜松，此皆可补史载之阙。杜镐家族以博学为世儒宗，唯其第二孙杜杞虽亦"学通知古今"，然居官精敏明干，所至有声，而尤以兵略显，尝数引兵平叛，委惬上意，故最为知名，欧阳修尝为撰墓志铭述其行历尤详[14]。据钟氏墓志所述，钟氏死后，一度寓殡于莱芜佛舍十余年，也是由于杜杞"登朝，始露章乞告"，遂得以入土安葬的。

　　除了杜渥、杜津二子外，据钟氏墓志可补，杜镐尚有二女，其一适南唐至北宋初的著名学者、《太平寰宇记》作者乐史之子乐黄庭，另一适被宋真宗尊为"长者"的集贤院学士、工部侍郎朱巽，此亦可见杜镐家族对于婚聘对象门第、品秩的刻意讲求。其中，乐黄庭其人，史载甚简，仅知其为北宋咸平元年（998 年）进士，据钟氏墓志可知其官至尚书外郎。关于朱巽，中国古代"二十四孝"中朱寿昌弃官寻母的事迹即与其相关[15]。朱寿昌为朱巽嗣子，其生母刘氏出身微贱，为朱巽妾侍，未知何故竟遭朱巽逐出而另嫁民间。与之相比，杜镐次女出身名门，或即朱巽正室夫人，唯无所出或无子嗣，故朱寿昌成年后仍得以父荫入仕。

钟氏墓志系"□江宁通判亳州□兼管内劝农事吕溱"所撰。吕溱，字济叔，扬州人，进士第一，通判亳州，直集贤院，同修起居注。进知制诰，又出知杭州，入为翰林学士。以侍读学士知徐州，仁宗为赐宴资善堂。徙成德军，贬秩知和州，分司南京，起知池州、江宁府。复集贤院学士，加龙图阁直学士，知开封府。精识过人，辨讼立断，豪恶敛迹。改枢密直学士，提举醴泉观，遂卒，年五十五，赠礼部侍郎。吕溱以开敏称，善议论，一时名辈皆推许[16]。据墓志所谓"溱世金陵，与杜氏为里中旧，少历诸亲间语，夫人之贤也熟；长与令孙游知，夫人之教也深"云云，可知其亦世居南京。

三　钟氏的佛教信仰及其在丧葬中的体现

钟氏天圣五年春正月五日病故后，以二子先殁且诸孙年幼，故"寓殡于莱芜佛舍者余十年"，最终在景祐五年（1038年）冬十月始迁葬于南京江宁县安德乡，如果仅就钟氏墓宽可容身的苟简形制着眼，恐怕很容易会与杜镐生前"所居僻陋，仅庇风雨，处之二十载，不迁徙"[17]的清素门风联系起来。不过，问题似乎并非如此简单。据墓志所述，停枢多年的钟氏实乃孙辈依礼迁祔于南京江宁县安德乡"先龙图之茔"，但从考古发现来看，钟氏却并未与早先安葬此地的夫君杜镐合祔一穴，且其时在钟氏墓两侧也未发现有杜镐墓的遗存，那么应如何看待这一近乎矛盾的现象呢？窃意应从钟氏的宗教信仰方面去找寻缘由。

钟氏崇奉佛教，不仅因为其死后一度停枢于莱芜佛舍，据志文所述"夫人性慈厚，贵清净，每晨起瞻□□礼四十九数，诵《金刚》、《度人》经各十五过，凡五十年，虽大寒暑、庆吊日，率如是"云云，大体可知。值得注意的是，钟氏的祖父钟传是一位虔诚的佛教信徒，唐昭宗景福年间，时任江西节度使的钟传就曾遣僧人从约进《法华经》一千部[18]。不仅如此，钟传割据江西之际，还曾奏请于洪州复建开元寺为上蓝院以奉僧人令超，并于光化三年（900年）为荐福寺铸造了寺钟[19]。钟传崇佛，凡出军攻城，必祷佛而行，不忍妄杀。天复元年（901年），钟传兵围抚州，城中夜火起，诸将请急攻之，钟传则应以"吾闻君子不迫人之危"，并扫地祭天祷火神弗为民害，守将闻之亦谢罪听命[20]。钟传兵不血刃收复抚州，一时传为佳话。

相较而言，钟氏之夫杜镐入宋后则以博贯经史而备受重用，甚至"年逾五十，犹日治经史数十卷，或寓直馆中，四鼓则起诵《春秋》"，夙为儒者推重。像杜镐这样的儒林翘楚，往往鄙薄释老之说为旁门左道。另据史载，宋太宗尝以"西汉赐与悉用黄金，而近代为难得之货，何也"相询，杜镐则从容对以"当是时，佛事未兴，故金价甚贱"[21]，言辞之间，对于佛寺之兴财害民并不以为然。由此可见，钟氏之奉佛，可能主要仍是源自其祖父钟传的家族影响，与杜镐并无甚关系。

夫妇二人在宗教信仰上的歧异，是否会在诸如慎终追远之类凝聚着彼此世界观的具象方面有所表现呢？中国古代的葬制，自汉代起，"妇从其夫葬为合葬，凡夫妇以合葬为常"[22]，可谓儒家的三纲五常说在世俗观念上对于丧葬礼制影响的必然结果。但这一体现儒家价值观的传统葬制，后来却成为不少信佛女性希望超脱尘世、虔敬皈依的羁绊，因此，这些女性在对待自己身后事的安排上，往往体现出背离名教、不近人情的一面。如北宋熙宁年间，丞相王禹玉奏亡妻庆国夫人郑氏临终遗言，乞度为女真，宋神宗敕特许披戴，赐名"希真"，仍赐紫衣，号"冲静大师"[23]。而据墓志记载，崇奉佛教的妻子为了能实现在死后皈依空门的愿望或宽泛地说是欲藉死亡来企及生前难以履践的佛教义理，进而执意与夫君分葬，甚至在与夫君分葬的基础上不惜采用火葬、塔葬、岩穴葬、壁龛葬等非常规的葬式，从而割舍亲族，断诸业障，就更是不乏其例了。以此而言，"贵清净，每晨起瞻□□礼四十九数，诵《金刚》、《度人》经各十五过，凡五十年，虽大寒暑、庆吊日，率如是"的钟氏，最终未与先夫杜镐同穴合葬，或许也有这一方面的因素。另，唐元和七年（812年）居住洛阳县毓财里的边氏临终遗命诸子"时人以生死同于衾穴，厚葬固于尸骨。吾早遇善缘，了知世幻，权于府君墓侧，别置一坟，他时须为焚身，灰烬分于水陆，此是愿也。卜其年其月廿八日祔葬于当县平陆乡积闰村何氏墓次，遵理命也"[24]，据此可知，边氏遗命采用火葬并将骨灰分洒于水陆，其对佛教的崇奉不可谓不决绝，但另一方面却又在先君墓侧设置衣冠冢，尽可能迁就了世俗的观念，此种欲断还连的暧昧状况，大致最能体现信佛女性对于中国社会传统家族观的扬弃，钟氏墓志谓诸孙循礼将其"迁祔于先龙图之茔"，但却又未与先夫顺同穴之道，或许也是这一情形的客观反映。

注　释

［1］　李蔚然《南京中华门外宋墓》，《考古》1963年第6期。

［2］　《新唐书》卷一九〇《钟传传》，第5486、5487页，中华书局，1975年；《新五代史》卷四一《钟传传》，第446页，中华书局，1974年。

［3］　《资治通鉴》卷二六二《唐纪七十八·光化三年》，第8586页，中华书局，1956年。

［4］　（五代）王定保《唐摭言》卷二《争解元》，第18页，中华书局，1959年。

［5］　（清）吴任臣撰，徐敏霞、周莹点校《十国春秋》卷二七《南唐十三·列传》，第390、391页，中华书局，1983年。

［6］　据（宋）徐铉《骑省集》卷一七《唐故钟氏太夫人太原县太君王氏墓铭》所述，传主王氏"夫人，太原祁人也，因官徙籍，遂居豫章……故祖、考某皆蕴道自贞，流谦毓德。夫人有金玉之质，桃李之姿，柔顺睦姻，以奉慈训。组纤织纴，聿励家风，宗族里闾，莫不称美。先公司徒，缵戎嗣服，实临我邦。夫人诞昭四德之华，用光九女之选，门内之理，实皆听之，家人尚严，妇道贵顺，主馈以敬，均食以慈，契阔夷险，始终若一，邦君内则，皆取正焉……保大年诏封太原县太君，从子贵也。二子，长曰怀建，由校书郎历东府掾，以群从百口家于豫章，于是辞禄公朝，归综司政，因除洪州都督府司马。次曰蒨，以属词敦行，从事戚藩，累登台郎，为集贤殿学士，会中令齐王避亲让宠，授钺临川，朝廷愤选英僚，以光幕府，除抚州观察判官、检校、屯田郎中，既拜，而夫人疾亟，交泰元年春二月十八日卒于京师嘉瑞坊之官舍，享年七十有五，即某年某月日归葬于洪州某县某里之原"。其谓钟蒨父尝官司徒，一度以武力统治豫章。而据《江西通志》卷九二《人物·后五代》，"周勍，瑞昌人，天祐初乱，勍以勇敏应江西防遏使、司徒钟传表补江州军总管，升御史中丞，领尚书事。时群雄割据，无敢窥江淮者，勍之功居多"，可证钟传其时恰曾官司徒。据此，钟传与钟蒨的父子关系，在史籍中亦属有迹可循，殆无疑义。以上引述内容，皆据文渊阁《四库全书》本。

［7］　（清）曹寅、彭定求等编纂《全唐诗》卷七五七，第8617页，中华书局，1979年。

［8］　王重民等辑录《全唐诗外编》第四编《全唐诗续补遗》卷一五《十国·一》，第588、589页，中华书局，1982年。

［9］ 据邓子勉编著《宋人行第录》转引，第 414 页，中华书局，2001 年。

［10］ 《宋史》卷二九六《杜镐传》，第 9876、9877 页，中华书局，1977 年。

［11］ （明）胡广《胡文穆公文集》卷一九《杂著·记雀饧》谓："宋杜镐博学有识，为翰林侍读学士。时都城外有坟庄，一日，若甘露降布林木，子侄辈惊喜白于镐，镐味之惨然，不怿。子弟启诸镐曰：'此非甘露，乃雀饧，大非佳兆，吾们其衰矣。'逾年，镐死，继有八丧。"《四库全书存目丛书》集部第 29 册，第 165 页，齐鲁书社，1997 年。此可见，杜镐死后不久，其家族主要成员接连又有八人去世，则其长子杜渥与次子杜津当皆在其中。

［12］ 据《宋史》本传所述，杜镐死后，朝廷尝"录其子（杜）渥为大理寺丞及三孙官"，是谓杜镐有子杜渥，且居长。杜镐在杜渥之外，尚有一子杜津。据宋人江少虞撰《宋朝事实类苑》卷七《杜文正》云，"（宋）真宗重礼杜镐，（杜）镐直龙图阁，真宗沐浴罢尝饮上尊酒，封其馀赠杜镐于阁下，（杜）镐素不饮，得赐喜，饮之至尽，因动旧疾，忽僵不知人，真宗惊闻，步行出阁下，自调药饮之，仍诏其子（杜）津入侍疾"，第 68、69 页，上海古籍出版社，1981 年。

［13］ （明）凌迪知撰《万姓统谱》卷七七，文渊阁《四库全书》本。

［14］ （宋）欧阳修著、洪本键校笺《欧阳修诗文集校笺·居士集》卷三〇《兵部员外郎天章阁待制杜公墓志铭》，第 803 ~ 806 页，上海古籍出版社，2009 年。

［15］ 《宋史》卷四五六《朱寿昌传》，第 13404、13405 页，中华书局，1977 年。

［16］ 《宋史》卷三二〇《吕溱传》，第 10401、10402 页，中华书局，1977 年。

［17］ 同［10］，第 9877 页。

［18］ （宋）计敏夫撰《唐诗纪事》卷六六《戴司颜》，文渊阁《四库全书》本。

［19］ （清）陈宏绪撰《江城名迹》卷一《考古一》、卷三《证今一》，文渊阁《四库全书》本。

［20］ 《新五代史》卷四一《钟传传》，第 446、447 页，中华书局，1974 年。

［21］ 同［10］，第 9876 页。

［22］ 杨树达《汉代婚丧礼俗考》，第 138 页，上海古籍出版社，2000 年。

［23］ （宋）江少虞撰《宋朝事实类苑》卷四三《仙释僧道·死后出家》据《倦游杂录》所录，第 566 页，上海古籍出版社，1981 年。

［24］ 语出河南千唐志斋所藏大圣善寺沙门文皎述并书《唐故边氏夫人墓记》，墓志文存录于周绍良、赵超主编《唐代墓志汇编》，第 1987 页，上海古籍出版社，1992 年。

本文原载《碑林集刊（第十九辑）》（三秦出版社，2013 年），本次略作修改。

南京大报恩寺遗址塔基时代、性质及相关问题研究

祁海宁　周保华

南京大报恩寺遗址所发现的塔基（TJ1）是一处复合型文化遗存，其主体的五环结构及其内外发现的 H37 和 46 个柱坑，虽绝大多数开口于表土层下，但却具有不同的时代特征，是大报恩寺及其前身诸寺院在不同的历史发展阶段屡经毁建，分别留下的重要遗迹。本文通过对塔基主体、塔外柱坑圈及 H37 的时代与性质的梳理，拟对整个塔基遗存的时代与性质做出综合判断。同时，对于涉及的其他相关问题也予以初步探讨。

一　塔基主体的时代与性质

TJ1 历史上遭到的破坏相当严重，目前保存下来的仅为最底部，而且很多部分缺失。但通过考古发掘，TJ1 主体的五环结构较为清晰：最外环为一圈基槽，内部砌砖，将整个塔基围护在内；第二环现为一圈原始山体土，但从此环东北角残存的柱坑（TJ1 - ZK1）推测，其上原先可能建有副阶；第三环为"夹石夯层"，从其独特的内部结构判断，其功能为承重，塔身主体应建在此环之上；第四环亦为一圈原始山体土，它位于塔身内部，其表面原应铺设地砖或石板，形成塔内第一层地面；第五环为地宫，位于 TJ1 正中心，原本隐藏于塔内地面之下。从功能上看，这五环结构相互依存、补充，形成一个完整的共同体。

然而，TJ1 主体五环结构功能上的内在统一并不能充分证明其一定具有共时性。也就是需要考虑，这五环结构是否有可能分别建于不同时代。在 TJ1 主体的五环结构中，第一、三、五环皆为人工遗存，而第二、四环现存主要为原始山体土，因此前者是了解 TJ1 建造时间，推断其是否具有共时性的关键。

在第一、三、五环之中，时代最为清楚的是第五环——地宫，因为地宫中出土了大量带有明确纪年文字的器物，而且考古发掘证明此地宫封护严密，建成后未遭扰动，其提供的年代信息是可靠的。地宫中发现的带有纪年文字的器物种类丰富、数量较多，主要包括四个来源。首先，地宫石函北壁上刻有长篇铭文《金陵长干寺真身塔藏舍利石函记》（以下简称《石函记》），详细介绍了北宋大中祥符初年，高僧可政得到宋真宗的支持，与将仕郎、守滑州助教王文共为"导首"，率领信众于六朝旧址重建长干寺，新建高达二百尺的九级砖塔，并在塔下瘗藏佛顶骨舍利这一重要历史事件。铭文中明确指出，为安奉舍利举办"阖郭大斋"的时间为"大中祥符四年（1011年）太岁辛亥六月癸卯朔十八日"。其次，在七宝阿育王塔和鎏金银椁之上均发现有錾刻铭文，可

以确定这两件舍利瘗藏容器制成于"大中祥符四年四月八日"。第三，地宫中出土了15件带有墨书铭文的丝织品，这些铭文均为当时各主事和施主所题写，铭文结尾大都标明了书写日期，目前所见最早的为"大中祥符三年"（1010年），最晚的为"大中祥符四年七月二十七日"。第四，在地宫中出土了6000余枚铜钱，经过清点，其中时代最晚的年号钱是宋真宗时期铸造的"祥符元宝"；另外还出土了40余枚特制的刻有年号的金银币，其中最晚的同样为"祥符元宝"。综合上述纪年材料，北宋真宗大中祥符四年可以确定为地宫建成的年代。

TJ1的第三环是一圈"夹石夯层"，以大小不等、形状不规则的麻石块与山体土混合夯筑而成。与之类似的结构，在地宫中亦能找到。地宫从上至下共有40层堆积，其中包含了19层"夹石夯层"。这两处"夹石夯层"所使用的材料相同，都为山体土和不规则的麻石块，石块呈灰白色，断面可见大量直径不足1毫米、形似芝麻的小白点；同时，两者的夯筑方法也相同，均为将石块与山体土混合，以石块为主，山体土起填充石块之间缝隙的作用。因此，虽然第三环"夹石夯层"的作用是承重，地宫内"夹石夯层"的作用是保护地宫，但是根据它们所用材料与夯筑方法的一致性，可以判断两者应建于同一时期。

TJ1的第一环为基槽。在正北边基槽的底部残存4块青砖，铺砌整齐，相互之间以灰浆粘接，未经扰动，长38～41、宽17～18、厚7～8厘米。这批砖与地宫中发现的砖尺寸接近。地宫中有两处用砖：一是与覆石近乎同深度的砖砌"围箍"，共用砖12块，长36～36.5、宽17.6～18、厚6厘米；二是第38层中发现的两块铭文砖，长34.8～35、宽17.5～17.6、厚5.5～5.7厘米。另外通过发掘解剖，在遗址明代地层下发现多处北宋长干寺砖砌遗迹，包括房址、道路、排水沟、山体护坡、登山踏道和水井等，其所用砖经测量，长35～42、宽17～20.5、厚5.5～8.5厘米。TJ1第一环所用砖皆在其规格范围内。地宫出土的文字材料证明，北宋长干寺捐砖施造者众多，数量则多寡不一，这应是造成此寺用砖尺寸存在一定差异、无法完全统一的重要原因，但总体来看，这些砖仍属同一规格。因此，TJ1第一环内残存的青砖也可确定为宋代遗物，此环同样为宋代所建。

通过对TJ1第一、三、五环建造年代的具体分析，可以确认TJ1主体的五环结构具有共时性，建造于同一时期。根据地宫内发现的《石函记》和其他文字材料可知，此塔基的建成时间应为北宋大中祥符四年，其性质应为北宋长干寺真身塔（即后来宋真宗正式赐名的天禧寺圣感塔）的塔基[1]。

二 塔基周围柱坑的时代与性质

在TJ1周围共发现46个近方形土坑，其内部结构、排列方式和所用材料，均与以往常见的各种古建类遗迹存在明显差别，反映出它们具有特殊的性质。

首先，从特殊的内部结构来看，这些土坑应为柱坑，作用为承重。坑平面近方形，内部为一层土、一层碎砖瓦交替堆积，与柱础下常见的磉墩较为相似。但经解剖，每个坑近正中的位置，均有一个圆柱形小竖坑从顶部贯通至底，底部都放置有一块厚重的石板。这是以往磉墩类遗迹中从未发现、也不需要的构造。此结构说明，这些坑不是磉墩，而应定性为柱坑——其底部石板的作用是承重，石板上的圆柱形小竖坑是栽设柱子所形成的柱洞。在以石板承受立柱压力的同时，其周围以一层土、一层碎砖瓦交替堆积的方式夯筑、填实，使立柱更加稳固，从而形成了"坑内有坑"的独特构造。

其次，从柱洞中"二次填充"的现象来看，它们具有明显的临时性。在以往各地发现的不同时期的柱坑中，往往残留有柱子本体或朽烂后的痕迹。但在这批柱坑中，这些现象皆不存在，而是代之以"二次填充"——在所有柱坑内的柱洞中，同样以一层土、一层碎砖瓦交替堆积的方式填充、夯实，所用材料和填充方式与柱洞周边的堆积非常相似。每个柱洞内的堆积与其周边堆积均存在不同程度的错位，说明柱洞内外的堆积是两次不同夯筑过程的产物。此现象说明，这批柱坑内栽设的柱子并没有与建筑物相始终，而是具有临时性，在使用完毕后被全部撤除，并且为了使地面恢复平整，柱子撤除后产生的柱洞被有意回填，从而在这批柱坑中留下了罕见的"二次填充"现象。

第三，从排列方式来看，这些坑以 TJ1 为中心，围绕 TJ1 分布，具有明显的依附性。在古建类遗迹中，无论是磉墩，还是柱础，通常可以组成横平竖直的矩形网状分布结构，而且这种柱网结构是自成一体、独立于其他建筑的。此次发现的柱坑却并非如此，它们平面呈环形放射状分布——既排列成逐层扩大的四环，各环之间又通过放射线彼此连通，形成一个有序的整体。被这些柱坑紧紧围绕在中心的即为 TJ1 及原塔身，它是柱坑依附的主体。

因此，这批柱坑所组成的环状柱网，其性质与用途已较为明确，它们应是古代修建高塔所搭建的脚手架遗存。

脚手架在我国古代被称为"鹰架"，或简称"架"，其名称目前最早可追溯至宋代，而后一直沿用至明清。故 TJ1 周围发现的脚手架遗存正式名称应为鹰架（编号 YJ1）。

鹰架是修建大型建筑的重要辅助设施，对于高塔的建造尤为关键。在我国文献中关于建塔鹰架记载极少，但实物证据却相当丰富，即古塔表面上下各层有规律排列的、或矩形或方形的洞眼，它们是建塔时横向插杆以搭建鹰架的确证。张驭寰先生通过实地调查我国现存不同时代古塔表面的排洞情况，总结出我国古代建塔鹰架的多种形式，认为我国从北魏嵩岳寺塔开始到清代的 1500 年间一直运用鹰架（脚手架）施工[2]。虽有学者认为嵩岳寺塔建于唐开元二十一年（733 年）[3]，但自唐代以降，我国在塔建工程中广泛运用鹰架则是公认的事实。不过，以往有关建塔鹰架的实物证据仅限于塔身孔洞一项，从未在地面发现相关资料。此次 YJ1 的发现填补了这一空白，对于中国古代建筑史，尤其是建塔史的研究具有重要价值。

关于 YJ1 的时代，检索出土器物与文献两方面的材料，大报恩寺及其前身之长干寺、天禧寺自北宋至明代至少有五次建塔或修塔经历，而这五次必然都使用了鹰架。第一次，据出土《石函记》所载，北宋大中祥符四年，高僧可政、守滑州助教王文等率众建二百尺高的砖塔。第二次，根据《至正金陵新志》记载，元至顺初年，天禧寺塔大修[4]。第三次，据明太祖朱元璋《御制黄侍郎立恭完塔记》载，洪武十三年（1380 年），朱元璋将胡惟庸案"臣下之不臣"的原因归咎于位于南京城正南方的天禧寺塔，"命构架，将移塔于钟山之左"[5]。然而，在鹰架构建完成、将要拆塔之时，因有工人从塔上坠亡，朱元璋下令罢役，后又下令原地维修此塔。第四次，根据明成祖朱棣于永乐十一年（1413 年）颁布的《重修报恩寺敕》和永乐二十二年（1424 年）《御制大报恩寺左碑》的记载，永乐年间[6]，天禧寺无籍僧人本性放火焚毁天禧寺及塔[7]，永乐十年（1412年），明成祖朱棣命重建此塔，"高壮坚丽，度越前代"，并将天禧寺更名为大报恩寺[8]。第五次，根据憨山德清所撰《雪浪法师恩公中兴法道传》所载，万历二十六年（1598年），大报恩寺僧人雪浪，维修本寺之塔[9]，"修塔时，所构鹰架与塔顶埒"[10]。那么，YJ1 究竟是上述哪一次建塔或修塔时所搭建，还需进行深入分析。

首先根据层位关系，建于万历年间的第五座鹰架可以明确排除。因为 YJ1 的西部直接叠压于明代大报恩寺大殿之下，最明显的是 ZK18，其一半叠压于大殿后阶基槽之下，一半暴露于外。这种层位关系清楚地说明，YJ1 早于大殿的时代。据《金陵梵刹志》记载，包括大殿在内的大报恩寺各项工程于宣德三年（1428年）六月全部完工[11]。因此，叠压于大殿之下的 YJ1 不可能是万历年间雪浪所建。

其次根据所用的材料，第一、二两座鹰架也可以明确排除。发掘证实，在 YJ1 每个柱坑内部的填充物中，均包含或多或少的琉璃残片——它们绝大部分为尚未上釉的素烧琉璃，少部分带釉，釉色有黄、黑等；器形主要为板瓦，也有少量筒瓦、勾头和滴水；在部分勾头和滴水残片表面带有龙、凤等纹饰。琉璃是特殊的建筑材料，自北魏开始运用于宫殿建筑之后，几乎被皇室或皇家寺观垄断使用。YJ1 柱坑中填充的琉璃绝大多数为半成品或废品，且又带有龙、凤纹饰，因此其来源必然是皇家琉璃窑场。北宋和元代，南京城市地位皆不高，仅为府、路的治所，城中并未兴建过大型皇家建筑，更没有在当地创建皇家琉璃窑场的记载，因此，这两个时期搭建的鹰架没有使用上述琉璃材料的条件。南京于明代升为帝都，为满足大规模宫殿建设的需要，洪武初年在南京聚宝山设立了御用琉璃窑场。《明会典》记载："洪武二十六年定：凡在京营造合用砖瓦，每岁于聚宝山置窑烧造……如烧造琉璃砖瓦所用白土，例于太平府采取。"[12]经过 20 世纪 50 年代和2008 年两次发掘，此窑场的具体位置已经确定为中华门外的眼香庙、窑岗村一带，与大报恩寺遗址相距约 1.8 公里[13]。YJ1 出土的琉璃材料经与窑岗村琉璃窑址及南京明故宫遗址出土的同类器比对，其胎料、造型、纹饰完全相同，从而证实其来源就是明代聚宝山琉璃窑场。至此，YJ1 的时代可缩小至第三和第四两座明初搭建的鹰架。

第三座鹰架本为拆塔所用，其结构应较为简单，规模不会太大。另外，当时朱元璋对天禧寺塔心生厌恶，应不会允许从御用窑场运来琉璃用作搭建鹰架的材料。与之相反，第四座鹰架是专门为修建大报恩寺琉璃塔所构，此塔是整个大报恩寺工程的核心，建设周期长达 17 年，其建设高度和施工难度在当时无出其右，自永乐至宣德，三代皇帝均直接过问此塔的建造，因而为此塔配套的鹰架一定要求极高。本次发现的 YJ1 内外多达四层，最大直径 78.6 米，不仅结构、规模宏大，而且几乎每个柱坑的建造都严谨、细致，体现出极高的水准，与琉璃塔的建设要求完全匹配。更为重要的是，永乐十年朱棣下旨敕工部重建大报恩寺，"梵宇皆准大内式"，从而赋予大报恩寺使用琉璃的特权[14]。这是 YJ1 中能够出土琉璃材料的基本前提。综上所述，YJ1 的时代可以确定为明永乐至宣德时期，它是为修建大报恩寺琉璃塔而搭建的一座大型鹰架。

明确 YJ1 的时代与性质，对于深入认识 TJ1 的时代与性质至关重要。YJ1 与 TJ1 的建造时代相差四百余年，但 YJ1 却以 TJ1 为中心，紧紧围绕其分布。这一看似"错位"的现象说明：明代大报恩寺琉璃塔是在北宋至明初天禧寺塔的原址上复建的；同时，TJ1 虽然始建于北宋，本为天禧寺圣感塔的塔基，但永乐年间重建大报恩寺时，将其沿用，完整地保留在新建的琉璃塔之下，因此，TJ1 同时也应被看作大报恩寺琉璃塔塔基的一部分。

大报恩寺琉璃塔坐落于原天禧寺圣感塔塔基之上，YJ1 并非孤证。通过长达四年的考古发掘，大报恩寺遗址北区明代主要建筑，除山门（被现代建筑占压）外，全部得到清理，寺院的总体布局已基本清晰：沿中轴线自西向东依次发现了香水河桥—天王殿—大殿—塔基—观音殿—法堂，在中轴线两侧发现了御碑亭 2 座、画廊及伽蓝殿等建筑基址[15]。考古发现的情况与中外文献资料记载的明代大报恩寺北区的分布格局完全一致[16]。在明代大殿与观音殿之间的中轴线上，所有文献皆标明为琉璃塔的位置。然而，发掘时仅发现一座塔基（即 TJ1），且两殿之间的空间也不允许另外存在一座塔基。这同样可以说明，大报恩寺琉璃塔与原天禧寺圣感塔的塔基是同一的。

三　塔基内 H37 的时代与性质

H37 与地宫（DG1）同处于 TJ1 第四环之内，两者中心相距仅 3.05 米。H37 内出土了 7 件较完整的器物，经比对皆为北宋时期器物。其中，青瓷钵（H37:7）与浙江慈溪上林湖五代至北宋时期 Y41 出土的 A 型 II 式瓷罐器形相同[17]；两件灰陶盆（H37:2、3）分别与江苏南京江宁东冯村北宋徐的墓出土的陶钵[18]及江苏扬州文化宫遗址出土的宋代灰陶盆（YWH1:58）形制相同[19]，红褐陶盆（H37:4）与浙江富阳泗洲村宋代造纸遗址出土的褐釉瓷盆（T5②:21）器形相近[20]；而 3 件形制相同的釉陶缸与扬州新华中学遗址宋代地层中出土的釉陶缸（YXF3:4）形制相同[21]，也与徐的墓出土的陶甕形制相近[22]。但这些器物特征仅能反映 H37 的时代下限，表明此坑最终填埋于北宋时期，至于其本身建成于何时，由于缺少类似于《石函记》这样的关键证据，仍无法确定。

同样无法确定的是 H37 的性质。H37 形制相当规整，应非随便开挖的普通灰坑。其形制与水井相似，但位于宝塔山顶，是整个遗址的最高处，这里地下水位低，井身必须开挖很深。在 H37 的南、北两侧分别相距 42.3 米和 24.8 米处，各发现一座古井：南侧的 J1 建于明代，深度超过 15.2 米；北侧的 J5 建于东晋时期，深度超过 13.5 米（由于井身过深，两井均未能发掘至底，准确深度不明）。H37 现存仅深 2.32 米，与地下水位线相差很远，因此不可能为水井。另外，因其内出土的器物均极为普通，且全部破碎、残损，也排除了作为窖藏的可能。

虽然 H37 的时代与性质均不能确定，但其有一个非常明显的特征极为重要，即它与旁边的 DG1 存在高度的相似性。这体现在两个方面：其一，两者位置相同，都位于整个遗址的最高点，且都处于 TJ1 的最内部；其二，两者虽大小不同，但形制完全相同，皆为圆形竖穴土圹。这个并不寻常的现象是深入认识 H37 的关键。

DG1 本身的时代与性质非常明确，它是北宋大中祥符四年建成的长干寺真身塔地宫。然而 DG1 本身又极为独特——在全国已发现的所有宋代舍利塔地宫，皆采用竖穴或横穴砖石室的形制，仅 DG1 一例采用的是竖穴土圹室形制[23]。问题随之而来，为什么北宋时期建造的 DG1 不采用当时通行的形制，而要采用最原始的形制？而与 DG1 极近的 H37 为何又具有相同的形制？其答案应从长干寺建寺、建塔的历史渊源，以及北宋长干寺得以重建的特殊机缘中去寻找。

长干寺与著名的建初寺一样，是佛教传播至中国南方之后建造的首批寺院之一。对于长干寺早期的历史，《南史·扶南国传》有清楚的记载[24]。据其所述，长干寺最早为东吴时期比丘尼所建的一座小精舍，当时就建有阿育王塔。吴末孙琳之乱，寺、塔被毁；西晋平吴之后，由僧人原址重建寺院。东晋简文帝时期，下令为长干寺重建阿育王塔。东晋孝武帝宁康年间（373～375年），高僧刘萨诃（慧达）从北方来到建康，发现"长干里有异气，因就礼拜，果是先阿育王塔所，屡放光明，由是定知必有舍利。乃集众就掘入一丈，得三石碑，并长六尺。中一碑有铁函，函中有银函，函中又有金函，盛三舍利及发爪各一枚，发长数尺"。发现舍利后，刘萨诃于简文帝所造塔之西，与原塔相对，新建了一座阿育王塔，将所获舍利瘗藏于新塔之下，长干寺从此出现了双塔并峙的繁荣局面。约150年之后的梁大同三年（537年），笃信佛教的梁武帝再次改造长干寺阿育王塔，将刘萨诃当年瘗藏的舍利等物重新掘出。对于此次发掘过程，《南史》的记载更为翔实："初穿土四尺，得龙窟及昔人所舍金银环、钏、钗、镊等诸杂宝物。可深九尺许至石磉，磉下有石函，函内有铁壶以盛银坩，坩内有金镂罂盛三舍利如粟粒大，圆正光洁。函内有琉璃碗，碗内得四舍利及发爪。爪有四枚，并为沈香色。"阿育王塔的改造工程于次年结束。当年九月十五日，梁武帝在长干寺举办无碍大会，"以金罂，次玉罂，重盛舍利及爪发内七宝塔内。又以石函盛宝塔，分入两刹刹下，及王侯妃主百姓富室所舍金银环钏等珍宝充积"。经过这次改造和重瘗，原先藏于一塔之下的佛舍利和爪发，被分别放入了两塔之下的地宫之中。

《南史》关于刘萨诃与梁武帝两次打开地宫的记载，介绍了六朝时期长干寺地宫的原貌。刘萨诃所掘应为东吴时期古阿育王塔地宫。在开掘至一丈深之前未见砖石痕迹，说明此地宫为竖穴土圹；而深约一丈处放置的"三石碑"，推测应为三块并列放置的覆石，其下再依次套置铁函、银函、金函。梁武帝打开的地宫为刘萨诃于东晋时期所建，其形制与原地宫并无太大变化，但增加了一层石函。其塔基下首先垫有厚达四尺的土层，推测为夯土，夯土层之下为"龙窟"，应是当时人们对于塔下地宫的称谓。窟者，圆形洞穴也。此地宫同样为土圹，没有砖石宫室，只是在深约九尺的地方放置了一块"石磉"，即厚重的石板。在石板下放置石函，函内再依次套置铁壶、银坩、金镂罂、琉璃碗等多重舍利容器。梁武帝改建重瘗后，又增置了七宝塔。值得注意的是，上述文献记载的古长干寺地宫的形制特点和重要因素——如"龙窟"、"三石碑"（石磉）、石函、铁函（壶）、七宝塔、银函（坩）、金函（镂罂）等，与我们在DG1中看到的——圆形竖穴土圹、方形覆石、石函、铁函、七宝阿育王塔、银椁、金棺等极为相似。

六朝长干寺毁于隋灭陈的兵火，两塔地宫也未能幸免，先后被打开。第一次在隋开皇十二年（592年），时晋王杨广坐镇扬州，因长安日严寺"有塔，未安舍利，乃发长干寺塔下，取之入京，埋于日严塔下"；唐武德七年（624年），道宣师徒再发日严塔，"塔下得舍利三枚，白色光明，大如粟米；并爪一枚，少有黄色；并白发数十余；有杂宝、琉璃、古器等"[25]。此正为《南史》所记长干寺旧物。1960年，镇江考古队在甘露寺铁塔地宫中发现了《李德裕重瘗长干寺阿育王塔舍利记》石刻一合，上刻"上元县长干寺阿育王塔舍利二十一粒。缘寺久荒废，以长庆甲辰岁十一月甲子，移置建初寺。分十一粒置北固山，依长干旧制造石塔，永护城镇，与此山俱"[26]，明确记载了晚唐重臣李德裕在担任润州刺史期间，于长庆四年（824年）重开阿育王塔地宫，分供舍利的经过，此为第二次。长干寺至南唐时废为营房，"庐舍杂比，汗秽蹊践，无复伽蓝绪余"[27]，宋初仍无改观。不过长干寺的破败和无力重建，也使两塔地宫，尤其是晚唐时打开的那一座，有机会较好地保存下来。

到了宋真宗大中祥符年间，在僧人可政等人的努力下，长干寺凭借一个特殊的机缘走向复兴。对于这一机缘，李之仪所撰《天禧寺新建法堂记》叙述详细："国初营废，鞠为榛莽。久之，舍利数表见感应。祥符中，僧可政状其迹，并感应舍利投进，有诏复为寺。政即其表见之地建塔，赐号圣感舍利宝塔。"[28]《石函记》对此也有记述："乃有讲律演化大师可政，塔就蒲津，愿兴坠典。言告中贵，以事闻天，寻奉纶言，赐崇寺、塔……于先现光之地，选彼名匠，载建砖塔……"综合这两条记载可知，可政当时是以长干寺旧址舍利放光、数次表见感应为理由，并将感应舍利投进，终于取得宋真宗的支持，获得重建寺、塔的宝贵机会。那么在六朝长干寺的废墟中，这一"先现光之地"又为何处？我们认为，如同当年刘萨诃发现"先阿育王塔所，屡放光明"一样，可政发现的"先现光之地"同样应是长干寺阿育王塔故基和地宫所在地。上述两条文献是长干寺古塔地宫在宋代依然留存的有力证据。

通过上述梳理，可以得出两条重要线索。第一，长干寺自东吴时起就建有阿育王塔，塔下建有地宫。到了东晋、南朝时期，长干寺建有双塔，塔下皆有地宫。而地宫的形制，根据《南史》的记载，至少在东晋、南朝时期为圆形竖穴土圹。第二，两座南朝长干寺阿育王塔地宫，至少应有一座保存至北宋真宗时期，而且成为长干寺得以复兴的重要力量。至此可知，DG1 之所以采用竖穴土圹室的原始形制，一方面是对长干寺古阿育王塔历史的尊重，另一方面又是对现存地宫实物的模仿与承袭。

以上述认知为基础，我们再来讨论 H37 的时代和性质。既然长干寺古阿育王塔地宫在北宋时期依然留存，而且 DG1 又是出于对它的模仿，那么基于 H37 与 DG1 的高度相似性，H37 很有可能就是南朝长干寺两座阿育王塔地宫之一，是 DG1 模仿与承袭的对象。如果我们将 H37 的情况与文献记载的信息直接比对，可以发现：《南史》所记载的东晋、南朝长干寺地宫形制为圆形竖穴土圹，H37 与之相同；隋唐时期两座长干寺地宫先后被打开，舍利与供养物品流散一空，与 H37 内未发现早期物品的情况也相符合；《天禧寺新建法堂记》和《石函记》两条文字资料都指出，新塔所建之地就是出现感应舍利的"先现光之地"，也就是说新塔建于旧塔原址之上，那么在新塔基（TJ1）的最内部，代表新塔的 DG1 与代表旧塔的 H37 比邻而处，亦与原址重建之义高度吻合。

推测 H37 为南朝长干寺阿育王塔地宫，还有一个重要的旁证来自于与长干寺渊源颇深的镇江甘露寺铁塔地宫。前文已述，甘露寺地宫出土的《李德裕重瘗长干寺阿育王塔舍利记》，记载了唐长庆四年李德裕重开长干寺阿育王塔地宫，将所获舍利中的 11 枚迁至北固山建塔供奉的事件。特别是，此铭文明确指出李德裕在润州北固山乃是"依长干旧制造石塔"。李德裕所造石塔无论地上还是地下部分早已不存，但是铁塔地宫中保存的另外一方重要物证——北宋元丰元年（1078年）所刻《润州甘露寺重瘗舍利塔记》，却记载了北宋时发现唐代地宫的过程："世代陵迟，塔既隳摧，事亦暧昧。寺僧屋于是地，以为至卑至陋汙亵之所……熙宁之己酉岁……寺之主者，欲去故弊，张大其居……遂用工去其土而平之。基将成，迅风骤雨，一夕暴作，其基复从而颓圮……一日，忽有数金出于地，夫力利其金，不计其工多少而取之，其地愈下而其金愈多，几至寻丈，果觅石函一所，既惊且疑！遂具佛事，集徒众，焚香而启之，乃见卫公所藏之舍利与其亲笔志文……乃知是浮图之故址也……遂乃择良匠，冶黑金，为浮图九级，即其故址而藏焉。"[29]

上述记载表现出几个重要信息：首先，民夫在甘露寺掘地出金，愈往下而金愈多，却始终不见砖石遗迹，直至发现石函才知是浮图故址，可见此地宫采用的是竖穴土圹室形制，与《南史》所载南朝长干寺阿育王塔地宫形制一致；其次，石函放置于地宫的下层，而上层放置了大量供养金器财物，与《南史》记载的梁武帝重瘗长干寺地宫时，先将石函放入刹下，再以"王侯妃主百姓富室所舍金银环钏等珍宝充积"的情况又完全一致。由此可见，李德裕在建甘露寺塔时确实做到了"依长干旧制"。甘露寺唐塔地宫可以看作长干寺阿育王塔地宫的"高仿品"。

而据铁塔地宫唐宋两代石刻铭文及考古发掘情况可知，宋人发现唐塔地宫后，于原址重建铁塔，并将原地宫从竖穴土圹室改成了宋代通行的竖穴砖室形制，但其规模并没有太大变化。因为新地宫在重瘗唐代物品时，仅增加了一重长方形大石函（长 0.89、宽 0.62、高 0.6、壁厚约 0.16 米）和一块新刻的《润州甘露寺重瘗舍利塔记》（放置于大石函之上，其他物品皆置于大石函内），故新地宫呈长方形，长 0.97、宽 0.86、深 0.8 米。因此推测唐塔地宫本为圆形，而规模比现铁塔地宫略小。H37 的直径为 0.8 米，与这一推测正好相合。另外，根据《南史》的记载，长干寺阿育王塔地宫无论是刘萨诃所发东吴时期的地宫，还是梁武帝所发东晋时期的地宫，深度都在丈许，按东晋、南朝一尺等于 24.2 厘米计算[30]，应为 2.42 米。H37 的深度为 2.32 米，考虑到后期破坏、改建会使原深度减小，如同宋代甘露寺扩建房基对原唐塔地宫上部的破坏一样，因此 H37 的现存深度与《南史》所载原阿育王塔地宫的深度也是比较吻合的。总之，根据甘露寺唐塔地宫提供的重要信息，以及《南史》的记载，可以进一步佐证我们对于 H37 时代与性质的推断。

四 结 语

大报恩寺及其前身的长干寺、天禧寺，代为名蓝，在东吴至晚清的 1600 多年间，屡毁屡建，绝而复续，对我国佛教文化的传承与发展意义非凡。本次发掘的 TJ1，可能集中了南朝长干寺古阿育王塔地宫、北宋天禧寺圣感塔塔基与地宫、明代大报恩寺琉璃塔鹰架（及其所代表的琉璃塔塔基）三个不同时代的重要遗存，将这座名蓝 1600 多年的历史浓缩于一体。

TJ1 蕴含的信息量巨大，待解的问题很多，本文主要围绕其时代与性质问题进行探讨，其中一些部分，如 H37 的时代与性质，还带有推测成分。另外一些部分，如 H36，由于掌握的证据更少，暂时无法做出有价值的判断，还有待进一步的研究工作。

注 释

[1] 在石函碑文中，塔名为"真身塔"，而地宫出土丝织品上的墨书铭文中，有的亦称其为"释迦宝塔"，说明在建塔初期塔名并未确定。天禧二年（1018 年），宋真宗为重建后的长干寺赐额为"天禧寺"，并为塔赐名为"圣感塔"，"圣感"因此成为此塔的正式名称。参见（宋）周应合纂《景定建康志》卷四六，第 1120 ~ 1121 页，南京出版社，2010 年。

[2] 张驭寰《中国塔》，第 227 页，山西人民出版社，2000 年。

[3] 曹汛《嵩岳寺塔建于唐代》，《建筑学报》1996 年第 6 期。

[4] （元）张铉《至正金陵新志》卷一一"天禧寺"条，第 696 ~ 697 页，南京出版社，2010 年。

［5］　（明）葛寅亮《金陵梵刹志》卷三一《聚宝山报恩寺》，第 484～486 页，南京出版社，2011 年。

［6］　张惠衣推定为永乐六年（1408 年）。张惠衣《金陵大报恩寺塔志》，第 125 页，南京出版社，2007 年。

［7］　同［5］，第 487 页。

［8］　同［5］，第 488 页。

［9］　（明）憨山德清《雪浪法师恩公中兴法道传》，《憨山老人梦游集》，北京图书馆出版社，2005 年。

［10］　（明）顾起元《客座赘语》卷七“报恩寺塔”、“异僧”二条，第 229 页，中华书局，1997 年。

［11］　（明）葛寅亮《金陵梵刹志》卷二《钦录集》“宣德三年”条，第 87～92 页，南京出版社，2011 年。

［12］　（明）申时行等修《明会典》卷一九〇《工部十》“砖瓦”条，第 963 页，中华书局，2007 年。

［13］　20 世纪 50 年代的发掘情况，参见南京博物院《明代南京聚宝山琉璃窑》，《文物》1960 年第 2 期；2008 年，南京市博物馆在窑岗村再次发掘多座明代琉璃窑，资料现存南京市博物馆。

［14］　同［5］，第 481 页。

［15］　南京市考古研究所《南京大报恩寺遗址塔基与地宫发掘简报》图二，《文物》2015 年第 5 期。

［16］　《金陵梵刹志》、《折疑梵刹志》、《南巡盛典》，以及顺治时期来华的荷兰东印度公司画师约翰·尼霍夫的游记皆留下过不同时期的《大报恩寺图》，它们对于大报恩寺北区分布格局的呈现是清晰和一致的。参见（明）葛寅亮《金陵梵刹志》，南京出版社，2011 年；（清）释悟明《折疑梵刹志》，南京出版社，2013 年；（清）高晋《南巡盛典》，文渊阁《四库全书》本；［荷］约翰·尼霍夫原著，［荷］包乐史、庄国土著《〈荷使初访中国记〉研究》，厦门大学出版社，1989 年。

［17］　慈溪市博物馆《上林湖越窑》，第 76～77 页，科学出版社，2002 年。

［18］　王德庆《江苏江宁东冯村宋徐的墓清理记》，《考古》1959 年第 9 期。

［19］　中国社会科学院考古研究所等《扬州城——1987～1998 年考古发掘报告》，第 199 页，文物出版社，2010 年。

［20］　杭州市文物考古所等《富阳泗洲宋代造纸遗址》，第 79～80 页，文物出版社，2012 年。

［21］　同［19］，第 226 页。

［22］　同［18］。

［23］　笔者对新中国成立以来发现的舍利塔地宫进行了较全面的梳理，归纳出我国舍利塔地宫形制经历的三个发展阶段，即竖穴土圹室地宫—竖穴砖石室地宫—横穴砖石室地宫，而在 DG1 发现之前，全国已发掘的 40 余座宋代（含基本同时期的辽、金）舍利塔地宫，皆采用竖穴或横穴砖石室地宫的形制。参见祁海宁、龚巨平《北宋长干寺圣感塔地宫形制成因初探》，《东南文化》2012 年第 1 期。

［24］　《南史》卷七八《扶南国传》，中华书局，1975 年。

［25］　（唐）释道宣《集神州三宝感通录》卷上，《大正新修大藏经》第五十二册，第 406 页，（台北）新文丰出版公司，1994 年。

［26］　江苏省文物工作队镇江分队等《江苏镇江甘露寺铁塔塔基发掘记》，《考古》1961 年第 6 期。

［27］　（宋）李之仪《天禧寺新建法堂记》，《姑溪居士前集》卷三七，文渊阁《四库全书》本。

［28］　同［27］。

［29］　同［26］。

［30］　丘光明等《中国科学技术史·度量衡卷》，科学出版社，2001 年。

本文原载《文物》2015 年第 5 期，本次略作修改。

明航海侯张赫与明初海运

岳 涌

　　2007 年，南京市博物馆在南京南郊雨花台区西善桥街道刘家村发掘了一座明代墓葬，根据出土墓志可知，墓主为明初航海侯张赫[1]。此墓为前后室券顶砖室墓，有短甬道和斜坡墓道，全长 15.6、宽 4.8、高 4.6 米。由封门墙、甬道、石门、墓室等部分构成，墓内以木门分为前后两室，出土釉陶瓶、陶缸、银碗、银高足杯、铜炉、铜器盖、铁罐、金饰件、金钱、锡器、玉带片及墓志等器物 20 余件。部分墓砖上有模印阳文，内容为"抚州府崇仁县"、"总甲杨荣甲首陈来保小甲阳叔六」窑匠刘福　造砖人夏胜"等。

　　墓志以两道铁条箍紧，并以楔形铁块加固。志盖为方形，与志石尺寸相同，边长 78、厚 10.5 厘米；铁条宽 4、厚 0.5 厘米。志盖阴刻篆书"故开国辅运推诚宣力武臣柱国航海侯追封恩国公谥庄简张公之墓" 28 字（图一）。志文楷书阴刻，19 行，满行 18 字（图二），录文如下：

　　　　开国辅运推诚宣力武臣柱国航海侯张公，讳」赫，凤阳临淮人也。当元之季，四海鼎沸，公奋身」田里，招集士旅，慨然来附，即授以千户，命之征」讨。首取濠、泗、滁、和等州，

图一　张赫墓志盖拓片（1/8）

图二　张赫墓志拓片（1/6）

升为万户。乙未，渡江取」太平、采石，升为总管。继又取镇江及建康诸郡。」丁酉，取常州，阶进定远将军。甲辰，克武昌，平苏、」湖等州，授福州卫指挥副使，阶进明威将军。庚」戌，升指挥同知，阶进怀远将军。巡海捕倭，杀获」甚多。戊午，赴京，升为大都督府金事。己未，命督」辽东漕运，有功，锡以侯爵，食禄二千石，仍令子」孙世袭。至庚午八月初五日以疾终，赠恩国公，」谥庄简，享年六十七岁。夫人高氏，子三人，长曰」荣，次曰政、敏。将以洪武二十三年十月十二日」葬于安德乡下保魏家库官山之原，请志纳于」圹中。呜呼，昔天下大乱，豪杰并兴，公能集士旅」以归于」朝廷，屡立战功。及天下已定，复劾勤劳，监督漕运，生」则封侯、死则封公，荣及前人，福延后嗣，公可谓」烈丈夫矣。千万年后，非理者开，知理者完。谨志。

一　张赫军功

张赫生平可见于《明实录》、《明史》等。《明太祖实录》载，张赫"凤阳临淮石亭村人"[2]，较墓志为详；《明太祖实录》与墓志均详载张赫卒于洪武二十三年（1390年）八月初五日，历代文献未记张赫的生年，墓志记载张赫"庚午八月初五日以疾终……享年六十七岁"，可推知张赫生于元泰定元年（1324年）。张赫为明初武臣，综其军功，元末参加起义，至正十五年（1355年）从太祖，渡江攻取太平、采石，升总管；十六年（1356年）破陈野先，取镇江、建康诸郡；十七年（1357年）从徐达克常州，为汤和毗陵翼元帅；后从常遇春征襄阳，克武昌，平陈友谅；二十六年（1366年），从徐达下湖州，围苏州，次年（1367年）克苏州，定张士诚；后从汤和克庆元，下温、台，于洪武元年（1368年）驻军福建。其后在福建沿海捕倭，继而督辽东漕运，洪武二十年（1387年）功封航海侯，二十三年卒赠恩国公，二十六年（1393年）以蓝党除爵。

墓志载，张赫丁酉（至正十七年）阶进定远将军，甲辰（至正二十四年，1364年）再阶进明威将军，庚戌（洪武三年，1370年）阶进怀远将军。而依《大明会典》，"从三品初授怀远将军，升授定远将军，加授安远将军；正四品初授明威将军，升授宣威将军，加授广威将军；从四品初授宣武将军，升授显武将军，加授信武将军"[3]，其所受阶级次序混乱。丁酉时，大明尚未建立，而阶进明威将军时为至正二十四年，怀远将军则至洪武三年，故前阶高，后二阶则渐升，明初武官阶级所定当在洪武建元之后。

明太祖评价张赫，"从朕渡江三十余年，东征西讨，累有战功，迩年漕运涉历风涛，厥迹尤著，朕尝封尔侯爵以报勤劳，今者因疾寿终于家，朕念相从之久，用遵彝典，追封尔为恩国公，谥庄简，尔其有知服兹宠命"[4]。张赫长期征战于长江中下游，再于福建沿海捕倭，继而督辽东漕运，前后长达23年建功于海上，熟悉海事，以海运功封航海侯。

二　福建沿海捕倭

张赫在福建沿海捕倭的时间是从洪武元年至洪武十一年（1378年）。

明初平定东南之后，倭寇袭扰成为影响沿海地区安定的主要问题，倭乱范围南至两广，北到辽东，太祖于沿海各地设卫所以御。张赫于洪武元年授福州卫指挥副使[5]，三年升福建都司都指挥同知，九年（1376年）调兴化卫，直至洪武十一年四月，均在福建都司范围内任职。同期，福建战事已定，偶有民乱，而倭寇则屡犯东南江、浙、闽、粤，捕倭、巡海是福建都司主要军事任务。

"是月，倭夷寇山东，转掠温、台、明州傍海之民，遂寇福建沿海郡县，福州卫出军捕之，获倭船一十三艘，擒三百余人"[6]、"倭夷寇福州之宁德县"[7]、"倭夷寇福州之福宁县，前后杀掠居民三百五十余人，焚烧庐舍千余家，劫取官粮二百五十石"[8]。洪武十一年四月升大都督府佥事前，张赫在福建任内，倭患为重，其多参与捕倭事宜，历时十余载。《明实录》所载的这三次倭扰可能均发生在其任职福建都司都指挥同知期间。墓志载，张赫"巡海捕倭，杀获甚多。"《明史·张赫传》载，"是时，倭寇出没海岛中，乘间辄傅岸剽掠，沿海居民患苦之……赫在海上久，所捕倭不可胜计。最后追寇至琉球大洋，与战，擒其魁十八人，斩首数十级，获倭船十余艘，收弓刀器械无算。帝伟赫功，命掌都指挥印。寻调兴化卫"[9]。《明太祖实录》载张赫"洪武元年，授福州卫指挥使。二年，率兵备倭寇于海上。三年，升福建都司都指挥同知。六年，率舟师巡海上，遇倭寇追及于琉球大洋中，杀戮甚众获其弓刀以还"[10]。捕倭之功，以洪武六年（1373年）巡海追寇为甚。

备倭海上，海船是必备器具，明代卫所除承担军事任务外，还需负责船只等器具的建造、改造及维修等。"诏浙江、福建濒海九卫造海舟六百六十艘，以御倭寇"[11]、"诏浙江、福建濒海诸卫改造多橹快船，以备倭寇"[12]、"命靖宁侯叶昇巡行温、台、福、兴、漳、泉、潮州等卫督造防倭海船"[13]。卫所等军用海船有"千料海船"、"四百料海船"，抑或"风快小船"，《大明会典·河渠五》以"备倭船"概称之。卫所等每年于春、夏两季巡海，秋季回港，海船折损由卫所船厂自行补造、修理。因而张赫长期从事海上征战，不仅熟悉海战事宜，也具备海船建造、修理经验，当辽东漕运艰难、军粮不继时，太祖以张赫"习海道，命督海运事"[14]。

三　督辽东漕运

这一时期从洪武十一年至洪武二十三年。

明太祖在建国之初，任命大将军徐达为主帅、常遇春为副帅，统军北伐，迅速攻破大都，确立明王朝对全国的统治地位。然北方经过长期战乱，经济凋敝，短期内大量军队集结于此，致粮饷不继。故明太祖下令"海运饷北平、辽东为定制"。洪武年间，辽东是北方作战的一个重点，大量物资由富庶的江南及东南沿海地区通过海运抵达辽东，确保战事顺利进行，漕运的重点是粮饷，兼附战袄、裤、冬衣、棉布、棉花、丝等其他物资。洪武时期，先后负责辽东海运的有靖海侯吴祯、航海侯张赫及舳舻侯朱寿，间有延安侯唐胜宗，其中张赫督"辽东漕运"长达12年，直至病故，功不可没。墓志载张赫于"戊午，赴京，升为大都督府佥事。己未，命督辽东漕运"。《明太祖实录》"洪武十一年夏四月丙辰"条载"命兴化卫指挥使张赫为大都督府佥事"，"二十三年八月甲子"条载"十一年，升大都督府佥事，总督辽东海运"。

海运的成功与否，关键在于对海道与船只的掌握。明初海道主要是依照元代旧例，"元时海道，自平江刘家港入海，经通州海门县黄连沙觜、万里长滩、开洋沿山屿、抵淮安路盐城县，历海宁府东海县，又经密州胶州界，放灵山洋，投东北行。路多浅沙，旬月始抵成山。计自上海至直沽杨村马头，凡一万三千三百五十里；其后再变，自刘家港出扬子江，开洋，落潮东北行，离万里长滩，至白水绿水，经黑水大洋，转成山，西行过刘家岛，入沙门岛，放莱州大洋，抵界河，至直沽，其道差直；三变，自刘家港入海，至崇明三沙放洋，向东行，入黑水大洋，直取成山转西，至刘家岛，入沙门，放莱州大洋，至直沽，如遇风顺，由浙西至京师，不过旬月而已，其道径便"[15]。海道的变化，反映了明代重视新航线的开辟工作，在沿海地区建立一些航行标记，使船只能够提前避险，从此海险不再为患。

航海较内河航运对水工的要求更高，需要有熟练的航海技术，掌握航道方向、海流情况变化。指南针在宋代已经开始应用于航海，明代的舟师则进一步使用"指两间"来减少风浪摆动对指南针的影响，纠正指向偏差，求出确切的方位，保证航向定位准确、周密。空间测量则以"更漏"来计量，虽不够精确，但在海运事业初步发展的阶段，仍不失为有效的方法。

由于海运物资主要为粮饷，因而海运船以粮船为主，"粮船有二，曰遮洋、曰浅船"，"海运用遮洋船，里河用浅船"[16]，用遮洋船由海道运粮饷赴蓟州等地一直持续到永乐年间。遮洋船造价高，而且海上运粮饷路途遥远，途中有海潮、风浪、暗礁及海盗、倭寇袭扰，船损亦大，因而增加了海运的成本。工部尚书宋礼比较了河运与海运，认为"海运经历险阻，每岁船辄损败，有漂没者。有司修补，迫于期限，多科敛为民病，而船亦不坚。计海船一艘，用百人而运千石，其费可办河船容二百石者二十，船用十人，可运四千石。以此而论，利病较然"[17]。海运的成本大大高于河运，其应用范围逐渐缩小，但洪武初期长期海运所积累的各种航海技术与造船技艺，在郑和下西洋过程中得到了进一步的应用。

张赫起于濠泗，久历征战，花甲之年犹"涉历风涛，厥迹尤著"。他领导的洪武年间海运，对整个明代航海有着深远影响，在航海技术、造船工艺等方面，为郑和出使西洋诸国做了充分准备。

四　海运对郑和航海的影响

洪武年间长期而大规模的"辽东海运"使掌握航道、海流情况与测定时间、航程及造船等技术逐渐成熟，进而使远洋航行的安全性大大提高。永乐年间，郑和七次成功地下西洋，常为后人所道，然其成功与"辽东海运"不无关系。

郑和船队完成第一次下西洋使命返回京师第四天，永乐五年（1407年）九月乙卯，汪浩就受命改造海运船二百四十九艘[18]，可见郑和下西洋的船只有些直接来自海运船。而永乐年间前后尚有多次对海运船的大规模改造。"命湖广、浙江、江西改造海运船一百八十八艘"[19]、"命浙江、江西、湖广及直隶、安庆等府改造海运船八十艘"[20]、"命浙江、江西、湖广改造海运船十有三艘"[21]、"命浙江、湖广、江西改造海运船十六艘"[22]、"命浙江金乡等卫改造海运船三十三艘"[23]、"命江西、湖广、浙江及镇江等府卫改造海风船六十一艘"[24]等，这些对大量海运船的改造，可能均与郑和下西洋有关。"江南海船名曰沙船，以其船底平阔，沙面可行可泊，稍搁无碍……惟闽、广海船底圆而高，下有大木三段贴于船底，名曰龙骨……船有龙骨则转弯趋避较为灵便。"[25]以上所举改造海船多为江南之地，但南洋航线山礁丛杂，江南海运船并不完全适宜，需对其进行改造，以适应南洋远行，使得短期内备集大量海船成为可能。

明初长达三十余年的海运使得船只规制统一，造船有着严格的质量要求，从而确保了长途航行的安全性。造船备战与漕运在洪武初年是一项重要的工作，对战船曾有定制。造船所用木材有楠木、杉木、松木、榆木等，根据船只各部分的不同作用使用不同木料，保证了船只质量。明代造船厂广泛分布于各交通口岸，各卫所驻地都有官办船厂可供维修、建造船只，其中尤以龙江、太仓、仪征、登州、直沽及金州等地船厂有名。

航海与造船需要大量有经验的劳动力，苏州、湖州等江南地区是洪武初期漕运夫的重要来源，《明太祖实录》记载，"奏苏、湖等府渔人、商人、舟车不应徭役者，凡一万三千九百九十户宜令充漕运夫。上命有田者仍令应役，无田者充运夫"[26]；温州、台州、宁波、绍兴等沿海地区的方氏旧水夫于洪武十六年（1383年）被送至京师，"致仕参政舒唐于温、台、宁波、绍兴四府招集方氏旧水夫，凡二万七千一十八人至京师"[27]，亦可充实造船人手。"渔人"、"水夫"等充漕运夫，他们既熟悉船只操作，也无损于粮食生产，是造船、航行的理想劳动力。永乐初期海运船被改造以便"备使西洋"，东南沿海地区的"渔人"、"水夫"等，有可能凭借丰富的出海经验或造船技术，而继续参与郑和下西洋这一历史事件。

永乐年间，郑和七下西洋，是明代乃至世界航海史上的里程碑，而航海侯张赫参与的辽东漕运推动了明代造船技术发展与航海技术进步，为郑和成功出使西洋铺垫了道路。

注　释

［1］　南京市博物馆等《南京西善桥刘家村明航海侯张赫家族墓》，《南京文物考古新发现》（第三辑），文物出版社，2014 年。

［2］　《明太祖实录》卷二〇三"洪武二十三年八月甲子"条，（台北）"中央研究院"历史语言研究所校勘本，1962 年。以下所引《明实录》皆据此版本。

［3］　《大明会典》卷一二二《诰敕》。

［4］　同［2］。

［5］　墓志所记为"福州卫指挥副使"，与《明史》张赫传同，而《明太祖实录》卷二〇三记为"福州卫指挥使"。

［6］　《明太祖实录》卷五三"洪武三年六月乙酉"条。

［7］　《明太祖实录》卷七四"洪武五年六月丙戌"条。

［8］　《明太祖实录》卷七五"洪武五年八月丙申"条。

［9］　《明史》卷一三〇《张赫传》，中华书局，1974 年。

［10］　同［2］。

［11］　《明太祖实录》卷七五"洪武五年八月甲申"条。

［12］　《明太祖实录》卷七六"洪武五年十一月癸亥"条。

［13］　《明太祖实录》卷九九"洪武八年夏四月丙申"条。

［14］　同［9］。

［15］　《大明会典》卷一九六《河渠一·海道》。

［16］　《大明会典》卷二〇〇《河渠五·粮船》。

［17］　《明史》卷一五三《宋礼传》，中华书局，1974 年。

［18］　《明太宗实录》卷七一"永乐五年九月壬子"条。

［19］　《明太宗实录》卷二二"永乐元年十月辛酉"条。

［20］　《明太宗实录》卷三八"永乐三年十月戊寅"条。

［21］　《明太宗实录》卷三九"永乐三年十一月丁酉"条。

［22］　《明太宗实录》卷七三"永乐五年十一月丁巳"条。

［23］　《明太宗实录》卷七六"永乐六年二月丁未"条。

［24］　《明太宗实录》卷一四四"永乐十一年十月辛丑"条。

［25］　（清）顾炎武著，（清）黄汝成集释，栾保群、吕宗力校点《日知录集释（全校本）》卷二九《海运》之谢占壬注，上海古籍出版社，2006 年。

［26］　《明太祖实录》卷七二"洪武五年二月辛巳"条。

［27］　《明太祖实录》卷一五四"洪武十六年五月"条。

本文原载《郑和研究》2010 年第 3 期，本次略作修改。

南京明代钟山告天文发覆

龚巨平

明代是继六朝以后南京佛教发展的又一高峰期，与佛教发展相适应，道教在南京也得到了进一步的发展。万历年间，南京礼部祠祭司郎中葛寅亮勾稽史籍，广采博收，撰成《金陵梵刹志》和《金陵玄观志》，对南京寺院、道观的历史沿革、建筑布局等记述甚详，是研究南京寺院、道观的重要史料[1]。近年来，随着南京大报恩寺遗址的发掘取得成果，南京在中国佛教史上的地位重新引起人们的重视，致有"金陵佛都"之称誉。相较于佛教，南京道教文化的研究则略显不足。就考古学而言，明初道教领袖刘渊然墓的发掘及出土墓志等，为研究明代道教信仰、道教人物，以及道教对墓葬文化的影响提供了新的材料，业已取得一定的研究成果[2]。与刘渊然密切相关的钟山告天文因关涉明初建文、永乐朝政事，所指内容颇为重要，其具体内涵目前未见研究。笔者认为此刻文，是明初朝天宫高道刘渊然奉大明皇帝朱棣旨意，为明太祖朱元璋和孝慈马皇后举行金箓大斋投简告天的简文之一部分，是明初道教投龙活动的遗物。试为发覆如下。

一

南京明代钟山告天文，曾著录于嘉庆《重刊江宁府志》卷五二[3]和甘熙《白下琐言》[4]，但有数字之异。2005 年，中山陵园管理局重新立碑于南京明孝陵梅花谷[5]。

嘉庆《重刊江宁府志》录文如下：

> 奉大明皇帝圣旨，伏为皇考太祖高皇帝、皇妣孝慈皇后登遐日远，痛怀丧葬之弗亲；崩失年深，益感劬劳之未报。手足且伤于先后，情衷有恸于死生。骨肉相残，几致屏翰之倾替；腹心构讼，幸兹家国之安全。

甘熙《白下琐言》录文如下：

> 奉大明皇帝圣旨，伏为皇考太祖高皇帝、妣孝慈皇后登遐日远，痛怀丧葬之未亲；崩失年深，益感劬劳之未报。手足且伤于前后，情怀有恸于死生。骨肉相残，几致屏翰之倾替；腹心构讼，幸兹家国之安全。

《重刊江宁府志》为清嘉庆十六年（1811 年）修，甘熙《白下琐言》至道光二十七年（1847年）始成书，其撰写该条时约在 1833 年。从版本学和史源看，《重刊江宁府志》录文当更为准确。

对于此刻文的性质和发现经过，在前引《重刊江宁府志》、《白下琐言》中已有说明。据两书记载，乾隆四十三年（1778 年）樵夫在钟山发现的石刻原有两件，一件署洪武三十五年（1402 年），一件署永乐四年（1406 年），"皆朝天宫道士刘渊然于钟山朱湖洞天告行，前明追荐设醮祈福之文"。刻文被发现后，时任两江总督的高晋（满洲镶黄旗人，1765～1779 年在任）饬送朝天宫贮藏。道光十三年（1833 年）十二月重修朝天宫，在朝天宫玉皇殿玉皇像座中发现刻文，时任两江总督的陶澍（1830～1839 年在任）刻跋于石上，复藏于玉皇像座下[6]。

陶澍所跋题名一为《朝天宫刘渊然醮坛篆符碣跋》，一为《刘渊然钟山朱湖洞天告行碣跋》，与《重刊江宁府志》和《白下琐言》所题《钟山告天文》相比，更接近刻文的真实面目。《朝天宫刘渊然醮坛篆符碣跋》云："明成祖命道士刘渊然建醮朝天宫，渊然刻石为小碣，篆符于其阴。犹称洪武三十五年十月。其时成祖甫入，革除建文年号也。碣藏玉皇像座中，五百年来人无知者。道光十三年十二月初九日乙巳重修朝天宫像得之，复加整理藏内焉。"以陶澍所记，可知刻文具体时间为洪武三十五年十月，乃朝天宫高道刘渊然奉大明皇帝朱棣之命建醮所刻。《刘渊然钟山朱湖洞天告行碣跋》云："此碣亦渊然刻，藏玉皇像座中。末题永乐四年十月初十日丙寅于钟山朱湖洞天告行。考史，是月己巳，甘露降孝陵松柏，醴泉出神乐观，殆亦精禋所格欤。书云惟天阴骘下民相协厥居，今重新斯宫，亦庶几为民祈福之义云。"此为永乐四年十月设醮告天文。

又莫祥芝等纂《同治上江两县志》卷三载："中为朱湖洞，一名紫霞洞，道书第三十一洞天也。其上曰茅草凹，有刘渊然告天石刻，名投龙简记，文载《白下琐言》。"[7]据此段记载可知，石刻出土于钟山紫霞洞上茅草凹，并名石刻为"投龙简记"，对刻文的性质做出了明确界定，是为道教斋醮活动中投龙简文。

二

洪武三十一年（1398 年）闰五月乙酉，明太祖朱元璋驾崩，皇太孙朱允炆即位，太祖遗诏"诸王临国中，毋至京师"[8]，不得赴京参加葬礼，此即告天文中"痛怀丧葬之未亲"之史实。建文帝即位后，采纳齐泰、黄子澄削藩建议，削弱各诸侯藩王的权力。洪武三十一年七月，周王有罪，贬为庶人，徙云南；至建文元年（1399 年）四月，湘王、齐王、代王、岷王等相继获罪，七月，燕王朱棣举兵反，挥师南下，史称"靖难之役"[9]。告天文中"手足且伤于前后"、"骨肉相残"等语言，即指建文削藩、朱棣起兵靖难之事。

建文四年（1402 年）六月乙丑，谷王和曹国公李景隆开金川门，燕师入南京，时宫中火起，建文帝不知所踪。诸大臣劝进，朱棣辞之再三。至六月己巳，燕王朱棣"谒孝陵，唏嘘感慕，悲不能止。礼毕，揽辔回营。诸王及文武群臣备法驾，奉宝玺迎上于道，遮上马，不得行。上固拒再三，诸王及文武群臣拥上登辇曰：'诸王群臣以为我奉宗庙，宜莫如予。宗庙事重，予不足，今为众心所载，予辞弗获，强循众志，然宜协心，辅予弗逮。'遂诣奉天殿，即皇帝位，诸王及文武群臣上表称贺"[10]。

朱棣即位后，于洪武三十五年九月乙巳，建金箓大醮七昼夜于朝天宫，荐福皇考、皇妣[11]。朝天宫为明代重要道观，洪武十五年（1382 年）设道录司于其内，总领天下道教事。洪武朝以来，朝廷大型斋醮多于朝天宫举行。金箓大醮，为道教重要法事之一种。洪武三十五年九月辛巳为朔日，乙巳为九月二十五日，建醮七昼夜，则至十月初一日结束。陶澍跋文中记载刻文"犹称洪武三十五年十月"，可知投简告天是在金箓大醮结束时举行，刻文与文献记载相谐，亦足佐证刻文与此次金箓大醮活动密切相关。此次建醮，史籍着墨不多，无以详知其情，而对永乐四年十一月朝天宫设醮荐福的考察，对明晰此次设醮活动或有助益。

关于永乐四年十一月设醮荐福活动，《明史》仅载"十一月己巳，甘露降孝陵松柏，醴泉出神乐观，荐之太庙，赐百官"[12]；《明太宗实录》卷六一载，"己巳，甘露降孝陵松柏，醴泉出神乐观，命中使取献宗庙，并分赐廷臣"[13]。此两条文献，并未明言上述种种与建醮之关联。《明太宗实录》卷六九载，"修神乐观，立醴泉碑。初，命道士于朝天宫设醮，上资皇考、皇妣冥福，竣事，醴泉地出观井中。君群以为上孝感所致，请立碑昭灵贶，命翰林侍读胡广制碑文"[14]。循此可知永乐四年十一月己巳日种种祥瑞与朝天宫设醮有关。杨士奇《圣孝瑞应诗》序中对此次设醮有详细记载，文曰："洪惟皇帝陛下以孝治天下，所以教化纪纲之道，一遵太祖圣神文武钦明启运俊德成功统天大孝高皇帝成宪。天下万国之人，承风乡化，熙熙然入于泰和之域矣。陛下圣心，重惟皇考、皇妣陟降在天，瞻侍无所，乃于永乐四年十一月庚申，征天下道士咸至京师，即朝天宫、神乐观、洞神宫修举金录斋法，表孝思也。车驾幸斋坛，圣神虔至，对越在上，肃然有临。辛酉，有青鸾、白鹤翔舞于神乐观。壬戌，车驾复幸朝天宫，有宝盖五色光辉奕煜，自正阳门冉冉入于皇城。癸亥，有神人见神乐观。甲子，卿云见朝天宫。乙丑，甘露降于宫树。丙寅，车驾复幸朝天宫，卿云覆映坛上，鸾鹤数百翔舞旋绕。既讫事二日，醴泉出神乐观，甘露复降孝陵。"[15]由杨文可知，永乐四年十一月庚申日朱棣征天下高道于朝天宫、神乐观、洞神宫设醮荐福，斋坛设于朝天宫，主其事者，即为陶澍跋记中提到的朝天宫道士刘渊然。

刘渊然，明初著名道士，《明史》卷二九九有传，《龙泉观长春真人祠记》、《长春刘真人祠堂记》记其事颇详[16]。综合上述文献，刘渊然为江西赣县人，祖籍徐州萧县，出生于道教世家。年十六出家为道士，后师事赵原阳，以忠孝传道法，被尊为净明宗第六代祖师。刘渊然于洪武二十六年（1393 年）应诏自赣州至南京，馆于朝天宫，赐号高道，日被顾问，后被命游名山洞府求谒神人。永乐四年，迁左正一，建金箓大斋，致有醴泉、甘露、鸾鹤之瑞，大见信宠。未几，被谪龙虎山，寻移滇南，在云南广传道法。仁宗即位，立召刘渊然于云南，赐号"冲虚至道玄妙无为光范演教长春真人"，洪熙元年（1425 年）正月初四，仁宗敕加"庄静普济"四字。宣宗时，所受宠遇弥厚，平生所有貂裘、鹤氅、法衣、宝剑等均出自朝廷所赐。宣德七年（1432 年）二月，刘渊然恳请辞老，宣德皇帝亲洒翰作山水图题诗一赠。是年八月八日趺坐鹤化，年八十二。宣德八年（1433 年）三月葬于江宁县安德乡园子岗之原。2010 年 12 月，刘渊然墓被发掘，出土有墓志，墓葬形制、出土器物对于研究明初墓葬制度、道教礼仪、道教葬俗等具有重要学术价值[17]。

三

目前发现最早的投简是战国晚期秦人为求神去病的两件玉版，是秦人对神仙方术和巫术崇信的重要物证，可视作中国古代道教投简制度的渊源。至南朝刘宋时期，道教投龙活动已趋于成熟[18]。南朝以降，尤以唐、五代、宋发现投龙遗物较多。相对而言，明初道教投龙活动遗物发现极少。

与钟山告天文年代最为接近的是湖北武当山紫霄窝窖藏出土的建文元年金龙、玉简等遗物。丁安民所著《武当山出土文物简介》曾对出土器物加以介绍[19]，但对器物性质未作研究；王育成《明武当山金龙玉简与道教投龙》一文，依据道教经典，结合简文，阐发精义，确认该组器物为一组较为完整的道教投龙活动遗物[20]。据上述两文材料，武当山玉简长29、宽7.5厘米，正面镌有铭文，背面刻道符一通。据前揭《朝天宫刘渊然醮坛篆符碣跋》知，钟山告天文亦"篆符于其阴"，与武当山玉简背面相同，且告天文刻石能藏于玉皇像座下，其体量绝不至与新制的碑刻相捋，其形制应与武当山出土的玉简一样，当为长条形简式。

关于告天简文格式和文辞，道教经籍中有多处记载。《金箓斋投简仪》所记格式为："嗣天子臣伏为迎祥集福，祗建冲科，谨斋龙璧信币之仪，命道士几人补某宫观某殿开启金箓道场，几昼夜罢散。日设普天大醮一座，三千六百分位，告盟天地，纪算延釐斋事，周圆慕陈大醮。谨旧式诣洞天投送金龙玉简。愿神愿仙，飞行上清，五岳真人，至圣至真。鉴此丹悃，乞为誊奏，上闻九天。谨诣灵山，金龙驿传。某年太岁某甲子几月某朔几日某甲子于道场内吉时告闻。"[21]《灵宝玉鉴》卷二八《投龙进简》所记告文格式为："今谨有（略节意），补（某）处，修建黄箓大斋，（几）昼夜，以今满散，投简名山。愿神愿仙，长生度世，飞行上清。五岳真人，至圣至灵，乞削罪薄，上名九天，谨诣名山，金龙驿传。年岁次月日具位臣姓某于某处告下。"[22]考武当山出土玉简简铭"今谨有上清大洞玄都三景弟子湘王朱柏。以今上元令节开建太晖观三景灵坛，启修无上洞玄灵宝崇真演教福国裕民济生度死普天大斋，计一千二伯分，通五昼宵。今则行道事竟，投简灵山，金龙驿传。建文元年岁次己卯正月壬申朔十五日丙戌。上清大洞经录法师臣周思礼于武当山福地告闻"，与上述格式颇为相类。此简铭内容包括修斋斋主名讳、修斋斋名（修斋目的）、修斋时间、投简告天时间、修斋法师名讳等。

与上述告天文程式相比较，上引钟山告天文实际上只是完整文辞之一部分，仅说明了修斋斋主朱棣及修斋原因。而据前引文献可知，此次修斋设醮地点在朝天宫，斋名为金箓大斋，设醮时间为九月二十五日至十月初一日，共七昼夜，告天时间为十月初一日，斋醮主事者为朝天宫高道刘渊然。

道教投简按照投送地点的不同，可分为三种形式：质天投送于山者，叫山简；质水沉于江河湖泊者，叫水简；质地埋入土中者，叫土简[23]。钟山告天文所属之简因出土于钟山之上，当为山简。

从以往的考古发现看，一套完整的道教投龙法物应包括玉简、玉璧、金龙。玉简写告文，玉璧做简封，金龙充当驿传之神。有些道教经籍还将金钮、青丝作为法物。金允中编《上清灵宝大法》卷四一云："当用金钮九只，以副于简，三简二十七钮也。金钮代歃血，青丝代割发，通明达诚最为重也。故以青丝缠钮璧以附于简及龙，而后投之。"[24]作为一个完整的道教投龙活动，钟山投简法物中亦当有玉璧、金龙等物。惜乎世远时移，无从知晓，或有待于今后的发现。

要之，洪武三十五年九月南京朝天宫高道刘渊然奉大明皇帝朱棣旨意，在朝天宫建金箓大斋为太祖朱元璋和马皇后荐福，斋醮七昼夜，至于十月初一日，法事完毕，刘渊然于钟山投简告天。《重刊江宁府志》和《白下琐言》所录存文字，为告天简文之一部分，是明初道教投龙活动的遗物。

注　释

［1］　（明）葛寅亮撰、何孝荣点校《金陵梵刹志》，天津人民出版社，2007 年；（明）葛寅亮撰、何孝荣点校
　　　　《金陵玄观志》，南京出版社，2011 年。

［2］　南京市博物馆《南京西善桥明代长春真人刘渊然墓》，《文物》2012 年第 3 期；岳涌《明长春真人刘渊然墓
　　　　志考》，《中国道教》2012 年第 2 期；南京市博物馆等《南京市祖堂山明代洪保墓》，《考古》2012 年第 5
　　　　期；王志高《洪保生平事迹及坟寺初考》，《考古》2012 年第 5 期；邵磊《明代宦官杨庆墓的考古发掘与初
　　　　步认识》，《东南文化》2010 年第 2 期。

［3］　（清）吕燕昭修、（清）姚鼐纂《重刊江宁府志》卷五二，清光绪六年（1880 年）刊本。

［4］　（清）甘熙《白下琐言》卷七，第 124 页，南京出版社，2007 年。

［5］　在南京钟山明孝陵景区内，新建有一四角攒尖亭，亭额曰“告天石刻碑亭”，亭内立有新制碑刻一件，首题
　　　　“燕王告天文”，谓为洪武三十五年（1402 年）燕王朱棣告天之文。新制碑刻正文曰：“奉大明皇帝圣旨，伏
　　　　为皇考太祖高皇帝、妣孝慈皇后登遐日远，痛怀丧葬之未亲；崩失年久，益感勌劳之未报。手足且伤于前
　　　　后，情怀有恸于死生。骨肉相残，几致屏翰之倾替；腹心构讼，幸兹家国之安全。”题署“洪武三十五年朱
　　　　棣谨述二〇〇五年仲秋南京市中山陵园管理局立石重刊洪炜书”。此新刻碑文与嘉庆《重刊江宁府志》和
　　　　《白下琐言》略有不同。

［6］　（清）陶澍《陶文毅公全集》卷四二《朝天宫刘渊然醮坛篆符碣跋》、《刘渊然钟山朱湖洞天告行碣跋》，清
　　　　道光二十年（1840 年）刻本。

［7］　（清）莫祥芝等《同治上江两县志》卷三，同治十三年（1874 年）刊本。

［8］　《明史》卷三《太祖纪三》，第 55 页，中华书局，1974 年。

［9］　《明史》卷四《恭闵帝纪》，第 61 页，中华书局，1974 年。

［10］　《明史》卷五《成祖纪一》，第 75 页，中华书局，1974 年；《明太宗实录》卷九下“洪武三十五年六月”
　　　　条，第 125 ~ 135 页，（台北）“中央研究院”历史语言研究所校勘本，1962 年。

［11］　《明太宗实录》卷一二下“洪武三十五年九月乙巳”条，第 223 页，（台北）“中央研究院”历史语言研究
　　　　所校勘本，1962 年。

［12］　《明史》卷五《成祖纪二》，第 84 页，中华书局，1974 年。

［13］　《明太宗实录》卷六一“永乐四年十一月己巳”条，第 882 页，（台北）“中央研究院”历史语言研究所校
　　　　勘本，1962 年。

［14］　《明太宗实录》卷六九“永乐五年秋七月丙子”条，第 978 页，（台北）“中央研究院”历史语言研究所校
　　　　勘本，1962 年。

［15］　（明）杨士奇《东里集续集》卷五四，《四库全书》本。

［16］　《明史》卷二九九《方伎传》，第 7657 页，中华书局，1974 年；（明）陈循《龙泉观长春真人祠记》，《道
　　　　家金石略》，文物出版社，1988 年；（明）王直《抑庵文后集》卷五，文渊阁《四库全书》本；（明）陈琏
　　　　《琴轩集》卷一五《长春刘真人祠堂记》，上海古籍出版社，2011 年。

［17］　南京市博物馆《南京西善桥明代长春真人刘渊然墓》，《文物》2012 年第 3 期；岳涌《明长春真人刘渊然墓
　　　　志考》，《中国道教》2012 年第 2 期。

［18］　赵幼强《唐五代吴越国帝王投简制度考》，《东南文化》2002 年第 1 期。

［19］　丁安民《武当山出土文物简介》，《江汉考古》1988 年第 4 期。

［20］　王育成《明武当山金龙玉简与道教投龙》，《社会科学战线》1994 年第 3 期。

［21］　《正统道藏》第 15 册，第 11686 页，（台北）艺文印书馆影印本，1977 年。

［22］　《正统道藏》第 17 册，第 13339 页，（台北）艺文印书馆影印本，1997 年。

［23］　同 ［21］，第 12028 页。

［24］　《正统道藏》第 52 册，第 42419 页，（台北）艺文印书馆影印本，1997 年。

本文原载《晓庄学院学报》2014 年第 3 期，本次略作修改。

明代使团成员新角色
——以新出土段琦墓志为中心

陈大海

2013 年 8 月，南京市考古研究所对在基本建设过程中发现的一座砖室墓（编号 2013NYDM1）进行了抢救性发掘[1]。此墓位于南京市雨花台区定坊村，北邻秦淮新河，南邻将军山风景区。根据出土墓志可知，墓主为明代光禄寺左副使段琦。段琦墓志仅 334 字，但却提供了几条重要信息，尤其是对于其奉使外邦的记载。此合墓志作为新出土资料，应引起郑和研究界的关注。现对段琦墓志进行考释，并就其族属、奉使外邦及其他相关信息略抒管见。

一 段琦墓志释读

墓志出土于封门外。志盖已被机械损坏，阴刻篆书"食官段公墓志"（图一）。志石为正方形，边长 43 厘米，志文阴刻楷书，19 行，满行 20 字，共 334 字（图二）。录文如下：

图一 段琦墓志盖拓片（1/4）

图二　段琦墓志拓片（1/3）

故光禄寺左副使段公墓志铭

前进士武陵县儒学教谕会稽钟述夫撰

公讳琦，姓段氏，滇南澄江之河阳人。生而颖悟，甫弱」冠，读书学问。居家庭，事亲奉长，以孝谨闻。及授官光」禄，日之所司者皆珍羞异馔、醽醠黄流之属，自非其」人之贤，而能守者鲜矣。不以其馂馀归诸己，而及人。」公守职惟谨，躬率其属斋戒、涤濯、烹调、蠲洁以进，必」尝之而后退。永乐甲午奉使外邦，尤能布宣威德，沾」及夷庶，使遐迩一体，岁贡方物不可胜数。」上深嘉之，钦赐第宅于应天之江宁。自是精白一心，」不敢有一毫怠于事。其处僚友、待官属，一以至诚先」之，人无间言。公生于洪武戊申四月七日，卒于宣德」甲寅己巳十五日子时，享年六十有七。子男二，曰瑛、」曰诚。男妇三，曰马氏妙庆、曰妙果、曰顾氏妙深。孙男」三，曰高真[文]、曰玄坛奴、曰众神保。其子瑛等将以是」年丧月十七日卜葬于江宁县安德乡上保村之原，」请余铭其墓。曰：」公之功，茂而丰。使遐邦，人景从。六十七，」归幽宫。安德乡，其永终。

二　段琦族属

段琦生前任职的光禄寺左副使并未入流，其人也不见史载。据志文可知，段琦是滇南澄江府河阳县人，生于洪武戊申（洪武元年，1368 年），卒于宣德甲寅（宣德九年，1434 年），享年67岁。墓志只字未提祖上和妻室，仅载有二子三孙。段氏是云南大理望族，也是云南白族[2]的著姓之一。而段琦是否属于滇南白族的段氏呢，虽然墓志并无明言，但确有线索和证据表明其可能性极大。

澄（也作"澂"）江府于洪武十五年（1382 年）三月，改元路为府，所辖州县不变，治所就在河阳县[3]。民国二年（1912 年）撤销澄江府，改为河阳县，却因与河南省河阳县重名，又改称澄江县至今。今澄江县位于昆明市东南五十余公里，隶属玉溪市[4]。"澄江，地居滇省之中，唐为南宁、昆二州地。天宝末，没于蛮，号罗伽甸。宋时，大理段氏号罗伽部。元置罗伽万户府。"[5]可见澄江先后经由南诏、大理等蛮族地方政权统治，本也是"罗罗诸蛮"的居住地[6]。可想而知，白族段姓虽以大理为望，但因管理等需要也可能有支系世居于此。

据志，段琦无字，这应不是墓志漏载，而且儿孙的名字也使人生疑。长子名瑛，与其父琦共从"玉"部，不太符合汉人传统的命名习惯。若这一现象属偶然，那么段琦之孙的名字里各有"高真"、"玄坛"、"众神"这种与宗教有关的词语[7]，却正应了白族取名的一种特殊制度——冠姓双名制，即在姓与专名之间加上父名或吉祥语或佛名、经名等[8]。不过，这些词并不是来自佛教或白族信奉的阿吒力教，而明显来源于道教，这又与以往关于白族命名是完全取自佛教的论断出现抵牾。实际上，在白族的宗教信仰中，佛教是因为大理国的推崇而盛极一时，而道教、本主信仰、巫教等宗教也一直流行于民间[9]。段琦之孙长大成人后自会省掉加名，实际上就叫段⬚文⬚、段奴和段保，与我们今天看到的他们的父祖名一样了。

段琦墓是单室券顶砖室墓，墓壁设壁龛，墓底无铺地砖，中间置简易的砖砌棺床，以上完全符合南京地区同时代砖室墓的特征。只是在清理随葬器物时，于棺床发现多枚贝壳，这一现象在南京地区明墓中实属罕见。而通过社会人类学的考察，发现云南部分白族，直到今天仍然有随葬贝壳的丧葬风俗[10]。另据志载，段琦于宣德甲寅乙巳（八月朔日）十五日卒，十七日即葬，也正应白族先民"三日内埋殡"的丧葬习俗[11]。因此，段琦系白族应毋庸置疑。

再回到前揭段琦墓志只字不提其父祖和妻室的问题上来。应该说，对比同时期的明代墓志，这一现象殊非寻常。试做猜测如下。洪武十五年，明朝大军平定云南，大理一役，擒酋长段世等，段氏一族在战争中或战死或被俘者当不在少数。段琦父母若是与此役有关，也可能断送性命，而段琦就应是被俘至京师的。若此，苟存于大明承平之世的段琦对其父母结局自当隐讳，不会刊诸墓志。但是这仅是一种可能，聊备一说。其中还有不少难以理解之处，即如段琦籍地澄江府在云南平定时，是举城投降归顺的，并没有明显的抵抗战争记录[12]。

需要补充说明的是，考察历史上人物的"族属"，不能完全按照当今我们对民族的定义。同样，民族也会有消亡的过程，这在历史学上往往称之为融合过程。所谓白族，在古代并没有严格的他称或自称，文献中也往往以郡望姓氏来表示族属的不同。民族的区分或认同，仍然是以文化的认同程度为标准。就段琦的白族身份而言，滇南地望应属明显线索，而洪武时期"云南来归之民"[13]是当时的历史背景，至于其孙辈命名方式和丧葬习俗才是他作为白族的一种自我认同，也是我们进行判断的直接依据。

三　左副使与奉使外邦

志曰："（段琦）甫弱冠，读书学问。居家庭，事亲奉长，以孝谨闻。"弱冠指男子初加冠，一般可以理解为二十岁左右。段琦生于洪武元年，等到了他授官光禄寺，则其时也已洪武二十年（1387 年）以后了。墓志未载段琦自司职光禄以来具体的升转经历，仅知左副使是他的最终官职。按光禄寺，"掌祭享、宴劳、酒醴、羞膳之事"，下设四署为大官、珍馐、良酝和掌醢，还有司牲司、司牧局和银库等隶属机构。其中设有副使一职的，仅见司牲司，且定额仅一员。"司牲养牲，视其肥瘠而蠲涤之。"[14]但根据墓志，段琦日常掌管过的有佳肴也有美酒，这两种应分别是珍馐、良酝二署分掌的。率其下属进膳过程也不仅限于涤濯，还有烹调等环节。可想而知，段琦大半生都奉职于光禄寺，即使凭其恭谨守职一生，也终未能入流，应曾经长期充役于光禄寺下层，所以才可能参与到光禄寺的各个具体事务环节中去。光禄寺诸官多是由礼部委派的，其厨役也是由礼部"佥诸民，以给使于太常、光禄"[15]。洪武十年（1377 年），定光禄司散官品秩，提到所用光禄之官有三种出身，或内官，或流官，或庖人。段琦或是因厨艺之长得以选赴京师，奉职于光禄寺的。

民以食为天，光禄寺在朝廷许多活动中都是不可或缺的，其在外交活动中也常扮演着重要角色。接待外国使臣，往往由光禄寺赐食，大官等署负责供给酒馔。《明史》亦载大量西番僧徒，"交错于道，外扰邮传，内耗大官"[16]，曾给光禄寺造成沉重的负担。光禄寺不仅接待外国使团，其职官还可以充使外邦[17]。当然，至于庖人、厨役、膳夫之流，在出使团队中自是不可或缺了。然而，这类人群皆为庶务人员，无姓名可考，早已湮没于历史的长河中。段琦墓志可补史阙，亦聊慰此憾。

段琦墓志中颇着笔墨的有两个方面，其一是上述司职光禄，守职之贤；其二便是永乐甲午（永乐十二年，1414 年）奉使外邦，因功获赐，这也恐怕是他一生中最重要的经历和转折点了。但段琦这次出使的具体时月、目的地及使团人员等情况，墓志中概无交代，仅能根据永乐甲午当年或前后有出使的记录进行可能性分析。永乐十二年春二月，成祖开始第二次亲征漠北，与此同时，频繁的出使活动也仍在继续。根据《明实录》所载，当年派出使团的主要有乌斯藏等西番诸国、西域、真腊等处（表一）[18]。

表一　　　　　　　　　　　　　　　永乐甲午出使外邦概况

日期	使者	官职	出使地点	使命
正月己卯	杨三保	中官	乌斯藏等西番诸国	修复驿站、畅通道路
正月壬子		中官	乌斯藏	护送搭乘法王昆泽思巴回程
三月甲申	祝原	奉御	真腊	送归使者，赐真腊国王，敕戒占城王
十月壬辰	傅安	给事中	西域别失八里	慰问

如《明实录》无漏载，那么段琦出使应是上表中的哪一次呢？墓志云："永乐甲午奉使外邦，尤能布宣威德，沾及夷庶，使遐迩一体，岁贡方物不可胜数。"这段话包含了两个方面的关键信息：首先这不是一次简单的护送、赍敕赐予的行程，而这次出使起到了沟通、敕戒、调解等方面的重要作用；其次通过这次出使，目的地国显然有所回馈，并进贡方物。如果上述两个方面的信息理解无误，则可以轻易排除"正月壬子"和"十月壬辰"这两次，只剩下真腊和西藏两种可能。必须注意到的是，去这两个目的地的出行方式迥异。真腊，即今柬埔寨，"在占城南，顺风三昼夜可至"[19]，显然与明朝的交往是通过海道交通。而乌斯藏诸番，与明廷之间的交通多为陆行，其道路险远，往返甚或耗费几年时间[20]。墓志中对出行方式并没有特别说明，那么段琦随中官杨三保出使乌斯藏等西番诸国的可能性最大。

永乐十二年春正月己卯"遣中官杨三保赍敕，往谕乌思藏怕木竹巴灌顶国师阐化王吉剌思巴监藏巴里藏卜、必力工瓦阐教王领真巴儿吉监藏、管觉灌顶国师护教王宗巴斡即南哥巴藏卜、灵藏灌顶国师赞善王著思巴儿监藏巴藏卜及川卜、川藏、陇答、朵甘、答笼、匝常、剌恰、广迭、上下邛部、陇卜诸处大小头目，令所辖地方驿站有未复旧者，悉如旧设置，以通使命"[21]。杨三保是明朝出使藏地的中官领袖之一，曾数次出使乌斯藏等地，这次出使距上次返回还不到一年[22]。史载此次出使收效甚好，"自是道路毕通，使臣往还数万里，无虞寇盗矣"[23]。是年，"乌斯藏入贡"[24]。永乐十二年对乌斯藏等地的奉使，与段琦墓志所表述出来的目的与作用，不谋而合，似指同一次事件。

据志，段琦因出使有功，获"钦赐第宅于应天之江宁"。这种赏赐属于非常罕见的优待，并非常例。此次出使过程中是否还发生了一些特殊情况，段琦表现突出，因而获得使团领导杨三保的垂爱，恐难究其详。墓中随葬白釉梅瓶一件，上有墨书"内酒"二字，应理解为内府酒器，应属获赐之物。

四　余　论

段琦职官题为光禄寺左副使，但左副使一职不见史载。如上所述，副使仅设于光禄寺司牲司，额一员，本不需要加左右区分。但在明朝前期，光禄寺事物繁剧，宣德五年（1430年）"增置行在光禄寺大官、珍羞、掌醢、良酝四署丞各二员，监事各一员。从本寺言收支钱粮供应事繁故也"[25]。此外，厨役人数的猛增也可见一斑。《明英宗实录》卷八载，宣德十年（1435年）八月"丙午，减光禄寺厨役四千七百余人。初，洪武中光禄寺厨役八百名，永乐中两京共三千名，后增至九千余名，至是减省，量留五千人供役"[26]。可见，光禄寺一些职官的定额，在特殊需求下也还是发生过变化的。段琦副使加左，或许是增员后以示区分之故。再者，他出使外邦期间，理应有替代者，这也可能是题为左副使的另一个缘由。

段琦墓志撰者钟述夫，会稽人，职衔为前进士武陵县儒学教谕，时在宣德九年。南京市博物馆还藏一方墓志，撰者相同，而题为"赐进士前武陵县儒学教谕会乩钟述夫"，墓志作于宣德四年（1429年）[27]。遗憾的是，钟述夫此人目前查无史证，对于探讨段琦生平经历所能提供的信息不多。据这两方墓志所载的职衔，可以看出宣德四年前，钟述夫已是进士，曾担任武陵县儒学教谕，而且自宣德四年至九年的五年间，似为致仕状态，并生活在南京。虽然钟述夫事迹不详，但值得注意的是他曾任职于武陵县。武陵县为常德府治所在，"左包洞庭之险，右控五溪之要"，"吴蜀楚粤之会"[28]，历来为交通要道。明朝与乌斯藏诸番的往来，有一条重要交通路线，就是川藏线，这也是当时一条重要的茶马古道[29]。而由南京至四川则可以溯江而上，至泸州起陆路[30]。这条线路必经武陵县，段琦可能于出使途中就结识了时任武陵县儒学教谕的钟述夫。反过来说，这也算是段琦出使目的地为乌斯藏诸番的又一证据。

另外，段琦墓志盖因机械施工破损，惜首字不存，从布局上看有六字，应为"□官段公墓志"。光禄寺有四署，其大官一署，署正从六品，且并不统隶段琦司职的司牲司副使，所以不应补为大官。此处可能相沿历史上对膳夫、庖人的泛称，可据补为食官[31]。

段琦墓及其墓志的发现，为研究明代前期外交使团人员构成提供了重要资料。段琦作为一名食官，参与永乐十二年出使乌斯藏诸番，是明朝对外使团成员中一个崭新的角色，这使得明代前期的对外交往活动显得更加真实、生动。最后，需要说明的是，墓志所涉及的历史背景信息较多，但因人微官卑，史书阙载，许多线索渺不可寻。又笔者学力有限，故文中必有疏误，旨在抛砖引玉，期待将来有更深入的研究。

注　释

［1］　南京市考古研究所《南京雨花台定坊村明代段琦墓发掘简报》，《南京文物考古新发现》（第四辑），文物出版社，2016 年。

［2］　云南境内各蛮在历史上有多种称呼，白族的来源也有多种，在此不便讨论。本文按今之惯例，直称白族。

［3］　《明史》卷四六《地理七·云南》，第 1178 页，中华书局，1974 年。以下所引《明史》皆据此版本。

［4］　参见云南省澄江县史志编纂委员会编纂《澄江县志》，云南人民出版社，2002 年。

［5］　《明史》卷三一三《云南土司一》，第 8073 页。

［6］　关于明代及之前的澄江史志的记载，可参考天启年间刘文征撰、古永继校点《滇志》，云南教育出版社，1991 年。

［7］　值得特别注意的还有洪保寿藏铭载洪保侄孙的名字，"金刚"、"福安"也是取自佛名。王志高先生最早注意到这种命名的特殊性并给予论证，进而指出洪保为白族的可能性。参见王志高、陈大海《明代都知监太监洪保"穆斯林身份"驳议》，《郑和研究》2011 年第 3 期。

［8］　张锡禄《南诏国王蒙氏与白族古代姓名制度研究》，《南诏与白族文化》，华夏出版社，1992 年；杨锡圭《白族文化史》第四章第一节第六条"命名"，第 101 ~ 102 页，云南民族出版社，2002 年；田怀清《宋、元、明时期的白族人名与佛教》，《云南民族学院学报（哲学社会科学版）》2002 年第 1 期。

［9］　参见杨锡圭《白族文化史》第三章"宗教信仰"，第 58 ~ 91 页，云南民族出版社，2002 年。

［10］　杨艺《元明清时期白族风俗探析》，《云南民族学院学报（哲学社会科学版）》1997 年第 3 期；张锡禄《白族对鱼和海螺的原始崇拜初探》，《南诏与白族文化》，华夏出版社，1992 年。

［11］　（唐）樊绰撰、向达校注《蛮书校注》卷八《蛮夷风俗第八》，第 216 页，中华书局，1962 年；关于白族不同历史时期的丧葬礼俗，今人也多有论述，可参见白族简史编写组《白族简史》，云南人民出版社，1988 年。

［12］　《明史》卷三《太祖三》载，（洪武十五年春正月）"壬午，元曲靖宣慰司及中庆、澂江、武定诸路具降，云南平"，第 39 页；又《明史》卷三一三《云南土司一》云，"洪武十五年，云南平，澂江归附，改澄江

府", 第 8073 页。

[13] 《明太祖实录》卷一四五"洪武十五年五月丙寅"条载，"赐云南来归之民二十三户，钞一百七十二锭"，（台北）"中央研究院"历史语言研究所校勘本，第 2278 页，1962 年。以下所引《明实录》皆据此版本。

[14] 《明史》卷七四《职官三》"光禄寺"，第 1798 ~ 1800 页。

[15] 《明史》卷七二《职官一》，第 1750 页；关于光禄寺职官、厨役的研究可参考王瑞《明朝光禄寺研究》，辽宁师范大学硕士学位论文，2011 年。

[16] 《明史》卷三三一《西域三》，第 8577 页。

[17] 《明太宗实录》卷二〇五"永乐十六年十月壬寅"条载，"命光禄寺少卿韩确为正使，鸿胪寺丞刘泉副之，赍诏往封裪为朝鲜国王"，第 2109 页。

[18] 引自《明太宗实录》，第 1725 ~ 1726、1738、1798 ~ 1799 页。

[19] 《明史》卷三二四《外国五》，第 8394 页。

[20] 《明史》卷三〇四《宦官一》，第 7768 页。

[21] 《明太宗实录》卷一四七"永乐十二年春正月己卯"条，第 1725 页。

[22] 《明太宗实录》卷一三七"永乐十一年二月己未"条载，"中官杨三保等使乌思藏等处还"，第 1665 页。

[23] 同［16］，第 8580 页。

[24] 《明史》卷七《成祖三》，第 94 页。

[25] 《明宣宗实录》卷七三"宣德五年十二月己丑"条，第 1712 页。

[26] 《明英宗实录》卷八"宣德十年八月丙午"条，第 152 页。

[27] 故宫博物院等《新中国出土墓志·江苏［贰］·南京》上册第 112 页、下册第 77 页，文物出版社，2014 年。

[28] （明）陈洪谟纂修《常德府志》卷一"形胜"，《天一阁藏明代方志选刊》，上海古籍书店影印本，1964 年。

[29] 《明史》卷八〇《食货四》"茶法"载以茶易马"其通道有二，一出河州，一出碉门"，第 1949 页。另，碉门，在今雅安。

[30] 参见杨正泰撰《明代驿站考（增订本）》附《一统路程图记》，第 216 页，上海古籍出版社，2006 年。

[31] 食官的称谓较早见于汉代。（汉）郑玄注、（唐）贾公彦疏《周礼注疏》卷第一《天官冢宰第一》"膳夫"，郑玄注"膳夫，食官之长也"，第 11 页，上海古籍出版社，2011 年。此后食官或为具体官职，或为泛称。明代未有以食官命名的具体职官，仍是对膳夫一类人的统称。证见《明史》卷一九七《席书》，席书上言"今内府供应数倍往年，冗食官数千"，第 5201 页。

南京"王景弘地券"的发现与初步认识

祁海宁　龚巨平

2012 年 10 月，南京市博物馆考古部在配合基本建设的过程中于南京市雨花台区赛虹桥街道凤凰村三组一户已拆迁民居的废墟中，新发现了一方保存完整、字迹清晰的石质地券。该地券的本名为"高上后土皇地祇卖地券文"，券文中详细记载了明正统元年（1436 年）内官监太监王景弘向后土神购买阴地一事。下为便于叙述与介绍，我们将该地券另称为"王景弘地券"。

王景弘与郑和一样，同为统帅明初下西洋船队的正使太监，是创造七下西洋壮举的关键人物。宣德八年（1433 年），郑和在第七次下西洋途中病逝，王景弘作为统帅率领船队安全回航。此后他一直担任南京守备太监，直至正统初年。遗憾的是，有关王景弘的史料严重匮乏，致使对他的研究长期无法深入开展。此次王景弘地券的发现，提供了许多前所未见的信息，对于研究王景弘的葬地与坟寺、生卒年代、隶属衙门等相关问题，具有非常重要的意义。

一　地券的发现地点与过程

出土该地券的凤凰村位于南京主城西南部，与明代南京主城的正南门（明代称聚宝门，现称中华门）的直线距离恰好为 5 公里，与明代南京外郭城的西南门（安德门）相距约 2 公里（图一）。南京主城的南部和西南部，从地形上看，是一大片连绵分布的低山、丘陵地带，统称为"石子冈"。凤凰村位于石子冈的西南部。由于石子冈地区的土质与地形地貌适宜建葬，自古就成为南京最主要的埋葬区之一。《三国志·吴书》对此即有记载："建业南有长陵，名曰石子冈，葬者依焉。"[1] 与此同时，自东吴时期高僧康僧会在南京城南创建江南第一座佛寺——建初寺开始，佛教文化就在石子冈一带深入发展，寺院大兴。六朝时期，这一带先后涌现出长干寺、高座寺、新亭寺、天王寺、旷野寺、铁索罗寺等众多名寺；发展至明代，该地区香火更为旺盛，天界寺、大报恩寺、能仁寺、高座寺、永宁寺、西天寺、普德寺、崇因寺等大小伽蓝比邻而居，使得这一地区已成为南京佛教寺院分布最为密集的区域，也产生了南京流传广泛的一句俗语——"出了南门皆是寺（事）"。我们认为，王景弘地券最终在石子冈发现，与上述该地区独特的自然地理环境和历史文化传统有着密切的联系。

发现该地券后，我们推测王景弘的墓葬很可能位于凤凰村一带，因此对此区域进行了密集的考古勘探，先后发现和发掘了六朝时期墓葬 11 座、宋代墓葬 2 座、明代墓葬 3 座、清代墓葬 2 座。在发现的 3 座明代墓葬中，一座为平面呈长方形的砖砌券顶单室墓，长仅 2.8、宽 2.6 米，内葬一男二女，且出土了明晚期的"万历通宝"，因此不可能为王景弘墓；另两座皆为长方形竖穴土坑

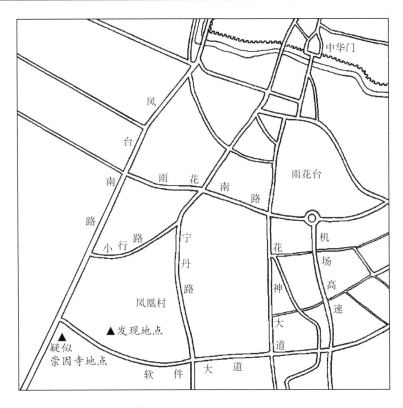

图一　"王景弘地券"发现地点位置示意图

墓，长仅 2.2 米，不仅葬制简陋，与王景弘的身份等级严重不符，而且两墓出土的青花瓷罐、铜镜、陶砚、铜钱等随葬器物，全部为明代晚期遗物，因此它们也皆不可能为王景弘墓。

目前虽然在凤凰村三组的范围内未能找到王景弘墓，但三组东侧原二组、一组的范围内仍有大片区域尚未开发和动迁。不过应该看到，凤凰村以往的建筑规模很大，原有的地下遗存很可能已在上述建设过程中遭到了彻底毁坏。对此，我们应该有所认识和准备。

二　地券的基本内容

王景弘地券为青石质地，近方形，长 41、宽 40.8、厚 6 厘米。券文头尾分别以楷、篆两种大号字体题刻"高上后土皇地祇卖地券文"之名称；中间正文为楷体，字号缩小，以一行正写、一行倒写的回文形式刻成，以反映买、卖双方对坐、对书的场景。券文 18 行，共 350 字（图二）。录文如下：

　　高上后土皇地祇卖地券文
　　　后土皇系后丨土主宰，今有地一段，坐落地名应天府江宁县安德门外崇因丨寺东。见今东至青龙、西至白虎、南至朱雀、北至玄武、中有勾陈，丨分治五土。今凭两来人田交佑引至内府内官监太监王景弘丨向前承买，当日三面言定，时值价钱玖仟玖佰玖拾玖贯玖文，丨置立地券，当日成交了当。其钱及券当日两相交领并足讫，即丨无未尽短少分文。所作交易系是二家情愿，非相抑逼；亦不是丨虚钱实券，未卖之先并不曾将在公私神祇上重行典卖。此地丨

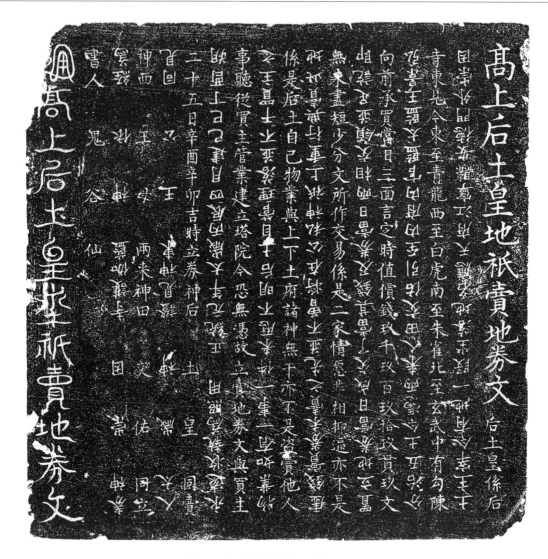

图二　"王景弘地券"拓片（1/3）

系是后土自己物业，与上下土府诸神无干，亦不是盗卖他人」物业。如有一事一件来历不明，后土自管理落，并不干买主之」事，听从买主管业建立塔院。今恐无凭，故立卖地券文与买主，」永远收执为照用。正统元年太岁丙辰四月建己巳丁酉朔」二十五日辛酉辛卯吉时。立券神后土皇、同卖」人太岁神、证见神东王公、同见」神西王母、两来神田交佑、同立」券神崇因寺护伽蓝神。依经为，」书人鬼谷仙。

　　□高上后土皇地祇卖地券文（"□"为一特殊道符）

　　地券是我国古代特有的一种带有浓厚道教迷信色彩、专门用于陪葬的明器，因此又被称为"冥契"、"幽契"。它发源于西汉，盛行于东汉，唐宋以后风行于大江南北。地券的用途在于模仿人间土地交易的行为，由拟建墓者向鬼神购买阴宅用地，并以契约的形式加以明确，从而使得在此营建的墓葬获得鬼神的认可与护佑。江西出土的南宋嘉泰四年（1204年）周必大买地券，对于地券的这一功能交代得非常清楚："青乌子曰，按鬼律云，葬不斩草、买地、立券，谓之盗葬。"[2]

　　地券在明代墓葬中常见，在已发现的明代宦官墓葬中经常出土，不过有的是双券、有的为单券。比如 2005 年在南京江宁区正德学院发现的明都知监太监杨庆墓，出土的地券为一合两块，两券各刻"合同"二字之一半，可以合二为一。券文明确指出："券立二本，一本奉付后土，一本乞付墓中，令故考太监杨公收把，准备付身，永远照用。"[3] 2010 年在南京江宁区祖堂山发现的明都知监太监洪保墓，亦为双券，以铁箍捆系，可惜石质风化严重，文字内容无法辨识[4]。2005 年成都高新区"新北小区四期"工地发现了明蜀王府宦官周有龄墓，出土地券虽仅有一块，然而其正反两面皆刻有券文，分别为买地人周有龄和卖地人"山家土府神君"的执照，因此它是一种特殊的双券[5]。出土单块地券的墓葬也有不少，如 1953 年在南京江宁区西善桥英台寺山发现的明司礼监太监金英墓，墓室中仅出土了一块方形地券，券文末尾指明："券付亡过太监金英神魂收执，承为照证。"[6] 1991 年在河北遵化市苏家洼镇发现的太监王法兴墓也是如此，墓中仅有一块陶瓦制成的梯形地券，券文末尾曰："今立券者，右给付受地太监王法兴。准此。"[7] 2003 年在成都红牌楼工地发现的明蜀王府内奉何珊墓，出土的也是单券，其文末尾亦曰："右券一本，给付墓中亡官何珊收执存照。"[8] 从地券为土地买卖凭证这一性质来看，完整的地券应为双券，买卖双方各执一券。杨庆、洪保、周有龄地券即是如此；而一些墓葬虽然仅出土单券，但是未必真的仅有一券。王法兴、何珊地券皆称右券给付亡者，强烈暗示另有左券。左券应该给付地神，它们很可能没有放置于墓葬之中，而是被埋藏于墓葬之外。根据这一分析我们推测，原始的、完整的"王景弘地券"很可能也是一合二券，一券为我们现在看到的"高上后土皇地祇卖地券文"，另一券可能名为"大明内官监太监王景弘买地券文"。前者原本埋藏于墓外，被凤凰村村民无意中发现，抬回家中；而后者一直放置于墓内，目前尚未发现。当然这是最理想的情况。如前所述，一合二券全部放置于墓内的情况也很常见。若是那样，就意味着王景弘墓葬此前已遭严重破坏。

地券文的内容一般都是真实与虚拟、真人与鬼神相互交织，本次发现的王景弘地券同样如此。券文之中，买地人王景弘、他于崇因寺之东购得土地、正统元年的立券时间等，皆为真人、真事、真时；而阴间土地的所有者后土皇、同卖人太岁神、证见神东王公、同见神西王母、两来神田交佑及同立券神崇因寺护伽蓝神、书人鬼谷仙等皆为道教文化、堪舆术士虚拟出来的各路鬼神。另外"东至青龙、西至白虎、南至朱雀、北至玄武"的地界以及"玖仟玖佰玖拾玖贯玖文"的地价亦明显为虚指。通读该地券文，排除其中神秘虚诞的内容，可以得到以下基本史实：明英宗正统元年，官职为内官监太监的王景弘，于南京安德门外崇因寺东侧购买了一块土地，用于建造塔院。

三　地券内容的初步认识

根据地券提供的信息，我们认为至少在三个方面弥补了史料的不足。

1. 王景弘的葬地与坟寺

明清时期的宦官大多崇佛，有实力的大珰在为自己营葬的过程中，往往同时建寺藉僧，使之将来为己守冢。这在当时宦官云集的南、北二京，成为一种普遍的社会现象。明代内官刘若愚就曾指出："中官最信因果，好佛者众，其坟必僧、寺也。"[9] 清人龚景翰也曾记录过北京周遭的情况："薄游京城之外，而环城三四野往往有佛寺，宏阔壮丽，奇伟不可胜计。询之皆阉人之葬地也。阉人既卜葬于此，乃更创立大寺于其旁，使浮屠者居之，以为其守冢之人。"[10] 历年来，南京市考古工作者在南京城南地区先后收集和发掘出多方明代宦官的墓志与寿藏铭，它们记载的内容使上述情况一再得到印证。比如，南京守备、内官监太监罗智的墓志记载，罗智"于城南安德乡购地一所，山明水秀，生气攸聚，卜为寿藏。且傍建梵刹，具章上请，赐额曰'静明寺'"；内官监太监杨云的寿藏铭记载，杨云"乃择山水明秀之地，悉罄己赀刱建梵刹，为国祝釐，为民祈福，规制宏丽，辉映林壑。具疏以闻，赐额'普应寺'。后则公营圹之所也"；南京守备、内官监太监余俊墓志记载，"公择地于安德乡，上其事于朝，请立祠若寺，以诏永久。上眷方深，可其奏，仍各赐额：祠曰'彰勤'，寺曰'祝禧'"[11]；2010年出土的都知监太监洪保寿藏铭同样记载，洪保"捐舍宝钞五百千贯，修造祖堂寺轮藏一所；又建东峰庵一所，度剃十二僧……预为此圹者，使住世弟、男知所奉祀焉"[12]。而据《非幻庵香火圣像记》所载，郑和生前"出己缗，命工铸金铜像一十二躯，雕妆罗汉一十八位，并古铜炉瓶及钟声乐师、灯供具等"，计划"逮候西洋回还，俱送小碧峰退居供奉，以为永远香火"，郑和的朋友和族人子弟皆知这是郑和在计划身后之事——"所以言者，有深旨哉"[13]。可见郑和早就安排以小碧峰寺为坟寺，并做了大量准备，只是突然病殁域外而可能未能如愿。

根据文献与实物资料揭示的事实，我们不难判断，王景弘在地券中与后土神买地订约"听从买主管业建立塔院"，表明他决定在此地建立一座寺院。此时的王景弘已是垂暮之年，他出资建立寺院明显与其他大珰一样，是为身后事计，该寺应为其坟寺。同时也就表明，他为自己选定的葬地就是崇因寺东侧的这片土地。在王景弘地券出土之前，一些学者根据王景弘原籍福建而又葬地不明，曾经推测他死后很可能归葬于闽。王景弘地券出土之后，这种推测即不成立。王景弘与郑和、洪保、罗智、杨庆等宦官一样，虽然籍贯各异，但是最终都入葬于他们长期为官的大明都城——南京。

在地券中多次被提及的崇因寺，目前已不存，但在明人葛寅亮所撰《金陵梵刹志》中对其有较为详细的记载。由于该寺位于产生过著名典故"新亭对泣"的新亭，该书因此称之为"新亭崇因寺"。该条记曰：

> （新亭崇因寺）在郭外，南城安德乡。北去所统报恩寺十里，聚宝门十里。刘宋时，名旷野寺。齐废。梁大同中，复。唐开元中，以懒融尝居，改禅居院。太和中，改崇果院。宋改寺额曰崇因。嘉靖间，重修。此地旧为新亭，有王、谢遗迹，宋苏长公画像颂。又刘谊诗云："十里重因寺，临江水气中。"皆为寺证据。所领小刹，曰英台寺、慈善寺、兴福寺、凤岭寺。[14]

通过这段记载可知，崇因寺的历史悠久，最早即为南朝时期创立的旷野寺，其后历经唐、宋、明，虽然名称不同，但代代不绝。在这段记载中，最重要的是指出了崇因寺与聚宝门和报恩寺的距离为十里。按古代一里相当于今天的576米，十里即约5700米[15]。聚宝门与大报恩寺遗址今天皆存，经测算，这两处距离凤凰村王景弘地券出土地点的距离为5000米。地券发现地点属于王景弘葬地和坟寺的范围，位于崇因寺之东，因此崇因寺本址则应再向西稍许，正好符合《金陵梵刹志》所记其与聚宝门和大报恩寺相距十里的记载。

那么，崇因寺是否就是王景弘的坟寺呢？我们认为崇因寺与王景弘的关系应极为密切，从其葬地紧邻该寺及地券将“崇因寺护伽蓝神”确立为“同立券神”等处，表现得已然十分明显。但是不能就此简单地将崇因寺当作王景弘的坟寺。因为从上述罗智、杨云、洪保等与王景弘身份、时代相近的明代大珰的作为来看，他们都“悉罄己赀剏建梵刹”，即创建新寺作为自己的坟寺。其中，洪保的作为颇能说明问题。洪保生前与祖堂寺关系十分密切，曾“捐舍宝钞五百千贯，修造祖堂寺轮藏一所”，但他并未将祖堂寺定为坟寺，而是“建东峰庵一所，度剃十二僧”。据发掘者考证，东峰庵即后来之宁海寺，就在祖堂寺东侧近旁，相距不过数百米[16]。内官监太监罗智同样如此。罗智的葬地紧邻南京南郊之牛首山，该处有著名的大刹弘觉寺，但是罗智并未直接以弘觉寺为坟寺，而是奏请皇帝批准另建静明寺，然后将静明寺归于弘觉寺之下管辖[17]。郑和的做法其实也是如此。《非幻庵香火圣像记》明确指出，郑和要求将自己制作的佛像、供具等物，“俱送小碧峰退居供奉，以为永远香火”。南京本有碧峰寺，据《金陵梵刹志》记载，碧峰寺“在都门外，南城安德街。东去所统报恩寺二里，东北去聚宝门二里……国朝洪武中，敕建，居异僧金碧峰，因名寺。近禅僧大方募建千佛阁。所领小刹，曰永福寺”[18]。这座寺院是明太祖朱元璋为高僧金碧峰敕建，规模大、等级高，向称“碧峰寺”，它不可能另于寺额前加小，而称“小碧峰”。因此郑和打算为己坟寺之“小碧峰”肯定不是该寺，而应是一座由郑和创建或重建，归于碧峰寺名下管辖的小刹。笔者怀疑永福寺很可能就是郑和原本计划的坟寺。《金陵梵刹志》对永福寺记曰：“在都门外，南城安德街天竺山前。北去所领碧峰寺相邻，东北去聚宝门二里。天顺间，诂庵禅师建。按，乾道志：在广济仓东。旧在冶城东南，本晋开福寺。后徙此，改景福寺。南唐避讳，改额。宋、元名永福尼寺。旧有孔雀坛，成化中毁。弘治辛酉，重修。今居士张应文复募重修，度越前刹。”[19]这段记载虽未提及郑和，但是可以发现该寺从元末到明成化年之间的情况语焉不详，不能排除郑和曾对该寺的恢复与建设做出过重要贡献，从而将它立为坟寺的可能性。

　　总之，明代大珰的坟寺虽然依附于已有之大寺，但通常不直接以其为坟寺，而是尽力另建小寺。究其原因，可能是由于大寺地位尊崇、人多事杂、难以专为其用，而自建之小刹可以为他们专心守坟。回归至王景弘坟寺的问题，地券中明确指出买主将“建立塔院”，说明王景弘本意与郑和、洪保、罗智这些生前同僚一样，创建属于自己的坟寺，该寺计划建于崇因寺东侧，建成后无疑将归属于崇因寺管辖。不过这座塔院是否最终建成，尚有疑问，我们下文将做分析。《金陵梵刹志》记载了崇因寺下辖的四座小刹，略加分析就可发现，它们皆不可能为王景弘所建之坟寺——英台寺“东去所领崇因寺五里”、慈善寺“东去所领崇因寺四里”、兴福寺“东去所领崇因寺七里”，它们皆位于崇因寺之西，与王景弘所买之地方位不合；另一座凤岭寺“西去所领崇因寺十里……宣德元年，右善世溥洽示寂，窆于凤岭之阳，建塔院，赐额”[20]。该寺虽然位于崇因寺之东，但相距达十里，而且明确记载为溥洽所建，因此亦不可能。

　　2. 王景弘的生年与卒年

　　王景弘生于何年，以往由于史料的缺乏，学界很难给出可信的答案。此次地券的发现，为探讨这个问题提供了宝贵的线索。

　　王景弘地券中提及了多位神祇，其中后土、太岁、东王公、西王母、鬼谷仙等，自两汉地券兴起以来，在全国各地的地券中屡屡出现，与他们类似的还有岁月主、五帝使者女青、白鹤仙、张坚固、李定度、杨筠松（杨救贫）等，这些神祇在地券中的作用一般是固定的，比如后土是地神，是土地的出让者；东王公、西王母、太岁、岁月主、张坚固、李定度等，主要充当保人和见证人；杨筠松本是唐僖宗时掌管灵台地理事务的官员，由于精于风水之术，被堪舆术士神化，在地券中承担起为墓主选定吉穴的重任；鬼谷仙、白鹤仙经常充当书写人；而女青被认为是天帝、太上老君和元始天尊的使者，又负责掌管鬼律，所以在地券中由她代表上天对地券的合法性进行确认。总之，地券中各路神祇的名号虽然众多，看似纷繁杂乱，但实际上各司其职、皆有所用，绝非阴阳先生随意而写。值得注意的是，此次在王景弘地券中出现了两位罕见的神祇——两来神田交佑和崇因寺护伽蓝神，他们的名号在其他地券中极少出现，或者根本没有出现过，打破了以往地券行文相对固定的套路。这说明他们二位对于王景弘具有特别重要的意义，因而必须被列入地券之中。

崇因寺护伽蓝神的出现与作用似较容易推测，我们认为他很可能是为王景弘买地而特意新创的神祇。正如上文所析，王景弘买地是为建立坟寺，而其坟寺紧邻崇因寺，且将属该寺管辖，因此在地券中拟创出这位崇因寺护伽蓝神，使之与后土共同立券，意味着让他代表崇因寺对王景弘买地的行为给予认可，并对王景弘将来的坟寺给予庇佑。

田交佑之名虽然在以往的地券中很少出现，但他存在于道教典籍《灵宝天尊说禄库受生经》之中，并非新创。《灵宝天尊说禄库受生经》的编撰者与年代皆不详，然而该经为《正统道藏》所收，其成书年代应该较早。该经重点阐述了一种受生还债的思想，它认为：凡人在托生之前，皆从地府的禄库之中借贷过钱财，因而受生为人，是为"受生钱"；人出生之后，应该"钦敬三宝，方便布施，设斋诵经，行种种善缘，及依吾教诵念此经，烧还禄库受生钱者，得三生为男子身"，如果"负欠冥司受生钱财，在世不还，更相诳妄，死入地狱，万劫方生畜兽身，轮转果报"。为了便于人们还此阴债，该经详细列举了十二生辰之人分别对应的地府十二禄库以及各库曹官的姓氏，要求人们根据各自生辰向各库归还受生钱。更为关键的是，该经又详细列举十二生辰之人的"本命元辰"，强调人们只有向自己的"本命元辰"许钱，才可来生继续为人。其相关经文引录如下：

> 子生人，本命元辰刘文真，当得人身，许钱七千贯。丑生人，本命元辰孟候，当得人身，许钱九千贯。寅生人，本命元辰钟元，当得人身，许钱六千贯。卯生人，本命元辰郝元，当得人身，许钱一万贯。辰生人，本命元辰李文亮，当得人身，许钱五千四佰贯。巳生人，本命元辰曹交，当得人身，许钱一千贯。午生人，本命元辰张巳，当得人身，许钱九千贯。未生人，本命元辰孙恭，当得人身，许钱四千贯。申生人，本命元辰杜准，当得人身，许钱八千贯。酉生人，本命元辰田交佑，当得人身，许钱五千贯。戌生人，本命元辰崔渐进，当得人身，许钱五千贯。亥生人，本命元辰王爽，当得人身，许钱六千贯。[21]

从现代人的角度看这本经书，或许荒诞不经，充满了迷信思想，但是在古代很多人的心目中，它是必须虔诚遵行的经典。正是通过此经我们得知，田交佑乃是酉年生人的"本命元辰"，他在很大程度上掌管着该生辰之人来生的命运。王景弘在地券中特意以他为两来神，通过他向后土买地。由此我们不难推测：王景弘很可能是酉年生人，属鸡，田交佑乃是他的"本命元辰"。另外我们还注意到，《灵宝天尊说禄库受生经》虽为道教经书，但是其内容混杂了大量佛教思想：它既强调人们需"烧还禄库受生钱","负欠冥司受生钱财……死入地狱";同时更强调人们要"钦敬三宝,方便布施,设斋诵经,行种种善缘"。联想到王景弘、洪保、罗智等明代大珰都是既按照道教仪轨斩草、买地、立券,又按照佛教方式建寺、籍僧,因此很难说这本经书所阐述的佛道交融的思想不是他们行为的理论来源之一。

由于文献史料的缺失与疏漏,在地下文物资料出土以前,领导七下西洋活动的众多关键人物——无论是正使太监郑和、王景弘,还是多位副使太监,以及负责后勤保障工作的内承运库大使、南京守备太监等人,他们的生卒之年都是难解之谜。自 20 世纪 50 年代以来,罗智、杨庆、洪保等三位参与过下西洋活动的关键人物的墓葬先后被发现,出土了记载详细的墓志(寿藏铭)材料,才使这一状况有所改善。这三位人物的墓志文不仅将他们本人的生卒年交代得十分清楚,也为我们探索王景弘的生卒年提供了重要的参照系。正如上文所析,此次王景弘地券的发现使我们了解到王景弘很可能是酉年生人,但是能否进一步明确到哪一年,就还需要其他信息参与分析。洪保、杨庆均为直接参加下西洋活动的副使太监,罗智曾任主管下西洋后勤保障的南京守备太监,他们与郑和、王景弘皆为同僚和副手的关系。据洪保等人的墓志文记载,洪保生于洪武三年(1370 年),永乐三年(1405 年)郑和第一次下西洋时 36 岁;杨庆生于元至正二十七年(1367 年),永乐三年时 39 岁;罗智生于洪武八年(1375 年),永乐三年时 31 岁。由此可见,永乐三年郑和第一次下西洋时,这些领导层成员的年龄普遍在 30 余岁。而郑和、王景弘作为这只船队的主帅,职务和承担的责任皆在这些人之上,他们的年龄虽不一定比他们年长,但至少应当相仿。以此条件为基础,加上地券提供的信息,我们发现洪武二年(1369 年,农历己酉年)很可能是王景弘的出生年——因为如果王景弘于该年出生,永乐三年第一次下西洋时,他正好 37 岁,年富力强,堪挑大梁;如果推后一轮,假设他出生于洪武十四年(1381 年,农历辛酉年),那么第一次下西洋时,他年仅 25 岁,年龄过轻,难以服众;如果提前一轮,假设他出生于元至正十七年(1357 年,农历丁酉年),那么第一次下西洋时,他已 49 岁。这尚有可能,然而至宣德五年(1430 年)他最后一次奉命下西洋时,将达 74 岁,这就明显不合理,明宣宗不可能让这样一位老人率领大军,出入惊涛骇浪。综上,只要王景弘本命年为酉年这一前提正确,那么王景弘出生于洪武二年是可以基本确定的。

在王景弘地券的末尾,有"正统元年四月二十五日"这一明确的纪年数据,这可以看作王景弘开始为自己预制寿藏的日子。从预制寿藏到去世,中间存在无法确定的距离——比如,据洪保寿藏铭的记载,洪保于宣德九年(1434 年)即 65 岁时预制寿藏,而他在正统六年(1441 年)即 72 岁时仍然健在,尚能接受皇太后委任,为正统皇帝访择皇后,其间相隔至少在 7 年以上[22];而据杨云寿藏铭记载,其于成化五年(1469 年)即 79 岁时预做寿藏,至成化九年(1473 年)即 83 岁时去世,相隔为 4 年[23]。因此,我们不能将正统元年四月二十五日作为王景弘去世的日期。陈学霖先生在《明王景弘下西洋史事钩沉》一文中,通过全面检索《明实录》的记载,发现王景弘最后一次出现于《明实录》是在正统二年(1437 年)十月癸未条,当时明英宗要求王景弘与成国公朱勇、新建伯李玉等南京重要官员共同整训南京军备。其后《明实录》之中就再未出现过王景弘的名字,而且南京守备太监也很快以罗智、袁诚等人接任。由此陈先生推测王景弘应于正统二年末告老或逝世[24]。笔者认为,在无其他新出史料的情况下,这仍是王景弘卒年最为可信的推测，其时王景弘应为 68 岁。

应该看到，距离正统二年末，正统元年四月二十五日这个预制寿藏的起点实在过于接近。要想完成建寺、建坟两项任务，时间十分仓促。联系到正统二年十月明英宗仍然要求王景弘会同主持南都军训重任，我们认为，如果王景弘确实于正统二年末去世，那么他应该是由于操劳过度、突发疾病去世，这是一年前王景弘预制寿藏时所不能预知的情况。也正是由于这个原因，我们推测王景弘的坟寺或许未能如愿建成，从而导致《金陵梵刹志》未将该寺收入"新亭崇因寺"条下。

3. 王景弘的隶属衙门

明代宦官势大权重，人数众多。为管理和使用宦官，明政府设有所谓的"二十四衙门"，即十二监（司礼、内官、御用、司设、御马、神宫、尚膳、尚宝、印绶、直殿、尚衣、都知）、四司（惜薪、钟鼓、宝钞、混堂）、八局（兵仗、银作、浣衣、巾帽、针工、内织染、酒醋面、司苑）[25]。这些衙门的首领称为太监，是所有宦官中地位最高的人。明代受皇帝信任的宦官，可以直接秉承皇命，管军、管民、管钱，对外朝政治、经济、军事、外交、司法等各个领域进行深度干预。但是无论他们在外所奉何差，其基本身份仍是"内官"，必须隶属于内廷的宦官机构。反过来看，明代能够出人头地的宦官，一般都必须先在"二十四衙门"中的某一部门获得太监、少监等较高地位，才有机会口含天宪，出入外廷，显赫一时。

明初下西洋船队的最高领导层皆由宦官组成，除郑和、王景弘外，还有侯显、洪保、杨庆、唐观保、李兴、朱良、周满、杨真、张达、吴忠、罗智等多人。他们先后获得太监的职衔，不过分属不同的部门。通过检索文献和出土资料，我们目前可以了解其中一部分人的隶属情况。比如，据《明史·侯显传》记载，侯显原为司礼少监，其后"以奉使劳，擢太监"。由此可知侯显隶属于明代最为显赫的司礼监[26]。又如，明人王直《抑庵文集》中收录有《户部右侍郎吴公墓志铭》，记载户部右侍郎吴玺所历一事："正统己未徙内库，敕都知监太监洪保、魏国公徐显宗与公理其事。库物以巨万计，二公重臣多惮烦，一惟公是赖。"[27]由此可知洪保隶属于都知监。这一信息已被洪保寿藏铭所证实。而根据出土墓志材料，我们得知罗智"永乐丙申，掌内官监事。洪熙乙巳，升本监太监"，而杨庆为"都知监太监"。最有意思的是，郑和的隶属信息来源于其父马哈只的墓志铭，若无这件宝贵的实物证据，我们迄今仍然无法得知郑和本为"内官监太监"[28]。

王景弘作为七下西洋的主帅之一，以往的史料，无论是正史、稗官杂记，还是海内外陆续发现的文物实证材料，皆只记载了他的宦官身份、等级及所负责的区域，却从没有交代清楚他属于宦官系统中的哪一具体部门。

比如，在最重要的正史材料《明实录》中，自最早的永乐五年（1407 年）九月庚辰条至最晚的正统二年十月癸未条，王景弘（按：洪熙朝以前称为王贵通，其后改称景弘[29]）先后出现的称谓有太监（永乐五年九月庚辰条、永乐二十二年八月丁未条、宣德四年二月乙未条、宣德五年六月戊寅条、宣德十年正月甲戌条、宣德十年正月辛丑条、正统元年三月丁卯条、正统二年十月癸未条[30]）、内官（洪熙元年二月戊申条[31]）、南京太监（洪熙元年四月甲辰条、宣德三年六月庚戌条[32]）、守备太监（洪熙元年六月辛亥条、宣德十年六月丁巳[33]）、南京守备太监（宣德三年八月庚辰条、正统元年二月乙未条、正统元年三月甲申条[34]）、中官（宣德十年四月癸卯条[35]）；

在清代官修《明史》之中有三处提及王景弘,其中《郑和传》称他为郑和"其侪",《外国传·苏门答剌》将他与郑和同称为"太监"[36]。

另外,有关王景弘的记载还出现于下西洋随行人员所作札记、文人著述、稗官杂史等多种文献。比如巩珍的《西洋番国志》,在《自序》中称王景弘为"正使太监",在所收宣德五年五月初四日的皇帝敕书中,称他为"太监"[37];费信所著《星槎胜览》中,同样称王景弘为"正使太监"[38];郎瑛《七修类稿》称王景弘为"太监"[39];葛寅亮《金陵梵刹志》卷二收录了明代多位皇帝的谕旨,其中就有专门敕谕郑和、王景弘等人的,直接称他们为"太监"[40];南明佚名者所编之《天妃显圣录》中,则称王贵通为"内官"、"太监"[41]。

在以往发现的文物实证材料中,与王景弘密切相关的有:发现于斯里兰卡的"布施锡兰山佛寺"碑、原立于太仓刘家港天妃宫的"通番事迹记"碑、发现于福建长乐的"天妃灵应之记"碑及发现于福建南平的"郑和铜钟"等。"布施锡兰山佛寺"碑开篇即说"大明皇帝命太监郑和、王贵通"[42],"通番事迹记"和"天妃灵应之记"两碑皆在碑文末尾署名"正使太监郑和、王景弘"[43],"郑和铜钟"上署名的供养者为"太监郑和、王景弘等同官军人等"[44]。

综上所述,在以往所见各种史料之中,或者点出王景弘的宦官身份,如"内官"、"中官";或者强调他的职权级别,如"正使太监"、"守备太监";或者指明他所在及管辖的区域,如"南京太监"、"南京守备太监"等。在官私史籍中最常用的显然是"太监"一词,因为这一称谓兼顾了内官的身份与职级。然而不管上述哪一条记载、哪一种称谓,都忽略了王景弘隶属何监这个基本信息。此次地券的发现填补了这一空白,明确了王景弘同样为"内官监太监",使我们对于《明史》记载的王景弘乃郑和之"侪",有了更为深刻的理解。毫无疑问,这是王景弘地券给予我们的又一重要贡献。

注　释

[1]　《三国志》卷六四《吴书》卷一九《诸葛滕二孙濮阳传》,第1441页,中华书局,1982年。

[2]　陈柏泉《江西出土墓志选编》,第566页,江西教育出版社,1991年。

[3]　邵磊《明代宦官杨庆墓的考古发掘与初步认识》,《东南文化》2010年第2期。

[4]　南京市博物馆等《南京市祖堂山明代洪保墓》,《考古》2012年第5期。

[5]　成都文物考古研究所《成都"新北小区四期"明代太监墓群发掘简报》,《成都考古发现(2006)》,科学出版社,2008年。

[6]　华东文物工作队《南京南郊英台寺山明金英墓清理记》,《文物参考资料》1954年第12期。

[7]　晏子友《明代太监王法兴墓》,《紫禁城》1999年第4期。

[8]　成都文物考古研究所《成都红牌楼明蜀太监墓群发掘简报》,《成都考古发现(2003)》,科学出版社,2005年。

[9]　(明)刘若愚《酌中志》卷二二《见闻琐事杂记》,第200页,北京古籍出版社,1994年。

[10]　(清)龚景翰《游大慧寺记》,《光绪顺天府志》之《京师志十七·寺观二》,北京古籍出版社,1987年。

[11]　邵磊《南京出土部分明代宦官墓志考释》,《学耕文获集——南京市博物馆论文选》,江苏人民出版社,2008年。

[12]　同［4］。

[13]　《非幻庵香火圣像记》原载明万历刻本罗懋登《三宝太监西洋记通俗演义》第一百回之后。本文引自郑鹤声、郑一钧主编《郑和下西洋资料汇编（增编本）》中册，第1147～1148页，海洋出版社，2005年。

[14]　（明）葛寅亮撰、何孝荣点校《金陵梵刹志》卷四〇《新亭崇因寺》，第583页，天津人民出版社，2007年。以下所引此书皆据此版本。

[15]　杨生民《中国里的长度演变考》，《中国经济史研究》2005年第1期；陈连洛《从大同北魏永固陵制看古代的长度单位——里》，《山西大同大学学报（社会科学版）》2009年第3期。

[16]　王志高《洪保寿藏铭综考》，《郑和研究》2010年第3期。

[17]　《金陵梵刹志》卷三三《牛首山弘觉寺》，第503页。

[18]　《金陵梵刹志》卷三九《碧峰寺》，第575页。

[19]　同［18］，第582页。

[20]　同［14］，第588～589页。

[21]　《灵宝天尊说禄库受生经》，底本收于《正统道藏》洞玄部本文类。本文引自张继禹主编《中华道藏》第4册，第286～287页，华夏出版社，2004年。

[22]　《皇明诏令》卷一一，《续修四库全书》史部第457册，第227页，上海古籍出版社，2002年。

[23]　同［11］。

[24]　陈学霖《明王景弘下西洋史事钩沉》，（台北）《汉学研究》1991年第2期。

[25]　《明史》卷七四《职官志三·宦官》，第1818～1820页，中华书局，1974年。以下所引此书皆据此版本。

[26]　《明史》卷三四〇《侯显传》，第7768～7769页。

[27]　（明）王直《户部右侍郎吴公墓志铭》，《抑庵文集》卷一〇，《四库全书》本。

[28]　纪念伟大航海家郑和下西洋580周年筹备委员会等主编《郑和史迹文物选》，第2页，人民交通出版社，1985年。

[29]　王景弘一人两名之问题，陈学霖先生《明王景弘下西洋史事钩沉》一文有详细论证，可资参阅。

[30]　分别见于《明太宗实录》卷七一（第999页）、《明仁宗实录》卷一上（第6页）、《明宣宗实录》卷五一（第1123～1124页）、《明宣宗实录》卷六七（第1576～1577页）、《明宣宗实录》卷一一五（第2597页）、《明英宗实录》卷一（第34页）、《明英宗实录》卷一五（第276页）、《明英宗实录》卷三五（第691页），（台北）"中央研究院"历史语言研究所校勘本，1962年。以下所引《明实录》皆据此版本。

[31]　《明仁宗实录》卷一上，第6页。

[32]　分别见于《明仁宗实录》卷九上（第282～283页）、《明宣宗实录》卷四四（第1095页）。

[33]　分别见于《明宣宗实录》卷二（第31页）、《明英宗实录》卷六（第122页）。

[34]　分别见于《明宣宗实录》卷四六（第1095页）、《明英宗实录》卷一四（第267～268页）、《明英宗实录》卷一五（第289页）。

[35]　《明英宗实录》卷四，第83页。

[36]　分别见于《明史》卷三四〇（第7766页）和《明史》卷三二五（第8420页）。

[37]　（明）巩珍著、向达校注《西洋番国志》，第5、10页，中华书局，2000年。

[38]　（明）费信《星槎胜览》之《序言》和卷一"占城国"条，上海涵芬楼《学海类编》本，1921年。

[39]　（明）朗瑛《七修类稿》卷一二"三保太监"条，第124页，上海书店出版社，2001年。

[40]　《金陵梵刹志》卷二《钦录集》"宣德三年"条，第81页。

[41]　分别见于《天妃显圣录》"历朝袭封致祭祀"条和"东海护内使张源"条，《台湾文献丛刊》第77种，第

9、39 页，（台北）台湾银行排印本，1960 年。

［42］ 龙村倪《郑和布施锡兰山佛寺碑汉文通解》，（台北）《中华科技史学会会刊》第 10 期，2006 年；吴之洪
《郑和〈布施锡兰山佛寺碑〉碑文考》，《黑龙江史志》2009 年第 20 期。

［43］ 同［28］，第 23、54 页。

［44］ 刘东瑞、卢保康《郑和铜钟小考》，《文物》1985 年第 1 期。

本文原载《东南文化》2014 年第 5 期，本次略作修改。

栖霞圆通精舍募资长生田碑考

李 翔 骆 鹏

栖霞圆通精舍，即圆通禅院，始建于明万历年间，属摄山栖霞寺。圆通，即遍满一切、融通无碍之意。《楞严经》卷六载："尔时观世音菩萨即从座起，顶礼佛足而白佛言：'……由我所得圆通本根发妙耳门，然后身心微妙含容，周遍法界。'"[1]楞严会上二十五圣之中，以观世音之耳根圆通为最上，故称观音为圆通尊、圆通大士，圆通禅院则主供观世音。

据《金陵梵刹志》记载，明代摄山栖霞寺包括殿堂、禅堂和圆通禅院，圆通禅院位于西北，包括"韦驮殿，三楹。门房、碑亭，四楹。观音殿，三楹。禅堂，六楹。华严楼，三楹。净土楼，三楹。十方堂，三楹。斋堂，六楹。养老楼，三楹。延寿堂，三楹。静室厅房，六楹。厨、库、仓、茶等房，共二十七楹……丈过实在田、地、山、塘共五百五十亩二分六厘"[2]。由此可知，圆通禅院虽归摄山栖霞寺管辖，但其规模较大，亦具有一定的独立性，如有独立的门房、斋堂、厨、库、仓、茶等房，还有大面积的施舍田地。但相对于栖霞寺的久负盛名，圆通禅院则知之者甚少。所幸南京栖霞寺圆通禅院旧址现仍保存有栖霞圆通精舍募资长生田碑一块，记载了其创建之初的一些史料，现对其略作考证，以供研究者参考[3]。

栖霞圆通精舍募资长生田碑呈长方形，四周饰缠枝蔓草纹，首题为"栖霞圆通精舍募资长生田碑记"，次刻志文共11行，满行50字，尾刻碑记的撰、书及篆盖者（图一）。现将碑文据拓本校勘并标点后誊录如下：

江之浒，有六朝古刹曰栖霞寺，云谷老人尝栖止其中。余曩就访之，获接素庵法师，聆其绪论，谿如也。后游金陵，必访师，师道业愈」隆，法席愈广。秋溟殷先生素慎许可，独重师命。余依止以求解脱。余壮年阔步，实勃勃有遗世之想。一堕尘网，倏焉廿载。癸巳岁，得」师手书，索作长生田记。余心诺之，未暇也。今秋其徒如敬不远千里，谒余赵田草堂，求曩作所诺文，则素师逝矣。素师莅栖霞讲席三」十余年，四方道侣云集，供亿日繁。值岁祲，募化艰，拟结万人缘，置常稔之田千亩，岁以余租供往来僧众，择才优行洁者司其出纳，」不许徒属私弃，为永久计。太宰五台陆公、大宗伯忠铭王公、大司空淡庵朱公辈，共从□之，仅置田三百余亩。大□未终，师化去。如」敬从师□久，欲踵前绩，募足万人，完师所托。余壮其志，先草碑词，付之勒石，以表往日檀越之信心。仍令携疏，取次结缘，务足前额，」庶不虚节师之愿乎。吾闻丙戌岁大祲，斋厨绝粒，师晏坐超然，七日不食，众僧无一人退席者。芜湖郝氏感梦大士，告以栖霞僧饥，」遂斋米百斛来饷。及升殿礼像，则俨然梦中所见也。王太史肯堂有文，具纪其事。夫常住绝粮，师与僧众甘心待尽，不以干人。而檀」

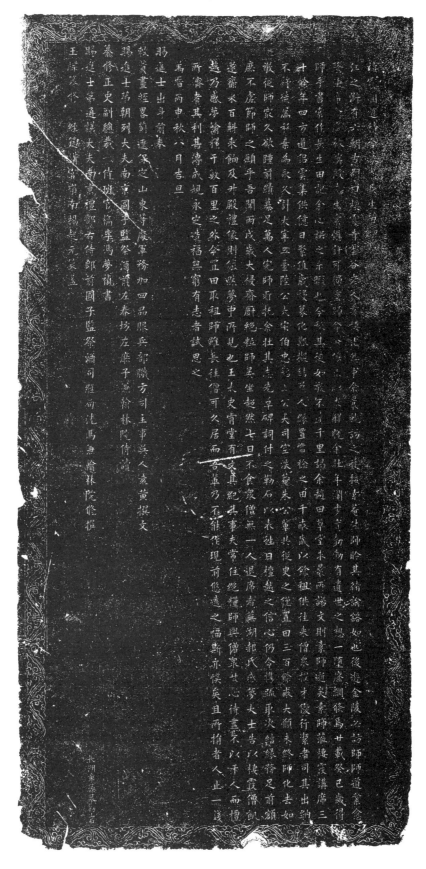

图一　《栖霞圆通精舍募资长生田碑记》拓片

越乃感梦，输粮于数百里之外。今置田取租，师虽长往，僧可久居。而吾辈乃不能作现前悠远之福，斯亦悮矣。且所捐者，人止一钱；」所济者，其利甚薄。成规永定，造福无穷。有志者试思之。」万历丙申秋八月吉旦」赐进士出身前奉」敕赏画经略蓟辽保定山东等处军务加四品服兵部职方司主事吴人袁黄撰文」赐进士第朝列大夫南京国子监祭酒前左春坊左庶子兼翰林院侍读」纂修正史副总裁　侍班官檇李冯梦祯书」赐进士第通议大夫南京礼部右侍郎前国子监祭酒司经局洗马兼翰林院修撰」玉牒纂修　经筵讲官岭南杨起元篆盖

圆通禅院的创建者为释真节，即碑文中所说的素庵法师。释真节，号素庵，襄阳人，初礼师明休和尚祝发，既而北游京师，遍参讲席，居秀法师座下。素庵法师学富内外，诸方每以龙象推之，后负锡南还金陵，出主摄山栖霞，讲华严大钞法华楞严诸大乘经论。尝讲《法华经》，至"宝塔品"，空中现多宝塔，一如经言。是故慈圣皇太后尚方金缕袈裟一袭，并于讲堂之西建一塔，以征神化。素庵法师卒于万历二十一年（1593 年），阅世七十五，法腊五十[4]。素庵法师于摄山讲经三十余年，檀施之余拓地为庐，为殷迈、陆光祖等人所助，最终建成了圆通禅院[5]。圆通禅院的创建始因及经过，素庵法师在其示徒偈语中叙述颇详："欲传佛意，嵩山苍麓。先后勉留，延讲华严……有宗伯公，诸像入山。永远供奉，特建斯庵。少师扁题，华严宝阁。众信欣成，法宝交错。此庵此阁，经始数年。创者匪易，守者亦艰。"[6]

栖霞圆通精舍募资长生田碑记述了经略蓟辽保定山东等处军务加四品服兵部职方司主事袁黄，应栖霞圆通禅院素庵法师万历二十一年函邀，终于万历二十四年（1596 年）八月践诺，为栖霞圆通精舍募资长生田作记一事的经过原委。碑文中阐述了置长生田碑之缘起——"值岁祲，募化艰"。对于素庵法师置长生田的功德，也多有赞誉。素庵法师欲募长生田千亩，在太宰五台陆公、大宗伯忠铭王公、大司空淡庵朱公辈等人的帮助下，仅置田三百余亩。其弟子如敬欲踵前绩，完师所托，募足千亩，以《金陵梵刹志》"圆通禅院施舍田地：丈过实在田、地、山、塘共五百五十亩二分六厘"之记载，其所募田地与目标相差甚远。从碑文中"拟结万人缘，置常稔之田千亩"及"所捐者，人止一钱"等可以看出，明代中晚期南京周边地区的地价约为每亩值白银一两，这对于研究明代中晚期江南地区的物价及经济状况具有一定的参考价值。

此碑文亦收录于《金陵梵刹志》卷四中，题为《圆通精舍募田碑记》[7]。现以拓片碑文对照《金陵梵刹志》卷四所录碑文，其不同处有二：其一，拓片第 8 行"遂斋米百斛来饷"，《金陵梵刹志》作"遂赉百斛米饷"；其二，拓片第 10 行"所济者，其利甚薄"，《金陵梵刹志》作"所济者，其利甚溥"。上述异同，应为传抄、刊刻过程中的托讹衍误，并无特别之处。

碑文撰写者袁黄，初名表，后更名黄，字坤仪，一字了凡，吴江人。万历十四年（1586 年）进士，知河北宝坻县，有善政，擢兵部主事。日本侵朝鲜，佐经略宋应昌军往征，多有策划，因与提督李如松有隙，李如松兵败，诬袁黄罪状，遂罢归家居，闭户著书。天启元年（1621 年），吏部尚书赵南星追叙袁黄东征功勋，赠尚宝司少卿。袁黄博学尚奇，凡河图洛书象纬律吕水利戎政，旁及勾股堪舆星命之学，莫不究涉。袁黄是明朝重要思想家，是迄今所知中国第一位具名的善书作者。他的《了凡四训》融会禅学与理学，劝人积善改过，强调从治心入手的自我修养，提倡记功过格，在社会上流行一时。袁黄一生著述丰富，有《了凡四训》、《皇都水利考》、《评注八

代文宗》、《春秋义例》、《论语笺疏》、《袁氏易传》、《史记定本》、《袁氏政书》、《两行斋集》、《群书备考》、《历法新书》等[8]。

碑文首称："江之浒，有六朝古刹曰栖霞寺，云谷老人尝栖止其中。余曩就访之……"袁黄《袁了凡先生四训》中亦有记载："己巳（1569 年）归，游南雍，未入监，先访云谷，会禅师于栖霞山中，对坐一室，凡三昼夜不瞑目。"云谷禅师，俗姓怀，嘉兴胥山人，九岁从大云寺出家，修习天台宗《止观法门》，二十岁受具足戒，后投天宁寺法舟道济禅师座下参学，为道济禅师之法嗣，后为陆光祖所知，应邀住栖霞寺[9]。此事即袁黄于栖霞寺访云谷禅师，云谷禅师以佛教善自获福、恶自受殃的因果报应思想及儒家的修善立命观念和禅宗的善恶福报义理为之开导。袁黄受其启发后，世界观发生巨大改变，开始以积极的道德行为和修善来改变自身命运，并将云谷禅师所授立命之说认为是佛门义理与儒家伦理于一体的"至精至邃，至真至正之理"[10]。按碑文所记，袁黄不仅受教于云谷禅师，而且与素庵法师也有一定的渊源，"聆其绪论，豁如也"，"游金陵，必访师"。这对于研究袁黄其人及其学术思想渊源，无疑是一条重要线索。

此碑的书人为冯梦祯，字开之，嘉兴秀水人。万历五年（1577 年）会试第一，官编修，与沈懋学、屠隆以气节相尚。张居正丧父争情，冯梦祯诣其子嗣修力言不可，忤居正，病免，后复官，累迁南京国子监祭酒，与诸生砥名节，正文体，寻中蜚语归。邓之诚《古董琐记》称，冯梦祯藏有王羲之《快雪时晴帖》，故其堂名为快雪堂[11]，著有《快雪堂集》、《快雪堂漫录》、《历代贡举志》。冯梦祯为晚明时期重要的文学家及著名的佛教居士，因政治失意而数次去官归乡，定居杭州，为晚明佛教四大师之一的紫柏之幅巾弟子。冯梦祯醉心佛法，平日喜习佛、宣佛、助佛等，于其周围聚集了一大批僧侣与居士，并热忱参与《嘉兴藏》的刊印与楞严寺的兴复，对晚明东南一带佛教中兴起到了重要的推动作用[12]。

篆盖者为杨起元，字贞复，号复所，广东归善人。万历五年进士，改庶吉士，授翰林院编修，历国子监祭酒、礼部侍郎，累官吏部左侍郎。学于罗汝芳，张居正恶讲学，罗汝芳被劾罢，而杨起元自如。天启初追谥文懿。杨起元著述有《杨文懿集》、《证学编》、《诸经品节》等。杨起元学不讳禅，在熟读儒家经典的同时又研究道家、释家的思想，认为三者治世方式不同，但其济世的目标是一致的，提倡"三教合一"[13]。

此外，碑文中还提到了"秋溟殷先生"、"太宰五台陆公"、"大宗伯忠铭王公"、"大司空淡庵朱公"、"王太史肯堂"五人，一一考证如下。秋溟殷先生即殷迈，字时训，号秋溟，一号白野，南京江宁人，嘉靖二十年（1541 年）进士，授户部主事，仕至贵州提学副使，以疾归，复起提学浙江，进南京太常寺卿，万历初元，升南京礼部右侍郎，管国子监祭酒事[14]。太宰五台陆公即陆光祖，字与绳，浙江平湖人，因志在佛法，自号五台居士，嘉靖二十六年（1547 年）进士，除知县，万历中累迁至工部右侍郎，后因忤张居正引疾归。张居正没，复起，官至吏部尚书。陆光祖为政胸怀忠直，力持清议，推荐人才，不念旧恶，人服其量，卒赠太子太保，谥庄简，著有《庄简公存稿》[15]。大宗伯忠铭王公即王弘诲，字绍传，号忠铭，广东定安人，嘉靖四十四年（1565 年）进士，选庶吉士，历翰林检讨、编修、国子监祭酒等，南京礼部尚书致仕。曾作《火树篇》和《春雪歌》，对张居正专权予以嘲讽，因而被其打击，著有《尚友堂稿》、《天池草》等[16]。大司空淡庵朱公疑为朱天球，字君玉，淡庵应为其号，福建漳浦人，嘉靖二十九年（1550 年）进士，授南工部主事，杨继盛就刑西市时，朱天球与薛天华、杨豫孙、董传策往收之，被称为"四君子"，万历中历工部左侍郎、都御史，官至南京工部尚书，著有《湛园存稿》[17]。王太史肯堂即王肯堂，字宁泰，别号损庵，江苏金坛人，万历十七年（1589 年）进士，选庶吉士，授检讨，倭寇朝鲜，疏陈十议，留中，因引疾归，后荐补南京行人司副，仕终福建参政。王肯堂好读书，尤精于医，著有《证治准绳》等[18]。

碑文中提到的数人，或仕途不顺，或受张居正打击，最后皆任职于南京，并无实权，只得以著书立说、谈佛论道度日。袁黄、冯梦祯、杨起元、殷迈、陆光祖、王弘海等人更是热衷于佛学，以习佛、宣佛、助佛为业。袁黄、冯梦祯、杨起元、陆光祖则是其中最著名者，为晚明护法居士的代表人物。清代彭绍升著《居士传》中详细记载了袁黄、冯梦祯、杨起元、陆光祖等人与佛教的渊源以及他们为晚明佛教的复兴运动和禅学思想的中兴所做的贡献[19]。故栖霞圆通精舍募资长生田碑对于研究晚明士大夫与僧人的交往及士大夫之间以佛法为纽带结党营私，均具有重要的参考价值。

注　释

［1］　赖永海、杨维中译注《楞严经》卷六，中华书局，2010 年。

［2］　（明）葛寅亮撰《金陵梵刹志》卷四《摄山栖霞寺》，《续修四库全书》史部第 718～719 册，上海古籍出版社，1995 年。以下所引此书皆据此版本。

［3］　此碑收入南京市文化广电新闻出版局《南京历代碑刻集成》，第 178 页，上海书画出版社，2011 年。

［4］　素庵法师事迹参见（明）释如惺撰《大明高僧传》卷四《应天栖霞寺沙门释真节传三》（《续修四库全书》子部第 1285 册，上海古籍出版社，1995 年）及（明）释明河撰《补继高僧传》卷五《素庵法师传》（《续修四库全书》子部第 1283 册，上海古籍出版社，1995 年）。

［5］　圆通禅院的兴建，参见《金陵梵刹志》卷四《摄山栖霞寺》之《摄山圆通精舍记》、《圆通精舍灵应圣殿记》。

［6］　（清）陈毅撰《摄山志》卷三《素庵法师》，《中国名山胜迹志丛刊》第四辑，（台北）文海出版社，1975 年。

［7］　参见《金陵梵刹志》卷四《摄山栖霞寺》之《圆通精舍募田碑记》。

［8］　袁黄事迹参见（明）袁了凡《袁了凡文集》卷七《袁了凡先生四训》，线装书局，2006 年；（清）朱鹤龄《愚庵小集》卷一五《赠尚宝少卿袁公传》，《四库全书》本。

［9］　（清）陈毅撰《摄山志》卷三《云谷禅师》，《中国名山胜迹志丛刊》第四辑，（台北）文海出版社，1975 年。

［10］　（明）袁了凡《袁了凡文集》卷七《袁了凡先生四训》，线装书局，2006 年。

［11］　邓之诚《骨董琐记》卷一"快雪堂"条，《骨董琐记全编》（上），中华书局，2008 年。

［12］　冯梦祯事迹参见《南京国子监祭酒冯公墓志铭》，《牧斋初学集》，上海古籍出版社，1985 年；冯梦祯参与佛教之事参见其著作《快雪堂集》，《四库全书存目丛书》集部第 164～165 册，齐鲁书社，1997 年。

［13］　杨起元事迹参见（明）吴道南撰《明史部右侍郎杨复所先生墓志铭》（《吴文恪公文集》卷一七，收入《四库禁毁书丛刊》集部第 31 册，北京出版社，1997 年）及《明史》卷二八三《儒林二》（中华书局，1974 年）；杨起元治学参见（清）黄宗羲《明儒学案》卷三四《侍郎杨复所先生起元》，《四库全书》本。

［14］　（明）余孟麟撰《明故嘉议大夫南京礼部右侍郎管南京国子监祭酒事白野先生殷公行状》，《明文海》卷四三八，《四库全书》本。

［15］ 《明史》卷二二四《陆光祖传》，中华书局，1974 年。

［16］ 《广东通志》卷四六，《四库全书》本。

［17］ 《福建通志》卷四六，《四库全书》本。

［18］ 《明史》卷二二一《王樵传》，中华书局，1974 年。

［19］ （清）彭绍升《居士传》，《续修四库全书》子部第 1286 册，上海古籍出版社，1995 年。

三维激光扫描技术在墓室壁画扫描中的应用

王　海

近年来，三维激光扫描技术发展迅猛，已成为最先进的测量技术。它是由高精度点组成的"形、色、面"三维立体测量方法，以被测对象的采样点集合——称之为"点云"的形式获取物体的阵列式几何图像数据。它能够快速、精确地获取物体的三维信息，建立科学准确的数据模型，进而直观地将所测量对象展现在人的眼前。鉴于该仪器在测量速度、精度等方面的优势，南京市考古研究所于2012年购置了一台徕卡三维激光扫描仪（型号HDS7000），并于2013年8月和徕卡技术人员合作完成了南京栖霞区狮子冲南朝墓葬的扫描工作。通过后期数据处理，现已完成墓室砖墙壁画的绘制工作。本文将简单介绍三维激光扫描技术在砖墙壁画测绘方面的应用与相关问题，以便交流学习。

利用三维激光扫描仪进行砖墙壁画测绘，与传统考古测绘方法有诸多不同。传统测绘方法有两种。其一，人工绘图，即利用传统测量工具（如直尺、皮尺）进行现场测量，再用铅笔绘制成图。此方法存在的优势在于绘制的图形具有艺术性，可以避免由于仪器和绘图软件的机械性、线条的粗细与阴暗等造成人物形象难以表现，进而使整张线图存在失真感。但这种方法也有缺憾，由于测量时会无法避免地出现测量死角，从而无法得到所有准确数据，因此绘图时势必存在误差。再者，人工绘图消耗时间过多，在一定程度上增加了劳动时间和强度。其二，近景摄影测量技术，即采用模拟法或解析法获取砖墙壁画图像，再利用相关绘图软件绘制成图。上述两种方法与三维激光扫描技术相比各有优势与缺憾，现结合实例重点介绍三维激光扫描技术。

为了全面、准确地获取砖墙壁画的几何数据，测量使用南京市考古研究所购置的徕卡三维激光扫描仪（HDS7000）对墓葬砖墙壁画进行360°全面扫描。徕卡三维激光扫描仪（HDS7000）为相位式、带双轴补偿器的超高速三维激光扫描仪。其主要参数如下。

激光波长（nm）：1500nm

扫描范围：最远187米，最近0.3米，最小分辨率0.1mm

线性误差：＜1mm

光斑尺寸：3.5mm @ 0.1m

光束分散度：＜0.3 mrad

扫描速率：1016727点/秒

视场角：360°×320°（水平/垂直）

根据徕卡三维激光扫描仪（HDS7000）的参数指标和墓葬的实际情况，整项工作分为两步，即数据采集和数据处理。

（1）数据采集

数据采集的目的是为了获取砖墙壁画的三维空间数据。由于砖墙壁画的形象复杂多样，为了能够全面、完整、清晰地获取数据，需要按照正确的数据采集步骤进行（图一）。其具体步骤如下。

1）三维激光扫描仪的架设和测站点的选择

测站点的选择应注意四点。第一，三维激光扫描仪架设位置与被扫描的砖墙壁画之间无遮挡，避免扫描时数据缺失。第二，各测站点的可视区域能够互补并保证可视区域最大化，这样可以减少搬动仪器次数，即不同测站点完成不同区域的扫描工作，保证多站点扫描后通过标靶拼接技术，能够获取完整数据。第三，在架设仪器时需考虑仪器自身参数及壁画线条复杂程度。本台仪器扫描距离最近为 0.3 米，最远为 187 米，由于此次扫描为水平扫描，故无须考虑垂直方向。此外，为了获取清晰的扫描数据，分辨率精度设置为"Ultra High"，质量设置为"High"，当扫描成果不符合要求时可以截取需要部分提高分辨率和质量指标再次扫描（完成此次扫描工作共设置 3 次）。第四，三维激光扫描仪在架设方面应注意整平，利用角螺旋将基座水平气泡居中（图二）。

2）标靶设置

标靶的作用是将不同测站点的数据整合到一个坐标系中，所以需要在恰当的位置放置标靶，这样在各个测站点上都可以扫描到标靶数据。由于 3 个空间点才能保证稳定的空间关系，所以标靶数目为 3 个及以上（图三）。

以上步骤完成后即可开始扫描工作，打开仪器进行精平操作，设置扫描存储文件和参数要求后，即可开始一站扫描工作。当完成一站扫描工作后需移动位置和调整标靶方向，依次完成其余各站扫描工作。其中如遇到扫描成果不符合要求，则需提高分辨率精度与质量精度进行精扫。

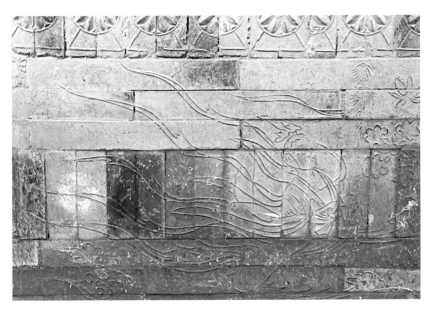

图一　砖墙壁画局部

图二　三维激光扫描仪工作现场

图三　标靶现场放置位置

（2）数据处理

通过三维激光扫描仪对砖墙壁画的数据进行采集后，获取了砖墙壁画准确的三维空间数据资料，随后即可进行数据处理，所需软件为与仪器配套的 Cyclong、Photoshop、CAD 软件。通过这些软件对数据处理后就可以获取所需要的线性图形。具体步骤如下。

1）点云数据拼接

点云拼接是处理三维空间数据的基础。整个砖墙壁画是通过 3 个测站点数据拼接得到的，所以需要将 3 个测站点的数据导入软件，通过软件拼接功能（Create Object Merge）和 3 个共用标靶，自动拼接成一个整体。

2）去除噪点

拼接完成后获得的砖墙壁画比实际需要的范围要大，此时就需要利用软件的剔除工具去除不需要的点云数据，称为"去除噪点"。先利用软件的"Shift＋i"功能去除大面积不需要的点云数据，再利用软件"Unify Clouds"功能去除细小噪点。

3）设置砖墙壁画的坐标

由于考古绘图需要实物的正投影图，可以利用软件的"View Coordinate System"功能来设置需要的坐标系。

4）获取彩色信息并贴图

利用高像素相机获取纹理相片，并利用软件的贴图功能（Texture Map Browse）对点云数据进行贴图处理。

5）二维线画图的绘制

二维线画图是文物保护工程领域的常用语言，经过上述处理后，已经得到了砖墙壁画的彩色正射投影图，现只需要将这个数据导入绘图软件（CAD）即可绘制考古所需要的线性二维平面图（图四、五）。

通过这次扫描工作，可以清楚地认识到三维激光扫描仪在砖墙壁画扫描中的优势与缺点。其优势表现在三个方面。第一，提高了砖墙壁画测绘的工作效率。由于砖墙壁画线条的复杂性，如果单纯地利用直尺或卷尺来进行测绘势必耗时、耗力，并且有些地方线条较多，极易造成数据缺失或不准确。第二，提高了线性图的精度。由于绘制线性图是在完成点云数据处理后进行

图四　三维激光扫描仪绘制的"竹林七贤图"

图五　三维激光扫描仪绘制的"与人戏虎图"

的，从而能够保证绘制线性图的准确性。第三，数据可以永久保存并利用。由于三维激光扫描仪在扫描过程中获取了海量数据，且扫描精度为毫米级，所以想得到壁画任何细部的尺寸都可以通过 Cyclong 软件来准确量取，为后续的报告编写及文物保护、文物修复、三维建模等工作提供帮助。然而，三维激光扫描仪在砖墙壁画扫描中也存在两个方面的问题。首先是仪器设备问题，这里主要考虑的是扫描精度和扫描质量的问题。一方面，由于扫描壁画的年代为南朝时期，距今已有 1000 余年，整个墓室由于渗水等原因使得砖墙壁画的颜色已出现变化；另一方面，砖墙壁画线条复杂，仪器精度有限，在扫描时即使调整到最高精度，经数据处理后，仍有部分壁画人物形象未能表现出来。经多次调整扫描而效果均不理想后，我们采取了先拓片后扫描的方法，突出了壁画的线条，仪器扫描后反射回的分辨率不会出现太大变化，进而顺利地完成了任务。其次是绘图艺术性问题。正如前面提到的，由于仪器和软件的机械性，无法达到人工绘图的效果，使得绘制出的图形僵硬、线条不灵活。因此，今后可能会采用软件与人工合作绘图的方法。

　　综上所述，三维激光扫描仪应用于墓室壁画扫描工作时，既有优势，也有不足，这需要我们在今后的工作中积极探索、反复实践，并将现代技术与传统技术有效结合，从而更好地完成考古测绘工作。

后　记

　　时光荏苒，距离《南京文物考古新发现》第三辑的出版，两年时间已经倏忽而逝。这本即将付梓的《南京文物考古新发现》第四辑，是我们南京考古人对紧张、忙碌、匆匆而过的2014年和2015年最好的纪念。

　　作为一个市级考古专业单位，南京市博物总馆下设的南京市考古研究所承担着全市极为繁重的配合基本建设考古任务。近几年来，我所每年承担的各类考古项目多达一百余项，每年完成的考古勘探面积皆在五六百万平方米，发掘面积达近一万平方米；每年经我们手出土的各类文物在3000件以上，而原址保护的不可移动文物每年达十余处。全所同志常年奔波于各个工地，寒来暑往，风餐露宿，无法停歇。但是，在如此高强度的工作状态中，大家都明白自己肩负的责任——田野工作仅为考古工作的一小部分，整理、研究及发表资料和相关论文，同样是我们必须完成的任务。本书收录的22篇发掘简报和考古调查报告及14篇研究论文，正是这些南京考古人对事业负责、对古都热爱的真实体现。

　　2016年10月，南京市政府颁布了《南京市地下文物考古工作办法》，并且将颁布配套的管理规定。这是在进一步规范考古工作程序的同时，明确提出了加大市级财政的经费投入，扩大人员编制，改革管理体制，充分体现出了对南京考古事业发展的支持以及对南京考古工作者的理解与关爱。今后一段时间，将是南京考古工作迎接更大变革与挑战的重要时期，也将是南京考古人抓住机遇，在各方面取得突破的重要阶段。

　　时间不会停止，改革创新永远在路上。我们谨以此书告别过去，抓紧时间书写新的篇章。

祁海宁

2016 年 10 月

1. M1 排水沟

2. 釉陶壶（M1∶1）

3. 釉陶瓿（M1∶6）

4. 陶罍形罐（M1∶9）

5. 陶井（M1∶15、16）

彩版一　木头山汉墓 M1 发掘现场及出土器物

1. M5 全景（由东向西摄）

2. M8 椁室前端（由东向西摄）

彩版二　木头山汉墓 M5、M8 发掘现场

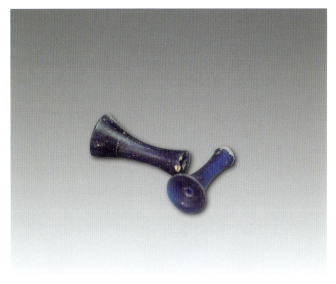

1. 琉璃耳珰（M15：4）

2. 陶罐（M16：2）

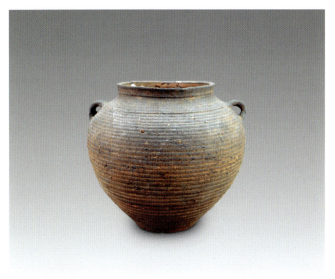

3. 陶罐（M16：7）

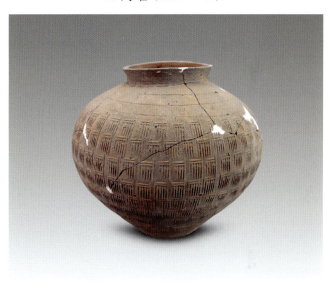

4. 陶罐（M16：1）

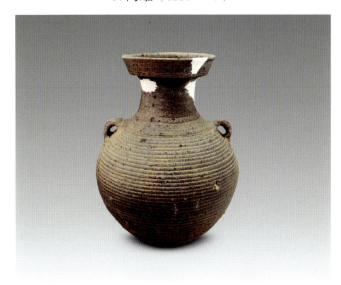

5. 陶壶（M16：5）

6. 陶灶（M16：10）

彩版三　上坊庄汉墓出土器物

1. 釉陶壶（M1：8）

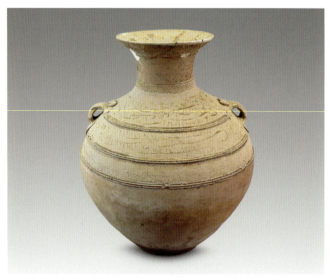

2. 釉陶壶（M1：12）

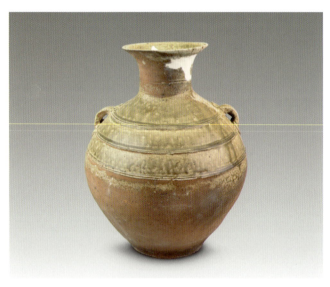

3. 釉陶壶（M1：16）

4. 釉陶瓿（M1：10）

5. 陶罐（M1：11）

6. 铜镜（M1：25）

彩版四　葛塘汉墓出土器物

1. 发掘区全景

2. M3 全景（由西向东摄）

3. M6 全景（由东向西摄）

彩版五　宁丹路东晋孙氏家族墓发掘现场

1. 青瓷鸡首壶（M3：11）

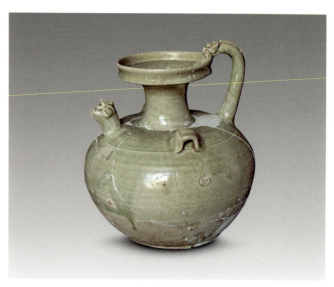

2. 青瓷鸡首壶（M3：19）

3. 青瓷唾壶（M3：16）

4. 酱釉三足砚（M3：10）

5. 陶凭几（M3：2）

6. 青瓷盘口壶（M5：8）

彩版六　上坊中下村东晋南朝墓出土器物

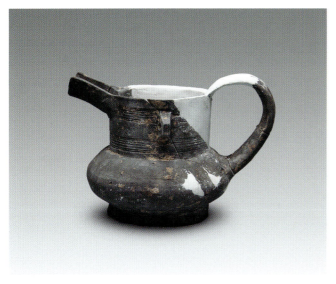

1. 陶附鋬带流罐（M36：14）

2. 陶仓（M36：30）

3. 陶俑（M36：16）

4. 陶俑（M36：20）

5. 金罐（M36：37）

6. 滑石猪（M36：35）

彩版七　华为南京基地 36 号南朝墓出土器物

1. 钟家岗南朝墓陶俑（M8：4）

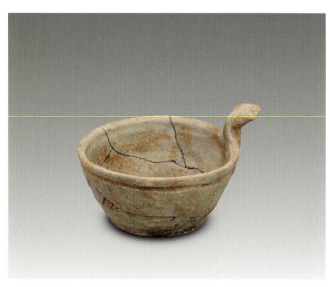

2. 钟家岗南朝墓陶魁（M9：1）

3. 钟家岗南朝墓陶果盒（M11：1）

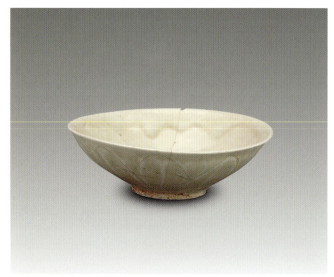

4. 章家洼宋墓瓷碗（M1：3-2）

5. 章家洼宋墓银梳（M1：8）

6. 江宁街道宋墓金帔坠（M6：4）

彩版八　钟家岗南朝墓、章家洼宋墓、江宁街道宋墓出土器物

1. Y1 全景（由西北向东南摄）

2. Y3 全景（由西北向东南摄）

彩版九　小行里宋代窑址发掘现场

基槽

外环山体土

基

槽

夹石夯层

内环山体土

地宫

1. DG1 发掘前塔基全景（由西向东摄）

2. TJ1 第三环内部结构及被其打破的五代墓葬

彩版一〇　大报恩寺遗址塔基与地宫发掘现场

1. 地宫内部堆积

2. 地宫内覆石及砖砌"围箍"

3. ZK5

4. ZK28

彩版一一　大报恩寺遗址塔基与地宫发掘现场

2. 铁函（DG1∶20）及石函底座

1. 石函（DG1∶8）

彩版一二　大报恩寺遗址地宫出土瘗藏容器

彩版一三　大报恩寺遗址地宫出土七宝阿育王塔（DG1 ： 110）

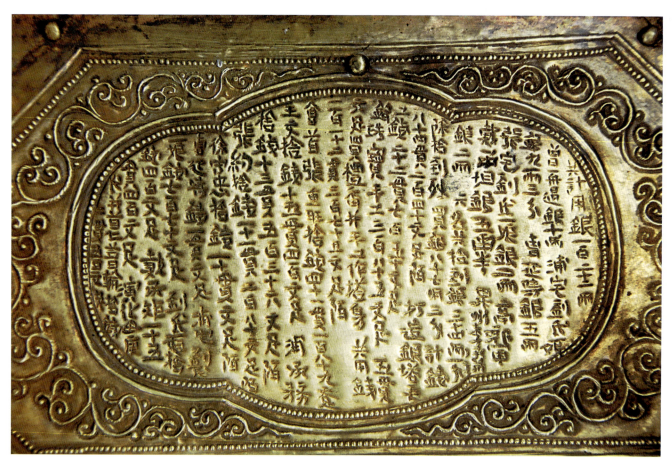

彩版一四　大报恩寺遗址地宫出土七宝阿育王塔（DG1∶110）塔盖顶面铭文

1. 鎏金银椁（DG1：164）

2. 鎏金银椁（DG1：164）底座上枋顶面铭文

3. 鎏金银椁（DG1：164）局部

彩版一五　大报恩寺遗址地宫出土鎏金银椁（DG1：164）

1. 金棺（DG1 ： 208）

2. 大银函（DG1 ： 236）

3. 鎏金小银函（DG1 ： 237）

4. 鎏金小银盒（DG1 ： 210）

5. 小银盒（DG1 ： 137）

彩版一六　大报恩寺遗址地宫出土瘗藏容器

1. 水晶瓶（DG1：215、213、217）

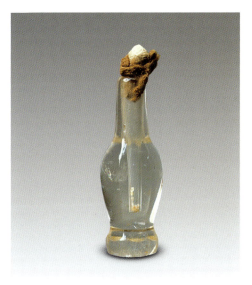

2. 水晶瓶（DG1：238）

3. 罗囊（DG1：47）

4. 罗囊（DG1：138）

5. 佛顶真骨舍利（DG1：209）

6. 感应舍利（DG1：239）

彩版一七　大报恩寺遗址地宫出土瘗藏容器、舍利

1.诸圣舍利（DG1∶48）

2.瓷碗（DG1∶3）

3.瓷碗（DG1∶4）

4.瓷壶（DG1∶5）

5.铜镜（DG1∶24）

彩版一八　大报恩寺遗址地宫出土舍利、供养器物

1. 铜佛像（DG1：241）

2. 铜牌（DG1：35）

3. 铜币（DG1：222）正面

4. 铜币（DG1：222）背面

5. 铜钱（DG1：28）

6. 铜钱（DG1：108）

7. 铜钱（DG1：109）背面

彩版一九　大报恩寺遗址地宫出土供养器物

1. 鎏金银瓶（DG1：117）

2. 鎏金银香匙（DG1：146）

3. 鎏金银饰件（DG1：16）

4. 鎏金银香炉（DG1：68）

彩版二〇　大报恩寺遗址地宫出土供养器物

2. 鎏金银香囊（DG1：145）

4. 银香盒（DG1：136）及其内所盛乳香

1. 鎏金银香盒（DG1：149）及其内所盛乳香

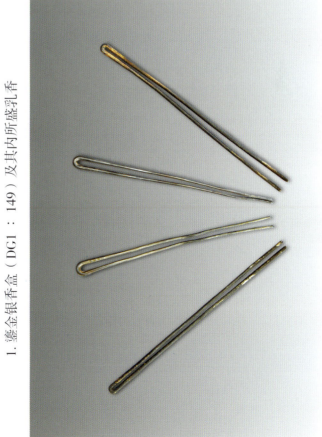

3. 鎏金银钗

彩版二一　大报恩寺遗址地宫出土供养器物

3. "千秋万岁" 金、银币

4. "开元通宝"、"至道元宝" 金币

5. 水晶杯（DG1：121）

1. 银葫芦形瓶（DG1：132）、水晶葫芦（DG1：226）

2. "祥符元宝" 金、银币

彩版二二 大报恩寺遗址地宫出土供养器物

1. 水晶念珠（DG1 ： 118）

3. 玻璃瓶（DG1 ： 42）

4. 玻璃瓶（DG1 ： 126）

2. 水晶球

5. 玻璃杯（DG1 ： 120）

彩版二三　大报恩寺遗址地宫出土供养器物

1. 檀香（DG1：155）

2. 沉香（DG1：251）

3. 沉香（DG1：33）

4. 丁香（DG1：127）

5. 罗地泥金夹袋（DG1：167）

彩版二四　大报恩寺遗址地宫出土供养器物

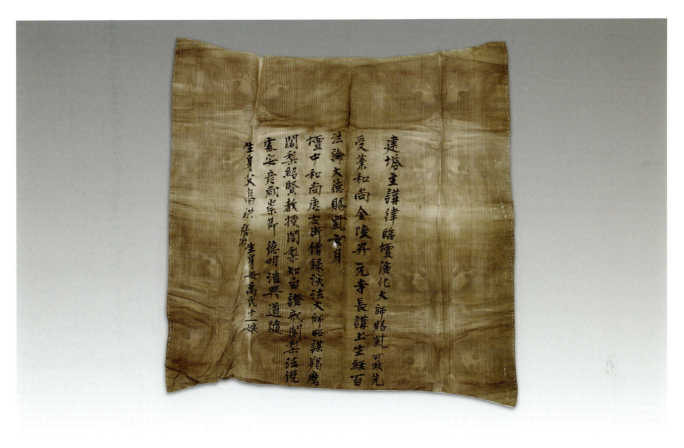

1. 罗帕（DG1 ： 207）

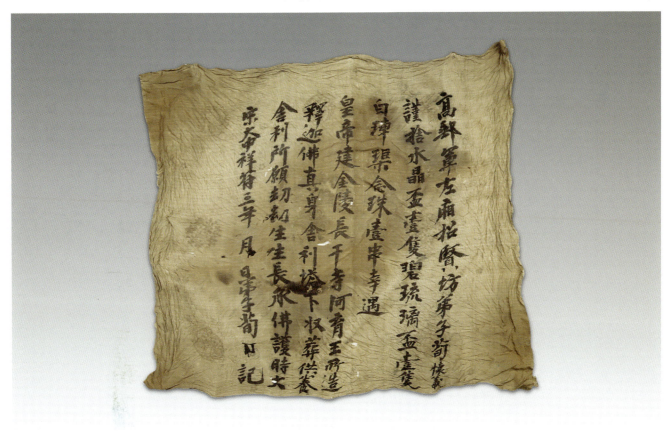

2. 罗帕（DG1 ： 250）

彩版二五 大报恩寺遗址地宫出土供养器物

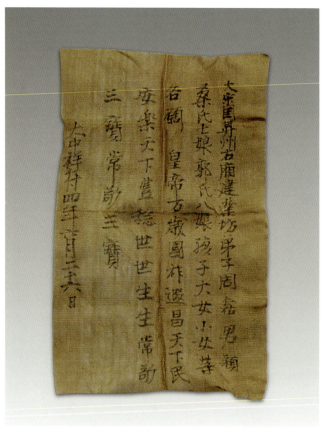

1. 罗片（DG1 ： 39）

2. 罗囊（DG1 ： 36）

3. 罗地泥金帕（DG1 ： 62）

彩版二六　大报恩寺遗址地宫出土供养器物

1. 罗地泥金帕（DG1：64）

2. 绢帕（DG1：148）

彩版二七　大报恩寺遗址地宫出土供养器物

1. 绢帕（DG1 ：80）

2. 绮帕（DG1 ：59）

彩版二八　大报恩寺遗址地宫出土供养器物

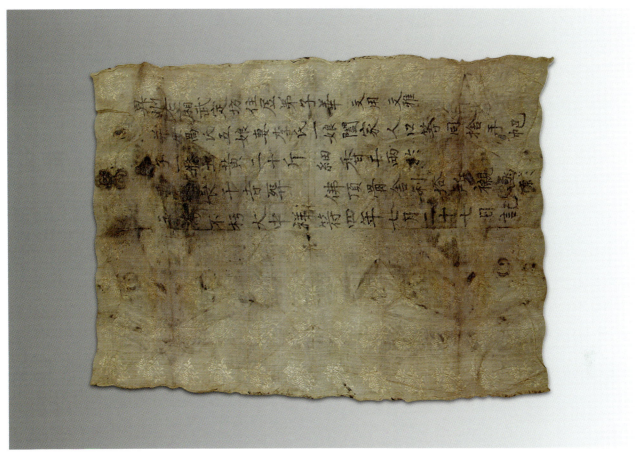

2. 纱帕 (DG1：79)

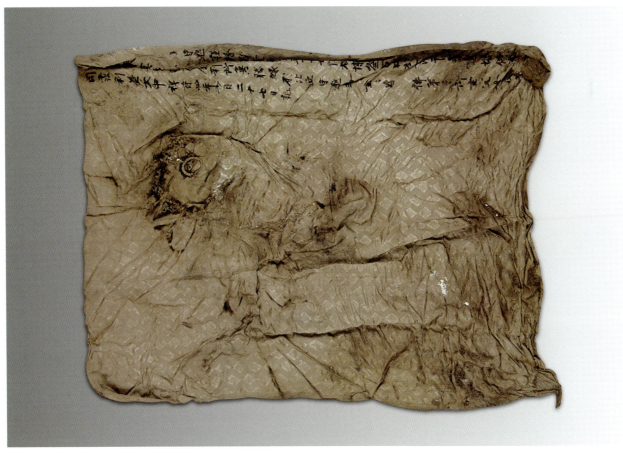

1. 绮巾 (DG1：144)

彩版二九　大报恩寺遗址地宫出土供养器物

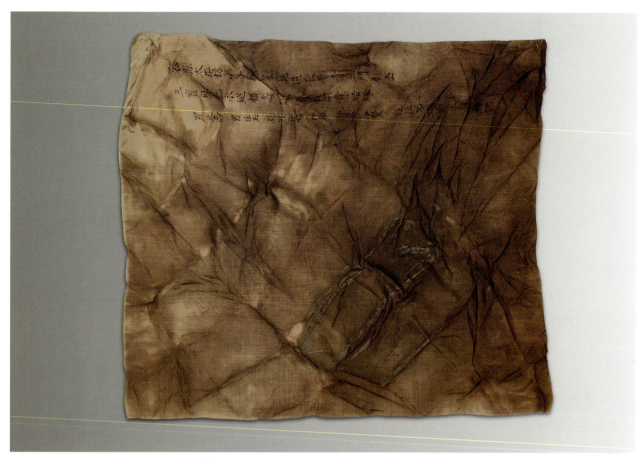

2. 绢经袱（DG1 : 204）

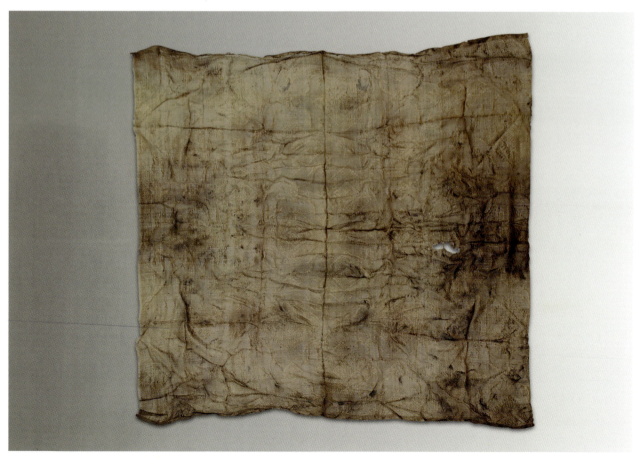

1. 纱帕（DG1 : 31）

彩版三〇　大报恩寺遗址地宫出土供养器物

1. 玉碗（DG1：125）及其内所盛乳香

2. 琥珀饰件（DG1：225）

3. 银色颗粒（DG1：286）

4. 贝叶经（DG1：205）

彩版三一　大报恩寺遗址地宫出土供养器物

1. J6 下段

2. J6 所用铭文砖（正书"南"、"官样"）

3. J6 所用铭文砖（正书"匠王俗"）

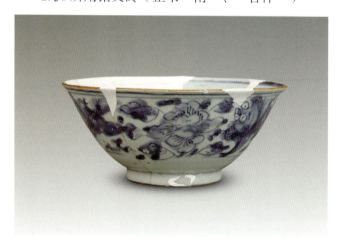

4. 青花瓷碗（J6：21）

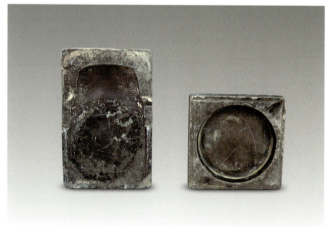

5. 石砚（J6：31、30）

彩版三二　大报恩寺遗址 J6 发掘现场及出土器物

1. 陶韩瓶（J6：86）

2. 陶韩瓶（J6：80、79、81）

3. 陶执壶（J6：76、78）

4. 陶罐（J6：87）

5. 绿釉瓦当（J6：44）

6. 青白瓷罐（J6：72）

彩版三三　大报恩寺遗址 J6 出土器物

3. 金挑心（M14：4）正面

4. 金挑心（M14：4）背面

1. 金顶簪（M14：1）正面

2. 金顶簪（M14：1）侧面

彩版三四　沐斌夫人梅氏墓出土器物

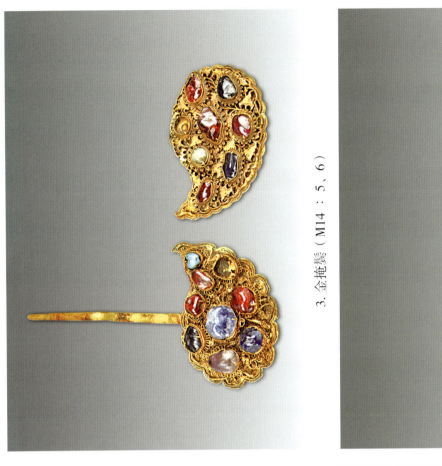

3. 金掩鬓（M14：5、6）

4. 金莲花簪（M14：7）

1. 金分心（M14：3）正面

2. 金分心（M14：3）侧面

彩版三五　沐斌夫人梅氏墓出土器物

2. 金带链香盒（M14：8）正面

4. 金带链香盒（M14：8）打开

1. 金镯（M14：9）

3. 金带链香盒（M14：8）背面

彩版三六　沐斌夫人梅氏墓出土器物

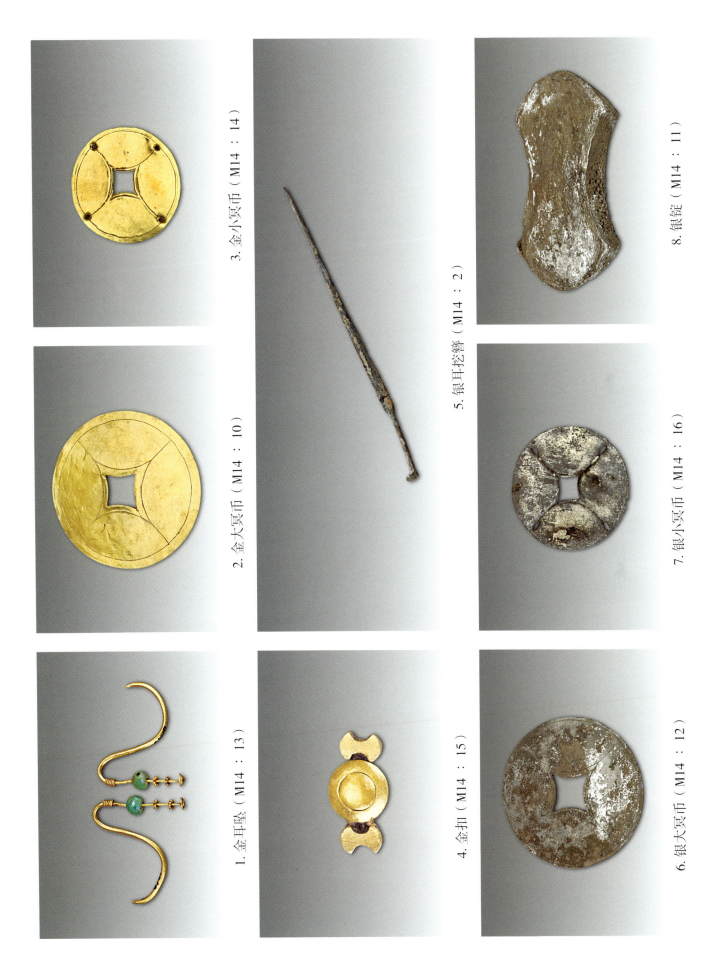

3. 金小冥币（M14：14）

2. 金大冥币（M14：10）

5. 银耳挖簪（M14：2）

8. 银锭（M14：11）

1. 金耳坠（M14：13）

4. 金扣（M14：15）

7. 银小冥币（M14：16）

6. 银大冥币（M14：12）

彩版三七　沐斌夫人梅氏墓出土器物

3. 孝真皇后王氏家族墓祥云纹缎曳（M2：1）

4. 孝真皇后王氏家族墓素缎棉曳（M2：2）

1. 周慎家族墓铜镜（M31：2）

2. 周慎家族墓 M33 朱书文字砖

彩版三八　周慎家族墓、孝真皇后王氏家族墓出土器物

1. 桥体、河道及驳岸（由东北向西南摄）

2. 桥面（由西向东摄）

3. 石护栏

4. 石护栏

彩版三九　白虎桥基址发掘现场及出土建筑构件

1. 琉璃龙纹瓦当（TG1③：1）

2. 琉璃龙纹瓦当（Q1：3）

3. 琉璃龙纹瓦当（Q1：5）

4. 琉璃龙纹滴水（Q1：1）

5. 琉璃龙纹滴水（Q1：2）

6. 陶莲纹瓦当（TG1⑤：1）

彩版四〇　白虎桥基址出土建筑构件